国家社科基金教育学西部项目"六盘山连片特困区乡村教师支持政策精准落地研究"(XMA180283);宁夏大学教育学一流学科重点培育项目。

《乡村教师支持计划（2015—2020年）》的精准支持研究

谢延龙 著

中国社会科学出版社

图书在版编目（CIP）数据

《乡村教师支持计划（2015—2020年）》的精准支持研究／谢延龙著．
—北京：中国社会科学出版社，2024.4
ISBN 978-7-5227-3471-2

Ⅰ.①乡⋯　Ⅱ.①谢⋯　Ⅲ.①农村学校—师资培养—教育政策—研究—中国　Ⅳ.①G451.2

中国国家版本馆CIP数据核字（2024）第082736号

出 版 人	赵剑英
责任编辑	高　歌
责任校对	李　琳
责任印制	戴　宽

出　　版	中国社会科学出版社
社　　址	北京鼓楼西大街甲158号
邮　　编	100720
网　　址	http://www.csspw.cn
发 行 部	010-84083685
门 市 部	010-84029450
经　　销	新华书店及其他书店

印刷装订	北京明恒达印务有限公司
版　　次	2024年4月第1版
印　　次	2024年4月第1次印刷

开　　本	710×1000　1/16
印　　张	21.75
插　　页	2
字　　数	285千字
定　　价	119.00元

凡购买中国社会科学出版社图书，如有质量问题请与本社营销中心联系调换
电话：010-84083683
版权所有　侵权必究

目　录

前　言 …………………………………………………………… (1)

**第一章　《乡村教师支持计划（2015—2020年）》精准支持的
　　　　　本体** …………………………………………………… (1)

　　第一节　"支持计划"精准支持的概念界定 ………………… (1)

　　第二节　"支持计划"精准支持的概念内涵 ………………… (9)

　　第三节　"支持计划"精准支持的理论依据 ………………… (17)

　　第四节　"支持计划"相关研究的学术梳理 ………………… (22)

**第二章　《乡村教师支持计划（2015—2020年）》精准支持的
　　　　　历史逻辑** …………………………………………… (44)

　　第一节　乡村教师精准支持的初创发展时期（1949—
　　　　　　1976年） ……………………………………………… (45)

　　第二节　乡村教师精准支持的恢复发展时期（1977—
　　　　　　1992年） ……………………………………………… (63)

　　第三节　乡村教师精准支持的完善发展时期（1993—
　　　　　　2005年） ……………………………………………… (85)

　　第四节　乡村教师精准支持的深入发展时期（2006—
　　　　　　2015年） ……………………………………………… (120)

**第三章　《乡村教师支持计划（2015—2020年）》精准支持的
　　　　　现状调查** …………………………………………… (149)

　　第一节　乡村教师精准支持的调查方法 ……………………… (149)

第二节　乡村教师师德与补充支持现状 …………………… (157)
第三节　乡村教师待遇与编制支持现状 …………………… (178)
第四节　乡村教师职称与流动支持现状 …………………… (206)
第五节　乡村教师能力与荣誉支持现状 …………………… (219)

第四章　《乡村教师支持计划（2015—2020年）》精准支持的成效问题 …………………………………………………… (251)
第一节　乡村教师精准支持的成效 ………………………… (251)
第二节　乡村教师精准支持的问题 ………………………… (258)

第五章　《乡村教师支持计划（2015—2020年）》精准支持的问题归因 …………………………………………………… (282)
第一节　支持政策宣传 ……………………………………… (282)
第二节　支持经费投入 ……………………………………… (286)
第三节　支持部门协调 ……………………………………… (290)
第四节　支持社会结构 ……………………………………… (294)
第五节　支持体制机制 ……………………………………… (299)

第六章　《乡村教师支持计划（2015—2020年）》精准支持的改进路径 …………………………………………………… (303)
第一节　精准把握乡村教师的支持重点 …………………… (303)
第二节　精准优化乡村教师的支持机制 …………………… (309)
第三节　精准进行乡村教师的支持评估 …………………… (318)
第四节　精准创新乡村教师的资源支持 …………………… (324)

参考文献 ……………………………………………………… (332)

后　记 ………………………………………………………… (339)

前　言

本书是国家社科基金教育学西部项目"六盘山连片特困区乡村教师支持政策精准落地研究"（XMA180283）的部分成果。本书得到了宁夏大学教育学一流学科重点培育项目部分资金资助，也得到了国家社科基金教育学西部项目部分资金的资助。

振兴乡村教育，首在乡村教师，我国乡村教育的高质量发展，迫切需要一支素质优良、数量充足、甘于奉献、扎根乡村的教师队伍。可以说，没有大批优秀乡村教师的支撑，乡村学生的成长发展就无法得到保障。因此，只有对乡村教师进行大力支持，加强乡村教师队伍的高质量建设，乡村教育质量才能得到根本保障。重视乡村教师队伍建设一直是党和国家关注的重点，习近平总书记在全国教育大会上强调，"教师是教育发展的第一资源""教育投入要更多向教师倾斜，不断提高教师待遇"[1]。而一系列向乡村教育倾斜的教师政策的相继出台，如城乡教师交流轮岗、特岗计划、"三支一扶"计划、农村硕士师资培养、免费师范生计划等，更是有效推动了乡村教师队伍建设质量的提高。

但是，由于乡村教师队伍建设底子薄、欠债多，乡村教师职业吸引力依然不够高，乡村教师队伍建设的整体问题仍旧十分突出。为了能够让乡村教育吸引更多优秀教师，使大批优秀人才能够"下得去、留得住、教得好"，让每一个乡村学生都能够获得公平而有质量的教育，从根本上阻断贫困现象代际传递，实现乡村振兴。由此，国家出台了《乡

---

[1] 教育部课题组：《深入学习习近平关于教育的重要论述》，人民出版社2019年版，第5页。

村教师支持计划（2015—2020年）》（以下简称"支持计划"），对乡村教师群体进行特别的关照与支持。这是改革开放以来首次从国家层面以"乡村教师"为主题颁布的重要文件，将对乡村教师队伍建设的支持力度提到前所未有的高度，凸显了发展乡村教育，必须把乡村教师队伍建设摆在优先发展的战略地位。

"支持计划"自2015年实施以来，取得了显著成效，乡村教师补充渠道多元稳定，编制标准更加优化合理，培训发展更加优质有效，乡村教师队伍建设得到显著加强，乡村教师"下得去、留得住、教得好"的向好局面基本形成。以此为基础，"支持计划"的深入实施，也迈向了精准支持的新台阶，尤其集中在乡村教育工作的薄弱环节和短板弱项方面，譬如对连片特困地区乡村教师的支持。连片特困地区的乡村教育，由于地理环境艰苦、经济发展落后、交通道路闭塞等原因，在教师队伍建设上一直是"支持计划"实施的难点和堵点。因此，"支持计划"如何在连片特困地区实现精准施策和定向发力，集中力量破瓶颈、疏堵点，实现乡村教师队伍建设的高效率和高质量发展，全面提升连片特困地区乡村教育的质量和水平，就成为迫切要解决的问题。

本书以国家14个集中连片特困地区之一的六盘山连片特困区乡村教师为研究对象，对"支持计划"的精准实施进行研究。首先，研究了"支持计划"精准实施的基本理论和历史逻辑。对乡村教师、"支持计划"等核心概念进行界定，阐释了"支持计划"精准支持的内涵，研究了精细化管理理论和组织支持理论的理论基础支撑，全面详细梳理了国内对"支持计划"的相关学术研究，并对新中国成立后乡村教师精准支持的历史逻辑进行了全面总结。其次，调查了六盘山连片特困区"支持计划"精准支持的现状，分析了实施的成效和问题。根据"支持计划"中的八大措施，设计调查问卷，深入六盘山连片特困区学校，进行问卷调查，同时进行深度访谈，明确了"支持计划"具体实施的现状和成效，并归纳了存在的问题。最后，阐明了六盘山连片特困区"支持计划"精准支持的问题原因，并提出相应的对策。从政策宣传、经费投入、部门协调、社会结构和体制机制等方面，对存在问题进行了原因分析。从支持重点、支持机制、支持评估和支持资源等方面，提出了精准实施的路径。

总之，本书从理论和实践两个层面，以六盘山连片特困区为研究点，对"支持计划"的精准实施进行了研究，以期为乡村教师、尤其是老少边穷岛等薄弱地区乡村教师的精准支持，提供参考和借鉴。

谢延龙

2023 年 10 月 15 日

第一章

《乡村教师支持计划（2015—2020年）》精准支持的本体

乡村教育是我国教育的重要组成部分，没有乡村教育的高质量发展，要实现教育公平和教育现代化的要求，就只能是一句空话。只有大力发展乡村教育，才能更好地促进农村孩子学习成才，有效阻断贫困代际传递，更好地实现每个农村孩子都有人生出彩的机会。然而，受到城乡差别、地理环境、历史欠账等多种复杂因素的影响，乡村教育的发展整体上依然处于较低水平。教育大计，教师为本，改变乡村教育的落后面貌，乡村教师起着至关重要的作用。为此，2015年，国家正式出台了《乡村教师支持计划（2015—2020年）》（以下简称"支持计划"），通过特别措施大力支持乡村教师队伍建设，以改变农村教育落后面貌，为农村孩子提供较高质量的教育。"支持计划"的逐步开展实施，在给乡村教师提供巨大支持的同时，也显著改善了乡村教育的落后状况。"支持计划"在进一步深入实施过程中，对乡村教师的支持也迈入深水区，尤其是一些特殊地区，如民族连片特困地区，对乡村教师的支持，需要根据实际情况更加精准实施，方能使支持更为有效。要对"支持计划"精准支持进行研究，从本体上明晰精准支持的核心概念、内涵理解、理论依据和学术研究状况是基本前提和基础。

第一节 "支持计划"精准支持的概念界定

概念是使认识条理化、系统化的出发点，对"支持计划"精准支持进行研究，厘清基本的核心概念，是研究的出发点。在这里，"支持计划"是对乡村教师的支持，"乡村教师"就成为一个需要界定的重要概念。"支持计划"在这里也并非仅是一个政策名称，而成为研究所必须进行理解的概念，因此需要对"支持计划"进行界定。精准支持虽然也是一个必须界定的概念，但因其在研究中的作用至关重要，需要单独对其进行详细界定，故放在下一节展开。

一 乡村教师

对乡村教师概念的界定，有利于对乡村教师研究的准确统计，以及乡村教师发展政策目标的实现，从而对促进乡村教育的发展至关重要。从字面上看，乡村教师是一个具有很强地域性的概念，乡村教师主要是由"乡村"这个地域词决定。由此观之，如何理解乡村，就成为理解乡村教师的一个决定性因素。而且，理解乡村教师，还需要理解与之密切相关的农村和农村教育这两个概念。

从对乡村的理解来看，主要有三种。一是辞书对乡村的解释。《现代汉语大词典》对乡村的解释是："村庄。今泛指农村。"[1] 对农村的解释是"以从事农业生产为主的劳动者聚居的地方"[2]。从这个解释来看，农村和乡村关联密切，一方面，农村的范围从基本解释来看要大于村庄，从而农村要大于乡村；另一方面，从乡村"今泛指农村"而言，乡村又等同于农村。另一权威辞书《辞海》没有对"乡村"一词进行解释，但通过《辞海》对"乡"和"村"的分别界定，可看出其对"乡村"的大致理解。在《辞海》中，对"乡"的解释为"我国农村的基层行政区域。泛指城市以外的地区"[3] 对"村"的解释为"村庄"[4]《辞海》对"农村"的解释为"农业生产者的居住地。多为人口聚居的村落，或是散居的田野"[5] 可以看出，《辞海》以"农业生

---

[1] 罗竹风主编：《现代汉语大词典》（上），上海辞书出版社2009年版，第163页。
[2] 罗竹风主编：《现代汉语大词典》（上），上海辞书出版社2009年版，第496页。
[3] 辞海编辑委员会编纂：《辞海》，上海辞书出版社2009年版，第4311页。
[4] 辞海编辑委员会编纂：《辞海》，上海辞书出版社2009年版，第594页。
[5] 辞海编辑委员会编纂：《辞海》，上海辞书出版社2009年版，第2888页。

产"界定"农村",范围较为有限,而"乡村"的地域范围,则比"农村"范围要大。总的来说,辞书中的农村和乡村概念所指范围大小不一,或者农村大于乡村,或者乡村大于农村,二者不是一个概念。

二是国家政策对乡村的规定。国家政策关于乡村的规定,主要是为了明确数据统计范围或明确政策的实施范围而对乡村范围进行的确定性划分。新中国成立以来,国家政策对乡村的划分,在不同时期有不同所指,这里以五部主要政策文件关于乡村的划分来呈现乡村所指的大体变化情况(具体见表1-1)。从中可以看出,对乡村的划分主要从两个角度进行。一方面是从城镇的角度划分,以城镇以外加以划分,所指范围较大,具有一定的模糊性和不确定性。另一方面是直接具体指出乡村所指,主要是乡中心区和村庄两个地方。值得一提的是,1999年国家统计局把农村包含在乡村中,乡村所指范围大于农村。

三是学术研究对乡村的界定。乡村作为一个学术研究概念,具有很大的复杂性和理解的不一致性。这是因为,一方面,现实实践的变化使"乡村概念的内涵不断被乡村发展的现实所突破与颠覆"[1]。另一方面,不同学者出于学术研究的需要,而从研究的角度对乡村进行不同界定。具体而言,有学者从职业、生态和社会文化角度对乡村概念进行剖析,认为乡村作为一个职业概念,与农村概念相同,"指的是以农业生产为主体的地域";[2] 乡村作为一个生态概念,是从景观、人口分布、相对隔离程度和土地利用等城乡差异的视角,"以生态环境状况来定义乡村地域";[3] 乡村作为一个社会文化概念,"着眼于城乡居民之间行为与态度上的差异性"[4],从城乡的比较中理解乡村。还有学者从乡村和农村在地域确定性、产业发展、城市化前提和社区特征等方面进行比较,认为农村这一概念存在不确定性、模糊性以及社区特征的不明显性等特征,"提出由'乡村'概念取代'农村'概念"[5]。在这种理解中可以

---

[1] 胡晓亮、李红波等:《乡村概念再认知》,《地理学报》2020年第2期。
[2] 张小林:《乡村概念辨析》,《地理学报》1998年第4期。
[3] 张小林:《乡村概念辨析》,《地理学报》1998年第4期。
[4] 张小林:《乡村概念辨析》,《地理学报》1998年第4期。
[5] 王洁钢:《农村、乡村概念比较的社会学意义》,《学术论坛》2001年第2期。

看出，乡村概念比农村概念更加确定，范围更大。

表1-1　　　　　　　　中国乡村规定划分比较

年份	1955	1999	2006	2008	2011
文件名称	国务院关于城乡划分标准的规定	关于统计上划分城乡的规定（试行）	关于统计上划分城乡的暂行规定	关于统计上划分城乡的规定	中国教育统计年鉴
发布单位	国务院	国家统计局	国家统计局	国务院	教育部
划分范围	乡村：城镇和城镇型居民区以外的地区	乡村：集镇（乡、民族乡人民政府所在地、非建制镇）、农村（集镇以外的地区）	乡村：乡中心区、村庄	乡村：城镇以外的区域	乡村：乡中心区、村庄

　　乡村是教育研究中的一个重要概念，在教育研究中也存在对乡村的不同理解。需要指出的是，在教育研究中，乡村概念的理解与农村和农村教育的界定密切关联。有学者分析了美国教育政策和相关研究对"农村"概念的理解，发现有六种常见的界定标准："美国人口普查局基于地理特征、人口状况所作的分类；都市状态代码；城乡连续代码；都市中心区域代码；城市中心区域代码；基于核心的统计区域。"[①] 有学者指出，2010年4月，"新兴经济体农村转型的新德里宣言"提出了一个全新的农村概念："农村不再是农业或粮食生产的同义语。农村包括许多小城镇、中等城市，农村人口也不再仅指农民。必须立即以反映国家和国际层面相互间联系的以地理位置为基础的地域概念替代反映过去需求的农业化的农村概念。"[②] 这个农村概念所指，已经大大超出了传统

[①] 田静、施江滨：《美国教育政策中"农村"概念界定的应用与问题》，《农职业教育与经济社会发展——云南省农业教育研究会2010年学术年会论文汇编》，云南普洱，2010年11月，第19页。

[②] 蓝建：《21世纪的农村概念及其有关教育问题——一种国际视野》，《城乡教育一体化与教育制度创新——2011年农村教育国际学术研讨会论文集》，长春，2011年9月，第168页。

上的理解，是一个范围极大的城乡一体化的地域概念。

我国教育研究者对乡村的理解，可通过对农村教育概念的界定来认识。因为"乡村"或"农村"是"农村教育"理解必须回应的一个根本问题，理解了"农村教育"，"乡村"的内涵也就基本明了了。有学者把区域性的农业产业作为界定农村教育的关键指标，认为"农村教育是以农业为基础产业的农村的区域性教育"①。有学者提出要从更加广泛的范围理解农村教育，把服务农村发展作为农村教育的认定核心："农村教育是一种大教育，是指一切可能且应该为农村现代化发展服务的教育。"② 有学者认为："乡村"与"城镇"（城区+镇区）对应；"农村"（镇区+乡村），与"城市"（城区）对应。乡村小学指的是全国乡中心区和村庄的小学（包括教学点），③ 这里农村概念的范围就大于乡村。有学者对已有"农村教育"概念的理解进行研究后指出，存在区域论、对象论和功能论三种界定"农村教育"的方式。④ 区域论认为，农村教育就是"在农村""靠农村"和"为农村"的教育；对象论认为，农村教育是否发生在城市或乡村地域并不重要，只要教育对象是农村户籍儿童，教育内容是农村乡土社会文化，那就可称为农村教育。功能论认为，凡是能够发挥为农村发展服务功能的教育就是农村教育。有学者从中短期和长期两个视域，对中国农村教育进行了界定："未来中短期的农村教育概念是指在农村边界内，为农村多种人群提供的，传递道德价值、知识符号和实践技艺的社会性活动；未来长期的农村教育概念则将突破'地域空间''服务群体''教育功能'和'学校教育'边界，嬗变为一种'价值论'取向的高质量的平民主义教育概念。"⑤ 这里指明了农村教育的两个演变阶段的不同所指，即有边界的活动领域和无边界的价值领域。

从上述的概念界定来看，对乡村有狭义和广义两种认识。狭义的乡

---

① 李少元：《农村教育论》，江苏教育出版社2000年版，第1页。
② 张乐天：《重新解读农村教育》，《教育发展研究》2003年第11期。
③ 杨卫安：《乡村小学教师补充政策演变：70年回顾与展望》，《教育研究》2019年第7期。
④ 邬志辉、张培：《农村教育概念之变》，《高等教育研究》2019年第2期。
⑤ 李涛：《中国农村教育的概念实质及未来特征》，《探索与争鸣》2021年第4期。

村是一个有确定性的地域概念，人们理解的差异在于，对这个确定性的地域范围大小存在认识上的差异。狭义的乡村理解主要在统计和政策领域内使用较多，城与乡的区域分界往往是其必须回答的问题。广义的乡村概念则突破了地域边界，延伸到文化、价值等更广泛的领域，广义的乡村理解主要在学术研究中使用。

由此，对乡村教师，在本书中更偏向于政策性的理解，是一个地区性相对比较明确的概念，即在地域明确的乡村，以中小学教师工作为职业者。"支持计划"中也明确指出，乡村教师是包括全国乡中心区、村庄学校的教师，这种理解也是我国相关统计和政策中较为常用的界定。需要指出的是，新中国成立后的绝大多数教育政策表述使用的都是"农村"一词，涉及乡村中小学教师的各种支持政策，绝大多数也是以"农村"来表述。因此，本书在涉及相关教育政策表述时，采取和政策表述相一致的原则，即政策表述为"农村"的，就采取"农村"表述，其余的则采取"乡村"一词表述。

二 《乡村教师支持计划（2015—2020年）》

2015年4月1日，习近平总书记主持召开中央全面深化改革领导小组第十一次会议，会议审议通过《乡村教师支持计划（2015—2020年）》（以下简称"支持计划"）。6月1日，《国务院办公厅关于印发乡村教师支持计划（2015—2020年）的通知》发布，开启了对乡村教师的全面专门支持。

作为针对乡村教师群体的一项专门性、综合性支持政策，"支持计划"提出的意义重大。首先，对乡村教师队伍建设意义重大，"实施乡村教师支持计划，对于解决当前乡村教师队伍建设领域存在的突出问题，吸引优秀人才到乡村学校任教，稳定乡村教师队伍，带动和促进教师队伍整体水平提高"[①]。乡村教师队伍建设面临的最大问题就是能否"下得去、留得住、教得好"，这些问题不解决，乡村教师队伍就难以

---

① 《国务院办公厅关于印发乡村教师支持计划（2015—2020年）的通知》，http://www.gov.cn/gongbao/content/2015/content_2878209.htm，2021年11月5日。

产生质的变化。"支持计划"就是为了促进优秀人才到乡村任教,使乡村教育能够获得高质量教师的补充,解决"下得去"的问题。"支持计划"就是为了"稳定乡村教师队伍",解决乡村教师"留得住"的问题;就是为了"教师队伍整体水平提高",解决乡村教师"教得好"的问题。

其次,对乡村孩子发展成才具有重要意义。"支持计划"指出:"发展乡村教育,帮助乡村孩子学习成才,阻止贫困现象代际传递,是功在当代、利在千秋的大事。发展乡村教育,教师是关键,必须把乡村教师队伍建设摆在优先发展的战略地位。"① 通过支持乡村教师来支持乡村教育的发展,可谓抓住了乡村教育质量提升的"牛鼻子"。乡村教育质量提升,不仅是教育一隅之事,而且是"功在当代、利在千秋的大事"。因为在我国,乡村儿童数量十分庞大,从第六次全国人口普查数据来看,"乡村一级的儿童总数为127012966人,占全国儿童总人口的58%。……考虑到城镇、乡镇、村镇与乡村之间的天然关联,将镇与乡村两级的儿童总数统计在一起,农村儿童人口则占全国儿童总数的比例为78%"②,乡村儿童能否"学习成才",可以说是关系中华民族千秋万代的大事。与此同时,扶贫必先扶智,治穷必先治愚,教育扶贫是斩断"穷根"的关键,乡村孩子接受高质量教育对"阻止贫困现象代际传递"具有不可替代的作用。从这个意义上讲,支持乡村教师就是帮助乡村孩子摆脱贫困。

最后,对实现中华民族伟大复兴具有重要意义,"支持计划"对"促进教育公平、推动城乡一体化建设、推进社会主义新农村建设、实现中华民族伟大复兴的中国梦具有十分重要的意义"③。一方面,人的全面发展是中华民族伟大复兴的重要内容和根本推动力,乡村教育是乡村儿童实现全面发展的决定性因素。只有乡村教育的高质量发展,才能

---

① 《国务院办公厅关于印发乡村教师支持计划(2015—2020年)的通知》,http://www.gov.cn/gongbao/content/2015/content_ 2878209.htm,2021年11月5日。

② 苏尚锋、丁芸:《中国儿童人口结构状况及教育政策建议——基于第六次全国人口普查的数据分析》,《河北师范大学学报》(教育科学版)2015年第1期。

③ 《国务院办公厅关于印发乡村教师支持计划(2015—2020年)的通知》,http://www.gov.cn/gongbao/content/2015/content_ 2878209.htm,2021年11月5日。

有效促进乡村儿童的全面发展。另一方面，乡村教育高质量发展的重点、难点和焦点在于乡村教师薄弱，支持乡村教师发展，就是支持乡村教育发展，就是在缩小城乡教育差异，最大程度地促进教育公平的实现。没有优质的乡村教师，就没有优质的乡村教育，"城乡一体化建设"和"新农村建设"就会落空。

"支持计划"的工作目标有两个：一是中期目标；二是最终目标。中期目标提出："到2017年，力争使乡村学校优质教师来源得到多渠道扩充，乡村教师资源配置得到改善，教育教学能力水平稳步提升，各方面合理待遇依法得到较好保障，职业吸引力明显增强，逐步形成'下得去、留得住、教得好'的局面。"① 这里提出的目标是要形成一种局面，即"下得去、留得住、教得好"，这是一种乡村教师有效补充、较为稳定、有效发展的全新局面。这种局面的形成，涉及乡村教师的补充渠道、资源配置、教育教学能力、合理待遇等方面，其聚焦为"职业吸引力明显增强"。这里有两点需要特别关注：其一是乡村教师的补充对象是"优质教师"，这意味着乡村教师不是单纯的数量补充，而是对质量补充的高要求。其二是"职业吸引力明显增强"，意味着通过"支持计划"中期工作目标的实现，要使乡村教师这个职业，在人们尤其是优秀高校毕业生进行择业时，成为一个重要甚至优先的选项。最终目标提出："到2020年，努力造就一支素质优良、甘于奉献、扎根乡村的教师队伍，为基本实现教育现代化提供坚强有力的师资保障。"② 这里把基本实现"教育现代化"的师资保障作为追求，体现了乡村教师在师资保障方面的重要性，也昭示了乡村教师作为师资保障的"短板"，支持乡村教师就是消除"短板"瓶颈，实现以师资保障教育现代化。最终目标对乡村教师队伍建设提出教师要"素质优良、甘于奉献、扎根乡村"，这实际上提出了对乡村教师的具体要求：素质摆在首位，奉献进行升华，扎根作为根本。这样一支乡村教师队伍，才能真正满足乡村教

---

① 《国务院办公厅关于印发乡村教师支持计划（2015—2020年）的通知》，http：//www.gov.cn/gongbao/content/2015/content_ 2878209.htm，2021年11月5日。

② 《国务院办公厅关于印发乡村教师支持计划（2015—2020年）的通知》，http：//www.gov.cn/gongbao/content/2015/content_ 2878209.htm，2021年11月5日。

育发展的需要。

"支持计划"的基本内容为"四大原则""八大措施"和"三项保障"。"四大原则"是指：师德为先，以德化人；规模适当，结构合理；提升质量，提高待遇；改革机制，激发活力。"四大原则"各有侧重，指向不同的问题：师德解决正确导向问题，规模结构解决短缺与不合理配置问题，质量待遇是最紧迫的任务和最关键领域的问题，机制活力解决可持续发展的问题。"八大措施"包括：全面提高乡村教师思想政治素质和师德水平；拓展乡村教师补充渠道；提高乡村教师生活待遇；统一城乡教职工编制标准；职称（职务）评聘向乡村学校倾斜；推动城镇优秀教师向乡村学校流动；全面提升乡村教师能力素质；建立乡村教师荣誉制度。这些措施呼应了乡村教师的现实诉求，直面乡村教师的现实困惑与矛盾，针对乡村教师"下不去""留不住""教不好"等突出问题，聚焦补充、稳定、发展三大关键领域，以彻底扭转乡村教师队伍建设的不利局面。"三项保障"是指：明确责任主体；加强经费保障；开展督导检查。"支持计划"能否落到实处，取得实效，关键在实施，"三项保障"解决了谁来实施、实施什么、怎么实施和实施监督等关键问题，对"支持计划"切实落地提供了坚实的保障基础。

第二节 "支持计划"精准支持的概念内涵

"支持计划"之所以要精准支持，是因为影响"支持计划"实施的因素较为复杂，呈现出较强的"复杂性"；而且，这些影响因素之间又相互影响，联系紧密，呈现出较强的"系统性"；进而，随着时间的推移，这些要素间的关系又会发生不断的变化，呈现出较强的"变迁性"。因此，要想使"支持计划"实施能够真正取得实效，走向精准支持就成为必然。

"支持计划"精准支持是指以个体乡村教师的政策支持需求为基础，以乡村教师队伍建设的公共问题特征、成因和实质的把握为前提，以严谨科学的政策实施过程深入分析挖掘为重点，以历史上成功的乡村教师政策实践经验为参考,以及时反馈调整系统为手段的乡村教师支持整体过程。"支持计划"精准支持的内涵包括乡村教师支持目标的精心制定,乡村教师支持内容的精细设计,乡村教师支持过程的精准施策,乡村教师支持效果的精确评估等。

一 乡村教师支持目标的精心制定

目标是追求也是标准,乡村教师支持目标是支持政策所要达到的某种预期状态,从某种意义上说,乡村教师支持目标是支持政策的灵魂,是"支持计划"的价值和意义所在。对乡村教师进行支持,必须有清楚、明确、适宜的目标,才能为"支持计划"的实施指明方向,才能对"支持计划"实施效果进行评判。否则,乡村教师支持目标存在问题,往往会导致模糊、粗略甚至错误的政策结果。因此,实施"支持计划",需要在政策总的目的指引下,对具体目标进行精心制定。

第一,乡村教师支持目标的精心制定,必须做到目标的适宜性。适宜性是指要制定出符合实际情况的政策目标。当前,有些地方在制定"支持计划"的具体实施政策文本时,出现了仅基本照搬国家政策的"误解"方式,对国家政策文本进行粗放式的目标"粘贴"应用,因而在有意无意中忽略了本地实际的目标需求现实,而且,有些地方还存在忽视目标的现象,把国家政策目的当本地政策目标,把政策重点放在实施措施的制定上,对目标的设计不够"用心"。事实上,选择什么样的具体乡村教师支持政策目标,既受到每个地方的文化传统、历史传承和经济社会发展水平等众多宏观因素的影响,也受到当地的乡村教育发展水平、乡村教师队伍建设现状和教育行政执行水平等教育微观因素的影响。如果不考虑这些因素,制定出的乡村教师支持目标就可能因脱离实际而难以实现,政策实施就会走向变形甚至落空。这就要求,在进行乡村教师精准支持目标设定时,要做到精心,尽可能考虑到各种因素的影响,制定出真正符合实际的乡村教师支持目标。

第二,乡村教师支持目标的精心制定,必须做到目标的利益性。"支持计划"的实施是一项系统工程,必然涉及各级各类相关政策主体,这些政策主体之间,也并非天然地具有完全一致的政策目标共识,而是有着与自身利益密切相关的主体需求。在这种情况下，倘若乡村教师支持政策目标的确定，没有充分考虑到各级政府主体的诉求，没有充分考虑到作为政策实施对象的乡村教师群体的需求，没有充分考虑到政策相关各协调部门的要求等情况，那么，所制定的乡村教师支持政策目标，就很难获得普遍认可和认同，在政策执行过程中就可能出现变形甚至遭遇阻碍。为此，要避免上述种种不良状况的出现，就需要在乡村教师支持目标的制定过程中，和各个利益相关方进行充分的沟通协调和意见征集，及时解决乡村教师支持目标中存在的分歧与误解，既能保证国家政策权威在目标中的体现，又能使地方、基层利益群体需求得到满足，以充分调动各方面工作积极性，使总体利益趋向最大化。

第三，乡村教师支持目标的精心制定，必须做到目标的适时性。适时性是指乡村教师支持目标在实践中即时出现的现实状况，也可称之为现实目标，而把事先制定的目标称之为正式目标。一般而言，正式目标和现实目标显示出高度一致性，但也会存在不一致的情况。因为在对乡村教师支持的实际过程中，可能出现一些特殊情况，导致正式目标出现一些"水土不服"的状况，使正式目标执行受阻。虽然在绝大多数情况下，这并不意味着正式目标就一定有问题，然而，有时候确实是正式目标出了问题，毕竟并不可能完全保证正式目标的绝对正确性。这就意味着，乡村教师支持目标必须具有一定的适时性，具备一定的灵活性和调适能力，及时根据实践情况的变化，进行正确合理的反馈调整，以实现乡村教师支持目标的设定管理持续优化。

二 乡村教师支持内容的精细设计

乡村教师支持内容是"支持计划"的核心部分，"支持计划"目标的达成，完全依赖支持内容的有效供给。可以说，"支持计划"就是通过具体的支持内容来落实和体现的，离开了支持内容，"支持计划"就成了无本之木。"支持计划"明确提出了支持乡村教师的具体内容，但乡村教师支持内容不能只是停留在政策文本上的固定文字，尚需要根据各地实际情况进行深入的"加工创造"，即通过对支持内容的精细设计，为乡村教师支持供给侧改革提供坚实的支持。

第一，乡村教师支持内容的精细设计，要克服模糊化问题。乡村教师支持内容在各级教育行政部门具体的细化设计过程中，上级教育行政部门为了使基层教育行政部门能够更加灵活地根据本地实际情况制定内容，往往会在支持内容设计上显示出一定的模糊性，以便基层教育行政部门有更大的操作空间。这种做法能够调动地方的积极性，具有一定的益处，但这种乡村教师支持内容设计容易产生"故意"模糊问题，"如有学者发现全国 31 个行政区的"支持计划"生活待遇政策存在模糊"①。乡村教师支持内容设计中出现的"故意"模糊，本来是灵活性问题，很可能会转变成基层支持计划内容设计的真空或盲点，这就会使"支持计划"的执行难以保真，存在降低执行效能的风险。因此，"支持计划"内容的设计，要在尽可能兼顾灵活性的同时克服模糊化问题，做到设计精细，

第二，乡村教师支持内容的精细设计，要克服形式化问题。乡村教师支持内容形式化，主要体现在支持内容蜕变成为一种形式，用形式替代了真正的支持内容，导致作为"支持计划"支持对象的乡村教师，根本没有体验到"支持计划"的支持。这一点主要体现在乡村教师对"支持计划"的认知程度不够上。

调查结果显示，仅 1.9% 和 39.7% 的乡村教师对正在实施的《计划》"完全了解"或"比较了解"，回答"一般"的乡村教师占 14.9%，认为"不太了解"或"完全不了解"的乡村教师分别占 37.9% 和 6.0%。可以看出，《计划》知晓率并不高，这种惠及全体乡村教师的公共政策，却仅仅有四成的乡村教师完全了解或部分了解，显然背离了《计划》政策设计的初衷。②

从相当大比例的乡村教师对"支持计划"认知程度不高，甚至基

---

① 谢延龙：《论深入实施乡村教师支持计划的着力点》，《中国电化教育》2022 年第 5 期。

② 付卫东、范先佐：《〈乡村教师支持计划〉实施的成效、问题及对策——基于中西部 6 省 12 县（区）120 余所农村中小学的调查》，《华中师范大学学报》（人文社会科学版）2018 年第 1 期。

本不知道这一事实中至少可以看出,"支持计划"内容在乡村教师那里体验感不强。这说明,对乡村教师的支持,出现了支持内容虚化问题,即支持内容最终沦为形式,支持的形式表现为支持内容,甚至形式取代了内容,致使对乡村教师的支持变得空洞。因此,避免以形式替代内容,就成为精细设计支持内容的必然。

第三,乡村教师支持内容的精细设计,要克服机械性问题。乡村教师支持内容的机械性问题是指,不能根据变化了的新形势和乡村教师的新需求,而进行支持内容与时俱进的调整,只是生搬硬套文本支持内容,使支持内容陷入机械化的操作执行。比如,对乡村教师的培训,"在调查中发现,培训次数还不能够完全满足乡村教师发展的需求,而且培训在实际教学过程中的迁移效果较差"[①]。这要求在乡村教师培训支持内容方面,要根据乡村教师的实际需求进行调整,倘若依然对原有支持内容进行机械执行,只是达到完成"纸面"任务的内容要求,就很难使支持内容落到实处,起到更好的效果。

第四,乡村教师支持内容的精细设计,要克服功利化问题。乡村教师支持内容的功利化意味着,在对支持内容细化过程中,过于关注短期内见成效,过于注重乡村教师眼前的关切,投其所好,缺乏长远眼光,缺乏前沿引领。如此这般,从表面上看似乎乡村教师满意度很高,似乎乡村教师获得了较大支持,但这种短视和片面,很可能会造成乡村教师过于关注外在物质利益,而轻视自我内在素质的提高。这种支持内容的功利化,不仅割裂了乡村教师支持的物质和素质的关联,而且难以提高乡村教育的质量,对乡村教育而言意义和价值有限。

三 乡村教师支持过程的精准施策

乡村教师支持如何施策是"支持计划"政策生成的核心环节,施策的精准性从根本上决定了"支持计划"的支持质量。乡村教师支持过程涉及更多的是一件件具体行动策略,如果在政策施策的过程中,

---

① 王金涛:《〈乡村教师支持计划(2015—2020年)〉政策执行效果分析》,《上海教育科研》2021年第7期。

"支持计划"被粗略地执行,那么也难以实现精准落地,实施效果就会大打折扣。

第一,乡村教师支持过程的精准施策,意味着实施主体责任要精确。乡村教师支持的实施,并非仅凭某一单一主体所能完成,往往涉及数量众多的各级各类执行主体。这些主体责任不同,作用不同,必须进行精确的责任划分,明晰职能,各司其职,相互沟通,方能保证"支持计划"顺利实施,这是支持政策实施的根本前提。一般而言,"支持计划"实施中涉及的主体,可分为纵向的层级主体和横向的部门主体两大部分。就纵向的层级主体而言,不同层级主体各自的职责完全不同,如国家层面主体的职责是制定"指导性意见",省级层面主体制定"实施性方案",地方层面主体制定"实施性办法",基层层面主体制定"实施性细节"。但在事实上,纵向主体间很可能会出现职责同构现象,使各级纵向主体间职责边界模糊,或形成严格的自下而上的责任格局,从而引发主体间的职能错位或缺位。就横向的部门主体而言,乡村教师支持涉及财政、宣传、培训、人事各个部门,这些部门可能会从各自角度、利益和逻辑出发来处理和解决问题,这很可能会产生由职责分工引起的部门间难以协作的弊端。因此,要实现乡村教师支持过程精准,就必须明晰厘定各级主体责任,明确分工职责,相互协作,将主体责任转化为政策精准性。

第二,乡村教师支持过程的精准施策,意味着支持客体的瞄准要精准。乡村教师支持客体就是作为支持对象的千百万乡村教师。作为支持客体的乡村教师,总体上是一个"普惠性"的概念集合体,"支持计划"从总体上讲就是要尽最大可能为这个客体群体提供最大程度的支持,这点毋庸置疑。但这还远远不够,因为"普惠性"的"大水漫灌"式支持,虽然能够从面上解决乡村教师面临的整体性问题,但却难以照顾到作为乡村教师个体的差别性和差异性。因为乡村教师作为一个群体,受到各种因素的影响,其内部存在较大的差异,如小规模学校的乡村教师,教学点的乡村教师,连片特困地区、中西部少数民族地区、革命老区、边疆地区等的乡村教师,还有乡村教师的学科差异,年龄差异,入职时间长短等,这要求对乡村教师客体进行"精准靶向"式的支持，方能做到对乡村教师更有针对性地支持，以提高乡村教师支持的效能。

第三，乡村教师支持过程的精准施策，意味着支持工具的选择要精细。政策工具是为了解决政策问题而采取的手段、方式和方法等。关于政策工具的具体种类划分有多种观点，一般而言，主流的政策工具划分主要有五分法和三分法两种。五分法是以麦克唐纳等人为代表，将政策工具进行了非常具体的划分，主要包括五种政策工具：激励型、命令型、系统改革型、能力建设型和劝诫型。[1] 三分法是以罗斯维尔为代表，从较为宏观的角度将政策工具分为供给型、需求型和环境型三种类型。[2] 政策工具的分类，只是看待政策工具的角度不同而已，不管从哪种政策工具分类来看待乡村教师支持政策的实施，都面临着各种政策工具精细选择的问题。因为政策工具在实际使用过程中，可能会发生重心偏移式地偏重某项工具，或者不能很好地协调各种政策工具的优势，使政策工具出现误用、偏用或变通使用等问题，从而使政策工具使用出现结构不均衡或与乡村教师需求脱节等问题，诱发乡村教师支持政策失真或空传，使乡村教师支持政策效果难以充分发挥。故精细选择各种政策工具，从系统性和协调性视域充分优化组合各种政策工具，使乡村教师支持过程更加精准。

四 乡村教师支持效果的精确评估

乡村教师支持政策效果的评估是促进对乡村教师支持、实现乡村教师队伍高质量建设的关键环节。乡村教师支持目标的达成度如何，乡村教师支持政策是否存在执行偏差，是否应该继续执行，以及如何提高执行质量等，都离不开对支持政策效果的评估。可以说，乡村教师支持效果的评估，对提高支持政策的针对性和有效性具有重要作用，也是支持政策执行效果和能力的重要反映。

---

[1] Lorraine M. McDonnell, Richard F. Elmore, "Getting the Job Done: Alternative Policy Instruments", *Educational Evaluation & Policy Analysis*, Vol. 9, No. 2, 1987, pp. 133–152.

[2] Roy Rothwell, "Reindustrialization and Technology: Towards a National Policy Framework", *Science & Public Policy*, Vol. 12, No. 3, 1985, pp. 113–130.

第一，乡村教师支持效果的精确评估，要具备评估的专业性。乡村教师支持政策效果的评估，面临的主要问题是教育行政部门主导的"自我评估"。这种评估方式行政性过强，专业性不足，教育行政部门对自身进行评估，权责混淆，评估权力的行使往往受到行政的严重干扰，乡村教师支持政策的评估"对上级政府极易产生依赖，有时在上级政府的压力下，无法独立而客观地对教育政策做出评价"[1]。由此，对乡村教师支持的评估很容易成为应付上级部门工作检查的一种汇报行为，从而使乡村教师支持政策评估沦为教育行政部门的附庸。因此，乡村教师支持政策评估的精确，需要具备评估的专业性，这要求强化政府内部教育政策评估机构的独立性，对其职能进行规范和界定，同时积极引入以学术研究为主的评估，增强评估的专业性与技术独立性，以提高乡村教师支持效果评估的质量。

第二，乡村教师支持效果的精确评估，要具备评估的科学性。科学性是乡村教师支持效果精确评估的关键，主要包括评估程序的科学性和评估方法的科学性两个方面。评估程序的科学性意味着，评估过程要有科学的阶段划分，以及每个阶段进行科学的精准规划，比如可将评估过程分为准备阶段、实施阶段和总结阶段等，在每个阶段都要对信息的搜集、整理、分析及结论等做出精确的规划。评估方法的科学性意味着，乡村教师支持效果的评估要兼顾方法的实证性和规范性。因为支持政策涉及的对象是乡村教师，仅对支持效果做客观的实证性评估，所能得出的只是效益标准和数字标准，会造成评估结果脱离服务于人即乡村教师的弊端。因此，乡村教师支持效果的评估，一方面要对搜集到的支持效果资料信息，采用数学、统计学等量化的数据处理方法，做出客观的评估。另一方面也要采取规范性方法，通过实地调查、田野观察和个体访谈等定性方法进行效果评估，尤其是对乡村教师支持的隐性效果评估，规范性方法更具有优势。比如，乡村教师津贴政策，从表面上看是提高乡村教师待遇，但其隐性效果却是留住甚至吸引大量优秀人才到乡村任

---

[1] 白贝迩、司晓宏：《教育政策评估的困境及其超越》，《教育理论与实践》2016年第1期。

教，对实现城乡教育均衡发展具有重要作用，这就难以通过量化统计分析评估出来。

第三，乡村教师支持效果的精确评估，要具备评估的参与性。对乡村教师支持效果如何，乡村教师作为政策直接对象，最具有发言权。然而，在以往的政策效果评估中，政府部门和专家学者是进行评估的主体，乡村教师在评估中的作用被忽视。这种政治或学术精英占主导地位的支持政策评估，更加注重政策效果的客观性，而作为政策受众的乡村教师的主观满意度受到漠视。这很可能造成政策效果的客观结果很好，但乡村教师的满意度却不高的状况，直接造成支持政策效果不佳，质量不高。因此，乡村教师支持效果的精确评估，要纳入乡村教师群体的参与，加强支持政策对乡村教师群体主观感受的监测、调查、分析和评估，使乡村教师对支持政策实施的满意度、对支持政策执行质量的看法以及支持的直接体验成为效果评估的重要部分。如此，乡村教师对支持政策的评价就能及时反映到评估结果中，这有利于通过效果评估，及时反馈支持政策在乡村教师那里存在的问题，进而改进、提升支持政策的针对性，提高对乡村教师队伍建设的支持质量。

第三节　"支持计划"精准支持的理论依据

"支持计划"作为一项对乡村教师队伍建设进行支持的政策，精准支持是支持政策能够高质量实施的重要保证。对"支持计划"精准支持而言，理论依据是其实施的思想观念基础和出发点，能够为"支持计划"精准支持提供观念指导，亦能从理论上对"支持计划"精准支持进行深度的诠释和理解。

一　精细化管理理论

精细化管理理论出自西方企业管理领域。20 世纪 50 年代，日本丰田公司把精细化作为一种企业管理理念进行实践应用，使精细化管理思想迅速为世界上众多国家的企业所尊崇。从本质上讲，企业中精细化管理的出现，与社会分工精细化和服务质量精细化密切相关，是现代管理面对精细化要求的必然选择。

精细化管理最早的典型代表作是科学管理之父泰勒（F. W. Taylor）的《科学管理原理》一书，泰勒的精细化管理思想聚焦于工人操作的精细化分析，对工人操作的每一个行为进行规范和要求，通过总结出最佳的操作步骤方法，实现生产的最大效益。之后，行为科学管理理论通过保健性因素和激励性因素的分析，从调动人工作积极性的内外因素层面对精细化管理进行了研究。戴明（W. E. Deming）的全面质量管理把管理程序的精细化作为重点，将精细化扩大到质量管理的每一根神经末梢，提出了著名的"戴明环"（PDCA循环），即计划、执行、检查、纠正四个阶段的循环，精细化就在于质量管理四个阶段的持续改进过程中，呈现出阶梯式上升。后来，精细化管理理论被引入我国，汪中求等人在《精细化管理》一书中，对精细化管理的要点、运用的原则和方法等内容进行了系统论述。随之，又有温德诚在《精细化管理——执行力升级计划》一书中，从执行力的角度对精细化管理进行论述。孙念怀在《精细化管理——操作方法与策略》一书中，对精细化管理的具体操作方法、策略进行了全面阐述。这些关于精细化管理的研究，全面细致地揭示了精细化管理的原理，深刻阐明了精细化管理的构建与框架。

精细化管理关键在精细。从字面意义上讲，"精"就是要求把产品、服务和管理尽最大可能做到仔细周密，力争挑战极限，做到最好，以追求极致完美为目标。"细"就是要求从细微细小处着眼，把工作、管理、执行、标准和制度等做到精致周详。对精细化管理而言，"'精'是经营管理的关键环节，'细'是关键环节的主要控制点，精细管理就是系统解决经营管理过程中的各关键环节及其主要控制点的匹配性"[①]。精细化管理是一种永无止境的极限追求过程，体现了循序渐进、持续改进和优化完善的管理追求，是一种没有最好、只有更好的管理理念。精细化管理实现的是管理理念的重大转变，它要求从经验粗放型向科学集约型管理转变，精细化管理要求对管理目标进行分解细化，通过剖析管

---

① 周登超：《民办高职院校教学精细化管理研究》，博士学位论文，武汉大学，2013年。

理过程中的关键环节和要点，让目标能够有效贯彻到管理活动中的每个活动环节、程序和流程中。关注细节是精细化管理的基础，从细微之处出发，从细微之处落实，细节是精细化管理的起点、途径和终点。但精细化管理并非细化至琐碎的程度，而是忽略一般或无关的细节，以重点和关键点细节为要务，抓住核心细节深入挖掘管理潜力。

随着精细化管理理念在企业领域的广泛应用，"精细"这一范畴又逐渐扩展到政府、城市、财政、医院等众多管理领域。且"精细"又被赋予新的内涵和意义，延伸到教育领域，出现了教育领域内的精细化管理。学校精细化管理"是注重管理过程和管理细节，实施精确计划、精确决策、精确控制、精确考核的一种科学管理模式"[①]。精细化管理能够有效促进高校内涵建设：

> 在高校中形成精细化的理念并应用于学校建设的方方面面，完善学校各项管理制度，建立科学、规范的工作流程，形成善于在细微之中做学问、做事情的风格，培养精益求精的精神，勤俭办学，建设节约型校园，能够提高学校的教学水平和管理质量，形成学校的特色，保证学校的可持续、快速发展。[②]

在教育政策领域，精准作为一个政策性概念，乡村教师精准支持与精细化管理之间有相互贯通之处，能够为乡村教师精准支持实施提供理论支撑。

乡村教师精准支持能够以精细化管理理论为基础，实现支持的精准性。乡村教师精准支持可以采用精细化管理中程序化、规范化和标准化的措施，精细化支持政策执行的关键环节，从支持目标、预案规划、部门职责、执行过程、绩效评估等方面，实现对乡村教师支持的精细把控。具体而言，乡村教师精准支持能够有效细化乡村教师的主体需求，能够有效细化支持各部门的职能权责，能够有效细化分解支持的每个目

---

① 刘诗雄、宋秀国：《论学校精细化管理》，《中国教育学刊》2009年第9期。
② 王树国：《以精细化管理加强学校内涵建设》，《中国高等教育》2007年第12期。

标决策、计划任务和执行标准,能够有效细化支持计划的实施、督查和激励等环节,以达至"支持计划"的有效精准实施。值得注意的是,乡村教师精准支持在借鉴精细化管理理论的时候,要明确二者的重大区别,精细化管理理论主要是针对产品而言,乡村教师精准支持的出发点和最终目的都是作为乡村教师的人。因此,乡村教师精准支持是以人为本的精细化,是以乡村教师的成长发展为目的的精细化。

二 组织支持理论

组织支持理论由美国著名社会心理学家埃森伯格(R. Eisenberger)于1986年提出。当时埃森伯格发现,在对组织和员工的研究中,"员工对组织的承诺"成为"一边倒"的研究倾向,而鲜有"企业对员工的承诺"研究。这种不对等的研究,促使埃森伯格等人开始了企业对员工承诺的系统研究,并提出了组织支持理论(Organizational Supportive Theory, OST)。埃森伯格的组织支持理论强调员工的内在感知,即员工对组织支持的感知,从而提出了"组织支持感"的概念。由此,从员工感知"组织支持感"视域研究组织支持,就成为组织支持理论提出后的主流。总的来说,组织支持理论的提出,"其重要的意义在于强调组织对于员工的关心和重视才是导致员工愿意留在组织内部,并为组织做出贡献的重要原因,即先有组织对于员工的承诺,然后才会有员工对于组织的承诺"[1]。

埃森伯格的组织支持理论主要强调情感支持,具体侧重于亲密和尊重支持。对此,麦克米林(R. McMillin)指出,在情感支持之外,其他方面的支持也同样重要,由此提出了工具性支持的概念。麦克米林指出,工具性支持诸如资源、信息、设备、工具等,是员工完成工作的基本保障条件,对员工同样非常重要。这样,对员工的支持就从内在情感支持转向了外在保障支持。以此为基础,麦克米林提出了一个包含工具性支持和情感支持的整合组织支持模式。之后,克莱莫(M. L. Kraimer)和维恩(S. J. Wayne)提出了适应性支持、事业性支持和经济支持

---

[1] 徐晓锋、车宏生等:《组织支持理论及其研究》,《心理科学》2005年第1期。

三维组织支持理论。此外，肖（L. M. Shore）、罗兹（L. Rhoades）、埃森伯格等人还提出，程序公正是组织支持感知的重要决定性因素。艾伦（D. J. Allen）指出，留职意愿与组织支持感知具有正相关关系。我国有学者通过研究指出，组织支持除了员工的心理认知，还有组织提供的支持，即组织支持获得，"组织支持，包括组织支持获得与组织支持感知"[①]。

组织支持理论提出之后，逐渐扩展到教育领域，成为研究教育问题的一个视角。在教育领域中，对教师的研究是组织支持理论应用的核心。具体而言，在高等教育方面，研究内容主要涉及组织支持机制对高校教师的胜任力、工作绩效以及创新创业教师能力结构；组织支持理论对构建高校教师专业发展的服务支持体系；组织支持感对大学教师发展动力的影响机制。[②] 在基础教育方面，研究内容主要涉及组织支持与教师工作满意度的关系；组织支持感与教师胜任力、工作家庭冲突影响；组织支持感与教师薪酬满意度和绩效的关系；组织支持感与教师的主观职业成功、工作重塑的关系。[③] 在学前教育方面，研究内容主要涉及幼儿园教师组织支持感与融合教育的态度、胜任力以及与幼儿教师离职倾向的关系等。[④]

在乡村教师精准支持实施中，组织支持理论具有重要的启发性价

---

① 刘智强、邓传军等：《组织支持、地位认知与员工创新：雇佣多样性视角》，《管理科学学报》2015年第10期。

② 参见曹志峰《高校教师胜任力与工作绩效关系研究——组织支持的作用机制》，博士学位论文，南京大学，2018年；张颖《基于组织支持理论的高校教师专业发展服务支持体系构建》，《苏州科技大学学报》（社会科学版）2002年第6期；林晓娇《组织支持感对大学教师发展动力的影响：基本心理需求的中介作用》，《中国健康心理学杂志》2022年第11期；王志强、龙泽海《基于组织支持机制的我国高校创新创业教师能力结构研究——基于1231所高校的实证调查》，《华东师范大学学报》（教育科学版）2020年第12期。

③ 参见纪春梅《西藏中小学教师感知组织支持对工作满意度的影响：组织信任的中介作用》，《教师教育研究》2020年第4期；王静、刘智《组织支持感对工作家庭冲突的影响——教师胜任力的中介作用》，《教育学术月刊》2018年第11期；毕妍、蔡永红等《薪酬满意度、组织支持感和教师绩效的关系研究》，《教育学报》2016年第2期；赵小云、李福华《中小学教师的组织支持感、工作重塑与主观职业成功的关系》，《教师教育研究》2019年第2期。

④ 参见秦奕、何锋等《组织支持感对幼儿园教师融合教育胜任力的影响：工作特征的调节作用》，《现代特殊教育》2021年第24期；鲁鸣、辛伟豪等《幼儿园教师组织支持感对融合教育态度的影响：胜任力和融合教育效能感的链式中介作用》，《中国特殊教育》2021年第12期；张丽敏《幼儿园教师的组织支持感与离职倾向及其关系研究》，《幼儿教育》2012年第33期。

值，能够为乡村教师精准支持提供思想指导和理论支持。首先，乡村教师精准支持不仅要关注外在条件性支持的力度，而且要重视外在支持引起的乡村教师内在的获得感。乡村教师支持政策主要是从外在的经济、物质、培训和荣誉等方面对乡村教师队伍建设进行支持。这些外在支持对乡村教师队伍建设而言，是重要的必不可少的条件，甚至是决定性的因素。因此，在支持政策执行中，增加执行力度，保证政策准确、全面落实就成为重点，而乡村教师的政策获得感就容易被忽视。事实上，外在支持措施只有被乡村教师所接受和认可，才能真正发挥作用，组织支持理论在这方面能够为乡村教师精准支持提供重要启示。

其次，乡村教师获得感能够为乡村教师精准支持提供重要借鉴。乡村教师是支持政策的接受主体，他们能否感知到政策的支持，对支持政策本身而言，应该是其实施效果好坏的重要评价指标。对乡村教师而言，组织支持感对乡村教师行为有直接影响，当乡村教师对支持政策有显著感知时，他们就会强烈地感受到自己的付出和贡献得到了认可和赞许，就更愿意继续努力工作回报这种支持获得感。这样，就能够更加有效地激发乡村教师专业发展的动力，也能够有效激励乡村教师留乡任教的意愿，有利于支持政策目标的有效达成。

最后，支持政策实施的程序公正对乡村教师精准支持具有重要价值。支持政策精准落实的最终所指是一个个具体的乡村教师个人，支持政策中的工资津贴、职称荣誉、编制轮岗、培训进修等资源的分配落实，必然涉及每一个乡村教师的利益。鉴于程序公正对组织支持的获得感至关重要，在乡村教师支持政策的落实过程中，一方面要保证政策落实的透明度，另一方面要创造条件，让乡村教师能够参与到政策落实的决策形成过程中，做到程序公正，使支持政策能够更高效精准地落地。

第四节 "支持计划"相关研究的学术梳理

"支持计划"自 2015 年 6 月颁布实施之后，研究者们从各种角度对这一政策展开了深入的研究探讨，对"支持计划"的精准落地和乡村教师队伍建设的改进，起到了巨大的支撑作用。对这些研究进行系统梳理总结，在学理上，有助于弄清"支持计划"研究的学术谱系，更好地积累关于乡村教师发展的知识。在实践上，有利于摸准"支持计划"的实践发展脉络，能够更优地推进"支持计划"的进一步深入精准实施。

一 "支持计划"政策文本研究

"支持计划"颁布之后，对"支持计划"政策文本的研究，大体上分为两个层面：一是从国家顶层设计层面对"支持计划"本身进行政策研究。二是从地方层面对"支持计划"实施细则进行研究。随着国家"支持计划"的颁布，各级政府部门根据各地教育实际情况，相继制定了在地化的实施要求和细则，颁布了地方性的"支持计划"实施政策文本。这些地方性的政策文本，是"支持计划"顶层设计落实到底层治理的关键环节，因其涉及的更多的是如何具体落实，要对乡村教师队伍建设实践产生切实的作用，故出现了大量对这些政策文本深入细致的研究成果。

一是对国家政策文本的研究。这类研究主要是解读和解释性质的思考，通过对国家"支持计划"政策文本的探讨，更有利于理解"支持计划"的精神和深刻意蕴，有助于"支持计划"更好地实施落地。有学者指出，"支持计划"从整体设计和具体举措来看，可谓是打出了一套"组合拳"，对乡村教师队伍建设有着巨大的支撑作用。"支持计划"通过实施师德、培训、师资配置、职称评定、教师流动、教师需求和荣誉制度等一系列政策措施，能够全方位高效提高乡村教师质量、减轻教师工作负担、提升能力素质、解决职务晋升问题、提升教师队伍活力、确保教师安心从教和调动教师工作积极性。[①] 而且，"支持计划"还是一剂破解乡村教育发展症结的良药。"支持计划"聚焦乡村教师"下不

---

① 邬志辉：《打出"全方位组合拳"大力支持乡村教师发展——〈乡村教师支持计划（2015—2020年）〉分析》，《中国民族教育》2015年第5期。

去""留不住""教不好"这三大核心问题,坚持"统筹设计、资源倾斜、务实求效、建立机制"的基本原则,从八大方面给予乡村教师发展支持与关照,吸引优秀人才从事乡村教育,调动乡村教师从教积极性,促进乡村教育事业繁荣和发展。① 有学者认为,"支持计划"是乡村教师的新希望,这体现在"支持计划"强调乡村教师的待遇提高,编制城乡统一,培训加强,职称评定政策倾斜,培养本土化定向,对乡村教师的作用与贡献给予了高度的肯定和认可。② 有学者认为,"支持计划"具有防止贫困代际传播与加强农村教师队伍建设的双重作用,但也存在一些缺憾,如教师工资提高没有明确要求,城乡教师单向度交流制度不够合理,乡村教师荣誉制度存在一定问题等。对此提出,要为乡村教师提薪减负,建立国家教师岗位,政府部门间要加强合作,健全城乡教师双向流动机制,完善乡村学校硬件设施和办好师范教育等。③

二是对省级政策文本的整体研究。这种研究可分为两类:其一,对全国所有省级"支持计划"政策文本进行研究。我国幅员辽阔,各省(区、市)差别显著,有学者对全国32个省级"支持计划"的实施细则进行了比较研究,对它们存在的共同点和差异进行了详细分析,以此为基础,提出要在乡村教师"留得住"上着力,并在乡村教师编制、补充、培训和保障配套上做到精准发力。④ 有学者分析了32份省级"支持计划"的因地制宜性,总结了这些"支持计划"的整体特点,提出要拓宽乡村教师培养的途径,在乡村教师编制、流动、评价和培训上持续着力,并强化检查督导,以确保政策目标实现。⑤ 有学者对31个省(区、市)"支持计划"的研究发现,省级"支持计划"在实施细则上

---

① 邬志辉:《专家组成员解读〈乡村教师支持计划(2015—2020年)〉》——破解乡村教育发展症结的良药》,《中国教育报》2015年6月10日第1版。
② 袁桂林:《乡村教师的新希望——〈乡村教师支持计划(2015—2020年)〉解读》,《生活教育》2015年第23期。
③ 张旭:《寻求农村教师和教育发展的突破口与着力点——以〈乡村教师支持计划(2015—2020年)〉为例》,《当代教师教育》2015年第3期。
④ 张晓文、张旭:《从颁布到落地:32份〈乡村教师支持计划〉文本分析》,《现代教育管理》2017年第2期。
⑤ 刘胡权:《论支持乡村教师发展的政策实践——基于32个省级单位〈乡村教师支持计划〉的文本分析》,《北京教育学院学报》2017年第1期。

虽然有一定的创新和突破，但整体上对国家的要求，没有做到很好的细化和具体化，基本是"照搬"国家"支持计划"的原有内容。为此提出了补充和完善的建议，即重视提高乡村教师的生活状况，制定乡村教师特殊的专业标准，强化"外来"乡村教师乡土情感的培养。① 有学者对全国省级"支持计划"政策文本进行分析发现，在编制改革、补助激励和职称评聘等方面，依然存在不足之处，这使政策整体效力大打折扣。为此，需要通过实施"自下而上"的编制核定方式，以综合施策整体推进教师队伍建设体制机制改革，实行"以省为主"的义务教育财政体制。② 其二，对某一省（市、区）"支持计划"政策文本进行研究。有学者对宁夏"支持计划"实施政策进行分析后，指出政策体现出地方适切性和对乡村教师的人文关怀，但存在创新不足和对执行困难预期不足等问题。为此，要采取改善乡村教育生态、增加职业吸引力、建立教师成长共同体等措施，以期提升宁夏"支持计划"政策实施质量。③ 总之，上述研究多聚焦于全国各省级政策文本的整体比较研究，而对某一省政策文本进行专门的精细研究不够，不利于"支持计划"在某一地的精准落地。

三是对省级政策文本的某一具体内容进行研究。乡村教师生活待遇是"支持计划"的重要内容和关键所在，有学者从对象和内容角度对31个省（区、市）"支持计划"中教师生活待遇政策进行了研究，发现存在政策对象界定不明确，政策内容模糊不具体等问题。为此提出，要从地域、学校和教师岗位等多维因素上，详细划分生活待遇的对象。要依据相关影响因素，对乡村教师实行差别化补助标准，以确保生活待遇政策在内容上具有针对性与可操作性。④ 荣誉体系建设对提升乡村教师

---

① 刘佳：《"乡村教师支持计划"实施方案研究——基于31个省（区、市）"乡村教师支持计划"实施办法的内容分析》，《教师教育研究》2017年第3期。

② 冯卫国：《〈乡村教师支持计划〉成效研究——政策文本分析的视角》，《教师教育论坛》2020年第3期。

③ 朱许强：《对"宁夏乡村教师支持计划实施办法"的文本分析》，《宁夏师范学院学报》2019年第5期。

④ 薛正斌：《乡村教师生活待遇政策研究——基于31个省（区、市）乡村教师支持计划的文本分析》，《当代教师教育》2020年第2期。

获得感具有重要作用,有学者从政策工具视域,对乡村教师荣誉体系建设进行研究发现,权威型工具、激励型工具、能力建设型工具、系统变革型工具和劝诫型工具这五大工具普遍存在一定问题,需要全面综合把握各种工具的优劣,形成政策合力,以保证乡村教师荣誉的规范性和权威性,提高职业吸引力,建立发展性誉后管理机制,健全多主体间协调机制,营造尊师重教的社会氛围,使乡村教师荣誉体系获得可持续的发展。① 总的来看,这类研究的不足在于,对"支持计划"的八大措施,基本上没有进行单独与系统的研究。

四是对省级政策从某一特殊角度进行研究。有学者从政策工具的角度,对31个省(区、市)"支持计划"政策进行了详细的计量分析,发现其中存在过多使用命令型工具的现象,而劝诫型工具缺乏,省际激励型工具使用存在较大差异。在乡村教师支持内容上,除了补充教师和工资待遇外,其他内容较为单一,缺乏相应的配套措施。对此提出建议,要综合全面运用各种政策工具,进一步健全政策体系,完善政策工具相关配套措施。② 有学者从民族地区的视域,对民族地区的"支持计划"政策文本进行研究发现,对民族地区乡村教师的支持,要从四个方面着力,即工作待遇条件、教师数量质量、师德与教育观念、激励与职业认同。为此,民族地区乡村教师的政策支持,需要深入优化师资资源配置,推进教师专业化发展;实现多元化的利益主体参与的乡村教师问题治理,并积极回应乡村教师发展的文化需求。③

二 "支持计划"实施成效研究

通过实证调查对"支持计划"实施成效进行量化研究,能够真正明确"支持计划"实施的真实效果,对"支持计划"的深入实施,能

---

① 姚松、李志明:《乡村教师荣誉体系建设中政策工具选择与运用的问题及对策——基于省级政策实施方案的文本分析》,《当代教师教育》2021年第3期。
② 姜金秋、田明泽、杨雨甜:《政策工具视角下〈乡村教师支持计划〉的实施路径与改进策略——基于31个省级政策文本的量化分析》,《教师教育学报》2020年第6期。
③ 李祥、任胜洪:《民族地区乡村教师问题的政策应对及问题反思——基于民族八省区"乡村教师支持计划(2015—2020年)实施办法"文本分析的视角》,《中小学教师培训》2017年第7期。

够起到现实的巨大支撑和推动作用。这些对"支持计划"实施成效的量化调查，普遍从支持乡村教师的八项措施出发加以研究，从研究涉及的调查范围进行划分，大体上可以分为普遍性研究、典型性研究和精细性研究三类。

一是普遍性研究，主要是通过跨省区的大范围调查研究，试图探寻"支持计划"在不同区域的实际实施中普遍存在的问题，并提出改进策略。有学者通过对中西部6省12县（区）120余所农村中小学的调查，发现"支持计划"取得了初步的优异成效，但存在支持政策知晓度较低，乡村教师补充数量和质量难以满足需要，工资福利和编制供需问题尖锐，教师流动和荣誉制度效果不好等问题。这要求在政策宣传上加大力度，教师工资待遇要建立"以省为主"的保障机制，完善乡村教师的补充退出和编制管理制度。[①] 有学者对我国东中西部3省9县进行的调查发现，"支持计划"实施五年来，对乡村教师和学生发展均有非常显著的促进作用，但仍然存在优秀教师流失严重且补充不足，音体美教师缺乏，乡村教师能力素质整体提升有限，城镇流动教师发挥作用不明显等一系列问题。由此，"支持计划"在实施中需要转换已有范式，要确立以学生的需要与诉求为价值基础，将政策实践范式从以特定人群为对象的"肯定性行为"，转换为由多方利益主体参与的"协商与协调行动"。[②] 普遍性研究能够从较为宏观的层面找出"支持计划"普遍存在的问题，有利于宏观把握"支持计划"实施的成效。但这类调查耗费人力财力较大，开展研究存在不小的困难，所以总体研究数量偏少。

二是典型性研究，主要是通过对某一区域进行个案式的调查研究，探寻"支持计划"在某个具体区域内实施的典型性问题，即通过以小见大的方式，发现问题，提出改进策略。教育部教师工作司综合处在湖

---

① 付卫东、范先佐：《〈乡村教师支持计划〉实施的成效、问题及对策——基于中西部6省12县（区）120余所农村中小学的调查》，《华中师范大学学报》（人文社会科学版）2018年第1期。

② 刘佳：《"乡村教师支持计划"的实施成效与政策启示——基于对我国东中西部3省9县的调查分析》，《当代教师教育》2021年第3期。

南湘西土家族苗族自治州永顺县，以蹲点调研的方式，对该县芙蓉镇保坪小学进行个案研究发现，乡村教师整体素质不高，职业发展内驱力缺乏，高级教师和优质资源配置不足，教师结构不太合理，信息化水平不高，尤其是音体美专业教师严重不足。由是提出，各地党委和政府要加大督促力度，确保"支持计划"的举措真正得到落实，要提升乡村教师专业化水平，加大乡村青年教师培训力度。① 有学者以湖南省泸溪县为案例进行的研究指出，"支持计划"落实状况总体成效明显，但乡村教师在职业发展、引进补充、结构构成、工作压力、流动培训和资源配置等方面，依然面临一些严峻的问题。为此需要拓宽乡村教师补充渠道，提升乡村教师待遇，推进教师管理改革，优化配置教师资源，为乡村教师提供所需的优质培训等。② 有学者对湖北某县"支持计划"实施成效进行的调查发现，乡村教师在流失、待遇、培训、补充及轮岗方面都有了显著改善，但在政策知晓度、经费投入、教师空缺、职称评聘和激励措施等方面存在一定的问题。鉴于此，需要从宣传政策、编制补充、职称评聘及教师专项奖励基金等方面进行改进，以有效提高政策效能。③ 有学者对甘肃省某县进行调查发现，"支持计划"的落实依然存在一些突出问题，即乡村教师对支持政策认知度偏低，乡村教师生活条件和生活补助改善存在短板，培训效果堪忧，职称改革存在缺陷。为此，需要加强政策宣传力度，切实提高乡村教师的津贴和伙食标准，进一步强化有针对性的师资培训和职称评定的公平性。④ 有学者对广西某县进行田野调查发现，"支持计划"提高了乡村教师职业吸引力，取得了良好的效果，但仍存在乡村教师数量缺口较大、待遇低于公务员、音体美教师匮乏、培训迁移效果较差、社会地位偏低、教师素质有待提高

---

① 宋磊、高顺利、王小凡：《专业发展已成为当前乡村教师面临的最主要问题——湖南省永顺县乡村教师支持计划落实情况蹲点调研报告》，《人民教育》2017年第24期。

② 王炳明：《乡村教师队伍建设的政策分析——基于湖南省泸溪县落实〈乡村教师支持计划〉的案例研究》，《中国教育学刊》2017年第2期。

③ 冯帮、何淑娟等：《〈乡村教师支持计划（2015—2020年）〉实施情况的调查研究》，《教师教育学报》2018年第5期。

④ 王吉康、吉标：《"乡村教师支持计划"实施现状及对策研究——基于甘肃省G县的调查分析》，《广西社会科学》2019年第6期。

等问题。解决这些问题，需要进一步提高乡村教师待遇，提升乡村教师队伍素质，拓宽补充渠道，优化教师队伍结构。① 总之，这类研究以典型分析为基础，通过由小见大，有针对性地对某个典型区域进行研究，提出了落实乡村教师支持的相应政策建议，具有较大的可操作性和应用性，对乡村教师队伍建设具有重要的实践意义和价值。

三是精细性研究，也就是对"支持计划"进行更加深入细致的研究，探寻"支持计划"更加细致入微或不同侧面的问题，力求从细小具体处更加全面地剖析"支持计划"的实施效果，服务于"支持计划"的更好实施。这类研究又可以分为两类：一类是就"支持计划"的某项支持内容进行研究，如对教师荣誉制度、教师编制等。另一类是从某个方面对"支持计划"进行研究，如从教师定向培养、国培教师等方面。

其一，对"支持计划"的某项支持内容进行研究。教师荣誉制度是"支持计划"激发乡村教师自豪感和成就感的重要内容。有学者通过调查发现，乡村教师荣誉制度面临的实践困境主要表现在荣誉价值偏离公平与正义，荣誉载体虚表化与精神性单向度，荣誉表征的负向效应，荣誉效用使一线教师渐失希望等方面。走出荣誉制度的困境，需要制定荣誉称号设置与分类的科学体系，健全荣誉准则系统，构建荣誉评选和奖励的有效机制等。② 教师编制是实现"支持计划"保证乡村教师队伍数量充足目标的基本途径，对乡村教师队伍建设影响巨大。有学者通过研究发现，乡村教师编制供需矛盾十分突出，体现在乡村教师编制供给难以满足乡村教育质量提升、学校基本教育教学需求、农村教育优势与特色发展需求等方面。化解乡村教师编制供需矛盾，需要对乡村教师编制进行单列管理，科学核定编制配置标准，建立编制动态调配机制。③ 也有学者从编制政策执行偏差的角度分析发现，乡村教师编制政

---

① 王金涛：《〈乡村教师支持计划（2015—2020年）〉政策执行效果分析——基于广西D县的田野调查》，《上海教育科研》2021年第7期。
② 陈玉义、万明钢：《公共视域下乡村教师荣誉制度的实践困境与对策：基于甘肃、山东等6省区的调查分析》，《中国教育学刊》2019年第4期。
③ 刘善槐、朱秀红等：《农村教师编制制度改革研究》，《中国教育学刊》2019年第1期。

策执行存在三大偏差,即执行统编中的过度性偏差,落实满编中的偏离性偏差,执行补编中的不及性偏差。造成这些偏差,既有政策文本研制模式的原因,也有地方利己与选择执行的原因,还有学校人情和利益的原因,更有督导检查同情和弱势的原因。针对此,可采取机制创新、定编精准的政策防偏措施;恪尽操守、设编科学的政策执行消偏措施;多方听取、专门评判的政策督查纠防措施。[1] 教师流动是"支持计划"改善乡村教师队伍建设的重要政策工具,也是促进乡村教师队伍建设的难点和重点。有学者在分析了工资待遇对乡村教师流动的影响后指出,工资收入不是教师流动的首要影响因素,家庭、孩子及专业发展影响教师的流动选择。发放津贴与否能够显著影响教师流动意愿,现有津贴设计难以激励教师留乡。为此,要保障乡村教师工作待遇,优化乡村教师津贴额度设计,注重非货币性激励因素的作用,关注乡村教师家庭生活需求。[2] 有学者从"支持计划"对构建城乡教师有序流动机制的要求出发,提出了基于资本的教师流动治理逻辑:提升工资待遇,促进乡村教师向上流动。完善轮岗交流政策,推动城市教师向下流动。健全录考政策,保障乡村教师有序流动。构建人文关怀政策,实现乡村教师安心从教。[3]

其二,从某个点对"支持计划"进行研究。有学者从国培教师的角度对"支持计划"进行研究后指出,"支持计划"成效显著,乡村教师的补充渠道,教师编制和教师发展机会都有了根本性的好转。但乡村教育也存在学校管理和教育质量亟须提高,乡村教师激励效果不佳,城乡教师形式化交流等问题。造成这些问题的原因,与基层政策执行主体的认识、激励机制、计划性交流、政策执行环境等因素有关。解决这些问题,学校主体要提高政策认知,提升学校内部管理水平,完善城乡教师交流机制和激励机制,着力全科型教师培养,发展乡

---

[1] 王丽娟、唐智松:《乡村教师缘何屡补屡缺——基于编制政策执行偏差的分析》,《中国教育学刊》2021年第11期。

[2] 赵新亮:《提高工资收入能否留住乡村教师——基于五省乡村教师流动意愿的调查》,《教育研究》2019年第10期。

[3] 蔡春虹、张俊豪:《凭什么流动:乡村教师流动资本变迁研究》,《民族教育研究》2019年第4期。

村特色教育。① 有学者从农村体育教师的发展支持视角，对武陵山集中连片特困区"支持计划"实施进行研究发现，这一片区农村体育教师专业发展意识淡薄，工作环境较差，培训机会缺少，学校管理不合理。破解农村教师专业发展的困境，需要细化和加强政策实施，解决教师编制与职称，提高教师待遇水平，完善教师考核制度，加强教师在职培训等。② 有学者从乡村教师定向培养视角对"支持计划"进行研究发现，"自上而下"的政府主导的乡村教师培养模式，保证了"支持计划"实施的权威性和高效率，地方政府在政策标准和目标上与国家高度一致，政策执行资源充足，与师范院校形成强化协同的合作。师范院校具有丰富的师德和教师能力训练经验，在数量与质量上能够按照培养标准基本完成"支持计划"的政策目标。在乡村教师定向培养上，还需要进一步厘清政策执行中教育与行政两个逻辑间的关系，协调价值理性与工具理性间的关系，健全激励监测机制。③ 还有学者从教育扶贫评估的视角，从三方面即"下得去""留得住"和"教得好"，对某县"支持计划"执行效果进行评估发现，政策大大改善了乡村教师队伍建设面临的困境，能够较好地满足乡村教师的诉求，执行效果整体尚可，政策满意度较高。但也出现了一些问题，在"下得去"方面，乡村教师补充渠道的拓展带来了一些衍生问题；在"留得住"方面还有较大的改进空间；在"教得好"方面还存在经费短缺、培训过程、次数、时间、形式和效果等诸多问题。为提升政策实施效果，需要在乡村教师补充机制，乡村教师专业发展和队伍建设的财政投入方面进行持续改进。④

三 "支持计划"与教师主体研究

乡村教师是"支持计划"直接指向的对象，也是"支持计划"最

---

① 张莹：《〈乡村教师支持计划（2015—2020年）〉政策执行效果分析——基于安徽省国培计划教师的调查》，《当代教育论坛》2018年第6期。
② 伍雄林、李可兴等：《乡村教师支持计划下农村体育教师专业发展研究》，《四川体育科学》2021年第1期。
③ 许红敏、王智秋：《乡村教师定向培养的政策执行分析——基于〈乡村教师支持计划（2015—2020年）〉实施的考察》，《当代教育论坛》2022年第2期。
④ 檀慧玲、万兴睿等：《教育扶贫政策执行效果评估的混合式研究——以J县"乡村教师支持计划"为例》，《教育学报》2021年第2期。

大的利益诉求者，从这个意义上说，乡村教师是"支持计划"最重要的主体。因此，乡村教师对"支持计划"的感受度、获得度、认同度和满意度等，是"支持计划"是否有成效的主要标准。需要指出的是，很多对"支持计划"的研究，也是以乡村教师为调查对象，但其出发点是验证"支持计划"的其他指标，教师只具有工具价值。从乡村教师出发，把乡村教师作为主体进行研究，其出发点和终点都是乡村教师，更能反映乡村教师作为价值主体的需求。

一是乡村教师对"支持计划"的认同研究。有学者对湖北5县进行调查发现，乡村教师在对"支持计划"的政策认同方面，虽然了解度和理解度普遍偏低，却对这项政策非常认同，相信政策会产生较大的积极影响。乡村教师对"支持计划"的实施都比较有信心，但认为政策文本在表述上尚需进一步完善，政策对乡村教师性别结构的改善作用有限。为此，提出要进一步完善和规范政策文本表述，改善和优化乡村教师性别结构，强化宣传公示，保证乡村教师的政策知情权。[1] 有学者通过研究发现，乡村教师对"支持计划"的认同度普遍较高，尤其对乡村教师生活待遇、能力素质提升和教师补充具有较高的认同度。需要进一步改进的是，提高乡村教师待遇尚需在经费上加大投入，确保"支持计划"的实施成效需要建立动态监管机制。[2] 有学者通过研究发现，乡村教师总体上对"支持计划"的目标、预期结果、具体举措和实施前景等都有较高的认同度。不同性别、教龄以及月收入的乡村教师，在对"支持计划"的总体认同上，没有显著差异。但在对"支持计划"的具体措施上，不同教龄、性别和月收入的乡村教师存在着显著的差异。[3]

二是乡村教师对"支持计划"的满意度研究。乡村教师对"支持计划"的满意度研究，主要关涉两个方面：一是影响乡村教师满意度的

---

[1] 桂勇、冯帮等：《〈乡村教师支持计划（2015—2020年）〉政策认同度的调查与分析》，《教师教育论坛》2016年第5期。

[2] 蒋蓉、陈茜：《〈湖南省乡村教师支持计划实施办法〉的政策认同与实施情况——基于全省14个市州的1284份问卷的分析》，《湖南第一师范学院学报》2018年第6期。

[3] 张长剑：《〈乡村教师支持计划（2015—2020年）〉的认同度研究》，硕士学位论文，西南大学，2017年。

因素研究；二是乡村教师工资待遇的满意度研究。在影响乡村教师满意度因素的研究方面。有学者对贵州省乡村教师进行抽样调查发现，乡村教师总体上对"支持计划"的满意度一般。研究指出，直接对乡村教师满意度产生重要影响的因素为：农村教育教学能力、工资待遇和住房、职业认同感、师资结构配置、城乡教育公平性。间接影响乡村教师对"支持计划"满意度的因素为：婚姻状况、文化程度和学校地理位置。直接或间接影响"支持计划"满意度的因素为留教意愿、文化程度、婚姻状况、教龄、入职身份、薪酬和绩效工资等。[1] 有学者研究发现，实施"支持计划"以来，乡村教师的工作满意度不断提高，但提升空间依然很大。研究指出，能够显著影响乡村教师工作满意度的主要因素为政府保障、学校管理和人际关系。对乡村教师而言，政府保障是其工作满意度的首要影响因素。不过，随着乡村教师月收入的增加，影响满意度的因素也发生了改变，当月收入达到5000元以上时，学校管理就替代政府保障，成为首要影响因素。研究认为，职称评审、民主渠道、经济地位、安全责任的适度性处于优先改进区，乡村教师非常重视这些领域的改善和改进。这意味着这些方面将成为促进乡村教师工作满意度的首要任务及优先战略。[2]

在乡村教师工资待遇的满意度研究方面，有研究发现，在"支持计划"实施初期，乡村教师对自己的工资收入普遍不满意，这种不满意表现在与其当前或五年前工资收入的比较，或者与其他职业收入的比较上。而且，对各项补贴及绩效工资制度，乡村教师也意见颇大。为此要强化中央和省级财政责任，加强教师工资监督，完善福利待遇制度，改革绩效工资制度，确保公平与公正。[3] 另有研究发现，内在薪酬的工作条件、工作氛围和职业尊严感等因素，能够影响乡村教师的工资满意度。而对乡村教师工资满意度产生显著影响的因素是工作条件和工作氛

---

[1] 季飞、李亚亚：《乡村教师对〈乡村教师支持计划（2015—2020年）〉满意吗？——基于路径分析法的政策执行研究》，《教育教学论坛》2020年第32期。

[2] 武向荣：《哪些关键因素影响了乡村教师工作满意度》，《教育与经济》2022年第2期。

[3] 马飞、张旭：《〈乡村教师支持计划〉背景下的教师工资待遇满意度调查——基于全国11个县2888份问卷的分析》，《上海教育科研》2017年第7期。

围，在工作条件和工资满意度之间，职业尊严感起完全中介作用，但在工作氛围和工资满意度间，职业尊严感仅起部分中介作用。[1]

三是乡村教师对"支持计划"其他方面认同的研究。有学者从乡村教师视角研究了"支持计划"的政策效果。通过对甘肃G县乡村教师的调研发现，乡村教师总体上感到工资收入有显著提升，工作生活条件有一定的改善。但教师们也认为，在工资增长的同时，存在待遇增长不够明显，工作生活条件改善不够精细，职业聚合力和吸附力不够显著，培训水平低等问题。为此需要加强专项的政策资源投入，优化政策执行方式，强化对实施主体的监督，在基层建立专门的政策宣传机构。[2] 有学者从教师信念的视角，以少数民族地区乡村教师为例，对"支持计划"进行的研究指出，教师信念是"支持计划"在少数民族地区有效实施的重要决定性因素，"支持计划"在改善物质环境和精神环境条件上，对乡村教师信念的建立、保持和发展起到了支撑作用。但"支持计划"也存在一些问题，缺乏对民族学校的针对性支持，缺少对民族地区乡村教师隐性生活成本和风险的关注，欠缺对精神环境条件具体内容的计划，对民族地区乡村教师信念发展的计划和监测不足。为此，需要建立职前和职后教师信念培养体系，形成民族地区乡村教师全方位支持服务体系，建立教师信念的研究和监测体系。[3]

四 "支持计划"与教师职业吸引力研究

增强乡村教师职业吸引力，是促进优秀人才到乡村任教和留住乡村教师安心从教的关键，也是"支持计划"的一个重要政策目标。因此，研究者从"支持计划"视域对乡村教师职业吸引力进行了研究，这些研究主要可分为以下三个方面内容：乡村教师职业吸引力的综合研究；离职视域中的乡村教师职业吸引力研究；民族地区乡村教师职业吸引力

---

[1] 张墨涵、周林芝等：《内在薪酬对乡村教师工资满意度的影响机制研究》，《教育科学研究》2022年第8期。

[2] 王吉康、李成炜：《乡村教师视角下〈乡村教师支持计划（2015—2020年）〉实施效果研究——基于甘肃省G县的调研》，《当代教育论坛》2019年第5期。

[3] 闫予沨：《基于教师信念视角的乡村教师支持计划政策分析》，《贵州师范大学学报》（社会科学版）2016年第4期。

研究。

一是对乡村教师职业吸引力的综合研究。这种研究试图通过多方面综合施力，提高乡村教师职业的吸引力。有研究者通过构建农村教师职业吸引力模型，在进行大规模调查后发现，农村教师职业整体上吸引力不足。为此，需要探索激励机制，使优秀人才能够"进得来"乡村，需要创造机会结构，使农村教师能够"留得住"，需要实施微环境改善机制，让农村教师能够"干得好"，需要继续实施和完善"特岗计划""免费师范生计划"，探索建立"农村教师硕士计划"①。有学者提出建立综合待遇保障制度提高乡村教师职业吸引力。因为乡村教师职业吸引力不够，不仅仅是由工资收入较低导致的，而且是由多重因素综合导致的，即农村教师在专业发展、工作生活条件、社会保障、住房问题和子女教育等方面都面临着问题。造成这些问题的原因是，长期的城乡二元结构导致乡村教师总体经济社会待遇一直偏低。要增强乡村教师的职业吸引力，就需要有完整系统的乡村教师综合待遇保障制度与机制，这要求综合发力进行制度改进，构建乡村教师综合待遇框架体系和内容维度，做到政策、举措协同实施、整体推进。② 有研究者提出了乡村教师职业吸引力的关键综合指标，首要指标是乡村教师愿意当教师和奉献乡村教育，然后是优秀师范毕业生愿意到乡村学校任教，其后是城市教师愿意到乡村学校任教，最后是优秀学子踊跃报考师范专业。但现实是，乡村教师职业吸引力仍然十分有限。为此需要有特殊措施来增强职业吸引力，这些措施应包括乡村教师的职称、进修和安居乐业等，但最关键的是提高工资收入待遇和社会地位。③

二是离职视域中的乡村教师职业吸引力研究。是否离职或是否愿意离职能够充分体现某个职业是否具有吸引力，乡村教师职业吸引力与乡村教师离职的研究，主要从两方面展开，即离职意愿与离职个案。一方

---

① 邬志辉：《如何提高乡村教师职业吸引力》，《光明日报》2014年9月2日第11版。

② 庞丽娟、杨小敏等：《构建综合待遇保障制度提升乡村教师职业吸引力》，《中国教育学刊》2021年第4期。

③ 郝文武、雒强等：《增强乡村教师职业吸引力的关键指标和特殊措施》，《教育与经济》2022年第2期。

面，从乡村教师离职的个案来研究如何增强职业吸引力。有学者通过农村教师集体"逃离"去参加公选考试的案例，分析了影响农村教师职业吸引力的因素，指出造成乡村教师离职的原因主要为：在社会层面，公务员工资收入高于教师，是为了改善生活环境和社会地位；在职业层面，教师职业压力大，工作太累，职业倦怠感强；在个人层面，是出于职业偏好。要提高农村教师职业吸引力，就要在乡村教师工资待遇，生活环境和社会地位声望的改善提升上下功夫，还需要进一步提高学校领导水平，提高乡村教师职业素养和忠诚度。[①] 新生代乡村教师是乡村教师队伍结构优化和乡村教育可持续发展的主力军，有研究者对新生代乡村教师进行个案研究发现，对日常和未来加剧的牺牲感，对同事和环境缺乏联系感，对理念和学生的匹配性背离等问题，是新生代乡村教师离职的主要困境。要提高乡村教师职业对新生代乡村教师的吸引力，就需要建立有差异的激励制度，加强乡村学校和乡土社会的软环境建设。[②]

另一方面，乡村教师离职意愿如何，有哪些影响因素，如何改善，对增强乡村教师职业吸引力具有重要意义。有研究者从乡村教师"离与留"强意愿的对比，对乡村教师职业吸引力进行的研究认为，令教师不满的因素是工资、工作条件和公共服务。一些和乡村教师有留任强意愿正向相关的因素为：工作条件、晋职时长、实际工资、领导公正和空间特征。而有利于使教师获得留任强意愿的因素为家庭关涉、领导公正和公共服务的改善。要增强乡村教师职业吸引力，就需要进行校社共同体建设，使乡村教师生活工作条件得以改善；需要校长领导能力获得实质性提高，使学校形成人文管理环境；需要教师工资和绩效分配更加合理，以缩小乡村教师群体差距。[③] 对乡村教师离职意愿的影响因素，有学者在进行大规模调查研究后发现，有一半以上的教师有离职意向。其中，影响离职意愿的最强因素是乡村教师的生活满意度，职业认同感和

---

① 赵明仁：《如何解决农村教师"留不住"的问题》，《湖南师范大学教育科学学报》2019年第6期。
② 刘胜男、赵新亮：《新生代乡村教师缘何离职——组织嵌入理论视角的阐释》，《教育发展研究》2017年第Z2期。
③ 何树虎、邹志辉：《乡村教师职业吸引力的实证研究》，《教师教育研究》2021年第1期。

学历对乡村教师离职意愿也有非常显著的影响,自主专业发展,组织对专业发展的支持,工作负担和收入也是影响乡村教师离职意愿的重要因素。因此,要增强乡村教师的职业吸引力,关键是改善生活条件和经济待遇,还需要增强乡村教师职业认同感和专业发展动力,同时减轻教师工作负担。[1] 还有学者通过三省六县新生代乡村教师的实证调查发现,离职意愿在新生代乡村教师群体中较为普遍地存在,个人偏好是新生代乡村教师离职意愿最重要的影响因素,乡村文化次之。其他影响因素还包括经济待遇、专业发展、社会地位、教师教育满意度、家庭和学校支持度等。为此,需要对"支持计划"的措施进一步进行完善,要重视新生代乡村教师的个人偏好和对乡村文化的适应,关心新生代乡村教师的家庭问题,给新生代乡村教师更多的组织关怀等。[2]

三是民族地区乡村教师职业吸引力研究。在民族地区,乡村教师职业吸引力是乡村教育的关键"短板"和乡村教育振兴的"着力点"。有学者通过研究发现,民族地区乡村教师职业吸引力低下,体现在贤才难招的职业供给力不足,现才难留的职业保障力薄弱以及英才难育的职业发展力欠缺等方面。要提升民族地区乡村教师职业吸引力,需以专业理念、法治理念、民生理念和系统理念四大理念为行动的先导。在职业供给力上,要创新师资培养,拓展师资补充渠道。在职业保障力上,要完善薪资、福利和特殊津贴制度,增强职业自觉。在职业发展力上,要健全教师进修和培训机制,打造良好的事业发展环境。[3] 有研究者对西南民族地区乡村教师进行调研发现,整体而言,乡村教师职业吸引力处于中等满意度水平。其中,在民族、年龄和职称上,乡村教师职业吸引力有着显著的差异,而最薄弱的环节是职业保障力,职业维持力和发展力次之。构建西南民族地区乡村教师职业吸引力的策略,主要涉及乡村教师的工资福利待遇、培训和职称晋升、子女教育、学校生活条件、和谐

---

[1] 李志辉、王纬虹:《乡村教师离职意向影响因素实证研究——基于重庆市 2505 名乡村教师调查数据的分析》,《教师教育研究》2018 年第 6 期。

[2] 刘佳、方兴:《新生代乡村教师的离职意向与政策改进》,《教师教育学报》2020 年第 2 期。

[3] 赵鑫:《民族地区乡村教师职业吸引力提升的理念与路径》,《教育研究》2019 年第 1 期。

融洽的人际关系等方面,其中增强职业保障力是其中的重中之重。①

五 "支持计划"的其他领域研究

除了上述对"支持计划"方面的研究相对集中之外,尚有一些关于其他方面的研究,涉及内容也广泛而杂多,这里仅就相对较多且较为重要的成果进行概述。

一是从特殊区域对"支持计划"进行的研究。特殊区域主要是指民族地区和连片特困地区,这些地区由于地理位置、经济状况和文化状况的独特性,对支持计划实施有特殊的要求,研究"支持计划"在这些区域的实施,能够更好地使"支持计划"精准落地。有学者从教育治理现代化的视角,对民族地区乡村教师队伍建设进行的研究认为,乡村教师存在思政素质难以契合教师队伍建设要求,配置结构与乡村教育发展不适应,政策体系不能促进乡村教师良性流动等问题。这要求建立制度性教育秩序的民主治理体系和针对乡村教师队伍治理的法制体系,要有民族性的乡村教师队伍素质的标准,乡村教师要实现与乡村社会的深度融合。② 有学者对民族地区教师队伍建设进行研究后指出,乡村教师队伍在编制、整体素质、培训效果、机制激励、教师尊严感和荣誉感等方面,存在一系列亟须改进的问题。为此,需要营造尊师重教的氛围,用待遇和发展吸引新教师,以培训形式多样化提高教师素质。需要创新管理体制、编制管理和人事管理改革,尽力消除乡村教师的种种顾虑。③ 有研究者对连片特困地区乡村教师能力素质进行的研究发现,在教师培训方面,存在培训内容与实际需求相脱离,培训理论过多而实践性不强,无法满足多学科教学需要;在信息技术应用能力方面,乡村教师在信息技术意识、使用平台、资源储备库、培训等方面缺乏。在乡村教师学习深造方面,乡村教师学习政策、学习资源、学习氛围和学习意

---

① 谢小蓉、赵鑫:《西南民族地区乡村教师职业吸引力的实证分析与提升策略》,《中国成人教育》2021年第19期。

② 塞世琼、彭寿清等:《教育治理现代化视野下民族地区乡村教师队伍建设的路径研究》,《民族教育研究》2020年第5期。

③ 张玲:《民族地区乡村教师队伍建设调研——以广西壮族自治区为例》,《中国民族教育》2016年第11期。

识都存在不足。为此,要提升乡村教师培训质量,包括提升培训者专业能力、完善培训内容、增强培训针对性和实用性。要提升乡村教师信息技术能力,包括增强信息技术应用能力意识、加强信息技术应用能力培训、建设信息技术平台及资源储备库。为乡村教师学习深造提供条件,包括保障教师学习时间、建立学习资源中心和树立终身学习理念等方面。[1]

二是着眼于乡村小规模学校而对"支持计划"进行的研究。小规模学校研究一直是农村教育研究的重要内容,而从"支持计划"视域对小规模学校教师进行研究,则主要涉及以下四个方面内容:

第一,小规模学校教师队伍建设研究。有学者对中西部6省农村小规模学校"支持计划"实施情况进行的调查发现,从整体上看小规模学校农村教师队伍水平依然偏低,农村小规模学校教师队伍建设,需要以理念转变为突破口,真正赋权和赋能,彻底变革城市化、依附型和标准化的发展观念。为此需要进行系统的制度变革,包括完善教师补充制度、加强信息技术培训、实施订单式教师专业培训、完善职称评聘考核制度、改进教师交流轮岗制度、提升小规模学校教师待遇、鼓励社会力量参与小规模学校教师队伍建设。[2] 有研究者指出,在农村小规模学校,教师具有复杂多样的类型,离中分割的结构和本土低层的来源等独特群体性特征。这使教师队伍建设出现了供需失衡、流动失序和专业发展受限等问题,为此需要以综合改革的战略思维,进行小规模学校教师队伍建设,包括建构弹性多元的教师补充机制,"公平补偿＋差序激励"的综合待遇标准,梯度的教师发展机制等。[3]

第二,小规模学校教师留岗研究。有学者在研究西部乡村小规模学校后指出,要落实"支持计划",走出一条通过留住教师来留住学校的

---

[1] 黄颖:《连片特困地区A县乡村教师能力素质政策实施调查研究——以〈乡村教师支持计划〉为例》,硕士学位论文,宁夏大学,2020年。

[2] 曾新、高臻一:《赋权与赋能:乡村振兴背景下农村小规模学校教师队伍建设之路——基于中西部6省2县〈乡村教师支持计划〉实施情况的调查》,《华中师范大学学报》(人文社会科学版)2018年第1期。

[3] 刘善槐、王爽等:《我国农村小规模学校教师队伍建设研究》,《教育研究》2017年第9期。

扎根之路。提出落实支持计划的重点，在于以专项经费的方式，提高乡村小规模学校教师的待遇；适当扩大教师编制，一对一解决小规模学校教师配备问题；扩大免费师范生招收范围，使该政策惠及农村小规模学校；"特岗教师"在城镇优质学校实践一年，再到农村小规模学校任教。① 有学者通过实证研究表明，乡村小规模学校教师留岗意愿并不强烈。为了吸引并留住优秀教师到乡村从教，需要创新完善职称晋升、岗位津贴和教师编制等激励机制；改善办学条件，完善基础设施建设，关爱教师的身心健康，建立教师双向循环交流体系，提升教师社会地位；拓宽职业发展渠道，搭建优质教育资源共享平台，建立城乡教师命运共同体，进行乡村文化融入，培养乡土情怀。②

第三，小规模学校师资队伍结构研究。有学者通过研究指出，在"支持计划"的推动下，小规模学校乡村教师的职业道德和专业素养水平获得了较大提高。但存在师资多样化、数量和专业结构不合理，优质师资短缺等结构性问题，原因主要在于政策执行力、教师调配机制和职业发展环境等方面。这需要设立政策实施的分层分类菜单，建立适合小规模村小教育特点的教师培养培训模式，建成强化教师流动的师资调配体制，优化吸引优秀人才到乡村从教的职业环境。③ 有学者对某县农村小规模学校教师的调查发现，教师在学历、职称、荣誉称号和学科结构上，都出现了一定程度的失衡态势。为此，小规模学校教师发展，需要优化教师水平结构，提升教师业务素质，补充新生力量，盘活现有师资，实行精准培训，注重外部支援实效等。④

第四，小规模学校教师专业发展研究。有学者对中西部9省（市）66所农村小规模学校教师进行调查，发现教师专业发展状况面临四大困境，即基础薄弱，体现为学历层次低，实践性知识缺乏；动力不足，

---

① 王鉴：《西部农村小规模学校发展思路研究》，《教育发展研究》2019年第20期。
② 徐继存、张丽：《乡村小规模学校教师留岗意愿及影响因素研究》，《山西大学学报》（哲学社会科学版）2020年第6期。
③ 姚翔、刘亚荣：《优化乡村小规模学校师资队伍结构的路径分析》，《湖南师范大学教育科学学报》2017年第7期。
④ 周晔：《农村小规模学校教师队伍专业水平结构的问题与对策》，《教育研究》2017年第3期。

体现为欠缺专业提升意识，工作劳累感强，职业认同感低；渠道过窄，体现为外出培训受限，校外交流合作较少；条件缺乏，体现为多学科教学较普遍，工作量偏大，所需设备不足。解决这些问题，要按需设岗，教师编制有弹性；要开展校际联盟，实现师资交流共享；要强化教师培训实效、提高教师职业认同感。[①] 有学者通过对中西部地区农村小规模学校的调查发现，教师专业发展陷入职业价值感恶化、教师职业倦怠加剧、教师专业自尊丧失、教师效能感降低和农村教师离职意向严重等多重困境。化解小规模学校教师专业发展危机，就需要使农村教师专业发展的制度逻辑实现转型；加强农村公共服务体系建设，推进现代化的教育治理体系和能力；构建本土化小规模学校教师专业发展模式。[②]

三是其他对"支持计划"进行的重要研究。"支持计划"是如何制订的？对"支持计划"制订过程进行研究，能够更清晰地认识"支持计划"的决策意图与目标，对"支持计划"的实施具有重要影响。有学者对"支持计划"的制订过程进行研究后指出，"支持计划"的制订是"问题流"、"政策流"和"政治流"的"三流耦合"的过程。"问题流"的形成，源于乡村教师队伍建设的困局表征、焦点事件和政策实施反馈；"政策流"形成于多方对乡村教师问题建议的回应；"政治流"来自国家对乡村教师的高度重视和全社会对乡村教师的深切关怀。动态嵌套的"三流耦合"开启了"支持计划"的制订，表明了"支持计划"制订的开放弹性的特征。未来应重视"问题流"，敏锐捕捉动态变化中的乡村教师问题变量。完善"政策流"，更多地倾听校长、教师和公众代表的声音。回应"政治流"，政策实施要积极回应乡村教师的诉求。[③] 对"支持计划"政策本身进行研究，政策效用的最大化发挥具有重要意义。有研究者根据史密斯模型，系统构建了分析"支持计划"的框架，通过分析指出，"支持计划"政策效果显著，体现在乡村教师职业

---

① 安晓敏、殷丽：《农村小规模学校教师专业发展调查研究》，《上海教育科研》2017年第7期。

② 符太胜、王培芳等：《中西部农村小规模学校教师专业发展危机与发展路径》，《当代教育科学》2020年第1期。

③ 吴会会：《动态嵌套的"三流耦合"：〈乡村教师支持计划（2015—2020年）〉制定过程透视》，《教师教育研究》2018年第4期。

吸引力增强显著，能力素质获得有效提升，拓宽了乡村教师队伍的补充渠道。不过"支持计划"还存在整体体系不健全，政策认同度较低，政策执行效能较低等问题。造成这些问题的原因涉及政策文本本身，政策执行主体，政策群体目标及政策环境等方面。解决这些问题，需要完善"支持计划"的政策文本，破解执行困境，激发政策目标群体的主动性和营造好的政策执行环境等。① 有学者在分析了"支持计划"深入实施所面临的深层次矛盾后指出，"支持计划"的推进已经进入"深入实施"的新阶段，在这个阶段，要从认识、目标、措施和机制等方面进行着力点转型。这要求在认识上，要以习近平新时代教师队伍建设思想、助力乡村振兴战略和高质量乡村教育发展要求为方向和指引。在目标上，要聚力于建设一支高质量乡村教师队伍，聚焦专业化、高素质和创新型的根本定位。在措施上，要聚焦"支持计划"政策中的问题，对支持过程进行精准化施策，对支持内容加以精细化设计，对支持效果做出精确化评估。在机制上，要瞄准"下得去、留得住、教得好"的弱项短板，创新对乡村教师的补充、激励和发展支持机制。②

六 "支持计划"研究现状的综合分析

通过对"支持计划"研究现状的分析，可以说已有的学者的研究，整体上取得了较大的成果，对"支持计划"的实施改进，提质增效具有重要意义。但这些研究也存在一定的不足之处，主要体现在以下方面：

一是在研究内容上，虽然已有研究所涉及内容的具体方面较为广泛，但这些研究主要集中在实践层面，对"支持计划"学理层面的研究较少。实践层面的研究主要是针对"支持计划"在某个实施时间段的状况进行研究性诊断，并提出改进建议，这种研究能够及时指出"支持计划"实施中出现的问题，有利于"支持计划"及时改进，增强支持计划的实施效果。但理论层面研究的匮乏，会造成对"支持计划"

---

① 参见薛正斌《乡村教师支持计划政策研究》，中国社会科学出版社2021年版。
② 谢延龙：《论深入实施乡村教师支持计划的着力点》，《中国电化教育》2022年第5期。

的深度学理解释力不够，这不利于对"支持计划"实施中出现的问题，从学理上进行深度理解，从而使问题浮于表面，难以从根本上实现问题解决的彻底性。

二是在研究对象上，虽然已有研究涉及民族地区、小规模学校、县域、省域、跨区域等的乡村教师，但对连片特困地区进行大规模的研究相对不足。虽然也有零星的关于连片特困地区乡村教师支持的研究，但总体而言，这些研究还不够系统、全面和深入。连片特困地区尤其是西部民族地区的连片特困地区，由于情况更为复杂，其中对乡村教师的支持也面临着一些特殊的问题。在"支持计划"到了攻坚克难的阶段，如何对连片特困地区的乡村教师进行精准支持，是我们必须面对的一个问题。

三是在研究方法上，虽然已有研究也涉及用多种方法进行研究，但整体上缺乏从跨学科整合、实证调查和实地论证等方面展开的综合研究。研究方法的多样性在某种意义上意味着一种多样化的研究视角，可以通过不同的方法，探寻乡村教师支持的多个方面，或某个方面的多重样态。而综合运用多种方法对乡村教师支持进行研究，则可以更加完整系统地对乡村教师支持政策实施进行把握，能够"森林"与"树木"并重地理解乡村教师支持政策，有利于更全面提升乡村教师支持的效果。

上述这些研究的不足之处，既为本书的思考提供了很好的出发点，也为深入进行"支持计划"的后续研究，提供了探讨的广阔空间。

第二章

《乡村教师支持计划（2015—2020年)》精准支持的历史逻辑

虽然"支持计划"在2015年才颁布并开始实施，但对乡村教师队伍建设进行精准支持，是自新中国成立以来，国家教育政策对乡村教育一直关注的重点内容。可以说，如何对乡村教师进行精准支持，并非自"支持计划"才开始，"支持计划"的出台不是一个孤立的政策事件，而是有其重要的历史渊源。而且"支持计划"在2020年已告一段落，也并非意味着对乡村教师精准支持的落幕，此后相继出台的一系列对乡村教师队伍建设的支持政策，都是"支持计划"的深入发展。因此，明确"支持计划"生成发展的历史逻辑，对乡村教师精准支持政策的深入实施和高质量乡村教师队伍建设，具有十分重要的理论和实践意义。新中国成立后，党和国家通过制定实施一系列教育政策，对乡村教师队伍建设进行有力支持，这些政策文本内容的规定，大致可以分为乡村教师的补充支持、乡村教师的稳定支持和乡村教师的发展支持三大部分，通过对这三大部分内容的精细考察，能够明晰地反映对乡村教师队伍建设的精准支持概况。为了厘清"支持计划"的历史逻辑，需从新中国成立后的教育政策文本的内容出发进行阐释，纵观新中国成立后到"支持计划"的颁布这一阶段乡村教师队伍建设的政策内容发展，大体上可将乡村教师队伍建设精准支持政策的历史逻辑进程划分为四个时期：初创发展时期（1949—1976年）；恢复发展时期（1977—1992年），完善发展时期（1993—2005年），深入发展时期（2006—2015年）。按每个乡村教师支持政策具体涉及内容划分，主要可分为乡村教师的补充支持、乡村教师的稳定支持和乡村教师的发展支持三个层面。

第一节 乡村教师精准支持的初创发展时期（1949—1976 年）

新中国成立后，发展教育事业是党和国家面临的一项重要任务。由于特殊的历史原因，在新中国成立初期，城市和成人教育是重点，相对而言乡村教育处于边缘化，"乡村基础教育相较于乡村成人教育和城市基础教育来说都处于较为边缘的位置，乡村教师队伍建设问题还未完全进入国家政策视野"①。不过，随着新中国社会主义建设事业的全面展开，农村教育尤其是农村教师队伍建设，逐渐成为国家教育政策的关注点。面对新中国成立后乡村教师极度匮乏的局面，在国家出台的一系列教育政策文件中，探索如何对乡村教师进行支持，如何在短期内培养足够数量的乡村教师，同时不断提升乡村教师质量，满足乡村教育的需要，就成为乡村教师队伍建设的重点。

一 乡村教师支持的政策概况

新中国成立之后，对乡村教师的支持并没有出现直接以乡村或农村教师的专有名义命名的政策文本。对乡村教师支持的政策条文，都出现在相关的教育或教师政策法规文件中。这些政策法规文件涉及范围较广，新中国成立后几乎每个关涉教育的政策都或多或少、直接或间接地论及乡村教师，这从一个侧面说明了国家对乡村教师支持的重视。这里梳理出有关乡村教师支持的政策文件41个，其中超过4个政策文件的年份有4个，1951年最多，颁发了6个政策文件。在这些政策文件中，出现"农村"字眼的政策文件有4个，占整个政策文件数的9.7%。可以看出，这一时期，有关乡村教师支持的政策文件总数不少，但直接关于乡村教师的文件并不多。说明这一时期，对乡村教师的支持"隐藏"

---

① 何菊玲、赵小刚：《新中国乡村教师队伍建设政策演进的历史逻辑与优化策略》，《陕西师范大学学报》（哲学社会科学版）2021年第4期。

在其他教育政策文件之中,这也是初创时期的一个重要特点。以下将这一时期国家出台的一系列与乡村教师支持相关性较强的政策,用表格的形式呈现出来,便于从宏观上更清晰明了地把握政策演变发展的基本脉络和线索(具体如表2-1所示)。

表2-1 乡村教师队伍建设精准支持的相关政策文件(1949—1976年)

发布时间 (年)	政策文件名称
1950	《教育部关于全国第一次教育工作会议的报告》(1月)
1951	《关于1950年全国教育工作总结和1951年全国教育工作的方针和任务的报告》(5月);《巩固和发展新中国的初等教育和师范教育——在第一次全国初等教育及师范教育会议上的报告》(8月);《关于中小学教师进修问题的通报》(9月);《用革命办法办好人民教育——在第一次全国初等教育及师范教育会议上的总结报告》(9月);《教育部关于第一次全国师范教育会议的报告》(11月);《关于在学校中进行思想改造和组织清理工作的指示》(11月)
1952	《关于高等师范学校的规定(草案)的指示》《关于试行师范学校暂行规程(草案)的指示》及《关于大量短期培养初等及中等教育师资的决定》(7月);《教育部关于中小学教师进修问题的通报》(9月);《教育部关于整顿和发展民办小学的指示》(11月)
1953	《教育部、财政部关于1953年中等学校及小学教师在职业余学习的几件事项的通知》(7月);《关于适当解决小学、幼儿园教职员工福利问题的几项原则的决定》(9月);《关于整顿和改进小学教育的指示》(12月)
1954	《全国普通教育与师范教育工作1953年的基本总结和1954年的方针任务》(4月);《教育部关于师范学校今后设置发展与调整工作的指示》(6月);《教育部关于举办小学教师轮训班的指示》(6月);《关于改进中学教师进修学院工作的几点意见的通知》(9月);《教育部关于修订全国初等学校教职员工工资标准及有关事项的通知》(11月)
1955	《关于中学教育工作汇报会的通知》(4月);《教育部关于加强小学在职教师业余文化补习的指示》(7月);《教育部关于加强中等学校在职教师业余进修的指示》(11月)
1956	《关于提高小学教师待遇和社会地位的报告》(5月);《教育部关于大力培养小学教师和幼儿园教养员的指示》(6月);《关于1956年全国普通教育、师范教育事业工资改革的指示》(7月)

续表

发布时间（年）	政策文件名称
1957	《函授师范学校（师范学校函授部）、业余师范学校若干问题的规定》（10月）
1958	《关于教育工作的指示》（9月）
1960	《师范教育改革座谈会关于迅速提高在职教师的政治、文化、业务水平的初步意见（草稿）》（5月）
1961	《中央文教小组关于1961年和今后一个时期文化教育工作安排的报告》（2月）；《教育部党组关于保证中小学师资质量问题的两项通知》（2月）
1963	《关于讨论试行全日制中小学工作条例草案和对当前中小学教育工作几个问题的指示》（3月）；《全日制小学暂行工作条例（草案）》和《全日制中学暂行工作条例（草案）》（3月）；《关于1963年全国各级公办学校教职工工资调整工作的几点意见》（7月）；《教育部转发河南省委宣传部所批转的关于农村小学要更多地吸收贫、下中农子女入学问题的两个文件》（12月）
1964	《关于中小学教育和职业教育七年（1964—1970）规划要点（初步草案）》（1月）；《中共中央批转河北省农村教育问题的两个材料》（5月）；《教育部批转河北省教育厅关于农村小学教育问题的报告》（9月）
1965	《关于半农半读教育工作的指示》（7月）
1966	《教育部关于巩固提高耕读小学和农业中学的指示》（2月）
1971	《全国教育工作会议纪要》（8月）
1974	《关于1974年教育事业计划（草案）的通知》（5月）

新中国成立后到"文化大革命"结束，我国乡村教师支持政策的发展演变，总体上随着社会主义发展建设的不同阶段而体现出不同的特点。就这一时期乡村教师支持政策而言，有学者将其大体分为三个阶段：新民主主义向社会主义过渡阶段（1949—1955年），主要是吸纳改造旧社会教师；全面建设社会主义阶段（1956—1965年），主要是大规模扩充民办教师；"文化大革命"阶段（1966—1976年），主要是大量发展乡村民办教师。[①] 以这三个阶段为节点，从表2-1大体统计中可以

---

① 赵垣可、刘善槐：《新中国70年农村教师政策的演变与审思——基于1949—2019年农村教师政策文本的分析》，《西南大学学报》（社会科学版）2019年第5期。

看出，在1949—1955年共发布了23个政策文件，1956—1965年共发布了17个政策文件，1966—1976年发布了3个政策文件。其中1951年、1954年和1963年三个年份是支持政策文件发布数量较多的年份。从数量上可以看出，在过渡阶段，对乡村教师支持力度最强，而在"文化大革命"之前，国家较为重视对乡村中小学教师的支持。不过，这些政策基本上很少单独针对乡村教师，都是以一般意义上的中小学教师名义提出支持的。

二 乡村教师的补充支持

新中国成立后，根据当时的国情，乡村教师的补充主要采取了两种渠道：一是改造补充；二是办师范教育补充。改造补充，多属于民办教师的补充形式，师范教育补充则是公办教师的补充，民办和公办教师补充同时进行，两条腿走路。这也成为之后很长一段时间里，我国乡村教师补充的两条重要渠道。这个阶段乡村教师的补充呈现出以下特点，1949—1955年，新中国成立初期，教育事业百废待兴，乡村教育发展逐步恢复，乡村教师数量急需补充，大量经过改造的知识分子进入乡村教师队伍。1958年实施教育"大跃进"，乡村学校教育急剧扩张，乡村教师的补充也呈现出爆炸式增长。之后，为了纠正"大跃进"时的问题，乡村教师的数量开始出现一定规模的缩减。直到1960年代中期，才又开始出现乡村教师不断增长的势头。"文化大革命"时期，对乡村普及教育的要求使乡村教师数量需求大增，乡村学校的民办教师数量出现了急剧增长。

一是改造补充，主要是对旧知识分子进行思想改造后，将其补充到乡村教师队伍中去。新中国成立后，思想改造是乡村教师补充的一个重要前提，也是一以贯之的思想政治教育任务。乡村教师的这种补充来源，主要不是经过正规师范教育的途径进行补充，这部分乡村教师就是后来的民办教师，这种补充方式是乡村教师补充的重要形式。1949年，在北京召开全国第一次教育工作会议，确定了改革旧教育发展新教育的方向，要求对旧知识分子进行团结改造，要有计划、有步骤地对教师进行政治与思想教育，招收训练失业知识分子，补充到教师队伍中去，农村教师也因此得以增补。1951年，《关于在学校中进行思想改造和组织清理工作的指示》要求，对包括乡村教师在内的各种学校中教职员进行思想政治改造。同年，为了解决急迫的师资需求问题，在《用革命办法办好人民教育——在第一次全国初等教育及师范教育会议上的总结报告》中，提出了训练短期师资的要求，并明确了师资的补充来源，要动员和吸收城乡失业知识分子和家庭知识妇女受训，还可以直接从小学毕业生中选择优秀者，在本校直接培养为见习教师，小学教师的短期培养应以年龄较长的高小毕业生为主要对象，这在一定程度上缓解了乡村学校对教师的迫切需求。1952 年，《关于试行师范学校暂行规程（草案）的指示》要求，在短时间内迅速有效训练大批初等教育师资，培养师资要以短期训练为重点，短期训练师资的来源是"尽一切可能吸收和动员城乡失业知识分子和家庭知识妇女受训""小学教师的短期培养应以年龄较长的高级小学毕业生为主要对象"[①]。同年，《教育部关于整顿和发展民办小学的指示》提出，要在有条件的村庄发展新的民办小学或民办小学班，应着重在经济比较富裕和失学儿童较多的大村，发动群众办学。乡村民办学校的发展必然要求有相应的乡村教师进行补充，补充的基本上都是乡村民办教师。1953 年，《关于整顿和改进小学教育的指示》提出，要着重办好乡村完全小学和中心小学，在农村，除办集中的正规小学外，还可以办分散的不正规的小学，如半日班、早学、夜校之类，由于公办教师数量有限，有改造后的相当数量的旧知识分子，作为教师补充到乡村学校。同时，《1953 年度教育事业计划》提出，群众可以在一定的条件下办小学，群众办学的兴起，自然要吸纳一定数量的民办教师。1955 年，《关于中学教育工作汇报会的通知》指出，要对教师思想进行深入改造，使他们成为自觉的马克思主义教育工作者。

1956 年，伴随着三大改造的加速开展，教育战线也迎来了快速发展。随之，教育部《关于 1956 年普通教育和师范教育的工作计划》提出，在条件允许的地方，可以实施小学义务教育。这使乡村小学教育也迎来了快速发展，于是在教育经费和师资上，出现了较为紧张的状况。

[①] 何东昌主编：《中华人民共和国重要教育文献（1949—1997）》，海南出版社 1998 年版，第 162 页。

在这种情况下，号召群众办学成为国家政策的重要选择。1957年，《1956年到1967年全国农业发展纲要（草案）》规定："乡村小学基本上由农村生产合作社办理"①，并提出"农村办学应当采取多种形式，除了国家办学以外，必须大力提倡群众集体办学，允许私人办学，以便逐步普及小学教育"②，办学形式的多样化，意味着对乡村教师的需求加大，必然有大量民办教师补充到乡村学校。1958年，随着"大跃进"运动在全国各行业中的展开，教育事业也开始了"大跃进"的热潮。第四次全国教育行政会议提出教育事业"大跃进"，要发动群众办学，同年《关于教育工作的指示》提出，小学教育的发展，要实行国家办学与厂矿、企业、农村合作社办学并举。结果，1958年，民办小学在校生增长为2190.3万人，比1957年增长3.37倍，农村学校在校生人数也随之出现了迅猛增长，自然需要大量民办教师的补充。

教育的"大跃进"，使教育发展过快，规模过大，超过了国民经济承受能力，乡村教师的规模也出现了短时期的缩减。1961年，教育领域贯彻中央"调整、巩固、充实、提高"的方针，调整和控制了农村教育发展的规模和速度。乡村学校教师的数量也随之出现了缩减，小学民办教师由1960年的68万人下降到40.3万人。1962年，《教育部党组关于进一步调整教育事业和精减学校教职工的报告》提出了进一步缩减教师规模的要求。

随着国民经济的逐步调整和全面好转，国家又开始逐步扩大教育规模，鼓励群众办学，乡村中小学教育又出现了快速发展的势头。1963年，《中央关于讨论试行全日制中小学工作条例草案和对当前中小学教育工作几个问题的指示》指出："在农村中，根据农民群众的需要和自愿，可以集体举办全日制的或半日制的中小学校、识字班、简易小学和农业中学。"③ 1964年，《关于中小学教育和职业教育七年（1964—

---

① 刘英杰主编：《中国教育大事典(1949—1990)》，浙江教育出版社1993年版，第329页。

② 何东昌主编：《中华人民共和国重要教育文献（1949—1997)》，海南出版社1998年版，第786页。

③ 刘英杰主编：《中国教育大事典(1949—1990)》，浙江教育出版社1993年版，第329页。

1970）规划要点（初步草案）》指出，今后七年需要补充小学教师 77 万人，而中等师范学校在今后七年内共约有毕业生 40 万人，所需小学教师尚不足 37 万人，可以吸收中学毕业生加以短期训练，予以补充。[①] 其中必然包括大量乡村小学教师需要补充。同年，为了贯彻执行"两种教育制度、两种劳动制度"，在广大农村兴办了大量的"耕读小学"，由大队管理，聘请民办教师，招收不能入全日制小学就读的儿童，由于教师需求量巨大，很多地方通过办业余师范学校为耕读小学培养师资。1965 年，中共中央《关于半农半读教育工作的指示》进一步明确指出，今后农村教育的任务是大力普及小学教育，用"志愿兵"的办法组织革命的教师队伍。通过动员一批城市知识青年上山下乡，一边劳动，一边教书，聘请基层干部、当地技术人员、老农等担任兼课教师，举办半农半读的师范学校培养教师。随着民办教师数量的不断增加，到 1965 年，民办小学在校生为 4752 万人，占小学在校生总数的 40.9%，民办学校在校生人数的急剧增加，使得乡村小学教师的需求量大幅增加，必然有大量民办教师进入乡村学校从教。

1966 年到 1977 年，在特殊的国情背景下，我国乡村教师队伍的补充规模出现了迅速扩张的状况，"中小学民办教师由 177.4 万人增加到 471.2 万人，几乎增加 300 万人"，[②] 这其中自然包括大量乡村中小学教师。在"文化大革命"中，乡村教师的政治要求又被强化，1966 年《教育部关于巩固提高耕读小学和农业中学的指示》提出，乡村耕读小学要建立一支革命化、劳动化的教师队伍。在乡村大规模普及教育是这一时期乡村教育的主要发展趋势，乡村教师、民办教师也出现了大规模的补充。1971 年，《全国教育工作会议纪要》提出，农村普及小学五年教育，有条件的地区普及七年教育。为此要建立一支无产阶级教师队伍，要选调一批工农兵和革命技术人员充实教师队伍，或由工农兵毕业生担任教师。1972 年《人民日报》发表社论《普及小学教育是农村教育的重点》一文，提出在农村教育的重点是普及五年教育，有条件地区

[①] 何东昌主编：《中华人民共和国重要教育文献（1949—1997）》，海南出版社 1998 年版，第 1241 页。

[②] 王献玲：《中国民办教师始末研究》，博士学位论文，浙江大学，2005 年。

普及七年教育，要采取多种形式办学，让农民子女就近上学。1974年，《关于1974年教育事业计划（草案）的通知》继续强调，1974年教育事业发展的重点是继续大力普及农村小学五年教育，农村有条件的地区普及七年教育。于是，乡村办学规模迅速扩大，大量民办教师进入乡村学校，到1977年，"民办教师达到历史最高峰，471.2万人"[①]，其中自然包括大量乡村民办教师。

二是办师范教育，培养师范生，补充乡村教师队伍。1949年新中国第一次全教会，就针对乡村教师师资数量与质量面临的严重问题，提出要改进大学中师范学院和教育学院，改进各地师范教育，以培养众多包括乡村教师在内的称职师资。在面临师资大量短缺的情况下，1952年，《关于高等师范学校的规定（草案）》和《师范学校暂行章程（草案）》出台，规定了我国师范教育的设置和调整的基本要求，为我国师范教育此后的发展奠定了基本格局。同年，时任教育部部长马叙伦《在第一次全国初等教育与师范教育会议上的开幕词》指出，各级各类师范学校，要多举办各种短期师资训练班和速成班，以能够最大程度地供应乡村教师。也就是在1951年，周恩来总理特别提出，要办县级师范教育，为乡村培养教师，他在《谈新学制》一文中明确指出："师范学校不要都集中在大中城市，要在县里多办一些。这样，可以使农民子弟就近入学，便于解决农村小学师资缺乏的问题。"[②] 1952年，《关于大量短期培养初等及中等教育师资的决定》指出，要采取各种方法，在较短时间内，迅速有效地训练大批初等和中等教育师资，培养师资应以短期训练为重点。这要求师范教育既以正规教育培养标准师资，还要以短期训练培养急需师资，以满足乡村教育的师资需求。1954年，《全国普通教育与师范教育工作1953年的基本总结和1954年的方针任务》指出，1953年师范学校的学生较年初增加了31.24%。同年，《教育部关于师范学校今后设置发展与调整工作的指示》提出，将初级师范学校转变为师范学校，或转变成师范速成班，招收初中毕业生，进行一年业务训

---

① 王献玲：《中国民办教师始末研究》，博士学位论文，浙江大学，2005年。
② 何东昌主编：《中华人民共和国重要教育文献（1949—1997）》，海南出版社1998年版，第108页。

练。可以看出，新中国成立初期师范教育为乡村培养教师，主要是解决乡村教育师资严重不足问题，采取了常规师范教育和补偿型的师范速成班相结合的方式，以尽量满足乡村教育对师资的迫切需求。

随着我国乡村教育事业的发展，师资不足问题也凸显出来。在第一届全国人大三次会议上，教育部部长张奚若指出，随着普通教育事业的发展，中小学师资不够的问题显得越来越严重，在1956年、1957年两年内，估计小学师资约缺20万人。[①] 1956年，《教育部关于大力培养小学教师和幼儿园教养员的指示》指出，要依靠正规办法，大力发展师范学校和初级师范学校教育，并且举办师范速成班，培养出比较合格的师资。同年，《师范学校规程》颁布，指出师范学校是直接培养小学师资的学校，招收初级中学毕业生或是具有同等学力的青年。1958年，受"大跃进"的影响，师范教育也迅速发展，到1960年，"与1957年相比，中等师范学校增加2.3倍，学生增加1.8倍"[②]。师范院校规模的盲目扩张和师范生数量的增加，严重影响了向乡村学校补充师资的质量。

为了遏制乡村教师培养质量下降的状况，在"调整、巩固、充实、提高"方针的指导下，1961年《教育部党组关于保证中小学师资质量问题的两项通知》提出，各级师范学校招生，必须坚决保证质量，在不能升学的高、初中毕业生中，酌量挑选一批较好的加以短期训练，主要补充农村中、小学师资。同年，在全国师范教育工作会议上，教育部副部长林砺儒在报告中指出，办师范教育要重视农村的特点，适应农村的要求。不能认为农村小学教师的质量可以降低一些，就独立工作能力方面说，还应比城市的小学教师更强一些。县城、城镇的师范学校，应主要向农村招收新生，或由生产队保送，毕业后仍回原地分配工作。[③] 在提高质量的要求下，师范生的数量出现了大规模缩减，到1963年，中等师范学校学生为13.07万人，比1960年减少了70.78万人，直到

---

① 刘英杰主编：《中国教育大事典(1949—1990)》，浙江教育出版社1993年版，第968页。

② 刘英杰主编：《中国教育大事典(1949—1990)》，浙江教育出版社1993年版，第968页。

③ 国家教育委员会师范教育司编：《全国师范教育工作会议文件汇编（1—5次）》，东北师范大学出版社1997年版，第100—101页。

1965年，中等师范学校人数才有所扩大，学生人数增至15.5万人。①总的来说，中等师范学校招生人数自1961年以来，有大幅度减少，这也使乡村教师补充的人数大大减少。

1966年，"文化大革命"开始，师范教育遭到毁灭性打击，"师范院校被大量兼并、挤占、搬迁、停办，师范生和教师数量急剧下降。1966年到1971年，全国师范院校停止招生，师范教育处于前所未有的停滞与空白期"②。这使得通过师范正规教育为乡村学校补充教师的路径几乎被彻底堵塞，师范学校只能通过办短期师范班，来解决乡村教师不足问题。1971年全国教育工作会议召开，要求农村普及五年和七年教育。会后，为解决乡村教育师资问题，各地中等师范学校开始恢复招生，直到"文化大革命"结束，中等师范学校招生数量虽然有了一定增长，但数量依然有限，且整体质量不高，远不能满足乡村教育对师资的需求。

三 乡村教师的稳定支持

乡村教师群体工作在乡村，乡村学校与城市学校相比，所处环境闭塞，生活条件艰苦，经济不发达，教育资源贫乏，很难使乡村教师安心从教。为了留住乡村教师在乡从教，从新中国成立之时起，党和国家就非常重视乡村教师队伍的稳定工作，在不同的历史时期，根据国家的实际情况，通过相关物质、政治和社会地位等待遇，给予乡村教师以支持，以稳定乡村教师队伍。

新中国成立后，党和国家非常重视乡村学校教师的福利待遇问题。新中国成立之初，由于农村教育经费的困难，乡村教师待遇普遍较低，这严重影响了乡村教育的稳定发展，解决乡村教师待遇问题迫在眉睫。1951年，时任教育部部长马叙伦《在第一次全国初等教育与师范教育会议上的开幕词》中，对乡村小学教师待遇问题表达了特别关心："目

---

① 刘英杰主编：《中国教育大事典(1949—1990)》，浙江教育出版社1993年版，第969页。

② 蔡华健、曹慧英：《新中国成立70年我国教师教育政策的演变、特点与启示》，《河北师范大学学报》（教育科学版）2019年第4期。

前小学教师,特别是农村小学教师的工作很繁重,生活很艰苦,中央人民政府很关心这个问题。……我们必须努力设法适当地改善小学教师的待遇,使大家能安心工作。"① 随后的《巩固和发展新中国的初等教育和师范教育——在第一次全国初等教育及师范教育会议上的报告》则对乡村小学教师的待遇给出了十分明确的规定:"规定现时乡村小学教师每月工资的最低标准,应以相当大灶供给制,不低于180斤至200斤粮食为原则。"② 同时要求各级人民政府应协助教育工会,逐步解决教师的各项福利问题,教师子女入学的问题,对贫苦教师的子女应尽可能设法减免学杂费,或请领人民助学金。同年,《人民日报》发表的社论《稳定和发展小学教育,培养百万人民教师》指出,农村小学教师的工资应该适当地提高,小学教师的政治待遇与社会地位,应有合理的改善和保障,全国人民应该尊敬人民教师。1952年,教育部发布《关于调整全国各级各类学校教职员工工资及学生人民助学金标准的通知》,其中对乡村小学教师工资等级进行了划定,初步统一了乡村学校教师的工资标准,提高了他们的工资待遇。同年,《教育部关于整顿和发展民办小学的指示》强调了民办和公办小学教师同等待遇问题,给予民办小学补助经费:"平均按公立小学开支标准的50%计算列入国家预算,由各大行政区、省、市教育行政部门逐级掌握调剂,合理使用,保证民办小学的教师大体上能与公立小学的教师享受同等待遇。"③ 国家通过一系列措施,解决了乡村教师待遇问题这一燃眉之急,在一定程度上缓解了部分农村教师不安心教学的状况。

乡村教师队伍建设在度过了新中国成立初期的艰难之后,稳定乡村教师的待遇问题,在医疗、工资、补助和尊师等许多方面,国家从政策层面给予了更多的关注和支持。1953年,《关于适当解决小学、幼儿园教职员工福利问题的几项原则的决定》颁发,对包括乡村教师在内的教

---

① 何东昌主编:《中华人民共和国重要教育文献(1949—1997)》,海南出版社1998年版,第108页。

② 何东昌主编:《中华人民共和国重要教育文献(1949—1997)》,海南出版社1998年版,第108页。

③ 何东昌主编:《中华人民共和国重要教育文献(1949—1997)》,海南出版社1998年版,第180页。

师公费医疗和福利费及多子女教养补助费等做了规定，其中对乡村教师又特别强调指出："在农村无卫生医疗设施或医疗力量管理不到的地区，可暂按每人每月2万元（编者注：旧币，约合现行人民币2元）计算，交予县（旗）文教行政部门统一掌握，重点使用，拟定办法，聘请中医治疗。"① 之后，《关于整顿和改进小学教育的指示》专门明确要切实关心小学教师的政治和物质待遇，彻底纠正任何歧视和排斥小学教师的行为，并特别指出："对依靠工资为生而没有其他收入的多子女的、有特殊困难的教师，必须酌予补助。在整顿小学工作告一段落后，可根据教师业务能力和教龄，有领导地进行评级工作，并照顾当地情况及明年度预算指标，对少数工资过低者酌予调整。"② 1954年，《教育部关于修订全国初等学校教职员工工资标准及有关事项的通知》指出，小学教师工资调整，重点在农村。中师毕业的现任教员，其工资还未达到140分者，或低于中师新毕业生者，均应首先考虑提至140分或140分以上。非中师毕业的教员，也应予以适当照顾。在提高乡村教师社会地位方面，1956年，《人民日报》发表的《不许歧视小学教师》的社论指出，有些干部，尤其是农村的区、乡干部，轻视小学教师的劳动，对待小学教师粗暴无理，提出各地教育行政部门和教育工会，要依靠各方面的力量，把社会上尊重和爱护小学教师的风尚树立起来。

1956年，针对中小学教师面临的待遇低、地位低和质量低的"三低"问题，在毛主席和周总理的关注和批示下，教育部形成了《关于提高小学教师待遇和社会地位的报告》，提出应实行"教龄津贴"工资制度，农村小学教师的工资水平，应不低于同等程度的其他部门人员，公立、社办、民办和私立学校教师，一律享受公费医疗待遇，提高人民教师的荣誉感。同年，《关于1956年全国普通教育、师范教育事业工资改革的指示》发布，在这次工资改革中，全国公立中小学教师的月平均工资比调整前提高32.88%，即由30.2元增加到

---

① 刘英杰主编：《中国教育大事典(1949—1990)》，浙江教育出版社1993年版，第133页。

② 何东昌主编：《中华人民共和国重要教育文献（1949—1997）》，海南出版社1998年版，第264页。

40.13元①，乡村公立中小学教师的工资水平也有了较大提高。1958年，《关于教育工作的指示》明确，要实行教龄津贴制度，对中小学教师的副食品和日用品的供应，应当和当地脱产干部同等待遇，不得歧视，有关部门应帮助解决他们在生活中的实际困难。1959年，《教育部党组关于1959年教育事业发展计划的意见》特别提出乡村小学管理权下放后，要保持乡村小学教师的原有工资水平，以稳定乡村教师队伍，"农村的公办小学下放给人民公社管理以后，不要降低原有教师的工资，不要轻易调动教师的工作，让他们把小学办好"②。

1960年3月，《关于人民公社社办中小学经费补助的规定》对补助经费提出了明确要求，其主要用途在于补助解决教师工资、专职教师的集体福利（如医疗费等），以助工资改革的落实，这对农村中小学教师工资水平偏低的状况有一定缓解。1961年，商业部、教育部联合发出通知，农村小学教师的副食品和日用品的供应，应和当地脱产干部同等待遇。③ 1963年，《中共中央关于讨论试行全日制中小学工作条例草案和对当前中小学教育工作几个问题的指示》系统讨论了中小学教师的待遇问题，主要有研究修订现行中小学教师的工资制度，应实行教龄津贴制度，成绩卓著的教师，工资待遇应该较高，中小学教师的副食品和日用品供应，应和当地脱产干部同等待遇，不得歧视，对他们在生活中的实际困难，有关部门应该适当帮助解决。之后，《全日制小学暂行工作条例（草案）》和《全日制中学暂行工作条例（草案）》这两个重要条例颁布，对中小学教师的待遇分别给予了系统安排。这两个条例明确指出，教师应该受到尊敬和爱护，必须注意提高中小学教师的社会地位，改善他们的生活待遇，妥善安排伙食宿舍，教师的副食品和日用品供应与当地脱产干部待遇同等，实行教龄津贴制度，这些待遇的享受者当然包括广大乡村中小学教师。同年，《关于1963年全国各级公办学校教职

---

① 刘英杰主编：《中国教育大事典(1949—1990)》，浙江教育出版社1993年版，第125页。

② 何东昌主编：《中华人民共和国重要教育文献（1949—1997）》，海南出版社1998年版，第900页。

③ 石长林：《中国教师政策研究——基于教育政策内容的视角》，博士学位论文，华中师范大学，2005年。

工工资调整工作的几点意见》提出，对各级公办学校教职工工资进行升级调整，并着重指出，中小学教师的工资一向偏低，生活比较困难，工资升级面应当加以照顾，一般不宜减少。1966年，针对乡村耕读小学教师的待遇问题，《教育部关于巩固提高耕读小学和农业中学的指示》提出：领导上要关心教师的生活，教师的工资待遇，要经过社员民主讨论，合理解决，真正落实。对于经济困难的地区和深山区，教师工资的补助经费，尽可能由国家负责解决。①

"文化大革命"时期，乡村教师和所有教师的命运一样，社会地位遭到了巨大冲击，被戴上了"臭老九"的帽子。然而，就是在这样的艰难时期，乡村教师待遇提升也一直是一个教育政策关注的话题。1974年1月，《国务院科教组、财政部关于中小学财务管理若干问题的意见》对民办教师的补助做了明确规定："民办教师的补助费，全国平均计算，暂按每人每年小学170元，中学210元。"同年，《关于中小学财务管理若干问题的意见》提出，要强化对教育经费的管理，以全国为单位，计算民办教师的补助费，小学教师每人每年为170元，中学教师为210元。总体而言，在"文化大革命"时期，整个乡村教师队伍的政治地位跌到了谷底，他们的待遇也随之受到影响，不但普遍没有提高，甚至出现了明显下降。

四　乡村教师的发展支持

乡村教师发展如何，直接影响乡村教育教学效果的好坏，进而决定着乡村教育质量的高低。因此，对乡村教师发展的支持，是建设高素质乡村教师队伍的关键，也是提高乡村教育教学质量的重要决定性因素。在新中国成立之后，党和国家非常重视对乡村教师发展的支持，出台一系列政策措施，对乡村教师的高水平发展给予支持。

新中国成立后，整个乡村教育百废待兴，乡村教师水平更是整体较低且良莠不齐，为了改变乡村教师素质这种极其落后的面貌，加强

---

① 何东昌主编：《中华人民共和国重要教育文献（1949—1997）》，海南出版社1998年版，第1394页。

乡村教师的发展支持就成为迫在眉睫的需要。1951年,《教育部关于第一次全国师范教育会议的报告》深入讨论了在职教师的质量问题,针对中小学教师整体质量偏低的状况,专门提出了要加强在职学习,提高质量的要求,主要包括思想教育、政治理论、时事政策及业务文化补习,其中以思想教育、政治学习为重点。1952年,《中小学教师进修问题的通报》明确要求筹办教师进修学院、教师业余学校和教师函授学校等,对中小学教师进行在职发展培训。由此,通过建立系统的教师进修制度,为乡村教师的发展支持提供了基本保障。这是新中国成立以来第一次较为系统地从教师进修制度上,对包括乡村教师在内的在职教师发展的支持政策规定,为乡村教师发展打下了坚实的基础。1953年,《关于整顿和改进小学教育的指示》提出,"提高小学教师质量,是办好小学教育的决定因素"今后必须"有领导地、有计划地组织在职教师进行学习,以提高他们的政治、文化与业务水平"。① 可以通过到初师学习,参加师资轮训班,到业余进修学校学习和函授学习等方式,提高乡村小学教师的业务水平。同年,《教育部、财政部关于1953年中等学校及小学教师在职业余学习的几件事项的通知》指出,小学教师的业余学习主要采用业余进修和举办轮训班两种形式,并强调要挑选师资条件较好的,有重点地办成较正规的教师业余进修学校。

  1954年,面对中小学教师质量亟须提高的现状,一系列教师进修政策相继提出,对乡村中小学教师的在职提升产生了较大的作用。林砺儒在《关于目前全国中学教育的基本情况与今后的方针任务》中指出:要加强教师的在职学习,进行较系统的政治理论学习和教育理论学习,教师要参加教学小组的活动,加强集体研究,深入钻研教材教法,保证教师学习时间。同年,为提高小学教师的质量,《教育部关于师范学校今后设置发展与调整工作的指示》指出,全国小学现有师资质量很差,有将近一半教师的文化水平低于初级师范毕业程度,甚至不及高小毕业

---

① 中共中央文编研究室编:《建国以来重要文献选编》(第四册),中央文献出版社1993年版,第588页。

水平。为此提出要开办小学教师轮训班，轮训不足初级师范毕业程度的教师，达到初级师范毕业水平。① 随后，教育部下发《教育部关于举办小学教师轮训班的指示》，要求举办小学教师轮训班，对小学教师文化程度在高小毕业以上，又不足初级师范毕业程度的小学教师进行培训。《关于改进中学教师进修学院工作的几点意见的通知》要求实际文化水平不及师专毕业程度的中学在职教师进修，系统地学习专业科学知识以提高教学质量。对于不能进行系统学习的高中以下程度的教师，可设补习班组织他们补习，以提高到高中程度。②

1955 年，《教育部关于中学教育工作汇报会的通报》提出，各中学的领导干部要亲自领导教师学习，以提高教师的政治和业务水平。其中，应首先注意通过教师的政治理论学习和教学研究工作，深入改造教师思想，积极提高他们的社会主义觉悟。之后，教育部又先后发布了《教育部关于加强小学在职教师业余文化补习的指示》和《教育部关于加强中等学校在职教师业余进修的指示》，对乡村中小学教师的进修问题进行了明确规定。针对小学教师提出，要有计划地将所有不及初级师范学校毕业水平的小学教师学业能力，提高到初级师范学校毕业程度。函授师范学校进行主要吸收农村和小城镇的小学教师学习，县教育行政部门负责对小学教师业余进修学校、函授师范学校进行直接的监督检查，并从行政上保证小学教师业余补习的时间。③ 针对在职中学教师的进修提出，教师进修的任务是，把不够师专毕业程度的中学教师学业能力，提高到师专毕业程度，高师函授教育是镇及农村中等学校教师进修的主要形式。1957 年，《函授师范学校（师范学校函授部）、业余师范学校若干问题的规定》指出，函授师范学校和业余师范学校的主要任务，就是提高中小学教师的文化科学基础知识和学历。

---

① 何东昌主编：《中华人民共和国重要教育文献（1949—1997）》，海南出版社 1998 年版，第 344 页。

② 何东昌主编：《中华人民共和国重要教育文献（1949—1997）》，海南出版社 1998 年版，第 372 页。

③ 何东昌主编：《中华人民共和国重要教育文献（1949—1997）》，海南出版社 1998 年版，第 487 页。

第二章　《乡村教师支持计划（2015—2020年）》精准支持的历史逻辑

1960年，《师范教育改革座谈会关于迅速提高在职教师政治、文化、业务水平的初步意见（草稿）》明确提出要建立健全和充实教师进修机构，要坚持政治挂帅，思想先行，学习方式灵活多样，保证教师学习时间，要充分利用寒暑假时间，大规模举办在职教师短期训练班。另外，公社和学校教师进修机构，为乡村教师提供了进修培训的机会。1963年，中共中央《关于讨论试行全日制中小学工作条例草案和对当前中小学教育工作几个问题的指示》提出，要有计划地帮助中小学教师在职或者脱产进修，以不断增强业务知识和教学能力。此后，《全日制小学暂行工作条例（草案）》提出，要加强对教师业务进修的领导，帮助教师扩展知识领域，提高业务水平。《全日制中学暂行工作条例（草案）》提出，要建立和健全教师的进修制度，保证教师进修的时间。可以说，20世纪60年代前期颁布的关于教师发展支持的法规，有力地保证了乡村中小学教师的发展，显著提升了乡村教师的质量。

从1966年起，进入十年"文化大革命"时期，乡村教师的发展事业遭到了严重破坏。大量教师培训进修机构相继撤销，还有一些名存实亡，甚至此前制定的一些教师发展的法规，如全日制中小学两个暂行条例，也由于种种原因而不予推行。其中，1971年全国教育工作会议上发布的《全国教育工作会议纪要》更是指出："让原有教师分期分批到工厂、农村、部队，政治上接受再教育，业务上进行再学习，尽快地适应教育革命的要求。"① 总的来说，在整个"文化大革命"时期，乡村教师进修发展法规的制定几乎陷入停滞，乡村教师的发展也几乎被彻底打断，甚至出现了大规模倒退。

五　小结

总之，在乡村教师精准支持的初创发展时期，国家政策对乡村教师的支持呈现出以下主要的特点：

在乡村教师的补充支持方面。新中国成立至"文化大革命"结束，

---

① 何东昌主编：《中华人民共和国重要教育文献（1949—1997）》，海南出版社1998年版，第1481页。

出现了民办教师和师范教育两种补充方式。乡村教师在补充过程中，一直纠缠在数量和质量之间。当然，满足数量需求基本上是最根本的补充支持动因，而数量的大幅度增加，必然会引起质量在一定程度上的下降。于是，又需要通过控制数量来提升乡村教师的质量，结果，在提升质量的过程中，数量不足又迫使需要牺牲一定的质量来满足补充数量的要求。这也造成新中国成立后，在师范教育中，经常采用正规教育和短期培养两种方式为乡村教育补充师资。新中国成立后，首先面对的紧迫问题是乡村教师整体上的大量不足，数量补充就成为重中之重。这期间出现了两次数量的激增时期：第一次是1958年"大跃进"时期，乡村教师补充数量出现了急剧增加的局面，随后，补充数量虽然在调整的过程中有所下降，但基本数量依然庞大。第二次是"文化大革命"时期，乡村教师补充数量急剧膨胀，尤其是民办教师的补充数量大增。

在乡村教师的稳定支持方面。在这一时期，乡村教师稳定支持的最重要表现就是工资待遇的变化，并通过工资待遇的不断增加，提高教师的社会地位。在新中国成立后的第一个十年，教育部以极短的时间间隔，通过确定工资标准，以提高教师待遇的方式，分别在1952年、1955年和1956年，对包括乡村教师在内的中小学教师工资标准进行确定，提高了乡村教师的工资待遇，切实提高了乡村教师的社会地位。之后，一直到整个20世纪60年代，中小学教师工资依然处于不断提升的阶段，其中1963年的教师工资升级调整最为明显。除了工资待遇之外，国家还通过公费医疗、福利费、教龄津贴、多子女教养补助费、副食品和日用品供应等多种方式，对乡村教师的生活给予支持，这些措施对乡村教师队伍的稳定起到了巨大的促进作用。

在乡村教师的发展支持方面。在这一时期，乡村中小学教师的发展支持呈现出以下几个重要特点：一是重文化补偿，主要是提高教师的文化知识水平和业务水平，属于补偿不足的"弥补式"发展提升，不涉及大量的学历提升问题。这是因为新中国成立后，为了改善乡村教师极度缺乏的状况，大量文化知识水平达不到要求的教师被补充到乡村学校，以满足数量的紧急需求，因而造成乡村教师整体文化知识水平较低，对这些教师进行知识和业务的提升就成为当务之急。二是制度化，是对乡村教师发展进修的系统化和制度化，主要是指乡村教师的发展进修，从零散的有关教师进修培训的条文规定，到系统制度化的教师培训进修制度体系的形成，这使乡村教师的发展进修获得了更为坚实的基础。三是教师政治理论素质提升与专业素养提升并重，由于新中国成立后需要对大量旧知识分子进行改造，然后补充到乡村教师队伍中去，所以改造思想，强化政治理论素质，对乡村教师非常重要，以这个为基础对乡村教师业务素质进行提升，可以说政治与业务是这个时期乡村教师发展的两翼，共同助力乡村教师质量的提升。四是对乡村中小学教师的进修有专门的规定，主要是通过函授和短期培训进行，这充分考虑到了乡村教育和乡村教师进修发展的实际情况，对乡村教师的学历和质量提升起到了重要作用。

第二节　乡村教师精准支持的恢复发展时期（1977—1992年）

随着"文化大革命"结束后教育领域的拨乱反正，乡村教育出现了新的发展机遇。在乡村教育工作的恢复和整顿过程中，那些在"文化大革命"中遭到破坏和阻滞的乡村教师队伍建设政策，也得到了有效恢复。随着改革开放政策的推行，教育领域内的各项改革开始启动，一系列重要的教育政策陆续颁布，尤其是《中共中央关于教育体制改革的决定》的颁布和《中华人民共和国义务教育法》的制定，极大地推动了我国整个教育事业的发展。在这两个具有里程碑意义的教育政策的推动下，支持乡村教师队伍建设的一系列政策相继出台，为乡村教师队伍建设注入了新的活力。

一　乡村教师支持的政策概况

在恢复发展时期，有关教师支持的政策密集出台。从1977年到1992年的15年时间里，共梳理出49个涉及对乡村教师支持的教育政策文件，年均超过3个。其中达到或超过4个政策文件的年份有5个，分别是1980年、1983年、1985年、1986年和1988年，其中1986年最多，有7个政策文件出台，充分体现了国家对乡村教师队伍建设的重视。当然，这一时期对教师队伍建设的支持，专门针对乡村教师的政策文件有两个，即《中等师范学校面向农村培养合格小学师资座谈会纪要》（1987年）和《关于农村年老病残民办教师生活补助费的暂行规定》（1988年）。仅从这个数量来看，似乎对乡村教师支持并不突出，实则不然。事实上，除此之外，在其他政策文件中以"农村学校教育""农村幼儿教育"和"农村基础教育"之名颁发的政策文件，各有1个，共计3个；另外，其他直接关于乡村教师的政策文件，是以"民办教师"之名颁发的，共有5个。这样，共有10个政策文件，都明确了对乡村教师的支持，占所有文件数量的20.4%，加上其他政策文件中提到的教师也包括乡村教师，足见这一时期国家对乡村教师支持的重视。这一时期共有49个关涉乡村教师支持的政策文件（具体见表2-2）。

表2-2　乡村教师队伍建设精准支持的相关政策文件（1977—1992年）

发布时间（年）	政策文件名称
1977	《关于科学和教育工作的几点意见》（8月）；《教育部关于加强中小学在职教师培训工作的意见》（12月）
1978	《邓小平同志在全国教育工作会议上的讲话》（4月）；《国务院批转教育部〈刘西尧同志在全国教育工作会议上的报告和总结〉》（7月）；《教育部印发关于加强和发展师范教育的意见》（10月）
1980	《关于大力办好高等师范专科学校的意见》（10月）；《教育部印发关于进一步加强中小学在职教师培训工作的意见等三个文件的通知》[8月，分别是《关于办好中等师范教育的意见》《关于进一步加强中小学在职教师培训工作的意见》《中等师范学校规程（试行草案）》]
1981	《关于调整中小学教职工工资的办法》（10月）；《关于增加中小学民办教师补助费的办法》（10月）
1982	《加强教育学院建设若干问题的暂行规定》（10月）
1983	《教育部关于加强小学在职教师进修工作的意见》（1月）；《关于加强和改革农村学校教育若干问题的通知》（5月）；《教育部关于进一步提高普通中学教育质量的几点意见》（8月）；《教育部关于发展农村幼儿教育的几点意见》（9月）；《关于中小学教师队伍调整整顿和加强管理的意见》

续表

发布时间（年）	政策文件名称
1984	《国务院关于筹措农村学校办学经费的通知》（12月）
1985	《中共中央关于教育体制改革的决定》（5月）；《中央宣传部、教育部、共青团中央、全国教育工会关于做好今年教师节工作的意见》（6月）；《中共中央办公厅、国务院办公厅转发〈关于挑选机关干部参加培训中小学教师工作的请示〉的通知》（6月）；《国务院工资制度改革小组、劳动人事部关于高等学校、中等专业学校、中小学教职工工资制度改革问题的通知》（8月）
1986	《国家教委关于加强在职中小学教师培训工作的意见》（2月）；《国家教委关于基础教育师资和师范教育规划的意见》（3月）；《关于加强和发展师范教育的意见》（3月）；《中华人民共和国义务教育法》（4月）；《中央职称改革工作领导小组关于转发国家教委中小学教师职务试行条例等文件的通知》（5月）；《中小学教师考核合格证书试行办法》（9月）；《国家教委、劳动人事部、国家计委关于下达1986年从中小学民办教师中选招公办教师专项劳动指标的通知》（12月）
1987	《国家教委、财政部关于农村基础教育管理体制改革若干问题的意见》（6月）；《中等师范学校面向农村培养合格小学师资座谈会纪要》（7月）；《国务院关于提高中小学教师工资待遇的通知》（11月）
1988	《提高中小学教师工资标准的实施办法》（1月）；《关于适当增加中小学教师高中级职务限额和下放权力理顺工作关系的通知》（1月）；《关于农村年老病残民办教师生活补助费的暂行规定》（6月）；《国家教委关于进一步办好职业高中幼师专业的意见》（10月）；《关于提高中小学班主任津贴标准和建立中小学教师超课时酬金制度的实施办法》（12月）
1989	《电视师范教育管理办法（试行）》（9月）；《国家教委关于实施〈幼儿园管理条例〉和〈幼儿园工作规程（试行）〉的意见》（12月）；《国务院批转人事部、国家计委、财政部1989年调整国家机关、事业单位工作人员工资实施方案的通知》（12月）
1990	《关于当前师范专科学校工作的几点意见的通知》（3月）；《关于认真解决民办教师工资拖欠问题的通知》（4月）；《关于中小学教育工作五项督导检查的报告的通知》（6月）；《全国中小学教师继续教育工作座谈会会议纪要》（12月）

续表

发布时间（年）	政策文件名称
1991	《关于加速师范院校标准化建设，培养合格的中小学教师座谈会纪要的通知》（1月）；《国家教委、人事部关于当前做好中小学教师职务聘任工作的几点意见》（7月）；《国家教委关于开展小学教师继续教育的意见》（12月）
1992	《国家教委办公厅关于加快中学教师学历培训步伐的意见》（5月）；《关于进一步改善和加强民办教师工作若干问题的意见》（8月）

二 乡村教师的补充支持

"文化大革命"十年，乡村教师的补充几乎陷入停顿，"到1977年为止，全国缺额60余万小学教师，中学教师缺额更是高达285万"[1]，其中包括大量乡村中小学教师的缺额。同时，普及农村小学教育的要求，又加剧了教师的紧缺。乡村教师数量的极度匮乏，急需大量补充，在这种情况下，党和国家开始制定一系列教育政策，对乡村中小学教师进行数量补充，以满足乡村教育的需要。

这一时期对乡村教师的补充面临的最大问题是数量不足，因此通过各种途径满足数量，就成为"文化大革命"后乡村教师补充最为关键的问题。为了满足数量要求，乡村教师补充的来源呈现出多样化，如教师归队、非师范大专院校毕业生、知识青年、师范院校毕业生等。1978年，全国教育工作会议召开，在《国务院批转教育部〈刘西尧同志在全国教育工作会议上的报告和总结〉》中明确提出，要为教育战线不断补充合格的教师，"凡借到别处工作的教师，要迅速'归队'。以后教师的调动，应该经有关教育部门批准。……用非所学的大专院校毕业生，凡愿意当教师的可向当地教育部门提出，经了解考核并和他们所在单位协商后，分配到学校工作。现在农村的中小学，民办教师比例过大，应当逐步降下来。民办公助，应以公助为主"[2]。同年，《教育部印

---

[1] 王大磊：《共和国中小学教师专业发展的政策研究》，博士学位论文，华东师范大学，2011年。

[2] 何东昌主编：《中华人民共和国重要教育文献（1949—1997）》，海南出版社1998年版，第1615页。

发关于加强和发展师范教育的意见》提出，要采取"两条腿走路"的办法进行乡村教师补充，一是要有计划地积极地加速发展师范院校，由师范院校和其他高等院校的毕业生来补充；二是要从青年工人、上山下乡和回乡知识青年中选拔那些经过电视、函授等业余学习，考核成绩确实达到高等学校毕业程度的来补充。

在多样化的来源满足数量的同时，还要保证质量，补充合格教师，这要求发挥师范生培养主渠道的作用。1980年，全国师范教育工作会议召开，明确提出要强化师范教育，为中小学提供合格的师资。同年，教育部颁布了《关于办好中等师范教育的意见》和《关于大力办好高等师范专科学校的意见》，明确了中等师范学校和高等师范专科学校的任务，分别是为小学和初级中学培养合格师资。师范教育的加强，为乡村大量合格教师的补充奠定了坚实的基础。通过师范教育为乡村培养合格教师，对乡村教师补充具有决定性意义。1983年，两部农村教育的政策文件发布，《关于加强和改革农村学校教育若干问题的通知》和《教育部关于发展农村幼儿教育的几点意见》专门对通过师范教育补充乡村教师提出了要求。前者要求加强师范教育，并根据农村学校教育的需要，制定师范教育的发展规划，为农村中小学提供合格的师范毕业生。后者提出，要发展幼儿师范学校，对农村实行定向招生，定向分配，或招收计划外农村学生，举办职业幼师班，为农村培养更多的幼儿教师。同年，教育部《关于中小学教师队伍调整整顿和加强管理的意见》发布，强调了乡村教师补充的质量问题，要求中小学教师队伍经调整整顿后，需要的师资补充"均由国家分配高等师范学校、其他高等学校和中等师范学校毕业生解决，不足部分，采取择优录用在职的合格中小学民办教师的办法解决"[1]。1985年，《中共中央关于教育体制改革的决定》颁布，这是改革开放后具有里程碑意义的重要教育政策文件。该决定明确提出要建立一支有足够数量的、合格而稳定的师资队伍。要大力发展从幼儿师范到高等师范的各级师范教育，毕业生都要分配到学校

---

[1] 何东昌主编：《中华人民共和国重要教育文献（1949—1997）》，海南出版社1998年版，第2119页。

任教，其他高等学校毕业生也应有一部分分配到学校任教，任何机关、单位不得抽调中小学合格教师改任其他工作。这些规定对保证乡村学校能够有充足合格师资具有重要意义。随着改革开放后国家对师范教育的重视，我国师范教育获得了巨大发展，"截至1985年底，全国高师本科学校达253所，比1977年的59所增加194所；高师专科学校达188所；中师学校达1028所；幼儿师范学校达57所"①。师范教育的大发展，能够为乡村教育提供源源不断的新生师资，对缓解乡村小学师资不足问题意义重大。

　　由此，发展师范教育，为乡村培养合格师资成为国家教育政策的着力点。1986年，《中华人民共和国义务教育法》通过，其中第十三条规定，国家采取措施加强和发展师范教育，加速培养、培训师资，有计划地实现小学教师具有中等师范学校毕业以上水平，初级中等学校的教师具有高等师范专科学校毕业以上水平。这在法律上规定了师范教育为中小学培养师资的地位。同年，还颁布了《国家教委关于基础教育师资和师范教育规划的意见》和《关于加强和发展师范教育的意见》，更加详细地对师范教育培养师资提出了要求。前者提出，发展师范教育要走老校扩建、调整的路子，尽量扩大招生规模，提高学校的规模效益。基础教育师资来源地方化，实行定向培养，加强短线师资培养，为农村补充教师。后者提出，要加强基础教育师资补充的薄弱环节，一是在学段上，面对初中师资严重短缺的问题，提出要扩大师范院校招生名额，其他高等学校可举办两年制师范专科班，选拔成绩优良的电大、夜大毕业生进行短期学习做教师，自学考试开设高师本科和专科课程培养教师到初中任教。一是在学科上，要加强和发展中学急需的政治、生物、历史、体育、音乐、美术等短线专业，设立适合农村中学需要的双学科专业。小学体、音、美等学科的教师缺额较大，可通过在中师后期选修或开办专修班，在职业中学里开设体、音、美小学师资班等办法解决。1987年，《国家教委、财政部关于农村基础教育管理体制改革若干问题

---

① 卢小陶、杜德栎：《新中国70年教师教育政策的历史、结构与动力》，《教育科学研究》2019年第9期。

的意见》提出，省、地（市）两级要抓紧中小学师资，特别是初中师资的培养和培训工作，办好高等、中等师范院校和教育学院，为实施义务教育输送合格的师资。同年，《中等师范学校面向农村培养合格小学师资座谈会纪要》指出，中师能不能面向农村，培养合格的小学师资，是关系到农村能否普及初等教育的一个关键，也是衡量中师办学方向是否端正的一个重要标志，要搞好中师招生、分配制度改革，为农村补充更多合格的小学教师。[①] 1988年，《国家教委关于进一步办好职业高中幼师专业的意见》提出，要通过职业高中为乡村学前教育培养师资。职业高中作为一个新的乡村学前师资培养补充途径，能够有力地促进乡村学前教育的发展。

师范教育作为乡村教师补充的重要渠道，从1977年到1989年，经过党和国家的大力扶持，已经有了根本性的发展，学校数量和在校生人数都有了巨大增加。"1977年我国有高等师范学校59所，中等师范学校1028所。在校生规模分别为16.5万人和29.8万人。……1989年高等师范院校发展到260所，净增了201所；在校生规模达到49.2万人，是1977年的3倍。中等师范学校稳步发展到1044所，在校生发展到68.5万人，是1977年的2.3倍。"[②] 师范院校的建设，师范生生源的大规模增加，都为乡村中小学教师补充提供了坚实的支撑。

进入20世纪90年代初，通过师范教育培养乡村合格教师的能力进一步加强。1990年，颁发了《关于当前师范专科学校工作的几点意见》和《关于中小学教育工作五项督导检查的报告的通知》。前者指出"为农村初中培养合格教师是我国师范专科学校的主要任务，各师范专科学校要牢固树立为农村教育服务的办学思想"[③]，要主动适应农村教育改革的需要，努力培养合格的初中教师，并要求高等师范学校招收部分民办教师。后者提出，要加快改革师范教育，吸引中等学校优秀毕业生报

---

① 何东昌主编：《中华人民共和国重要教育文献（1949—1997）》，海南出版社1998年版，第2640页。
② 何东昌主编：《中华人民共和国重要教育文献（1949—1997）》，海南出版社1998年版，第3089页。
③ 何东昌主编：《中华人民共和国重要教育文献（1949—1997）》，海南出版社1998年版，第2945页。

考师范院校,建议中央财政继续拨专款支持优先发展师范教育。1991年,《关于加速师范院校标准化建设,培养合格的中小学教师座谈会纪要的通知》印发,要求师范院校培养适应农村基础教育需要的中小学教师,"师范院校输送的学生,在教育思想、教育教学能力、知识结构、思想素质等诸多方面都要适应农村教育的变化,使我们的毕业生真正成为农村基础教育改革的参加者"①。

在数量不足的情况下,民办教师是乡村教师补充的一支重要力量,民办教师问题的解决,对乡村教师补充影响巨大。在20世纪80年代对民办教师进行整顿的基础上,1991年,国家教委、人事部召开了全国民办教师工作会议,对民办教师问题,开始提出解决的指导思想和方针。1992年,《关于进一步改善和加强民办教师工作若干问题的意见》发布,这是一部对民办教师队伍建设、培训提高、地位待遇和公办选招等进行系统规定的重要政策文献,对民办教师和乡村基础教育发展具有重要意义。该意见在乡村教师补充问题上提出,要对民办教师进行调整整顿,主要是减少数量和提高质量。民办教师队伍的整顿,要坚持统筹安排"关、招、转、辞、退"等工作,坚决控制并减少民办教师数量,不能以任何理由再行吸收新的民办教师。同时提出解决民办教师问题,既要通过师范学校,采取定向招收民办教师的办法,又要通过"民转公",将优秀民办教师选招为公办教师。而且该意见还提出,要通过聘请临时代课教师的办法补充乡村教师,具体可由县以上教育行政部门,通过严格考试,聘请有高中毕业以上文化程度和教师资格的人,作为临时代课教师。

三 乡村教师的稳定支持

"文化大革命"结束后,对乡村教师的稳定支持,首先要解决教师的地位问题。1978年,邓小平同志在全国教育工作会议上发表了重要讲话,对教师的社会政治地位和待遇问题进行了专门论述,明确指出:

> 要提高人民教师的政治地位和社会地位。不但学生应该尊重教

---

① 何东昌主编:《中华人民共和国重要教育文献(1949—1997)》,海南出版社1998年版,第3091页。

师，整个社会都应该尊重教师。……对于优秀的教育工作者，应该大张旗鼓地予以表扬和奖励。……要研究教师首先是中小学教师的工资制度。要采取适当的措施，鼓励人们终身从事教育事业。……各级党委和教育行政部门，首先要在可能范围内，尽力办好集体福利事业。[①]

在国家经济条件较为困难的情况下，对包括乡村教师在内的广大中小学教师政治社会和物质待遇给予特别关照，体现了党和国家对教师的关心和关爱。之后，《国务院批转教育部〈刘西尧同志在全国教育工作会议上的报告和总结〉》中，对教师的待遇问题提出了详细要求，明确要求对教师政治待遇过低的情况必须立即加以改变。要研究中小学教师的工资制度，更多地体现按劳分配，民办教师待遇要适当提高。要切实关心解决教师的生活福利，教师宿舍、校舍建筑要纳入城市规划，对有显著成绩的中老年教师住房过挤及其他问题要高度关怀。这些措施为解决乡村教师的实际待遇，稳定乡村教师安心从教起到了重要作用。

之后，国家通过制定一系列有针对性的政策文件，对乡村教师的物质和精神方面给予有针对性的支持。1981年，国务院转发教育部《关于调整中小学教职工工资的办法》，提出为改善中小学教职工生活待遇，对中小学教师工资进行调整，尤其指出对长期代课教师，可适当增加代课酬金。1983年，中共中央、国务院《关于加强和改革农村学校教育若干问题的通知》颁发，对农村教师队伍稳定的待遇支持进行了系统规定，是一部重要的农村教师稳定支持的政策文件。该通知指出，要提高教师的政治社会地位和工资待遇，改善工作和生活条件，在全社会形成尊重教师的良好风尚。要制定中小学教师的职称制度，实行教龄津贴制度。对到农村工作的教师，尤其是到老、少、山、边、穷地区工作的教师，要增加生活补贴，还可保留城市户口，定期轮换。对任教20年以上，业务水平高的教师，可给予特殊照顾。同年，专门针对农村幼儿教

[①] 何东昌主编：《中华人民共和国重要教育文献（1949—1997）》，海南出版社1998年版，第1607页。

师的文件《教育部关于发展农村幼儿教育的几点意见》颁发，明确提出了农村幼儿教师的待遇标准："农村幼儿教师一般应同当地民办教师或社队企业职工待遇相当，或不低于当地农民实际收入的平均水平，必须当年兑现，对长期任教、工作成绩显著的幼儿教师，应给予适当奖励。"[1] 1984年，《国务院关于筹措农村学校办学经费的通知》对改善农村教师待遇偏低问题给予了重点关注，并对农村教师的相关待遇给予了详细的规定："在国家拨给的教育事业费包干的基础上和逐步提高中小学教师生活待遇的前提下，可把农村教师的工资放开，允许富裕地区解决得更好一些。贫困地区农村教师增加工资，可从国家拨给的教育事业费的增加部分中予以补助。"[2] 1985年，《中共中央关于教育体制改革的决定》提出要采取特定措施，提高中小学教师和幼儿教师的社会地位和生活待遇，鼓励他们终身从事教育事业。同年，人大常委会决定建立教师节，以促进整个社会形成尊师重教的风尚，在《中央宣传部、教育部、共青团中央、全国教育工会关于做好今年教师节工作的意见》中提出，要对教师在入党、住房、看病、子女就业等方面存在的问题进行调查研究，尽可能地帮助他们解决一些实际问题。党政各部门、城乡各行各业、各人民团体，都应把尊师重教视为自己光荣的社会责任，为教师切切实实地做一些好事。希望卫生、交通、商业、服务等行业为解决教师后顾之忧多做贡献。1985年《国务院工资制度改革小组、劳动人事部关于高等学校、中等专业学校、中小学教职工工资制度改革问题的通知》对中小学教师工资制度和教龄津贴进行了改革，有力地促进了乡村中小学教师的工资待遇改善。1987年，《国务院关于提高中小学教师工资待遇的通知》明确规定，从1987年10月起，将中小学教师和幼儿园教师现行的工资标准提高10%。

法律保障、职务支持和管理体制改革是对乡村教师稳定支持的重要方面。1986年，《中华人民共和国义务教育法》颁布，这是乡村教师稳

---

[1] 何东昌主编：《中华人民共和国重要教育文献（1949—1997）》，海南出版社1998年版，第2129页。

[2] 何东昌主编：《中华人民共和国重要教育文献（1949—1997）》，海南出版社1998年版，第2244页。

定支持法制化的一个重要里程碑。其中第十四条提出，全社会应当尊重教师。国家保障教师的合法权益，采取措施提高教师的社会地位，改善教师的物质待遇，给予优秀的教育工作者奖励。同年，《中央职称改革工作领导小组关于转发国家教委中小学教师职务试行条例等文件的通知》对中小学教师职务的设置、职责、任职条件、考核和评审等做出了详细规定，职务的明确规定是对乡村教师职务发展的重要支持。1987年，《国家教委、财政部关于农村基础教育管理体制改革若干问题的意见》明确了乡村教师发展的支持主体责任，重点强调了县乡村的责任，县级政府要抓好师资队伍建设，制定有关民办教师的政策，检查贯彻落实情况。乡级政府要筹措并管好、用好本乡教育经费，切实解决民办教师工资福利待遇问题。

工资提升和职务职称晋升一直是乡村教师稳定的基石，也成为这一时期乡村教师稳定支持的重要着力点，20世纪80年代末90年代初，围绕着工资和职务出台了一系列政策文件，对乡村教师稳定支持持续发力。1988年，《提高中小学教师工资标准的实施办法》决定将中小学和幼儿园教师现行的各级工资标准（基础工资、职务工资之和）均提高10%。[1] 紧接着，《关于适当增加中小学教师高中级职务限额和下放权力理顺工作关系的通知》指出，对中小学教师的职务限额指标偏紧的地区，在中央追加的指标和各地区机动指标内，给中小学增加一定的职务限额。如还难于缓解中小学高、中级职务限额指标偏紧状况，各地区可再增加一些中小学职务限额。中高级职务难评是制约乡村教师稳定的一个重要方面，乡村中小学教师高中级职务的增加，对乡村教师在乡从教具有很好的稳定作用。1989年，《国务院批转人事部、国家计委、财政部1989年调整国家机关、事业单位工作人员工资实施方案的通知》指出，大学本科毕业生由58元提高到70元，大学专科毕业生由52元提高到64元，中专、高中毕业生由46元提高到58元。[2] 这次工资提升，

---

[1] 何东昌主编：《中华人民共和国重要教育文献（1949—1997）》，海南出版社1998年版，第2702页。

[2] 何东昌主编：《中华人民共和国重要教育文献（1949—1997）》，海南出版社1998年版，第2907页。

涵盖了具有相关学历的大量乡村教师，促进了乡村教师队伍的稳定。1990年，在国家教委转发《关于中小学教育工作五项督导检查的报告的通知》中，对稳定中小学教师的支持内容进行了详细规定，提出要进一步树立尊重教师、尊重教师劳动的观念，形成全社会尊师重教的风尚。要进一步提高教师工资待遇，使中小学公办教师的工资水平，达到全民所有制职工的平均水平。要逐步解决城镇公办教师住房紧缺、教师医疗费不足和子女就业难等问题，稳定合格教师队伍。1991年，《国家教委、人事部关于当前做好中小学教师职务聘任工作的几点意见》对中小学教师聘任的原则和要求、年限和标准、考核和组织、检查和监督等重要问题进行了系统规定。中小学教师职务聘任制的实行，对提高中小学教师社会地位，提高中小学教师队伍素质，以及中小学教师队伍的稳定起到了非常积极的作用。

此外，对乡村教师的特殊工作情况发放津贴和酬金，是一种重要的稳定支持，能够有效激励乡村教师的工作热情。1988年，《关于提高中小学班主任津贴标准和建立中小学教师超课时酬金制度的实施办法》要求，各地要根据实际情况，适当调整班主任津贴标准。教师在保证教学质量的前提下，授课超过课时定额的，按照实际超过的授课时数发给酬金。

民办教师是乡村教师稳定问题的一个重要方面，妥善解决民办教师的工资、民转公和福利等问题，是促进乡村教师稳定的重要方面。1981年，国务院在转发教育部《关于增加中小学民办教师补助费的办法》中提出，要切实保证广大民办教师从社队得到的报酬，不低于中上等劳动力每年平均实际经济收入水平，[1] 在国家规定补助费标准的基础上，平均每人全年增加补助费50元，一个季度每人平均增加12.5元。1983年，《关于加强和改革农村学校教育若干问题的通知》指出，民办教师实行社队统筹工资制，建立民办教师福利基金，每年在民办教师中转一部分为公办教师。同年，《教育部关于加强小学在职教师进修工作的意

---

[1] 何东昌主编：《中华人民共和国重要教育文献（1949—1997）》，海南出版社1998年版，第1980页。

见》指出，条件好的县教师进修学校，可每年招收一部分民办教师，纳入中师招生计划，学习期满，可择优转为公办教师。1984年，《国务院关于筹措农村学校办学经费的通知》要求农村中小学民办教师全部实行工资制，逐步做到不再分公办、民办。1985年，《国务院工资制度改革小组、劳动人事部关于高等学校、中等专业学校、中小学教职工工资制度改革问题的通知》对民办教师教龄津贴做出规定："民办教师或长期顶编代课教师转为上述学校公办教师后的教龄计算，应按其工龄计算的有关规定办理。"[①] 1986年《国家教委、劳动人事部、国家计委关于下达1986年从中小学民办教师中选招公办教师专项劳动指标的通知》明确提出："今年国家安排二十万专项劳动指标，用于一部分经过严格考核的民办教师骨干选招为公办教师。"[②] 如此大规模民办教师转公办，对稳定乡村中小学教师队伍，促进乡村教育的普及具有重要意义。1987年，《国家教委、财政部关于农村基础教育管理体制改革若干问题的意见》提出，充分发挥村在提高教师待遇、筹措解决民办教师的工资职责。1988年，在《关于农村年老病残民办教师生活补助费的暂行规定》要求农村年老病残民办教师离开工作岗位后的生活补助费，由原工作单位按月发放，最低标准不得少于现行民办教师补助费中的国家补助部分。对农村民办教师特殊群体的物质支持，对稳定农村中小学教师队伍，发展农村教育具有重要意义。1990年，国家教委办公厅在《关于认真解决民办教师工资拖欠问题的通知》中提出，务求将所欠民办教师的工资尽快还清，在保证国家补助部分的同时，切实保证今后民办教师工资能够如期如数拨发。1992年，《关于进一步改善和加强民办教师工作若干问题的意见》提出，要提高民办教师地位待遇，实现与公办教师同工同酬，民办教师和公办教师要真正做到"四个一样"："政治上一样待遇、工作上一样要求、组织上一样管理、生活上一样关心。"[③] 该

[①] 何东昌主编：《中华人民共和国重要教育文献（1949—1997）》，海南出版社1998年版，第2311页。

[②] 何东昌主编：《中华人民共和国重要教育文献（1949—1997）》，海南出版社1998年版，第2537页。

[③] 何东昌主编：《中华人民共和国重要教育文献（1949—1997）》，海南出版社1998年版，第3366页。

意见还对民办教师的工资福利待遇、职务聘任、社会保险福利和其他优惠政策等方面，进行了系统详细的规定。

四　乡村教师的发展支持

"文化大革命"结束后，我国农村中小学教师普遍质量不高，还有大量学历不合格教师存在。据统计，"初中教师高等专科学校毕业及以上的，1965年为71.9％，1977年下降到14.3％，小学教师中师毕业及以上的，1965年为47.4％，1973年下降到28％。出现了初中教师教高中，小学教师教初中，民办教师教小学的情况"[①]。整个中小学教师队伍质量已如此，乡村中小学教师的质量就更为堪忧。因此，提高乡村中小学教师队伍的素质，就成为"文化大革命"后乡村教育面临的一个重要问题。

1977年，《关于科学和教育工作的几点意见》中，明确提出要通过培训提高教师水平，"要加强师资培训工作……要把师资培训列入规划，列入任务。……要提高教师的水平，包括政治思想水平、业务工作能力及改进作风等"[②]。随后，教育部出台了《教育部关于加强中小学在职教师培训工作的意见》，这是一部教师在职进修发展的重要教育政策文件。该意见提出，要明确培训目标和要求，建立和健全师资培训机构，组织好培训师资的教师队伍，要采取多种培训形式，"力争在三五年内，经过有计划地培训，使现有文化业务水平较低的小学教师大多数达到中师毕业程度，初中教师在所教学科方面大多数达到师专毕业程度"[③]。并强调指出，对广大农村地区的教师，举办函授教育是行之有效的方法。可以说，1977年中小学教师培训政策的出台，为"文化大革命"后新时期乡村教师的发展提供了有效支持，对提高乡村中小学教师质量具有重要作用，也为改革开放后乡村教师的发展支持做了很好的铺垫。

[①]　南钢：《新中国中小学教师在职培训的回顾和前瞻》，《当代教育科学》2003年第9期。

[②]　何东昌主编：《中华人民共和国重要教育文献（1949—1997）》，海南出版社1998年版，第1481页。

[③]　何东昌主编：《中华人民共和国重要教育文献（1949—1997）》，海南出版社1998年版，第1588页。

1978年，全国教育工作会议召开，邓小平在全国教育工作会议上的讲话，对教师质量提升问题给予了特别关注，明确指出："各级教育行政部门不能不努力提高现有教师队伍的教学能力和教学质量。教育部和各地教育行政部门，要采取切实有效的措施，比如充分利用广播、电视，举办各种训练班、进修班，编印教学参考资料等，大力培训师资。"① 之后，《国务院批转教育部〈刘西尧同志在全国教育工作会议上的报告和总结〉》中提出，要尽快恢复或筹建教师进修院校，轮训中小学教师，教师进修可以采用多种形式，主要以在职进修为主。同年，《教育部印发关于加强和发展师范教育的意见》强调："要力争在三五年内，经过有计划的培训，使现有文化业务水平较低的小学教师大多数达到中师毕业程度，初中教师在所教学科方面大多数达到师专毕业程度。"② 这是1977年《教育部关于加强中小学在职教师培训工作的意见》颁发后，再次对中小学教师通过培训提升学历的强调，说明了学历达标的发展支持，是这一时期乡村中小学教师发展的重点。

虽然颁行了上述政策文件，但仍难以从根本上改变中小学教师质量整体不高的状况，尤其是学历不达标教师的不断加入，民办教师数量的大幅增加，以致到1980年这一时期成为新中国成立以来"中小学师资质量最低的时期"③。面对异常严峻的形势，1980年接连颁布了三个教师培训进修的政策文件，对中小学教师进修发展给予强力支持。《关于进一步加强中小学在职教师培训工作的意见》是中小学教师培训体系工作开始重建的一个标志性文件，其中对强化中小学教师培训提出了系统要求，即力争到1985年，使现有文化业务水平较低的小学教师大多数达到中师毕业程度，初中教师在所教学科方面多数达到师专毕业程度。要充分发挥各级教师进修院校、师范院校和各级教学研究室在教师进修中的作用，逐步实行全国统一的教学计划，搞好进修教材建设。教育部

---

① 何东昌主编：《中华人民共和国重要教育文献（1949—1997）》，海南出版社1998年版，第1607页。

② 何东昌主编：《中华人民共和国重要教育文献（1949—1997）》，海南出版社1998年版，第1649页。

③ 何东昌主编：《中华人民共和国重要教育文献（1949—1997）》，海南出版社1998年版，第1832页。

《关于办好中等师范教育的意见》提出，中等师范学校要承担培训在职小学教师的任务，可以招收教小学的民办教师进行培训。县（旗）办的中等师范学校的主要任务应转到培训提高在职小学教师的政治、文化、业务水平上来。《中等师范学校规程（试行草案）》明确要求中等师范学校要承担培训在职小学教师和幼儿园保教人员的任务。

针对各级乡村教师的发展培训要求，国家又颁布了一系列教育政策，分别对幼儿园教师、小学教师和中学教师的发展，提供了强有力的支持。在对中学教师的发展支持上，1982年，国务院在批转教育部关于《加强教育学院建设若干问题的暂行规定》中指出，中学新增加的教师大量是"文化大革命"期间的初高中毕业生，整体文化水平不高，没有经过师范专业训练，质量较低，为此要加强教育学院建设，以提高中学在职教师的政治、文化和业务水平。1983年，《教育部关于进一步提高普通中学教育质量的几点意见》又对包括乡村中学教师在内的教师发展提高做了详细安排，要求通过业余和离职进修、以老带新等多种形式对教师进行培训提高，推广优秀教师和退休优秀教师的教育经验，提倡有条件的高等院校，联系附近一所中学，为中学培训师资等。[①]

在对小学教师的发展支持上，1983年，《教育部关于加强小学在职教师进修工作的意见》指出，要办好县（区、旗）教师进修学校，做好对农村小学教师的进修培训。同时特别指出，小学教师进修教材的编写，要注意联系农村生活和生产实际，适应农村教育发展的需要，要增加农村必需的应用知识。

在对幼儿园教师的发展支持上，1983年，《教育部关于发展农村幼儿教育的几点意见》提出，对农村幼儿教师要有计划地进行培训，并列入各地教育行政部门的教师培训计划中。各幼儿师范学校、教师进修院校和有条件的中等师范学校，都要承担培训农村幼儿教师的任务，"力争在1990年前，通过各种渠道，使多数幼儿教师都能受到一定程度的

[①] 何东昌主编：《中华人民共和国重要教育文献（1949—1997）》，海南出版社1998年版，第2114页。

专业培训"①。1989年,《国家教委关于实施〈幼儿园管理条例〉和〈幼儿园工作规程(试行)〉的意见》指出,要建立教师进修和考核制度,在当前新师资的培养尚不能满足要求的情况下,应坚持"先培训后上岗"的原则,把好职前培训关。要加强在职教师培训,使学历不合格的教师合格,学历合格的教师通过培训提高,形成一批教育工作骨干。

除了对各级乡村教师分别进行发展支持外,对乡村教师发展的综合系统支持也一直在进行。1983年,《关于加强和改革农村学校教育若干问题的通知》要求,有关高等学校要为农村各类学校培训师资。1985年,具有里程碑意义的重要教育政策文件《中共中央关于教育体制改革的决定》颁布,对中小学教师发展支持提出了系统完整的规定,指明了此后教师发展支持的基本方向。该决定要求,必须对现有的教师进行认真的培训和考核,把发展师范教育和培训在职教师作为发展教育事业的战略措施。要为在职教师举办函授和广播电视讲座,切实办好教师进修院校,分期分批轮训教师。要有计划地动员、挑选和组织高等学校的一部分教员和高年级学生、研究机构的一部分研究人员和党政机关的一部分具备条件的干部,参加帮助培训中小学教师的工作。机关干部对中小学教师进行培训,是该决定提出的一种中小学教师发展支持的新形式。之后,《中共中央办公厅、国务院办公厅转发〈关于挑选机关干部参加培训中小学教师工作的请示〉的通知》中指出,党政机关干部参加培训中小学教师是一项新的工作,各地要选派干部参加培训在职中小学教师工作,提高他们的政治、文化业务水平。这种新的支持力量有力地促进了乡村中小学教师的发展。

学历合格是乡村教师发展支持的重要目标,在此基础上,又出现了考核合格证书的办法,使学历不达标的乡村教师满足合格需要。1986年,《国家教委关于加强在职中小学教师培训工作的意见》指出,培训的任务是使不具备合格学历或不胜任教学的教师,能够胜任教学工作,取得合格学历。要充分调动各教师进修院校、高等学校、中等专业学校

---

① 何东昌主编:《中华人民共和国重要教育文献(1949—1997)》,海南出版社1998年版,第2129页。

以及社会各方面力量，举办多层次多形式的培训。同年，国家教委印发《中小学教师考核合格证书试行办法》，其中提出要有效地提高中小学教师的文化专业知识水平和教育教学能力，考核合格证书适用于不具备国家规定合格学历的中小学教师。① 这对大量不具备国家规定学历的乡村中小学教师而言，通过获得考核合格证书来提高自身素养，从而提高乡村教育质量具有重要意义。

开展卫星电视师范教育，是一种全新的乡村教师发展支持方式。1989 年，我国首次使用卫星电视的形式开展师范教育，国家教委在其发布的《电视师范教育管理办法（试行）》中指出，卫星电视师范教育的主要任务，是开展在职中小学教师培训，使未达到学历的中小学教师，通过系统学习达到国家规定的学历要求，其中着重指出，要特别注意招收民办和代课教师。

经过对乡村中小学教师以学历补偿为核心的发展提升，整个乡村中小学教师的学历合格达标率有了明显改善，这从全国中小学教师学历达标的状况里可见一斑：

> 截至 1989 年底，小学教师达到中师学历的比率已从 1977 年的 47.1% 上升到 71.4%；初中教师达到高师专科学历的比率已从 1977 年的 9.8% 上升到 41.3%；高中教师达到本科学历的比率已达 43.5%。同时全国已有 30 万左右的中小学教师取得了《专业合格证书》。②

这从根本上提升了广大乡村中小学教师的质量，扭转了大量乡村中小学教师难以胜任教学工作的局面。

从 20 世纪 90 年代开始，乡村教师发展进修出现了重大的转变，即从此前的学历补偿进修为主，转向了继续教育为主。1990 年，《关

---

① 何东昌主编：《中华人民共和国重要教育文献（1949—1997）》，海南出版社 1998 年版，第 2491 页。

② 何东昌主编：《中华人民共和国重要教育文献（1949—1997）》，海南出版社 1998 年版，第 3060 页。

于中小学教育工作五项督导检查的报告的通知》提出，要大力加强教师的思想政治教育和师德教育，要继续加强在职教师的培训工作，不断提高中小学教师的政治和业务素质。同年，全国中小学教师继续教育工作座谈会召开，明确提出了中小学教师发展支持的重点要转向继续教育，之后发布的《全国中小学教师继续教育工作座谈会会议纪要》对继续教育的任务，工作方针与原则，内容和形式，实施意见等进行了具体系统的规定，为乡村中小学教师继续教育奠定了基础。该纪要的颁布，是从学历补偿教育转向继续教育的重要标志，意味着乡村中小学教师发展支持的重点发生了根本性转变，即从学历补偿式的提升，转向素质发展式的提升。这是一种对中小学教师发展支持观的转变，也就是说，乡村中小学教师的发展，不仅是从达标到提高的转变，而且不是一次性的学历教育，而是终身式的发展教育。1991年，《国家教委关于开展小学教师继续教育的意见》提出，大力开展小学教师继续教育是加强小学教师队伍建设的一项重点工程，并对小学教师开展继续教育的目标、原则、任务、层次、内容、形式与方法的具体要求进行了规定。该意见还提出要形成省、县、乡、校四级培训网，各级教育行政部门要加强对继续教育工作的领导，把继续教育列入当地教育年度计划和总体规划。

在乡村小学教师学历达标率大幅提高的情况下，乡村中学教师的学历提升问题凸显出来。1992年，《国家教委办公厅关于加快中学教师学历培训步伐的意见》指出，到1991年底，小学、初中、高中教师合格学历的比例已分别达到80.7%、51.8%、47.2%[①]，可以看出，中小学教师学历整体达标状况有了显著改善。但是，中学教师学历达标比例依然不高，"尤其是农村和'短线'学科的中学教师不具备国家规定学历的比例就更大。这种状况直接影响9年制义务教育的实施和基础教育质量的提高"[②]。因此，该意见要求加快初中和高中教师学历培训，并对

---

① 何东昌主编：《中华人民共和国重要教育文献（1949—1997）》，海南出版社1998年版，第3336页。

② 何东昌主编：《中华人民共和国重要教育文献（1949—1997）》，海南出版社1998年版，第3336页。

培训的形式内容、考试考核、经费和领导等问题进行了详细规定。这对乡村中学教师的学历提升具有重要意义，能够有效提高乡村中学的教育质量。

民办教师的培训也受到了重视。1992年，《关于进一步改善和加强民办教师工作若干问题的意见》提出，要大力加强民办教师培训，培训的重点是中青年民办教师。民办教师的进修培训要从农村实际出发，采取以在职自修和短期集中培训为主，多种形式并举。民办教师培训要政治业务并重，努力培养又红又专、为人师表的乡村教师。

五 小结

总之，在乡村教师精准支持的恢复发展时期，国家政策对乡村教师的支持呈现出以下主要的特点：

在乡村教师的补充支持方面。这一时期乡村教师补充的主要动力是数量的满足，主导思想是通过加强师范教育，为乡村教师补充合格教师。但在"文化大革命"结束后的几年里，面对乡村教师数量极度匮乏，而师范教育又刚刚恢复，难以在短时间里提供足够数量的合格教师。在这种情况下，为了解决乡村教师数量不足问题，采取了多样化和兜底性的乡村教师补充政策。兜底性意味着，凡是经过考核符合条件的都可以成为乡村教师，目的是为乡村教师数量的基本需求兜底。多样化意味着，要采取多样化的补充方式，如教师归队、非师范大专院校毕业生从教、知识青年从教等多样化的方式，为乡村补充教师。这样做虽然会产生各种现实和后续问题，但也是不得已的办法。1980年，全国师范教育会议召开，明确要通过师范教育来培养补充合格教师。这次会议的召开，开启了师范教育对乡村教师补充主渠道作用的新篇章。1983年，《关于加强和改革农村学校教育若干问题的通知》颁发，这是改革开放后第一个以"农村学校教育"之名，专门为农村教育和教师队伍建设进行系统规定的教育政策文件。该通知明确指出要通过师范教育为农村培养教师。1985年，《中共中央关于教育体制改革的决定》这一纲领性文件也明确提出，要大力发展师范教育，为学校培养合格教师。这些都明确表明，师范教育是乡村教师补充的根本所依，只有大力发展师范教育，才能为乡村教师补充提供源头活水。值得注意的是，民办教师这一乡村教师补充的重要群体，面临着逐渐退出历史舞台的命运。1992年，《关于进一步改善和加强民办教师工作若干问题的意见》充分肯定了民办教师的作用和贡献，并提出了解决民办教师问题的办法，为结束长期以来公、民办教师并存状况奠定了基础。

在乡村教师的稳定支持方面。一方面，这一时期乡村教师的稳定支持，是从大兴尊师重教之风、解决教师的政治地位待遇开始的。在解决了教师政治地位问题后，倡导尊师重教的社会风尚，就成为乡村教师精神方面稳定支持的一贯主题，1985年教师节的设立，对广大教师是一种巨大的精神支持，对提高教师政治社会地位，形成尊师重教的社会风气具有重要意义。另一方面，精神上的稳定支持总是与物质待遇密切相关，而这一时期乡村教师稳定支持面临的最大困难，就是工资制度、生活福利和住房问题等物质支持的改善需求。这一时期，乡村教师物质待遇稳定支持的特点体现为：其一，工资调增是基础，几乎每个政策都强调了要不断改善和提高乡村教师工资。其二，完善制度是保障，如职称制度、教龄津贴制度和超课时津贴制度等。其三，其他补助是辅助，特殊照顾单独定，如业务水平高教师特殊照顾，艰苦地区教师特殊照顾，长期任教教师适当奖励等措施。到20世纪80年代中后期，乡村教师稳定支持开始聚焦于法律保障支持、职务支持和管理体制改革支持三个方面，尤其是1986年《中华人民共和国义务教育法》作为国家义务教育的根本大法，为乡村教师稳定支持提供了坚实的法律保障。对中小学教师职务的系统详细规定，从职务晋升上为乡村教师提供了稳定支持。农村基础教育管理体制改革，明确了县乡在乡村教师稳定支持中的职责。从20世纪80年代末到90年代初，教育政策对乡村教师的稳定支持，又聚焦于提高工资标准，增加职务晋升尤其是中高级职务晋升指标方面。对民办教师的稳定支持，主要是工资和民转公的问题。在工资方面，从提出"不低于中上等劳动力"的收入标准，到通过推行民办教师工资制改革，再到解决民办教师拖欠工资问题等一系列措施来进行稳定支持。在民转公方面，通过在县教师进修学校学习后转公，以及通过严格考核的民办教师骨干转公等办法，来稳定乡村师资。民办教师还可以通过教龄津贴、福利基金和年老病残民办教师生活补助费等获得稳定的物质支持。而《关于进一步改善和加强民办教师工作若干问题的意见》这一专门支持民办教师的重要文件,提出的民办和公办教师的"四个一样",以及工资福利待遇、职务聘任、社会保险福利和其他优惠政策等的系统规定,以前所未有的力度对民办教师的稳定提供了支持。

在乡村教师的发展支持方面。这一时期的乡村教师发展支持,源于邓小平同志对"培训提高师资水平""大力培训师资"的要求,这也为乡村教师的发展支持指明了方向。此后,乡村教师的培训主要通过两条路径进行:其一是通过教师进修院校,乡村教师进行在职进修。乡村教师通过教师进修院校培训,主要有两种方式:一种方式是加强教育学院建设,通过教育学院对乡村中学教师进行培训。另一种方式是加强县域内教师进修学校建设,通过教师进修学校对乡村小学教师进行培训。其二是通过师范教育,对乡村教师进行进修培训。师范教育对乡村教师进行培训,主要目的是使乡村教师学历达标。师范教育对乡村教师培训也有两种方式:一种方式是师范院校的培训,这也是最主要的方式。另一种方式是卫星电视师范教育,这是一种新兴的师范教育方式,比较适合乡村教师的实际情况,能够有效节约时间、人力和物力成本。值得注意的是,这一时期颁发了《中共中央关于教育体制改革的决定》这一重要的教育政策文件,从发展教育事业战略措施的意义上,明确了发展师范教育和在职教师培训的地位。而且,在教师培训师资队伍中,还要求党政机关干部对中小学教师进行培训,并且之后发布了专门的政策文件贯彻这一要求。党政机关干部参与培训,为中小学教师培训增添了新的力量。在乡村教师合格达标培训中,除了学历合格达标外,还出现了一种新的达标方式,即考核合格证书,这种方式为大量无法取得学历合格证书的乡村教师,提供了一种新的合格达标方式,有利于乡村教师队伍的稳定。乡村教师的发展支持,从20世纪90年代开始出现了重大转变,以继续教育取代了学历补偿为主的发展进修培训,其标志性事件是1990年全国中小学教师继续教育工作座谈会的召开。乡村教师继续教育更注重素质的提升,即使学历达标了,也要进行继续教育,这对乡村教师质量的提升具有重要意义。

第三节 乡村教师精准支持的完善发展时期（1993—2005年）

随着改革开放的逐渐深入，对教育及教师作用的认识也日益深刻，1993年《中国教育改革和发展纲要》颁发，提出"振兴民族的希望在教育，振兴教育的希望在教师"，教师被赋予了振兴民族的希望，为教师获得更大支持奠定了坚实的基础。与此同时，教师的法律地位得到了确立，1993年通过了《中华人民共和国教师法》。此后，2000年，《〈教师资格条例〉实施办法》颁布，明确了教师资格认定制度。这两个重要文件的颁布，标志着对教师的支持走向了法制化和规范化，这意味着对包括乡村教师在内的教师支持，明确了法治化和规范化的完善发展之路。

一 乡村教师支持的政策概况

在乡村教师支持完善发展时期出台的乡村教师发展相关支持政策，从数量上来看达到了高峰。从1993年到2005年，共梳理出与乡村教师队伍建设精准支持有关的政策文件达到了79个，是恢复期的1.8倍，年均6.7个，是恢复时期的两倍多。其中，达到或超过4个政策文件的年份有10个，是恢复时期的2.5倍，有9个政策文件的年份有3个，分别是1999年、2003年和2004年。而且，颁布了《中华人民共和国教师法》和《中华人民共和国教育法》这样具有里程碑意义的法律文件。这些都充分说明了这一时期对乡村教师的支持力度非常之大，乡村教师队伍建设发展势头迅猛。在80个教师支持政策文件中，政策名称中出现"农村"字眼的政策文件有10个，另有关于民办教师的政策文件2个，一共有12个与乡村教师直接相关的政策文件，占所有文件数量的15%，虽然占比比恢复时期稍低，但政策文件的绝对数量较多。总的来说，这一时期政策文件出台数量多，密度大，对乡村教师的支持呈现出蓬勃向上的发展之势。这79个关涉乡村教师队伍建设精准支持的政策文件具体如表2-3所示。

表2-3 乡村教师队伍建设精准支持的相关政策文件（1993—2005年）

发布时间（年）	政策文件名称
1993	《中国教育改革和发展纲要》（2月）；《国家教委关于加强小学骨干教师培训工作的意见》（7月）；《国家教委关于加强高师函授、卫星电视教育、自学考试相沟通培训中学教师教学和管理工作的意见》（7月）；《关于教育工作的报告》（10月）；《中华人民共和国教师法》（10月）；《国务院关于贯彻实施〈中华人民共和国教师法〉若干问题的通知》（11月）；《中央宣传部、国家教委等6单位关于认真学习、宣传〈中华人民共和国教师法〉的通知》（11月）；《国务院办公厅关于采取有力措施迅速解决拖欠教师工资问题的通知》（11月）
1994	《全国师范专科学校面向农村，深化改革座谈会纪要》（1月）；《中小学贯彻〈事业单位工作人员工资制度改革方案〉的实施意见》（2月）；《全国中等师范学校深化改革，全面提高教育质量座谈会纪要》（5月）；《动员起来，为实施〈中国教育改革和发展纲要〉而努力——在全国教育工作会议上的报告》（6月）；《李岚清在全国教育工作会议上的总结讲话》（6月）；《国务院关于〈中国教育改革和发展纲要〉的实施意见》（7月）；《国家教委关于开展小学新教师试用期培训的意见》（11月）
1995	《中华人民共和国教育法》（3月）；《国家教委关于深入推进农村教育综合改革的意见》（6月）；《国家教委关于实施〈中华人民共和国教育法〉若干问题的意见》（8月）；《国家教委关于开展小学教师基本功训练的意见》（9月）；《国家教委关于〈中华人民共和国教师法〉若干问题的实施意见》（10月）；《教师资格条例》（12月）
1996	《国家教委关于当前加强"民转公"工作的几点意见》（5月）；《大力办好师范教育，加强教师队伍建设，为实现跨世纪教育发展目标而奋斗》（9月）；《国家教委关于印发〈关于师范教育改革和发展的若干意见〉的通知》（12月）；《国家教委办公厅关于调整函授、卫星电视教育、自学考试相结合的中学师资培训工作的通知》（12月）
1997	《国务院办公厅关于解决民办教师问题的通知》（9月）
1998	《财政部关于进一步做好教育科技经费预算安排和确保教师工资按时发放的通知》（5月）

第二章 《乡村教师支持计划（2015—2020年）》精准支持的历史逻辑　87

续表

发布时间（年）	政策文件名称
1999	《面向21世纪教育振兴行动计划》（1月）；《教育部关于师范院校布局结构调整的几点意见》（3月）；《中共中央、国务院关于深化教育改革全面推进素质教育的决定》（6月）；《深化农村教育综合改革　全面实施素质教育　努力开创教育为农业和农村工作服务新局面》（6月）；《关于下达1999—2000年从合格民办教师中转公办教师专项指标的通知》（9月）；《中小学教师继续教育规定》（9月）；《开创中小学教师继续教育和校长培训工作新局面，为建设全面推进素质教育的高质量教师和校长队伍而奋斗》（9月）；《陈至立在全国中小学教师继续教育和校长培训工作会议上的总结报告》（9月）；《关于在民族贫困地区开展"中小学教师综合素质培训"工作的通知》（10月）
2000	《教育部关于印发〈中小学教师继续教育工程方案（1999—2002年）〉及其实施意见的通知》（3月）；《关于认真执行〈行政单位财政统一发放工资暂行办法〉，切实做好教师工资统一发放工作的通知》（6月）；《关于加强中小学教师职业道德建设的若干意见》（8月）；《〈教师资格条例〉实施办法》（9月）
2001	《关于印发〈关于检查辽宁等七省（自治区）实施"中小学教师继续教育工程"情况的通报〉的通知》（2月）；《国务院关于基础教育改革与发展的决定》（5月）；《关于首次认定教师资格工作若干问题的意见》（5月）；《关于基础教育改革与发展的决定》（5月）；《加强和改革教师教育，大力提高我国教师专业化水平》（9月）；《教育部关于开展基础教育新课程师资培训工作的意见》（10月）；《教育部关于开展基础教育新课程师资培训工作的意见》（10月）；《大力推进"中小学教师继续教育工程"不断开创继续教育工作新局面》（10月）
2002	《教育部关于"十五"期间教师教育改革与发展的意见》（3月）；《教育部关于推进教师教育信息化建设的意见》（3月）；《教育部关于"十五"期间教师教育改革与发展的意见》（3月）；《教育部关于加强县级教师培训机构建设的指导意见》（3月）；《与时俱进，深化改革，努力开创"十五"期间教师教育工作的新局面》（3月）；《国务院办公厅关于完善农村义务教育管理体制的通知》（4月）；《教育部关于加强专科以上学历小学教师培养工作的几点意见》（9月）

续表

发布时间（年）	政策文件名称
2003	《认真学习贯彻十六大精神　努力开创基础教育改革和发展的新局面》（3月）；《关于幼儿教育改革与发展的指导意见》（3月）；《第二期国家贫困地区义务教育工程校长和教师培训项目实施管理办法》（3月）；《教育部关于实施全国教师教育网络联盟计划的指导意见》（9月）；《国务院关于进一步加强农村教育工作的决定》（9月）；《人事部、教育部关于深化中小学人事制度改革的实施意见》（9月）；《温家宝在全国农村教育工作会议上的讲话》（9月）；《加快发展深化改革　开创我国农村教育工作新局面》（9月）；《教育部关于进一步加强中小学教师队伍管理和职业道德教育的通知》（10月）
2004	《2003—2007年教育振兴行动计划》（2月）；《教育部关于进一步加强基础教育新课程师资培训工作的指导意见》（2月）；《关于进一步加强农村地区"两基"巩固提高工作的意见》（2月）；《国家西部地区"两基"攻坚计划（2004—2007年）》（2月）；《西部地区农村寄宿制学校建设工程实施方案》（2月）；《教育部关于做好为农村高中培养教育硕士师资工作的通知》（4月）；《教育部关于加快推进全国教师教育网络联盟计划　组织实施新一轮中小学教师全员培训的意见》（9月）；《教育部关于启动新一轮民族、贫困地区中小学教师综合素质培训项目暨新课程师资培训计划（2004—2008年）的通知》（11月）
2005	《教育部关于进一步加强和改进师德建设的意见》（1月）；《教育部关于规范小学和幼儿园教师培养工作的通知》（3月）；《全国中小学教师教育技术能力建设计划》（4月）；《教育部关于进一步推进义务教育均衡发展的若干意见》（5月）；《中央广播电视大学关于实施教师网联计划进一步加强和改进教师教育工作的意见（试行）》（10月）；《国务院关于深化农村义务教育经费保障机制改革的通知》（12月）；《中共中央、国务院关于推进社会主义新农村建设的若干意见》（12月）

二　乡村教师的补充支持

师范院校作为中小学师资培养的主力军，不仅培养师范生，而且要把培养的师范生顺利补充到中小学校。在师范院校之外，非师范院校也要承担为中小学培养师资的作用。这一时期两部重要教育政策文件对此提出了明确要求。1993年，《中国教育改革和发展纲要》印发，这是改革开放后又一部重要的纲领性教育政策文件,它对教师补充提出了办师范教育、扩大招生和毕业生服务制度的重要措施,"师范教育是培养中小学师资的工作母机,各级政府要努力增加投入,大力办好师范教育,鼓励优秀中学毕业生报考师范院校。进一步扩大师范院校定向招生的比例,建立师范毕业生服务期制度,保证毕业生到中小学任教"[①]。同时提出,其他高等院校也要积极承担培养中小学师资的任务。同年,新中国第一次以教师专门法的形式颁布《中华人民共和国教师法》,以法律的形式对教师队伍的补充做出了明确规定:"各级师范学校毕业生,应当按照国家有关规定从事教育教学工作。国家鼓励非师范高等学校毕业生到中小学或者职业学校任教。"[②]这两部重要教育政策法律文件的颁布,通过对师范院校培养合格教师的强调,以及非师范高校毕业生到中小学任教的鼓励,大大促进了乡村中小学合格教师的补充。

1994年,《国务院关于〈中国教育改革和发展纲要〉的实施意见》指出,各级政府要采取特殊政策,大力办好师范教育,鼓励优秀学生报考师范院校,鼓励师范院校毕业生乐于从教。同时要积极鼓励和吸引更多非师范院校优秀大学毕业生到中小学任教。[③] 1995年,《国家教委关于〈中华人民共和国教师法〉若干问题的实施意见》对师范毕业生补充到乡村中小学任教,提出了服务期制度和定向培养的规划,要求国家对在学期间免收学费、享受专业奖学金的师范毕业生,实行任教服务期制度,服务期为5年。同时还指出,地方人民政府及其有关部门,应当制定和实施教师的培养规划,保证本地区教师队伍有可靠的补充来源。国家对少数民族地区或者边远贫困地区教师的培养,实行定向招生分配制度。1999年,《面向21世纪教育振兴行动计划》提出,补充到农村的毕业生采取定期服务,定期轮换和工资倾斜政策。

[①] 何东昌主编:《中华人民共和国重要教育文献(1949—1997)》,海南出版社1998年版,第3472页。

[②] 何东昌主编:《中华人民共和国重要教育文献(1949—1997)》,海南出版社1998年版,第3571页。

[③] 何东昌主编:《中华人民共和国重要教育文献(1949—1997)》,海南出版社1998年版,第3666页。

要拓宽教师来源渠道，向社会招聘具有教师资格的非师范类高等学校优秀毕业生，到中小学任教，改善教师队伍结构。认真解决边远山区和贫困地区中小学教师短缺问题，完善师范毕业生定期服务制度，对高校毕业生到边远贫困农村地区任教，采取定期轮换制度，并享受国家规定的工资倾斜政策。鼓励各级政府机关公务员到中小学任教。①

专门培养补充农村师资的工作在这一时期也有了前所未有的新进展，主要体现在全国农村教育会议的召开，普九重点向农村转移，农村教师培养是重中之重，对师专和中师培养补充农村教师进行重新定位。1994 年，《李岚清在全国教育工作会议上的总结讲话》指出，普及九年义务教育的难点在农村，提高基础教育的质量，就必须大力培养合格的教师，必须继续坚持办好各类师范教育，这是我国教育的传统和特色，在这个问题上不要有丝毫的动摇。1995 年，《国家教委关于深入推进农村教育综合改革的意见》提出，师范院校尤其是师专和中师，要通过参与农村教育综合改革，调整课程结构，改革教学内容，努力培养热爱农村、一专多能的合格中小学教师。② 这里，对补充农村中小学教师提出了爱农的要求。在师专和中师转向培养补充农村学校师资方面，1994 年，《全国师范专科学校面向农村，深化改革座谈会纪要》指出，培养初中教师的师范专科学校，要把工作重点转向农村，以为农村培养合格师资作为学校的根本任务，满足农村基础教育对师资的补充需求。这是师范专科学校培养师资任务的一个重要的定位转变，为之后农村初中合格教师的补充奠定了基础。接着，《全国中等师范学校深化改革，全面提高教育质量座谈会纪要》发布，强调中等师范学校的中心任务是培养小学教师，乡村小学教师补充质量的提高，在于努力实现中等师范教育现代化。该纪要从中等师范教育观念现代化、内容现代化、手段现代

---

① 《国务院批转教育部面向 21 世纪教育振兴行动计划的通知》，《教育部政报》1999 年第 3 期。

② 何东昌主编：《中华人民共和国重要教育文献（1949—1997）》，海南出版社 1998 年版，第 3836 页。

化、管理现代化和环境现代化等方面,提出了加强中等师范教育现代化的措施,对乡村小学教师培养质量的提高具有重要意义。

2003年,全国农村教育会议召开,这是新中国教育发展史上第一次由国务院专门研究部署农村教育工作的会议,时任总理温家宝和教育部部长陈至立做了报告,对农村中小学教师问题给予了极大关注,提出了一系列支持政策措施。温家宝《在全国农村教育工作会议上的讲话》中提出,要"采取有效政策措施,吸引优秀人才到西部任教,鼓励城镇教师到乡村任教,通过定向招生等方式培养乡村教师,切实解决"老少边穷"地区乡村学校缺少合格教师和骨干教师不稳定的问题"[①]。陈至立发表了《加快发展深化改革 开创我国农村教育工作新局面》的讲话,他指出:"制定优惠政策,采取有效措施,鼓励和吸引具有教师资格的人员到农村特别是边远贫困地区任教。"[②] 这是通过优惠政策进行补充。"深化教师教育改革。师范院校要结合中小学课程改革,针对农村教育的特点,改革培养方式,为农村输送合格教师。"[③] 这是通过师范院校培养合格毕业生进行补充。

2005年,中共中央、国务院在《关于推进社会主义新农村建设的若干意见》中提出,要加强农村教师队伍建设,加大城镇教师支援农村教育的力度,促进城乡义务教育均衡发展。[④] 同年,《国务院关于深化农村义务教育经费保障机制改革的通知》提出,要深化教师人事制度改革,依法全面实施教师资格准入制度,加强农村中小学编制管理,提高农村中小学师资水平,推行城市教师、大学毕业生到农村支教制度。[⑤]

民办教师问题的解决在这一时期有了明确的目标,就是要彻底解决这一问题,这意味着民办教师将从历史舞台上退出,也表明我国乡村中

---

① 温家宝:《在全国农村教育工作会议上的讲话》,《求是》2003年第20期。
② 陈至立:《加快发展深化改革 开创我国农村教育工作新局面》,《教育部政报》2003年第11期。
③ 陈至立:《加快发展深化改革 开创我国农村教育工作新局面》,《教育部政报》2003年第11期。
④ 何东昌主编:《中华人民共和国重要教育文献(2003—2008)》,新世界出版社2010年版,第935页。
⑤ 何东昌主编:《中华人民共和国重要教育文献(2003—2008)》,新世界出版社2010年版,第921页。

小学教师补充从数量到质量的一个重大转变。1994年,《国务院关于〈中国教育改革和发展纲要〉的实施意见》提出了民办教师问题的解决目标,今后不再增加新的民办教师,现有合格民办教师经考核认定后,逐步转为公办教师。1997年,《国务院办公厅关于解决民办教师问题的通知》提出,要力争到20世纪末基本解决民办教师问题,具体的工作分年度目标是:"1997年民办教师占全国中小学教师的比例要从1996年的17%减少到12%,1998年比例减少到7%,1999年比例减少到3%,2000年基本解决民办教师问题。"[1] 该通知明确指出,要坚决关住新增民办教师的口子,不得以任何理由新增民办教师。要有计划地将合格的民办教师转为公办教师,扩大师范学校定向招收民办教师的数量,坚决辞退不合格的民办教师。至此,民办教师补充乡村教师的渠道走向了终止之路,这是乡村中小学教师补充从数量向质量转变的根本性标志和变革,对乡村基础教育的发展具有重要意义。

  通过教师资格制度,吸引非师范和社会优秀人才从教,能够有效地为乡村学校补充教师。1995年,《教师资格条例》颁布,对教师资格认定的分类与适用、教师资格条件、考试、认定和罚则进行了具体规定。这是一项对乡村中小学教师补充具有重要意义的政策文件,它通过教师资格制度这一国家法定的教师职业许可制度,对从事教育教学工作人员应具备的特定条件和身份进行制度化要求,使能够达到教师资格条件和标准的优秀人士到乡村中小学任教,扩大了乡村教师的补充来源,对于加强乡村教师队伍建设具有重要意义。1996年,全国师范教育工作会议召开,这是继1980年第四次全国师范教育工作会议,以及1985年全国中小学师资工作会议之后,又一次全国性的有关师范教育和中小学师资队伍建设方面具有战略意义的大会。国家教委主任朱开轩做了《大力办好师范教育,加强教师队伍建设,为实现跨世纪教育发展目标而奋斗》的讲话,指出要发挥师范院校培养教师的主渠道作用,以及非师范院校培养教师的积极作用,通过实施教师资格制度,吸收非师范专业毕

---

[1] 《国务院办公厅关于解决民办教师问题的通知》,《中华人民共和国国务院公报》1997年第31期。

业生及社会优秀人才从教。此次大会后,《国家教委关于印发〈关于师范教育改革和发展的若干意见〉的通知》颁发,对中小学教师补充进行了具体规定:基础教育教师主要由各级师范院校培养,其他高等学校参与。通过实施教师资格制度,吸收非师范专业学生和社会优秀人才从教。推进高等、中等师范学校招生并轨改革,原则上师范专业学生免缴学费,并享受专业奖(助)学金,毕业后实行5年任教服务期制度。

1999年,教育部关于印发《关于师范院校布局结构调整的几点意见》中提出,中小学教师补充来源要多样化,"进一步拓宽中小学教师来源渠道,鼓励一批高水平综合大学参与培养中小学教师,通过实施教师资格制度逐步实现中小学教师补充与人才市场接轨,中小学教师来源多样化,优化师资队伍结构"[1]。2000年,《〈教师资格条例〉实施办法》颁布,它对教师资格认定的条件、申请、认定、教师资格证书的管理等,进行了详细、具体的规定。2001年,教育部印发《关于首次认定教师资格工作若干问题的意见》的通知,对首次认定教师资格的范围程序,学历条件,教育学心理学课程要求,教育教学能力考察,教师资格的丧失和撤销,教师资格证书管理等内容,进行了具体的规定要求。这对于形成多渠道的教师来源,吸引更多优秀人才从事教育教学工作,以及促进乡村中小学教师队伍建设提供了保障。

为了实现更优质的教师补充,对师范教育进行改革,能够更好地发挥师范教育主渠道的补充作用。1999年,《教育部关于师范院校布局结构调整的几点意见》提出了师范教育布局结构调整的要求:"积极发展高师教育规模,稳步压缩中师教育规模,由3级师范(高师本科、高师专科、中等师范)向2级师范(高师本科、高师专科)过渡。到2010年左右,新补充的小学、初中教师分别基本达到专科和本科学历。"[2] 2001年,《国务院关于基础教育改革与发展的决定》提出,要完善以现有师范院校为主体、其他高等学校共同参与、培养培训相衔接的开放的

---

[1] 《教育部关于印发〈关于师范院校布局结构调整的几点意见〉的通知》,《教育部政报》1999年第5期。

[2] 《教育部关于印发〈关于师范院校布局结构调整的几点意见〉的通知》,《教育部政报》1999年第5期。

教师教育体系。要大力推进中小学人事制度改革，优先录用师范院校毕业生到义务教育学校任教。高中教师的补充，在录用师范院校毕业生的同时，注意吸收有教师资格的其他高等学校毕业生。① 随后，教育部副部长袁贵仁发表《加强和改革教师教育，大力提高我国教师专业化水平》的讲话，提出要以教师专业化为导向，深化教师培养制度改革，加快教师教育一体化进程，建立健全教师专业化的制度保障体系等，提出了教师补充的要求。② 2003年，《关于幼儿教育改革与发展的指导意见》提出要"提高幼儿师范院校办学水平和教育质量。根据幼儿教育事业发展需要，确定招生规模"③，对乡村幼儿师范教育改革提出了要求。2004年，《2003—2007年教育振兴行动计划》提出，要全面推动教师教育创新，构建开放灵活的教师教育体系，要求构建以师范大学和其他举办教师教育的高水平大学为先导，职前职后教育互通，学历与非学历教育并举，专科、本科、研究生三个层次协调发展，促进教师专业发展和终身学习的现代教师教育体系的形成。

　　乡村教师补充渠道和路径呈现出越来越开放的态势，通过多种渠道，尽可能为乡村教育补充质量高数量足的乡村教师。1999年，《中共中央、国务院关于深化教育改革全面推进素质教育的决定》颁发，其中专门对农村教师补充问题进行了规定。这是在以中共中央、国务院名义颁布的国家重要教育政策文件中，首次专门对农村教师的补充问题进行详细、系统、完整的规定，主要涉及以下方面内容：一是城镇学校教师补充农村学校。"鼓励大中城市骨干教师，到基础薄弱学校任教或兼职，中小城市（镇）学校教师，以各种方式到农村缺编学校任教，加强农村与薄弱学校教师队伍建设。城镇中小学教师原则上要有1年以上在薄弱学校或农村学校任教经历，才可聘为高级教师职务。"④ 二是以优惠

---

① 《国务院关于基础教育改革与发展的决定》，《人民教育》2001年第7期。
② 袁贵仁：《加强和改革教师教育，大力提高我国教师专业化水平》，《人民教育》2001年第9期。
③ 何东昌主编：《中华人民共和国重要教育文献（2003—2008）》，新世界出版社2010年版，第52—53页。
④ 《中共中央、国务院关于深化教育改革全面推进素质教育的决定》，《中华人民共和国国务院公报》1999年第21期。

政策吸引教师到农村学校任教。要采取优惠政策，吸引和鼓励教师到经济不发达地区、边远地区和少数民族地区任教。2003年，教育部颁发《教育部关于进一步加强中小学教师队伍管理和职业道德教育的通知》，提出要采取措施吸引具有教师资格的社会优秀人员到中小学任教，逐步提高新聘教师的学历层次。接着，教育部副部长王湛在2003年全国基础教育工作会议上，发表《认真学习贯彻十六大精神 努力开创基础教育改革和发展的新局面》的讲话，提出要从城镇向乡村中小学流动教师，"探索建立城镇教师轮换制，有计划地安排城市和优质学校骨干教师、中青年教师定期到农村任教，切实提高农村、贫困地区的师资队伍素质，促进基础教育学校的均衡发展"[1]。随后，《国务院关于进一步加强农村教育工作的决定》颁发，对农村中小学教师补充进行了系统规定，主要有以下几种方式：一是编制补充，"在核定编制时，应充分考虑农村中小学区域广、生源分散、教学点较多等特点，保证这些地区教学编制的基本需求。建立年度编制报告制度和定期调整制度"[2]。二是教师资格补充，"依法执行教师资格制度，全面推行教师聘任制，拓宽教师来源渠道，逐步提高新聘教师的学历层次，积极引导鼓励教师和其他具备教师资格的人员到乡村中小学任教"[3]。三是流动补充，"建立城镇中小学教师到乡村任教服务期制度。城镇中小学教师晋升高级教师职务，应有在乡村中小学任教一年以上的经历。地（市）、县教育行政部门要建立区域内城乡'校对校'教师定期交流制度，增加选派东部地区教师到西部地区任教的数量"[4]。四是支援补充，国家继续组织实施大学毕业生支援农村教育志愿者计划。

2003年，《人事部、教育部关于深化中小学人事制度改革的实施意见》又针对乡村中小学教师补充渠道提出：一是教师资格补充，要求"全面实施教师资格制度，严把教师队伍入口关。努力拓

---

[1] 王湛：《认真学习贯彻十六大精神 努力开创基础教育改革和发展的新局面》，《人民教育》2003年第5期。
[2] 《国务院关于进一步加强农村教育工作的决定》，《中国教育报》2003年9月21日。
[3] 《国务院关于进一步加强农村教育工作的决定》，《中国教育报》2003年9月21日。
[4] 《国务院关于进一步加强农村教育工作的决定》，《中国教育报》2003年9月21日。

宽教师来源渠道，择优聘用具备教师资格的毕业生和社会上具备教师资格的人员到中小学任教"。① 二是优惠政策补充，要采取措施鼓励教师到农村任教，切实落实对边远、贫困地区中小学教师的优惠政策，吸引人才到农村中小学任教。三是流动补充，要求"建立城镇教师到农村或薄弱学校任教服务期制度。坚持城镇中小学教师晋升高级职务应有一年以上在农村或薄弱学校任教的经历"②。四是结构调整补充，提出要调整优化教职工队伍结构。通过进修培训、调整岗位、吸引有教师资格的优秀人员等到中小学任教，以逐步解决中小学教师队伍在学段、区域、学科结构不合理等方面出现的结构性失衡问题，特别是农村边远贫困地区所面临的中小学教师短缺问题。

2004 年，教育部、财政部颁发《关于进一步加强农村地区"两基"巩固提高工作的意见》，从编制补充、学历补充和流动补充等方面，对农村中小学教师补充问题进行了规定。该意见指出，要抓紧完成教职工编制核定工作，保质保量地为农村中小学配备教职工。要使新补充的小学、初中教师，有 50% 以上分别达到专科和本科学历，优先聘用有教师资格且学历较高的高校毕业生。要建立小学短线教师流动教学制度，保证小学能够按照国家规定开齐课程。2005 年，《教育部关于进一步推进义务教育均衡发展的若干意见》就乡村教师补充提出，一方面是编制补充，要求县级教育行政部门，要保质保量地为所有中小学配齐合格教师，在核定教师编制时，向农村学校倾斜，新增教师要优先满足农村学校、城镇薄弱学校需求。另一方面是流动补充，要建立区域内骨干教师巡回授课，紧缺专业教师流动教学，城镇教师到农村学校任教服务期等制度，引导超编学校富余教师，向农村缺编学校流动，以解决农村学校教师不足及整体水平不高问题。

西部乡村教师补充是整个教师补充的短板和弱点，这一时期教育政策对西部乡村教师补充问题给予了特别关注。2004 年，国务院办公厅

---

① 何东昌主编：《中华人民共和国重要教育文献（2003—2008）》，新世界出版社 2010 年版，第 175 页。

② 何东昌主编：《中华人民共和国重要教育文献（2003—2008）》，新世界出版社 2010 年版，第 175 页。

第二章 《乡村教师支持计划（2015—2020年）》精准支持的历史逻辑

关于转发教育部等部门《国家西部地区"两基"攻坚计划（2004—2007年）》的通知提出了解决西部乡村教师补充渠道的问题：一是提出学历补充的目标，"到2007年，小学教师和初中教师学历合格率分别达到95%和90%以上"①。二是在编制补充上要求在省域内根据西部农村地区地域广阔，人口居住分散，学校规模小等实际情况，科学合理地核定中小学教师编制。三是在优惠政策补充上要求制定优惠政策，鼓励大中专毕业生到西部"两基"攻坚县任教，落实城镇中小学教师到乡村服务期制度。四是在支援补充上要组织好"教育对口支援"和"西部大学生志愿者计划"，东部地区每年要选派优秀教育工作者赴西部"两基"攻坚县任教。同年，《西部地区农村寄宿制学校建设工程实施方案》提出，要采取聘用新的大专院校毕业生、引导优秀教师到农村中小学任教。同时，要鼓励志愿者到边远贫困地区从事教育工作和采取对口支援等多种方式，为寄宿制学校配备合格教师。之后，《2003—2007年教育振兴行动计划》颁发，明确提出要重点推进农村教育发展与改革，在教师补充方面，提出"要积极引导和鼓励教师及其他具备教师资格的人员，到乡村中小学任教，建立城镇中小学教师到乡村任教服务期制度"②。要组织实施"大学生志愿服务西部计划"，鼓励其他地区的教师和志愿者到西部地区中小学任教和服务。

乡村教师学历提升是提高教师补充质量的重要手段，乡村小学教师专科化，初中教师本科化和高中教师部分硕士化，体现了这一时期对乡村教师补充学历提高的要求。2002年，《教育部关于"十五"期间教师教育改革与发展的意见》提出："到2005年，已实现'两基'的农村地区，新补充的小学教师具有专科以上学历者、新补充的初中教师具有本科以上学历者均力争达到50%左右。"③ 这里对中小学教师补充提出了新的目标，以学历为标准，反映了在基本解决数量问题后，对补充质

---

① 《国务院办公厅关于转发教育部等部门〈国家西部地区"两基"攻坚计划（2004—2007年）〉的通知》，《中华人民共和国国务院公报》2004年第11期。

② 《2003—2007年教育振兴行动计划》，《中国高等教育》2004年第7期。

③ 何东昌主编：《中华人民共和国重要教育文献（1998—2002）》，海南出版社2003年版，第1147页。

量的要求。之后,《教育部关于加强专科以上学历小学教师培养工作的几点意见》对强化专科学历小学教师培养,提出了具体的意见①,要求把专科以上学历小学教师的培养纳入高等教育体系,积极探索专科以上学历小学教师的培养模式。加强专科以上小学教育专业建设,努力提高培养质量,为包括乡村教育在内的小学教育补充素质质量更高的教师。2004年,《教育部关于做好为农村高中培养教育硕士师资工作的通知》颁发,提出解决农村教师匮乏和整体素质偏低问题,是加快农村教育发展,全面提高农村教育质量的重中之重。为此,教育部决定从2004年开始实施"农村高中教育硕士师资培养计划",要求农村教育硕士生必须履行服务期规定的义务,从本科毕业到中学任教开始,服务期为5年(包括在培养学校的1年学习时间)。还提出鼓励大学应届本科毕业生到中西部地区"国家扶贫开发工作重点县"高中任教。② 2005年,《教育部关于规范小学和幼儿园教师培养工作的通知》提出,要将小学和幼儿园教师的培养纳入高等教育层次,支持普通本科院校,举办小学教育和学前教育专业。培养中师学历小学和幼儿园教师,要根据当地小学和幼儿教育发展的实际需求情况,合理确定规模,严格执行招生计划。③

三 乡村教师的稳定支持

乡村教师的社会地位提高,尊师重教良好社会氛围的形成,具有巨大的精神鼓励作用,是对乡村教师的一种重要的稳定支持。在这一时期的教育政策中,国家非常重视通过提高乡村教师的社会地位,稳定乡村教师队伍。1993年,《中国教育改革和发展纲要》作为20世纪90年代教育改革和发展的纲领性文件,在教师的社会地位稳定方面提出,要采取重大政策和措施,不断提高教师的社会地位和他们的政治业务素质,大力改善他们的工作、学习和生活条件,努力使教师成为最受人尊重的

---

① 《教育部关于加强专科以上学历小学教师培养工作的几点意见》,《教育部政报》2002年第10期。

② 何东昌主编:《中华人民共和国重要教育文献(2003—2008)》,新世界出版社2010年版,第175页。

③ 何东昌主编:《中华人民共和国重要教育文献(2003—2008)》,新世界出版社2010年版,第664页。

职业。同年,《中央宣传部、国家教委等六单位关于认真学习、宣传〈中华人民共和国教师法〉的通知》要求,通过广泛开展教师法的学习、宣传和普及活动,在全社会掀起一个尊师重教的热潮。要把学习、宣传和普及教师法活动,同提高教师待遇和社会地位,帮助教师解决实际困难,为教师办实事,鼓励教师安心从教,和加强教师队伍建设紧密联系起来。1994 年,在全国教育工作会议上,李鹏总理发表《动员起来,为实施〈中国教育改革和发展纲要〉而努力——在全国教育工作会议上的报告》,提出要通过多种途径,在全社会形成尊师重教的美好风尚。1995 年,《中华人民共和国教育法》颁布,以国家教育根本大法的形式确立了中小学教师队伍社会稳定支持的条款,"全社会应当尊重教师""国家保护教师的合法权益,改善教师的工作条件和生活条件,提高教师的社会地位。教师的工资报酬、福利待遇,依照法律、法规的规定办理"①。随后,《国家教委关于〈中华人民共和国教师法〉若干问题的实施意见》提出,国家鼓励社会组织和个人采取多种形式,开展尊师重教活动。2003 年,全国农村教育工作会议召开,温家宝《在全国农村教育工作会议上的讲话》对乡村教师的奉献精神给予了高度评价,并要求全社会形成尊重支持乡村教师的良好风尚。

> 我国有数百万农村教师……特别是长期工作在"老少边穷"地区的乡村教师,艰苦奋斗,无私奉献,他们的崇高品德和业绩应该得到全社会的尊重。我们要像宣传劳动模范、宣传科学家那样,大力宣传教育家、宣传优秀教师,进一步在全社会形成尊师重教和支持农村教育的良好风尚。②

时任教育部部长陈至立在《加快发展深化改革　开创我国农村教育工作新局面》的讲话中指出:

---

① 《中华人民共和国教育法》,《人民日报》2016 年 2 月 23 日第 23 版。
② 温家宝:《在全国农村教育工作会议上的讲话》,《求是》2003 年第 20 期。

数百万农村教师辛勤耕耘在农村教育第一线,特别是长期工作在"老少边穷"地区的乡村教师,克服困难,爱岗敬业,艰苦奋斗,无私奉献,为我国农村教育事业发展和现代化建设作出了卓越贡献。中央和地方政府要定期对作出突出贡献的优秀农村教师和教育工作者予以表彰奖励。①

对乡村教师的稳定支持,工资待遇是最基本最核心的部分,这一时期,围绕工资待遇问题,国家出台了一系列政策,针对乡村教师工资待遇中出现的各种问题提出了解决之策,对乡村教师安心从教起到了巨大的稳定作用。1993年《中国教育改革和发展纲要》提出要提高教师工资待遇,使教师工资水平与全民所有制企业同类人员大体持平,建立符合教育特点的工资制度和工资增长机制。同年,《中华人民共和国教师法》颁布,它明确规定"按时获取工资报酬,享受国家规定的福利待遇以及寒暑假期的带薪休假"②,是教师的一项重要权利。教师法还规定:"教师的平均工资水平应当不低于或者高于国家公务员的平均工资水平,并逐步提高。"③ 接着,《国务院关于贯彻实施〈中华人民共和国教师法〉若干问题的通知》又提出,要有计划、有步骤地为改善教师工作条件和生活待遇办几件实事,切实帮助教师解决实际困难,确保教师的平均工资水平不低于或高于国家公务员的平均工资水平。

拖欠中小学教师工资,尤其是拖欠乡村中小学教师工资,已成为一个严重威胁中小学教师队伍稳定的突出问题。1993年,国家教育委员会主任朱开轩在《关于教育工作的报告》中指出:"当前教师待遇中一个突出问题是大范围拖欠中小学教师工资……但总的看,拖欠教师工资

---

① 陈至立:《加快发展深化改革 开创我国农村教育工作新局面》,《教育部政报》2003年第11期。

② 何东昌主编:《中华人民共和国重要教育文献(1949—1997)》,海南出版社1998年版,第3570页。

③ 何东昌主编:《中华人民共和国重要教育文献(1949—1997)》,海南出版社1998年版,第3571页。

问题远未解决，甚至有的地方还在发生新的拖欠。"① 同年，《国务院办公厅关于采取有力措施迅速解决拖欠教师工资问题的通知》也指出，近几年来，不少地区民办教师工资拖欠现象有增无减，公办教师工资拖欠也大面积出现，问题相当严重，这严重影响了乡村教师的稳定。在这种情况下，该通知提出了迅速解决教师工资拖欠问题的办法，要求教师工资所需经费以县为主筹措，无论是公办教师工资，民办教师统筹工资还是国家补助费，都必须按时兑现足额发放，务必在今年底前将积欠工资如数发到教师手中并把解决结果报告国务院。教师拖欠工资问题的解决，有效稳定了广大乡村中小学教师队伍。1994年，《国务院关于〈中国教育改革和发展纲要〉的实施意见》要求建立有效机制，决不允许拖欠教师工资。1995年，《国家教委关于实施〈中华人民共和国教育法〉若干问题的意见》指出，要以实施教育法为契机，对拖欠教师工资问题进行检查，并督促有关地区尽快兑现。②

1994年，《中小学贯彻〈事业单位工作人员工资制度改革方案〉的实施意见》提出，中小学教师在此次工资套改后，职务等级工资标准提高10%，同时设立中小学教师课时津贴，国家规定的中小学教龄津贴，以现行标准和办法按月发放；还特别提出，新参加工作到农村工作的人员，工资待遇从优，"凡到边远、艰苦地区以及乡（含乡）以下学校工作的中专以上学校毕业生，可以直接定级，定级工资标准比同类人员高1—2档"③。对到农村学校工作的教师的工资给予特殊待遇，是稳定农村教师队伍的有效措施。之后，在全国教育工作会议上，李鹏总理发表《动员起来，为实施〈中国教育改革和发展纲要〉而努力》的报告，要求教师平均工资水平应不低于或者高于国家公务员的平均工资水平，各级人事、财政和教育部门应采取切实措施认真加以落实。随后，《国务院关于〈中国教育改革和发展纲要〉的实施意见》强调，农村教师工

---

① 何东昌主编：《中华人民共和国重要教育文献（1949—1997）》，海南出版社1998年版，第3569页。

② 何东昌主编：《中华人民共和国重要教育文献（1949—1997）》，海南出版社1998年版，第3868页。

③ 何东昌主编：《中华人民共和国重要教育文献（1949—1997）》，海南出版社1998年版，第3607页。

资发放一般由县级政府负责。农村实施义务教育各类学校公办教师的工资，一般由县级财政负责支付，经济发达的农村，也可以由乡级财政负责支付。① 由县级财政支付能够较大程度地保证教师工资的按时足额发放，对乡村中小学教师队伍的稳定具有重要意义。

1995 年，《国家教委关于实施〈中华人民共和国教育法〉若干问题的意见》强调指出，要建立和完善教师工资按时足额发放的保障机制，建立正常的工资增长机制和教师工资水平监控机制。随后，《国家教委关于〈中华人民共和国教师法〉若干问题的实施意见》提出，各地应确定当地教师平均工资水平高于当地国家公务员平均工资水平的幅度及保障措施，并予以落实。农村公办教师的工资的国家补助部分，由县级财政负责支付，县级财政确有困难的，由上级地方人民政府采取措施予以解决。1998 年，《财政部关于进一步做好教育科技经费预算安排和确保教师工资按时发放的通知》指出，农村义务教育各类学校公办教师的工资，一般由县级财政负责支付，经济发达的农村，也可以由乡级财政负责支付。2000 年，教育部印发《关于认真执行〈行政单位财政统一发放工资暂行办法〉，切实做好教师工资统一发放工作的通知》指出："凡能争取在 2000 年 7 月 1 日实行教师工资与公务员工资同步统一发放的，都要通过努力工作，坚决保证在 7 月 1 日实施；由于各种原因，确实难以在 7 月 1 日实行的，也必须保证在 10 月 1 日实行教师工资统一发放。"② 教师与公务员同步发放工资，能够从工资上有效稳定乡村教师队伍。

乡村教师工资制度的重大变革在于农村义务教育管理体制的改革，农村义务教育以县为主管理体制的确立，为农村中小学教师的工资发放提供了根本保障，能够有效稳定农村教师队伍。2001 年，《国务院关于基础教育改革与发展的决定》颁布，这是一部指导我国新世纪初基础教育工作的纲领性文件，对我国农村教育管理体制做出了重大变革，对促

---

① 何东昌主编：《中华人民共和国重要教育文献（1949—1997）》，海南出版社 1998 年版，第 3666 页。

② 何东昌主编：《中华人民共和国重要教育文献（1998—2002）》，海南出版社 2003 年版，第 642 页。

进农村教师队伍稳定具有决定性意义。该决定提出："实行在国务院领导下，由地方政府负责、分级管理、以县为主的体制。县级人民政府对本地农村义务教育负有主要责任，要抓好中小学的规划、布局调整、建设和管理，统一发放教职工工资""县级人民政府要强化对教师工资的管理，从2001年起，将农村中小学教师工资的管理上收到县""省级人民政府对财力不足、发放教师工资确有困难的县，要通过调整财政体制和增加转移支付的办法，解决农村中小学教师工资发放问题"[1]。2002年，《国务院办公厅关于完善农村义务教育管理体制的通知》明确要求，由县按照国家规定的工资项目和标准，统一发放农村中小学教职工工资。县级人民政府要将农村中小学教职工工资，全额纳入本级财政预算，通过银行按时足额，直接拨到在银行开设的教职工个人工资账户中，保证按时足额发放农村中小学教职工工资，并负责清理历年拖欠的农村中小学教师工资。同时要求省级人民政府，统筹安排解决财力困难县农村中小学教职工工资发放问题，实行省长（主席、市长）负责制。

经过一系列国家政策对乡村教师工资的强力支持，我国在乡村教师工资待遇的改善上，取得了巨大的历史成就。2002年，陈至立在《十三届四中全会以来我国教育改革与发展的历史性成就》的报告中，对十三年来教师工资待遇所取得的成就进行了总结，指出"2001年全国中学、小学教师月平均工资分别由1995年的452元、415元增加到906元、804元，分别提高了100.4%和93.7%，教师正在成为越来越具有吸引力的职业"[2]。

2003年，中央十部委发布《关于幼儿教育改革与发展的指导意见》，对乡村幼儿教师的稳定做出了具体安排，要求幼儿教师享受与中小学教师同等地位和待遇，要依法保障幼儿教师在工资、评选先进、进修培训、专业技术职务评聘、社会保险等方面的合法权益，保证幼教职工工资按时足额发放。接着，《关于深化中小学人事制度改革的实施意见》提出，要认真执行国家关于中小学的工资制度和政策，保证中小

---

[1] 《国务院关于基础教育改革与发展的决定》，《人民教育》2001年第7期。
[2] 陈至立：《十三届四中全会以来我国教育改革与发展的历史性成就》，《教育部政报》2002年第11期。

教职工的工资待遇得到落实。要切实保证教师工资按时足额发放，农村中小学要坚持工资统一发放措施。①

为了进一步确保乡村教师工资能够按时足额发放，提出了乡村中小学教师工资发放的省长（主席、市长）负责制。2003 年，《国务院关于进一步加强农村教育工作的决定》提出，要建立和完善农村中小学教职工工资保障机制，落实省长（主席、市长）负责制，确保农村中小学教职工工资按时足额发放。之后，全国农村教育工作会议召开，陈至立在《加快发展深化改革 开创我国农村教育工作新局面》的讲话中要求，进一步落实农村中小学教师工资发放省长（主席、市长）负责制，县级政府要将农村中小学教师的工资支出全额列入县级财政预算，清理补发拖欠农村中小学教职工工资。

2004 年，《国务院办公厅关于转发教育部等部门〈国家西部地区"两基"攻坚计划（2004—2007 年）〉的通知》对西部中小学教师工资稳定支持提出了具体要求：西部地区各级人民政府，要切实保障"两基"攻坚县教职工工资发放，建立中央财政用于教师工资转移支付的监管机制，要确保教师工资及时足额发放，完善教师工资发放的省长（主席、市长）负责制。② 之后，《2003—2007 年教育振兴行动计划》提出，要落实"以县为主"农村义务教育管理体制，确保农村中小学教职工工资按时足额发放。2005 年，《教育部关于进一步推进义务教育均衡发展的若干意见》提出，要实现同一区域同类教师工资待遇基本相同，并逐步提高农村中小学教师在高级专业职务聘任和表彰奖励中的比例，努力改善在农村地区工作的教师待遇。同年，《国务院关于深化农村义务教育经费保障机制改革的通知》指出，要巩固和完善农村中小学教师工资保障机制。中央继续按照现行体制，对中西部及东部部分地区农村中小学教师工资经费给予支持。省级人民政府要加大对本行政区域内财力薄弱地区的转移支付力度，确保农村中小学教师工资按照国家标

---

① 何东昌主编：《中华人民共和国重要教育文献（2003—2008）》，新世界出版社 2010 年版，第 175 页。

② 《国务院办公厅关于转发教育部等部门〈国家西部地区"两基"攻坚计划（2004—2007 年）〉的通知》，《中华人民共和国国务院公报》2004 年第 11 期。

准按时足额发放。①

福利待遇是对乡村教师的一种重要的稳定支持，这一时期国家也从政策上予以明确。1993年，《中国教育改革和发展纲要》提出，要建立医疗、退休保险等方面的教师保障制度，在住房和其他社会福利方面实行优待教师的政策。之后，《中华人民共和国教师法》规定，"教师享受教龄津贴和其他津贴……县、乡两级人民政府应当为农村中小学教师解决住房提供方便"②，并对教师的医疗、体检、休养、退休待遇等问题做出了详细具体的规定。接着，《国务院关于贯彻实施〈中华人民共和国教师法〉若干问题的通知》提出，要下大力解决中小学教师就医难、报销难问题，建立定期教师检查身体制度。1994年，在全国教育工作会议上，李鹏总理发表《动员起来，为实施〈中国教育改革和发展纲要〉而努力》的报告，提出要切实解决教师尤其是农村教师看病就医问题，教师医疗要同当地国家公务员享受同等待遇。随后，《国务院关于〈中国教育改革和发展纲要〉的实施意见》提出，要切实解决教师尤其是农村教师看病难、报销难的问题，按规定享受公费医疗的教师，要同当地国家公务员享受同等医疗待遇。

编制和职务能够有效稳定乡村教师在乡从教。2002年，《国务院办公厅关于完善农村义务教育管理体制的通知》指出，要完善农村中小学教师人事编制管理制度，要求县级人民政府提出农村中小学教职工编制方案，农村中小学编制总量应根据教育事业发展规划、生源变化和学校布局调整等情况，实行定期调整和动态管理；并提出任何部分单位，不得以任何理由占用或变相占用农村中小学教职工编制。2003年，《人事部、教育部关于深化中小学人事制度改革的实施意见》提出，要适当提高农村中小学教师中、高级职务的比例。同年，《国务院关于进一步加强农村教育工作的决定》提出，要落实国家对农村地区中小学教师的津贴补贴，提高乡村中小学中、高级教师职务岗位比例。

---

① 何东昌主编：《中华人民共和国重要教育文献（2003—2008）》，新世界出版社2010年版，第924页。
② 何东昌主编：《中华人民共和国重要教育文献（1949—1997）》，海南出版社1998年版，第3571页。

对民办教师的稳定支持，是这一时期乡村教师稳定支持的重要部分，其内容聚焦于民办教师与公办教师同工同酬和转公方面。1993年，《中国教育改革和发展纲要》提出，要增加民办教师补助费，改善民办教师待遇，使民办教师与公办教师同工同酬。对离职民办教师给予生活补助，逐步建立民办教师保险福利基金。师范院校要定向招收民办教师入学深造。各地要划拨一定数量的劳动指标，从优秀民办教师中选招公办教师。1994年，在全国教育工作会议上，时任国务院总理李鹏提出要改善民办教师待遇，逐步做到民办教师与公办教师同工同酬。李岚清在全国教育工作会议上发表总结讲话，提出要改善民办教师待遇，逐步做到与公办教师同工同酬，并通过优秀民办教师经考核认定资格后转为公办，师范院校招收一些民办教师进行深造。随后，《国务院关于〈中国教育改革和发展纲要〉的实施意见》提出，民办教师工资，属政府支付部分，由县级财政负责。要采取措施提高民办教师待遇，逐步做到民办教师与公办教师同工同酬。1995年，《国家教委关于实施〈中华人民共和国教育法〉若干问题的意见》强调指出，要制定统筹解决民办教师问题的规划，逐步做到民办教师与公办教师同工同酬。要逐步减少民师数量，实现20世纪末基本解决民师问题的目标。同年，《国家教委关于〈中华人民共和国教师法〉若干问题的实施意见》指出，民办教师工资的国家补助部分，由县级财政负责支付，民办教师工资中集体统筹部分，由农村教育费附加予以保证，农村教育费附加首先保证民办教师集体统筹部分工资的发放；并明确指出，《教师法》第三十一条所称国家补助、集体支付工资的中小学教师是指现阶段农村中小学中经政府认定的民办教师。

1996年，《国家教委关于当前加强"民转公"工作的几点意见》颁发，这是对乡村民办教师转为公办的专门性政策文件。该意见提出，要在落实国家下达的专项指标的同时，从地方增人计划中调剂一定数量的指标用于"民转公"。对取得国家认定教师资格的民办教师，将其转为公办教师。对从教时间长、工作尽职尽责的老民办教师，在"民转公"年龄条件上应适当放宽。1997年，《国务院办公厅关于解决民办教师问题的通知》指出，要落实民办教师与公办教师同工同酬，在调整公办教师工资时，相应增加民办教师工资。民办教师较多的地区，可实行以县为单位的民办教师国家补助费总额包干制，减少民办教师不减补助费，节余部分专项用于提高在职民办教师工资待遇。农村教育费附加应首先保证支付民办教师统筹工资。要建立民办教师保险福利基金，改进民办教师离岗退养办法，使年老病残民办教师的生活得到保障。

四 乡村教师的发展支持

这一时期，一系列重要教育政策文件的颁布，对中小学教师发展支持有了新的更高的要求，标志着对乡村中小学教师发展支持进入了新的阶段。

在培训的目标和要求方面，学历达标依然是培训的重要目标之一，而对培训重要性的强调，显示了提高教师素质的迫切性。1993年，《中国教育改革和发展纲要》提出了学历达标的教师培训基本目标，到20世纪末，"绝大多数中小学教师要达到国家规定的合格学历标准，小学和初中教师中具有专科和本科学历者的比重逐年提高"[1]。同年，《中华人民共和国教师法》通过，这是新中国第一次以教师专门法律的形式对教师的发展进修问题，进行了专门系统完整的规定。教师法明确规定"参加进修或者其他方式的培训"[2]，是教师的一项重要权利，并要求"各级人民政府教育行政部门、学校主管部门和学校应当制定教师培训规划，对教师进行多种形式的思想政治、业务培训"[3]。1994年，李鹏在全国教育工作会议上的报告指出，要努力提高教师素质，有计划地对教师进行培训，以提高其思想、业务素质和教学水平。同年，《国务院关于〈中国教育改革和发展纲要〉的实施意见》提出，要有计划地对中小学教师进行培训，到20世纪末，使95%以上的小学教师和80%以上的初中教师，达到国家规定的合格学历标准。1995年，《国家教委关

---

[1] 何东昌主编：《中华人民共和国重要教育文献（1949—1997）》，海南出版社1998年版，第3472页。

[2] 何东昌主编：《中华人民共和国重要教育文献（1949—1997）》，海南出版社1998年版，第3570页。

[3] 何东昌主编：《中华人民共和国重要教育文献（1949—1997）》，海南出版社1998年版，第3571页。

于〈中华人民共和国教师法〉若干问题的实施意见》针对教师发展的保障提出，各地应当设立教师培训的专项经费，各级人民政府的教育行政部门、学校主管部门、各级各类学校及其他教育机构，应当制订教师培训规划和计划，保障教师进修培训的权利。① 同年，《中华人民共和国教育法》颁布，其第三十四条对教师发展支持做了系统规定："国家实行教师资格、职务、聘任制度，通过考核、奖励、培养和培训，提高教师素质，加强教师队伍建设。"② 1996年，全国师范教师工作会议后，《国家教委关于印发〈关于师范教育改革和发展的若干意见〉的通知》颁发，提出要特别抓好初中教师学历补偿教育，到2000年，全国小学、初中教师学历合格率分别达到95%、80%以上，高中教师学历合格率分别达到70%左右。③

在学历达标工作进行的同时，继续教育也提上了日程，开始成为乡村中小学教师发展的新要求。1996年，《国家教委关于印发〈关于师范教育改革和发展的若干意见〉的通知》指出，要建立中小学教师和校长继续教育制度，面向全体教师有计划、分层次地抓好各项培训工作，要加强省、市、县、乡四级培训网络建设。1999年，《面向21世纪教育振兴行动计划》颁布，提出要加强和改革师范教育，提高新师资培养质量，实施"跨世纪园丁工程"，大力提高教师队伍素质，"3年内，对现有中小学专任教师进行全员培训和继续教育。中小学专任教师及师范学校在校生，都要接受计算机基础知识培训。2010年前后，力争使小学和初中专任教师的学历，分别提升到专科和本科层次"④。同年，《教育部关于师范院校布局结构调整的几点意见》提出，中小学教师培训工作的重心，要从学历补偿教育转向继续教育。要积极推进同处一地区的市（地）教育学院与师专合并，同时承担教师培养培训任务。要切实

---

① 何东昌主编：《中华人民共和国重要教育文献（1949—1997）》，海南出版社1998年版，第3883页。
② 《中华人民共和国教育法》，《人民日报》2016年2月23日第23版。
③ 何东昌主编：《中华人民共和国重要教育文献（1949—1997）》，海南出版社1998年版，第4096页。
④ 《国务院批转教育部面向21世纪教育振兴行动计划的通知》，《教育部政报》1999年第3期。

加强初中教师的学历补偿教育和继续教育工作。每县要办好 1 所教师进修学校，主要承担小学教师继续教育任务，并作为中学教师继续教育工作辅导站。① 之后，张天保在全国农村教育综合改革工作经验交流会上发表《深化农村教育综合改革　全面实施素质教育　努力开创教育为农业和农村工作服务新局面》的讲话，提出到 2010 年前后，力争使小学和初中阶段教育的专任教师的学历分别提升到专科和本科层次。要开展以培训全体教师为目标、骨干教师为重点的继续教育，使中小学教师的整体素质明显提高。中小学专任教师以及师范学校在校生都要接受计算机基础知识和技能培训。②

1999 年 9 月，《中小学教师继续教育规定》发布，这是第一部中小学教师继续教育的专门性政策文件，它对中小学教师继续教育的内容类别、组织管理、条件保障、考核奖惩等进行了详细系统的规定。这标志着我国中小学教师继续教育工作全面走上制度化轨道，对乡村中小学教师的发展具有重要意义。2000 年，《教育部关于印发〈中小学教师继续教育工程方案（1999—2002 年）〉及其实施意见的通知》提出："'工程'面向全体中小学教师，突出骨干教师培养，以提高教师实施素质教育的能力和水平为重点，以提高中小学教师的整体素质为目的。"③《中小学教师继续教育工程方案（1999—2002 年）》对中小学教师继续教育工程的目标，行动计划，基础建设项目，条件保障等进行了系统详细的规定，为中小学教师从 1999 年到 2002 年的发展培训确定了纲领。在实施意见中，又提出了 18 条具体可操作的意见，为中小学教师的培训发展落实提供了可靠的保证。实施意见第 6 条提出，要加强农村、少数民族和边远贫困地区中小学教师的培训。2001 年，《国务院关于基础教育改革与发展的决定》提出，要加强中小学教师继续教育工作，健全教师培训制度，加强培训基地建设。

---

① 《教育部关于印发〈关于师范院校布局结构调整的几点意见〉的通知》，《教育部政报》1999 年第 5 期。
② 张天保：《深化农村教育综合改革　全面实施素质教育　努力开创教育为农业和农村工作服务新局面》，《职业技术教育》1999 年第 13 期。
③ 《教育部关于印发〈中小学教师继续教育工程方案（1999—2002 年）〉及其实施意见的通知》，《教育部政报》2000 年第 5 期。

2002年,《教育部关于"十五"期间教师教育改革与发展的意见》,对教师教育改革与发展的指导思想、基本原则、主要任务和政策措施等进行了具体规定;提出了2002年基本完成中小学教师继续教育工程,要求建立有效的教师继续教育机制,基本形成开放的在职教师培训体系,重点建设好以县级教师进修学校为主体的县级教师培训机构,努力培养具有创新精神和实践能力的高素质教师。2003年,国务院办公厅转发十部委《关于幼儿教育改革与发展的指导意见》,对幼儿教师发展提出了具体支持意见。该指导意见提出要制定幼儿教育师资培养培训规划,加强幼儿教师培养培训机构建设,将幼儿教师的培训纳入当地中小学教师继续教育规划中。

乡村教师的继续教育是继续教育的重要方面和短板,为此对乡村教师继续教育问题进行特别关照成为政策的一个重要选项。1999年,全国中小学教师继续教育和校长培训工作会议在上海召开,时任教育部副部长吕福源发表了《开创中小学教师继续教育和校长培训工作新局面,为建设全面推进素质教育的高质量教师和校长队伍而奋斗》的讲话,对农村中小学教师继续教育问题做了专门论述,指出要高度重视农村、边远、贫困地区中小学教师继续教育。要加快学历补偿教育,使学历不合格的教师,尽快达到国家规定的学历,同时积极开展中小学教师继续教育,提高教师的整体素质。经济发达地区和城市,采取对口援助等多种形式,帮助少数民族地区和农村提高教师队伍水平。要充分发挥远程教育等先进培训手段,为边远农村贫困地区教师提供高水平培训。随后,时任教育部部长陈至立发表《在全国中小学教师继续教育和校长培训工作会议上的总结报告》,指出我国中小学校教师80%以上在县及以下地区,要重视农村中小学教师的继续教育。农村、贫困地区中小学教师学历合格率不高,要加快学历补偿教育步伐,积极探索中小学教师继续教育工作。一方面要选择符合农村、贫困地区中小学教师需要的培训内容,采取有效培训方式,提高他们的实际教学能力。另一方面要充分发挥远程教育等先进的培训手段在农村、贫困地区教师培训中的重要作用,充分利用现有的卫星电视教育系统、虚拟学校提供高质量的继续教育。① 2001年，教育部办公厅在《关于印发〈关于检查辽宁等七省（自治区）实施"中小学教师继续教育工程"情况的通报〉的通知》中指出，农村乡以下教师培训是继续教育的难点，农村教师的培训质量是继续教育的薄弱环节。② 为此要加强各地师资培训机构与教研、教科研、电教等部门的联系，共同承担中小学教师培训任务，保证培训的质量和效率。要构建卫星广播电视教育网络，发挥远程教育的优势，远程教育对农村、边远地区实施"工程"可以起到事半功倍的作用。要加强县以下培训基地的建设，送教上门。同年，在重庆召开了全国进一步推进中小学教师继续教育工程暨继续教育实验区成果交流会，袁贵仁在此次会议上发表题为《大力推进"中小学教师继续教育工程"不断开创继续教育工作新局面》的讲话，指出我国中小学教师有70%在农村，要加强对农村中小学教师的继续教育，"积极发挥乡中心校在教师培训中的作用等方式，使农村乡以下教师能够不定期地接受继续教育。要把农村中小学骨干教师作为培训的重点，针对农村教师的主要问题和实际需要开展培训工作"。"各级教育行政部门必须重视县级中小学教师培训基地建设，优化资源配置，构建研训一体、相对稳定的县级中小学教师培训机构。为广大农村中小学教师服务，为中小学开展教育教学改革服务。"③

针对乡村小学教师和骨干教师的特点，国家颁发了专门的培训政策给予支持。1993年，《国家教委关于加强小学骨干教师培训工作的意见》颁发，这是改革开放后第一部关于小学骨干教师培训的专门政策文件。该意见对小学骨干教师培训做出了系统全面的安排，主要涉及对小学骨干教师的基本要求，小学骨干教师培训的总目标，应注意的问题，培训方案的制定，培训管理，培训的激励机制等。乡村小学骨干教师是乡村教育的中坚力量，该意见的颁布对乡村小学骨干教师

---

① 何东昌主编：《中华人民共和国重要教育文献（1998—2002）》，海南出版社2003年版，第385页。

② 何东昌主编：《中华人民共和国重要教育文献（1998—2002）》，海南出版社2003年版，第819页。

③ 袁贵仁：《大力推进"中小学教师继续教育工程"不断开创继续教育工作新局面》，《中小学教师培训》2001年第11期。

的发展,具有巨大的促进作用。在乡村小学教师的试用期和基本功培训方面,1994年,《国家教委关于开展小学新教师试用期培训的意见》提出,要对新分配到小学任教的中等师范学校、其他中等学校及以上层次学校的毕业生进行培训,并就培训的目标、内容、要求、形式、考核、领导管理等提出了要求。这是第一次针对小学试用期新教师发展提高制定的专门性培训政策文件,对迅速提高乡村小学新教师的教育教学水平具有十分积极的作用。1995年,《国家教委关于开展小学教师基本功训练的意见》对小学教师基本功训练的内容、方式、领导管理等方面做出了详细具体的安排。这是改革开放以来第一次为小学教师基本功训练而颁发的专门性政策文件,凸显了小学教师基本功训练的重要性,有利于大面积提高乡村小学教师的教育教学水平和乡村小学教育教学质量。

在乡村教师的具体素养发展支持上有三个方面较为突出,即职业道德素养、信息技术素养以及新课程素养。乡村教师职业道德素养发展支持一直是强调的重点,2000年,《教育部关于印发〈关于加强中小学教师职业道德建设的若干意见〉的通知》指出,要采取多种有效方式,大力加强教师职业道德教育。在实施"中小学教师继续教育工程"中,要把思想政治教育和职业道德教育放在突出地位,将职业道德教育作为必修课程。[1] 2003年,《教育部关于进一步加强中小学教师队伍管理和职业道德教育的通知》提出,要加强师德和法制教育,提高职业道德修养。要把师德和法制教育作为中小学教师继续教育的重要内容,对新聘教师必须进行上岗前的专门师德和法制教育。2005年,《教育部关于进一步加强和改进师德建设的意见》提出,要强化包括农村中小学教师在内的教师师德素质提升,要以提高教师思想政治素质、职业理想和职业道德水平为重点,弘扬高尚师德,力行师德规范,强化师德教育,优化制度环境,不断提高师德水平,造就让人民满意的教师队伍。[2] 信息技

---

[1] 《教育部关于印发〈关于加强中小学教师职业道德建设的若干意见〉的通知》,《教育部政报》2000年第9期。

[2] 《教育部关于进一步加强和改进师德建设的意见》,《中华人民共和国教育部公报》2005年第3期。

术素养是信息时代对乡村教师提出的一种全新的素质要求，2002 年，《教育部关于推进教师教育信息化建设的意见》对"十五"期间教师教育信息化建设的指导思想、原则、发展目标和措施以及应注意的问题，提出了具体详细的要求。对农村中小学教师发展而言，该意见提出，要特别加强县级教师培训机构信息基础设施建设，增强其为中小学教师开展校本培训和日常教学提供支持与服务的能力。2005 年，《全国中小学教师教育技术能力建设计划》颁布，要求通过该计划的实施，建立一套规范性、权威性的中小学教师教育技术标准、培训、考试和认证体系，这对于全面提高乡村中小学教师的教育技术应用能力，促进教师专业化发展及实施素质教育的能力水平，具有重要意义。新课程的实施对乡村中小学教师提出了新的要求，新课程素质培训成为重要内容。2001 年，为了提高中小学教师的新课程素质要求，《教育部关于开展基础教育新课程师资培训工作的意见》颁发，指出"开展新课程师资培训工作是'十五'期间中小学教师继续教育的重要内容"。[1] 该意见对新课程师资培训的主要任务、组织实施、应注意的问题等进行了详细规定，提出了具体要求。通过新课程培训，使乡村中小学教师掌握新课程的要求，有利于在乡村推进素质教育。2004 年，《教育部关于进一步加强基础教育新课程师资培训工作的指导意见》颁发，要求对数百万中小学教师实施新课程进行专门培训，提出要加强县级教师培训机构建设，积极整合县级教师教研、培训和电教等部门，构建上挂高校，下连中小学的现代教师学习与资源中心，使之成为农村教师远程教育的工作站和教学点，为广大教师就近参加研修提供有效的支持服务。[2] 同年，《关于进一步加强农村地区"两基"巩固提高工作的意见》提出，要建立以课程改革为主要内容的教师定期培训和校本培训制度，同时大力加强中青年骨干教师的培养，尽快在县域内形成以中青年教师为主，学科门类较齐全的骨干教师队伍。

---

[1] 何东昌主编：《中华人民共和国重要教育文献（1998—2002）》，海南出版社 2003 年版，第 1017 页。

[2] 何东昌主编：《中华人民共和国重要教育文献（1998—2002）》，海南出版社 2003 年版，第 292 页。

民族贫困地区和西部地区乡村教师所处的经济社会条件较差，需要政策给予特别的发展支持。1999年，《关于在民族贫困地区开展"中小学教师综合素质培训"工作的通知》对民族贫困地区中小学教师培训的目标、内容形式、组织管理、措施保障和行动计划进行了具体规定，为民族贫困地区培训中小学教师综合素质提供了实施指南。2003年，《第二期国家贫困地区义务教育工程校长和教师培训项目实施管理办法》对培训项目实施的目标、原则、对象、内容、要求和实施机构等进行了详细规定，其中要求对涉及农村中小学短缺学科教师、实施新课程教师和学历提高教师进行培训。2004年，《国务院办公厅关于转发教育部等部门〈国家西部地区"两基"攻坚计划（2004—2007年)〉的通知》提出，要加大对农村中小学教师培训，在"教师网络教育联盟"中专门设立针对西部农村中小学教师的远程培训项目。同时，要求开展少数民族地区"双语"教师，特别是汉语教师的培养培训工作，以提高教师的"双语"教学能力。[①] 同年，教育部颁发《关于启动新一轮民族、贫困地区中小学教师综合素质培训项目暨新课程师资培训计划（2004—2008年）的通知》，这是在2000—2003年"教育部民族、贫困地区中小学教师综合素质培训项目"的基础上，实施的新一轮民族贫困地区中小学教师综合素质培训项目暨新课程师资培训工作。该通知指出，要努力造就一支具有较高素质的学习型教师队伍，为促进农村教育改革发展提供人力资源保障，并对教师培训的基本原则、工作思路、主要目标、培训任务和内容、保障机制等做了详细具体的规定。对西部和民族贫困地区乡村教师发展的政策支持，能够有效促进这些地区教师素质的改善。

乡村教师培训采取的方式，在这一时期有两种特别为教育政策所强调，即教师教育网络联盟计划和"三沟通"培训。在教师教育网络联盟方面，2003年，教育部决定实施全国教师教育网络联盟计划，以促进乡村教师的发展。《教育部关于实施全国教师教育网络联盟计划的指

[①]《国务院办公厅关于转发教育部等部门〈国家西部地区"两基"攻坚计划（2004—2007年)〉的通知》，《中华人民共和国国务院公报》2004年第11期。

导意见》指出"实施教师网联计划是提高教师队伍尤其是农村教师队伍整体素质的迫切需要"①,并要求教师网联计划以现代远程教育为突破口,构建开放灵活的教师终身学习体系,为农村地区中小学教师提供优质远程教育支持服务,能够为农村中小学教师提供终身学习发展的平台,有利于提升农村中小学教师队伍的整体素质。2004年,《教育部关于加快推进全国教师教育网络联盟计划 组织实施新一轮中小学教师全员培训的意见》颁布,要求加快推进教师网联计划,构建开放高效的教师终身学习体系,大力推进县级教师培训机构改革与建设,构建多功能区域教师学习与资源中心。要以推进教师网联计划为抓手,启动实施新一轮中小学教师全员培训。2005年,《教育部关于进一步推进义务教育均衡发展的若干意见》提出,要组织师范院校、普通高等学校和教师培训机构,加大对农村学校、城镇薄弱学校教师的培训力度。要积极推进农村中小学现代远程教育工程和教师网联计划,帮助农村学校、城镇薄弱学校建立校本研修制度。同年,《中央广播电视大学关于实施教师网联计划进一步加强和改进教师教育工作的意见(试行)》指出,电大开展教师教育工作,要充分利用卫星电视、计算机网络等现代远程教育技术手段,重点面向农村、边远、贫困和民族地区,针对农村中小学教师特点,充分发挥现代远程教育优势,为广大教师提供优质教学资源和学习支持服务,提高中小学教师的专业化水平。②

"三沟通"培训针对的是乡村中学教师的发展支持。1993年,《国家教委关于加强高师函授、卫星电视教育、自学考试相沟通培训中学教师教学和管理工作的意见》指出,作为提高中学教师素质能力的"三沟通"培训,是一项中学教师培训的突破性改革措施。该意见对开展中学教师"三沟通"培训的教学和管理提出了系统的工作要求,这对有效提高乡村中学教师的学历及教育教学能力具有重要意义。1996年,《国家教委办公厅关于调整函授、卫星电视教育、自学考试相结合的中

---

① 《教育部关于实施全国教师教育网络联盟计划的指导意见》,《教育部政报》2003年第10期。

② 何东昌主编:《中华人民共和国重要教育文献(2003—2008)》,新世界出版社2010年版,第859页。

学师资培训工作的通知》颁发，对"三沟通"培训进行了总结，指出"三沟通"培训对提高中学教师的学历起到了巨大作用。从1992年至1995年，参加"三沟通"培训的教师人数已达70多万人，经过培训，初中教师学历达标率已从1992年的51.9%提高到1995年的69.1%。[①]该通知同时指出，从1997年开始，以"三沟通"模式培训初中教师不再继续招生，对现有学员的培训工作，要保质保量完成培训任务。至此"三沟通"培训完成了历史使命，为乡村中学培养了大批合格的初中教师，有效促进了乡村初中教师的发展。

　　新世纪初，专门针对乡村教师的培训在教育政策上有了更加强有力的支持。2002年，《教育部关于加强县级教师培训机构建设的指导意见》颁发，对县级教师培训机构的性质任务以及建设的原则、要求、领导和管理等内容进行了具体详细的规定。该指导意见指出，推动农村基础教育的改革和发展，使县级教师培训机构成为广大农村中小学教师终身学习和提高专业水平的重要阵地，成为广大农村中小学教师接受现代远程教育的工作站或教学点。[②] 2003年，《国务院关于进一步加强农村教育工作的决定》提出，要增加选派西部地区教师到东部地区接受培训的数量。要加强农村教师教育培训工作，构建农村教师终身教育体系，实施"农村教师素质提高工程"，开展以新课程、新知识、新技术、新方法为重点的新一轮教师全员培训和继续教育。[③] 继而，陈至立在全国农村教育工作会议上发表《加快发展深化改革　开创我国农村教育工作新局面》的讲话，要求"各地要针对农村中小学教师的实际，制定培训规划，建立经常性的培训制度。充分运用卫星电视、计算机网络等现代远程教育手段，积极开展以新观念、新课程、新教材、新方法为主要内容的新一轮培训，切实提高教师队伍的整体素质"。[④] 2004年，

[①] 何东昌主编：《中华人民共和国重要教育文献（1949—1997）》，海南出版社1998年版，第4118页。

[②] 《教育部关于加强县级教师培训机构建设的指导意见》，《教育部政报》2002年第4期。

[③] 《国务院关于进一步加强农村教育工作的决定》，《中国教育报》2003年9月21日。

[④] 陈至立：《加快发展深化改革　开创我国农村教育工作新局面》，《教育部政报》2003年第11期。

《2003—2007年教育振兴行动计划》提出，要加强农村教师教育培训工作，强化农村中小学现代远程教育，持续向农村中小学提供优质教育教学资源，不断加强教师培训。要实施以新理念、新课程、新技术和师德教育为重点的新一轮教师全员培训。① 之后，《2003—2007年中小学教师全员培训计划》，提出要组织实施以农村教师为重点的100万中小学骨干教师培训，全国1000万中小学教师全员培训，200万中小学教师学历学位提高培训，以及西部农村中小学教师培训支持计划。②

五 小结

在乡村教师的补充支持方面。这一时期的乡村教师补充在师资培养补充方面，除强调通过师范院校为乡村培养补充师资的主渠道之外，还提出其他非师范高等院校也要积极承担培养中小学师资的任务。尤其是《中华人民共和国教师法》这部教师的根本大法也明确提出国家鼓励非师范高等学校毕业生到中小学任教，为非师范生任教中小学提供了法律保障。这样，就出现了师范生和非师范生两条培养乡村教师的路径，在为乡村学校提供师资数量的同时，也保证了较高的质量。为了确保师范院校培养的毕业生能够真正补充到乡村学校，《中国教育改革和发展纲要》提出，要建立师范毕业生服务期制度。之后又出现了定向培养规划和定期轮换制度等制度性安排，使师范生能够真正补充到乡村学校，尤其是边远贫困农村地区的乡村学校。这一时期，乡村教育乃至乡村教师受到了特殊的重视，全国农村教育会议的召开，深化农村义务教育经费保障机制的改革，深入推进农村教育综合改革等一系列政策的推出，其实都与"普九"的重点从城市转向农村有密切关系。由此，乡村教师的补充也获得了强有力的支持，只是这一时期乡村教师的补充从质量上考虑是基本出发点。这体现在以下方面：一是明确了师专和中师的主要职责，师专主要是为乡村初中培养师资，中师主要是为乡村小学培养师资。二是对乡村中小学教师学历提升提出了明确要求，小学教师要实现

---

① 《2003—2007年教育振兴行动计划》，《中国高等教育》2004年第7期。
② 何东昌主编：《中华人民共和国重要教育文献（1998—2002）》，海南出版社2003年版，第495—496页。

专科化，初中教师要实现本科化，高中教师要部分实现硕士化。三是改革师范教育，进行师范院校布局结构调整，发展高师教育规模，稳步压缩中师教育规模，建立开放灵活的一体化的教师教育体系，为乡村教育提供更优质的师资补充。通过师范院校主渠道作用的发挥，培养了大批合格师资，取得了巨大成就，仅在"九五"期间，各级各类师范院校共培养"专科以上毕业生100万人，中师毕业生140万人，培训了中学教师28万人，小学教师78万人，使小学、初中、高中教师学历达标率从1995年的88.85%、69.13%、55.21%分别提高至2000年的96.99%、87.09%、68.49%"①。这其中就有大量乡村中小学教师，对乡村中小学教师队伍建设起到了巨大的促进作用。在乡村教师的补充渠道上，教师资格制度的实施从制度上扩大了从事教师职业人员的来源范围，可以让更多的优秀人士从事中小学教师职业，这对乡村教师补充无疑是有益的。除此之外，出现了多种多样对乡村教师的补充方式，如城市向乡村补充，优惠政策补充，编制补充，支援补充，结构调整补充等，还通过鼓励政府机关公务员到中小学任教的方式，为乡村补充大量优秀的师资。

在乡村教师的稳定支持方面。提高乡村教师社会地位，营造全社会尊师重教的良好氛围，是对乡村教师的重要的稳定支持。这一时期，乡村教师社会地位的改善体现在两个方面：一方面要求各级政府部门通过为乡村教师办实事，大力宣传乡村教师的优秀事迹，对乡村教师进行表彰奖励等措施进行支持；另一方面鼓励社会组织和个人采取多种形式，开展对乡村教师的尊师重教活动进行支持。对乡村教师的工资支持，作为稳定支持的最核心部分，是这一时期教育政策支持的重点，主要体现在以下四个方面：一是对乡村教师工资水平的要求。《中国教育改革和发展纲要》提出，教师工资水平要与全民所有制企业同类人员大体持平。之后的《中华人民共和国教师法》从法律上给予了新的规定，要求教师的平均工资水平应当不低于或者高于国家公务员的平均工资水

---

① 何东昌主编：《中华人民共和国重要教育文献（1998—2002）》，海南出版社2003年版，第1146页。

平，这一规定成为此后教育政策不断强调的要求，也一直是教师工资水平的基本要求。在操作上，这一时期教育政策提出了教师平均工资水平高于公务员平均工资水平的幅度，以及保障措施问题。教师工资水平的确定，为乡村教师安心从教提供了根本保障。二是乡村教师相关工资制度改革问题。《中国教育改革和发展纲要》提出，要建立符合教育特点的工资制度和工资增长机制。在之后的工资套改中，给予乡村教师以特殊的照顾，规定乡村教师可直接定级，定级工资标准比同类人员要高1—2档。这一时期的重要改革，是建立了乡村教师工资的三大机制，即教师工资按时足额发放的保障机制，教师工资增长机制和教师工资水平监控机制。在乡村教师工资保障机制方面，还提出了省长（主席、市长）负责制。对省域最高行政首长提出要求，显示了对乡村教师工资支持的力度之大。三是乡村教师工资发放问题。拖欠乡村教师工资是工资发放要解决的核心问题，为此，先是通过政策要求将积欠的教师工资如数发到教师手中，并把解决结果报告国务院。之后提出要由县级政府负责发放乡村教师工资，实行教师工资与公务员工资同步统一发放。直到2001年，农村义务教育以县为主管理体制的确立，确定了乡村教师工资发放由县级政府负责，才从根本上为乡村中小学教师的工资发放提供了保障。除了工资外，主要从医疗、保险、住房、体检、休养、退休等方面，实行优待乡村教师的福利待遇政策。对民办教师的稳定支持，主要涉及确保国家和集体的工资支付，民办和公办教师同工同酬，民办转为公办等方面，既保障现有民办教师的待遇，又要实现民办教师退出历史舞台的目标。

在乡村教师发展支持方面。这一时期，乡村教师发展培训的目标和要求，经历从学历达标到继续教育的转变。在学历达标发展支持时期颁发的《中国教育改革和发展纲要》《中华人民共和国教师法》和《中华人民共和国教育法》这三个纲领性的政策文件，都对乡村中小学教师的学历达标培训提出了要求。1999年是个转折点，《中小学教师继续教育规定》的发布，标志着乡村教师发展向继续教育转向。为此，国家专门针对乡村中小学教师发布了一系列继续教育政策给予支持，并要求县教师进修学校承担乡村教师继续教育任务。在乡村教师的具体素养发展支持上，有三个方面较为突出，即职业道德素养、信息技术素养以及新课程素养，其中职业道德素养一直是强调的重点，信息技术素养是随着信息时代的来临，乡村教师必须具备的一种新素养，新课程素养则是开展新课程改革的需要。在乡村教师发展方式的支持上，教育政策特别强调了"三沟通"培训和教师教育网络联盟计划。"三沟通"培训针对的是乡村中学教师，通过高师函授、卫星电视教育和自学考试相沟通进行培训。教师教育网络联盟计划强调针对乡村教师，以现代远程教育为突破口，构建终身学习体系，为乡村教师发展提供支持。这一时期，对乡村教师还有三方面针对性的发展支持。一是关于乡村小学教师的培训要求，针对小学骨干教师的培训，尤其是乡村小学教师试用期和基本功培训，充分体现了政策对乡村教师发展支持的精细度。二是关于特殊地区乡村教师的培训要求，针对民族贫困地区和西部地区乡村教师，教育政策给予了特别的发展支持。三是针对新世纪乡村教师发展的培训要求，提出了以新课程、新知识、新技术、新方法为重点的教师全员培训和继续教育。

第四节　乡村教师精准支持的深入发展时期（2006—2015 年）

在国家对乡村教师的持续支持下，乡村教师的数量和质量都获得了飞速发展。2007 年，党的十七大召开，十七大报告明确提出"加强教师队伍建设，重点提高农村教师素质"，这表明在国家层面乡村教师队伍建设出现了两个方面的重要转变：一方面在教师队伍建设中，乡村教师队伍建设凸显出来，即是说，乡村教师队伍建设从过去主要蕴含在教师队伍建设之中，更加独立地走到了"台前"。另一方面是乡村教师队伍建设重点发生了转移，聚焦于教师素质，这意味着从对乡村教师数量的关注转向对乡村教师质量的提升。在这之后，2010 年，《国家中长期教育改革和发展规划纲要（2010—2020 年）》出台，进一步强调了乡村教师质量提升。2015 年，对乡村教师支持具有里程碑意义的《乡村教师支持计划（2015—2020年)》颁布，对乡村教师队伍建设提出了全面系统的支持。这些都表明乡村教师支持进入了深入发展的时期。

一 乡村教师支持的政策概况

在乡村教师支持深入发展时期，从2006年到2015年《乡村教师支持计划（2015—2020年)》出台的不到10年的时间里，共梳理出了49个乡村教师发展相关支持政策文件。从数量上看，比完善发展时期要少得多，但在质量上和上个时期相比毫不逊色。这一时期，颁发达到或超过4个政策文件的年份有8个，最多的是2006年，颁发了7个政策文件。这一时期还颁发了《中华人民共和国义务教育法》和《国家中长期教育改革和发展规划纲要（2010—2020年)》这两个具有里程碑意义的政策文件。在这些文件中，有"农村"字眼的政策文件有16个，占所有文件数量的32.6%，大大超过了恢复发展期和完善发展期的比例，体现了对乡村教师支持政策发展的"深入"。而且，直接与乡村教师有密切关联的政策文件高达11个，这也是恢复发展期和完善发展期所不能比拟的，再次表明了这一时期对乡村教师支持之"深入"。总之，这一时期的乡村教师支持政策文件面对乡村教师队伍建设的突出问题，体现出较强的针对性，力图给予乡村教师以更细致更深入的支持。这49个关涉乡村教师发展支持的政策文件具体如表2-4所示。

表2-4 乡村教师队伍建设精准支持的相关政策文件（2006—2015年)

发布时间（年）	政策文件名称
2006	《教育部关于大力推进城镇教师支援农村教育工作的意见》（2月）；《关于组织开展高校毕业生到农村基层从事支教、支农、支医和扶贫工作的通知》（2月）；《关于做好2006年为农村学校培养教育硕士师资工作的通知》（3月）；《关于实施农村义务教育阶段学校教师特设岗位计划的通知》（5月）；《教育部副部长陈小娅在全国推进义务教育均衡发展经验交流现场会上的讲话》（6月）；《中华人民共和国义务教育法》（6月）；《教育部关于做好2007年农村义务教育阶段学校教师特设岗位计划工作的通知》（12月）

续表

发布时间（年）	政策文件名称
2007	《教育部直属师范大学师范生免费教育实施办法（试行）》(5月)；《国家教育事业发展"十一五"规划纲要》(5月)；《大力推进城镇教师支援农村教育工作》(6月)；《关于大力推进师范生实习支教工作的意见》(7月)；《教育部关于进一步做好农村义务教育经费保障机制改革有关工作的通知》(9月)；《巩固"两基"攻坚成果 开创农村义务教育工作新局面》(11月)
2008	《2008年中小学教师国家级培训计划》(4月)；《关于组织实施西部初中骨干体育教师国家级培训的通知》(6月)；《中共中央关于推进农村改革发展若干重大问题的决定》(10月)；《大力办好农村教育事业》(10月)
2009	《关于继续组织实施"农村义务教育阶段学校教师特设岗位计划"的通知》(2月)；《教育部关于进一步做好中小学教师补充工作的通知》(3月)；《关于做好2009年高校毕业生三支一扶计划实施工作的通知》(4月)；《教育部办公厅关于印发〈2009年中小学教师国家级培训计划〉的通知》(7月)；《教育部办公厅关于组织实施2009年中西部地区中小学骨干教师培训项目的通知》(8月)
2010	《教育部关于贯彻落实科学发展观 进一步推进义务教育均衡发展的意见》(1月)；《继续解放思想 坚持改革创新 努力开创教育事业科学发展新局面——在教育部2010年度工作会议上的讲话》(1月)；《关于做好2010年农村义务教育阶段学校教师特设岗位计划实施工作的通知》(3月)；《关于实施"中小学教师国家级培训计划"的通知》(6月)；《国家中长期教育改革和发展规划纲要（2010—2020年）》(7月)；《在全国教育工作会议上的讲话》(7月)
2011	《关于大力加强中小学教师培训工作的意见》(1月)；《教育部办公厅、财政部办公厅关于做好2011年农村义务教育阶段学校教师特设岗位计划有关实施工作的通知》(3月)；《关于印发〈2011年大学生志愿服务西部计划实施方案〉的通知》(5月)；《关于学习贯彻温家宝总理在北京师范大学首届免费师范生毕业典礼上重要讲话精神的通知》(6月)；《关于实施幼儿教师国家级培训计划的通知》(9月)
2012	《教育部关于印发〈国家教育事业发展第十二个五年规划〉的通知》(6月)；《国务院关于加强教师队伍建设的意见》(8月)；《国务院关于深入推进义务教育均衡发展的意见》(9月)；《国务院办公厅关于规范农村义务教育学校布局调整的意见》(9月)；《教育部、中央编办、国家发展改革委、人力资源和社会保障部关于大力推进农村义务教育教师队伍建设的意见》(9月)；《教育部、中央编办、财政部、人力资源和社会保障部关于加强幼儿园教师队伍建设的意见》(9月)

续表

发布时间（年）	政策文件名称
2013	《关于印发〈"国培计划"示范性集中培训项目管理办法〉等三个文件的通知》（3月）；《教育部关于深化中小学教师培训模式改革全面提升培训质量的指导意见》（5月）；《教育部关于建立健全中小学师德建设长效机制的意见》（9月）；《教育部关于实施全国中小学教师信息技术应用能力提升工程的意见》（10月）；《关于全面改善贫困地区义务教育薄弱学校基本办学条件的意见》（12月）
2014	《教育部办公厅、财政部办公厅关于做好2014年农村义务教育阶段学校教师特设岗位计划有关实施工作的通知》（3月）；《教育部、财政部、人力资源和社会保障部关于推进县（区）域内义务教育学校校长教师交流轮岗的意见》（8月）；《教育部关于实施卓越教师培养计划的意见》（8月）
2015	《关于做好2015年中小学幼儿园教师国家级培训计划实施工作的通知》（4月）；《国务院办公厅关于印发乡村教师支持计划（2015—2020年）的通知》（6月）

二 乡村教师的补充支持

这一时期，教育政策关于支教支援补充主要有两种方式，即城镇教师支援和高校毕业生支教，一系列教育政策对这两种补充方式进行了细化规定，有效补充了乡村学校的师资需求。2006年，《教育部关于大力推进城镇教师支援农村教育工作的意见》提出，要以推进城镇教师支援农村教育为重点，不断优化提高农村教师队伍结构和素质。① 具体内容主要有：开展大中城市中小学教师到农村支教，县域内城镇中小学教师定期到农村任教，高校毕业生支援农村教育，实施农村教师特设岗位计划，组织师范生实习支教，开展兼职支教、短期支教、走教联聘和"特级教师讲学团"巡回下乡送教等多种支教活动。随后，《教育部副部长陈小娅在全国推进义务教育均衡发展经验交流现场会上的讲话》指出，要加大教师对口支援力度，抓好城镇教师支援农村教育，组织落实高校

---

① 《教育部关于大力推进城镇教师支援农村教育工作的意见》，《中华人民共和国教育部公报》2006年第Z2期。

毕业生支援农村教育工作,城镇学校教师向农村学校流动。① 接着,在十届人大常委会对《中华人民共和国义务教育法》进行修订时,对农村教师补充问题的规定为:"国务院和地方各级人民政府鼓励和支持城市学校教师和高等学校毕业生到农村地区、民族地区从事义务教育工作。国家鼓励高等学校毕业生以志愿者的方式到农村地区、民族地区缺乏教师的学校任教。"② 2007 年,时任教育部部长周济在城镇教师支援农村教育工作座谈会上发表了《大力推进城镇教师支援农村教育工作》的讲话,指出推进城镇教师支援农村教育是加强教师队伍建设的一项重要战略举措③,要进一步建立和完善城镇中小学教师到农村任教服务期制度,并对大力推进城镇教师支援农村教育工作提出了具体要求。随后,关于师范生实习支教补充的政策文件《教育部关于大力推进师范生实习支教工作的意见》颁发,提出要将师范生实习支教与加强农村教师队伍建设紧密结合,积极安排和接收高师院校师范生到农村学校进行实习支教。④ 2008 年,《中共中央关于推进农村改革发展若干重大问题的决定》提出,要健全城乡教师交流机制,继续选派城市教师下乡支教。2011 年,《关于印发〈2011 年大学生志愿服务西部计划实施方案〉的通知》颁发,对 2011 年"西部计划"进行安排,其中在基础教育专项中指出,要招收的志愿者包括研究生支教团到县乡中小学从事教学及教学管理工作。

2006 年"三支一扶"计划实施,《关于组织开展高校毕业生到农村基层从事支教、支农、支医和扶贫工作的通知》指出,为促进农村基层教育医疗等事业的发展,从 2006 年开始连续 5 年,每年招募 2 万名高校毕业生,主要安排到乡镇从事支教、支农、支医和扶

---

① 《教育部副部长陈小娅在全国推进义务教育均衡发展经验交流现场会上的讲话》,《中华人民共和国教育部公报》2006 年第 11 期。

② 《中华人民共和国义务教育法》,《中华人民共和国全国人民代表大会常务委员会公报》2006 年第 6 期。

③ 何东昌主编:《中华人民共和国重要教育文献(2003—2008)》,新世界出版社 2010 年版,第 1417 页。

④ 何东昌主编:《中华人民共和国重要教育文献(2003—2008)》,新世界出版社 2010 年版,第 1434 页。

贫工作。① 2009 年，《关于做好 2009 年高校毕业生三支一扶计划实施工作的通知》提出，2009 年全国计划招募约两万名高校毕业生，要求"三支一扶"计划的实施与"特岗计划""西部计划"的实施工作协调推进。"三支一扶"计划为乡村教育补充了大量优秀的高校毕业生，有助于乡村教育质量的提升。

乡村教师补充是一个综合的系统，从宏观整体上全面支持乡村教师补充，是教育政策关注的重中之重。这主要包括以下四个方面。一是以领导人讲话的方式，对乡村教师补充工作进行强调。2007 年，陈至立在《巩固"两基"攻坚成果　开创农村义务教育工作新局面》的讲话中指出，要组织实施好师范生免费教育，完善"农村义务教育阶段教师特设岗位计划"，大力推进城镇教师支援农村教育工作，逐步解决农村师资总量不足和结构不合理等问题。2008 年，周济发表《大力办好农村教育事业》的讲话，提出要创新教师教育制度，推进师范生免费教育，健全城乡教师交流机制，继续选派城市教师下乡支教。吸引优秀青年到农村任教，鼓励优秀人才长期从教。② 2010 年，胡锦涛发表《在全国教育工作会议上的讲话》，明确提出教师补充质量的要求，"要吸引优秀人才从事教育工作，支持和鼓励他们长期从教、终身从教"③。

二是特别的乡村教师补充政策支持。2009 年，《教育部关于进一步做好中小学教师补充工作的通知》颁发，这是第一部专门以中小学教师补充为名颁发的教育政策文件，凸显了国家对教师尤其是乡村教师补充的重视。该通知提出，要全面实施"特岗计划"，鼓励高校毕业生到农村学校任教，争取全国义务教育阶段学校教师特设岗位达到 20 万人。要切实保障编制紧张学校，特别是农村寄宿制学校、教学点分散的地区、民族地区"双语"教学配备教职工的基本需求。从 2009 年开始，各地中小学新任教师补充应全部采取公开招聘的办法，要着力解决教师队伍结构性矛盾，重视英语、信息技术、艺术、体育、科学等紧缺学科

---

① 《关于组织开展高校毕业生到农村基层从事支教、支农、支医和扶贫工作的通知》，《中国组织人事报》2006 年 3 月 13 日第 2 版。
② 《大力办好农村教育事业》，《中国教育报》2008 年 10 月 23 日第 1 版。
③ 胡锦涛：《在全国教育工作会议上的讲话》，《人民日报》2010 年 9 月 9 日第 2 版。

教师的补充，以满足学校特别是农村学校开设课程的需要。① 2012 年，《教育部　中央编办　财政部　人力资源和社会保障部关于加强幼儿园教师队伍建设的意见》，提出了对乡村幼儿园教师补充的措施：要确定公办幼儿园教职工编制，建立幼儿园教师长效补充机制。要办好中等幼儿师范学校，探索初中毕业起点 5 年制学前教育专科学历教师培养模式。要启动实施支持中西部农村边远地区，开展学前教育巡回支教试点工作，吸引优秀人才到农村边远贫困地区幼儿园任教。② 2013 年，《教育部　国家发展改革委　财政部关于全面改善贫困地区义务教育薄弱学校基本办学条件的意见》提出对农村贫困地区薄弱学校进行教师补充的要求：通过实施农村义务教育学校教师"特岗计划"等多种方式，完善农村教师补充机制。推进县域内校长教师交流轮岗，提高城镇中小学教师到乡村学校任教的比例。面向乡镇以下农村学校培养能承担多门学科教学任务的小学教师和"一专多能"的初中教师。优先安排免费师范生和特岗教师到教学点任教。③

三是均衡视域中的乡村教师补充政策支持。2010 年，《教育部关于贯彻落实科学发展观　进一步推进义务教育均衡发展的意见》就乡村教师补充明确提出，要对义务教育学校合理定编，科学设岗，满足义务教育均衡发展对师资的需要。要健全城乡教师交流机制，推动教师在城乡和校际的合理流动，鼓励骨干教师到农村学校任职任教，完善城镇教师到农村学校任教服务期制度，继续实施农村义务教育学校教师特设岗位计划，创新教师补充机制。2012 年，《国务院关于深入推进义务教育均衡发展的意见》提出，改善教师资源的初次配置，吸引优秀高校毕业生和志愿者到农村学校或薄弱学校任教。逐步实行城乡统一的中小学编制标准，并对村小学和教学点予以倾斜。配齐体育、音乐、美术等课程教师，重点为民族地区、边疆地区、贫困地区和革命老区培养和补充紧缺

---

① 《教育部关于进一步做好中小学教师补充工作的通知》，http：//www.moe.gov.cn/src-site/A10/s7058/200903/t20090325_64199.html，2021 年 11 月 5 日。

② 《教育部　中央编办　财政部　人力资源和社会保障部关于加强幼儿园教师队伍建设的意见》，《云南教育》（视界时政版）2012 年第 12 期。

③ 《教育部　国家发展改革委　财政部关于全面改善贫困地区义务教育薄弱学校基本办学条件的意见》，《云南教育》（视界时政版）2014 年第 2 期。

教师。完善城镇学校教师到农村学校任教机制,完善县域内教师交流措施,城镇学校教师评聘高级职称原则上要有一年以上在农村学校任教经历。①

四是全面系统的乡村教师补充支持。2007 年,《国家教育事业发展"十一五"规划纲要》提出,要建立吸引优秀人才到农村任教的机制,建立区域内公办学校之间中小学教师定期交流和轮岗制度。2010 年,指导未来 10 年我国教育发展的纲领性文件《国家中长期教育改革和发展规划纲要(2010—2020 年)》颁布,对农村教师补充提出,要创新农村教师补充机制,完善制度政策,吸引更多优秀人才从教。要积极推进师范生免费教育,实施农村义务教育学校教师特设岗位计划,完善代偿机制,鼓励高校毕业生到艰苦边远地区当教师。要健全义务教育学校教师流动机制,城镇中小学教师在评聘高级职务(职称)时,原则上要有一年以上在农村学校或薄弱学校任教经历。② 2012 年,《教育部关于印发〈国家教育事业发展第十二个五年规划〉的通知》指出:

> 鼓励地方发展师范生免费教育,采取提前招生、公费培养、定向就业等办法,吸引优秀学生攻读师范专业,为农村学校特别是农村边远地区学校培养大批"下得去、留得住、干得好"的骨干教师。

> 创新农村教师补充机制。完善农村义务教育阶段学校教师特设岗位计划。积极推动地方采取到岗学费返还、补偿、代偿等措施吸引高等学校毕业生到农村任教。扩大实施农村学校教育硕士师资培养计划。坚持高年级师范生到农村学校教育实习一学期制度,健全城镇教师支援农村教师制度,完善鼓励支持新任公务员和大学生志愿者到农村学校支教的政策。③

---

① 《国务院关于深入推进义务教育均衡发展的意见》,《中华人民共和国国务院公报》2012 年第 26 期。
② 《中共中央 国务院印发 国家中长期教育改革和发展规划纲要(2010—2020 年)》,《人民教育》2010 年第 17 期。
③ 《教育部关于印发〈国家教育事业发展第十二个五年规划〉的通知》,《中华人民共和国国务院公报》2012 年第 28 期。

在这里，"免费师范生""特岗""教育硕士"和"支教"几个字眼的出现，明显体现出"十二五"规划对农村教师补充的高质量要求和补充机制的创新。接着，《国务院关于加强教师队伍建设的意见》提出，要以农村教师为重点，采取倾斜政策，切实增强农村教师职业吸引力，激励更多优秀人才到农村从教；要构建以师范院校为主体、综合大学参与、开放灵活的中小学教师教育体系；要建立县域内义务教育学校教师轮岗交流机制，推进城镇教师支持农村教育，鼓励支持退休的特级教师、高级教师到农村学校支教讲学。实施逐步完善农村义务教育阶段学校教师特设岗位计划，探索吸引高校毕业生到村小学、教学点任教的新机制。[1] 之后，《教育部　中央编办　国家发展改革委　财政部　人力资源和社会保障部关于大力推进农村义务教育教师队伍建设的意见》提出，到2020年，要建立起较为完善的准入严格、管理规范、保障有力的农村教师队伍建设长效机制；并要求"探索建立农村义务教育教师补充新机制，编制配备保证农村学校师资需求，多渠道扩充农村优质师资来源，建立健全城乡教师校长轮岗交流制度"[2]。

针对西部乡村学校的师资补充问题，我国在教育政策方面专门设立了"特岗计划"，"特岗计划"明显改善了乡村学校师资总量不足和结构不合理等问题。2006年，农村义务教育学校教师特设岗位计划即"特岗计划"开始实施，《关于实施农村义务教育阶段学校教师特设岗位计划的通知》要求公开招募高校毕业生到西部"两基"攻坚县县以下农村义务教育学校任教。同时，对计划实施的目标任务、范围资金安排、原则步骤、教师招聘和保障政策等内容做了具体的安排。[3] "特岗计划"的实施，是我国乡村教师补充机制的一次重大创新，为乡村教育补充高学历人才提供了一个重要平台。教育部

---

[1] 《国务院关于加强教师队伍建设的意见》，《中华人民共和国国务院公报》2012年第26期。

[2] 《教育部　中央编办　国家发展改革委　财政部　人力资源和社会保障部关于大力推进农村义务教育教师队伍建设的意见》，《云南教育》（视界时政版）2012年第12期。

[3] 《关于实施农村义务教育阶段学校教师特设岗位计划的通知》，《中华人民共和国教育部公报》2006年第12期。

还在年末对2007年"特岗计划"申报工作进行了安排,发布了《关于做好2007年农村义务教育阶段学校教师特设岗位计划工作的通知》,提出要逐步形成农村教师补充保障的长效机制。2009年,四部委《关于继续组织实施"农村义务教育阶段学校教师特设岗位计划"的通知》颁发,提出要全面推进地方"特岗计划",吸引大批高校毕业生到农村学校任教,并总结指出:"2006—2008年,共招聘特岗教师5.9万多人,覆盖400多个县、6000多所农村学校。"[1] 2010年,《关于做好2010年农村义务教育阶段学校教师特设岗位计划实施工作的通知》扩大了"特岗计划"的实施范围,在原有基础上又纳入了中西部地区国家扶贫开发工作重点县,国家西部开发计划的部分中部省份的少数民族自治州以及西部地区一些有特殊困难的边境县、少数民族自治县和少小民族县。2011年,《教育部办公厅 财政部办公厅关于做好2011年农村义务教育阶段学校教师特设岗位计划有关实施工作的通知》提出了学科结构补充的要求:"加强偏远农村学校教师和音乐、体育、美术等紧缺学科教师的补充,建立直接向偏远农村学校轮换派遣合格教师的工作机制。"[2] 同时要求推进地方特岗计划,及时为农村学校补充新教师。2014年,《教育部办公厅 财政部办公厅关于做好2014年农村义务教育阶段学校教师特设岗位计划有关实施工作的通知》特别关注了村小、教学点和紧缺薄弱学科教师的补充,指出要"优先满足村小、教学点的教师补充需求,进一步提高村小、教学点特岗教师招聘比例,将做好村小、教学点的教师招聘工作作为2014年的工作重点。……加强体音美、外语、信息技术等紧缺薄弱学科教师的补充,努力实现初中与小学教师队伍补充协调发展"[3]。"特岗计划"的实施,有力地缓解了农村学校教师紧缺及结构性矛盾。

---

[1] 《关于继续组织实施"农村义务教育阶段学校教师特设岗位计划"的通知》,http://www.moe.gov.cn/jyb_xxgk/gk_gbgg/moe_0/moe_2642/moe_2680/tnull_45321.html,2021年11月5日。

[2] 《教育部办公厅 财政部办公厅关于做好2011年农村义务教育阶段学校教师特设岗位计划有关实施工作的通知》,《云南教育》(视界时政版)2011年第3期。

[3] 《教育部办公厅 财政部办公厅关于做好2014年农村义务教育阶段学校教师特设岗位计划有关实施工作的通知》,《云南教育》(视界时政版)2014年第4期。

高质量乡村教师补充对乡村教育质量提高具有决定性意义，这一时期，教育政策从高学历、免费师范生、优秀骨干教师和卓越教师等方面给予补充支持。2006年，《教育部办公厅关于做好2006年为农村学校培养教育硕士师资工作的通知》颁发，这是对为农村培养高素质高质量教师而专门拓展的硕士层次的师资培养补充渠道。其中提出，培养农村学校教育硕士师资以农村初中为主，范围是"国家扶贫开发工作重点县"和"省扶贫开发工作重点县"的农村学校。农村师资教育硕士生必须履行规定的服务义务，从本科毕业到签约的农村学校报到任教开始，服务期至少5年。[①] 2007年，《国务院办公厅转发教育部等部门关于教育部直属师范大学师范生免费教育实施办法（试行）的通知》要求，到城镇学校工作的免费师范毕业生，应先到农村义务教育学校任教服务二年。[②] 对免费师范生服务农村教育的任教期限制，规范了高素质教师补充农村教育任教职责要求。2011年，《教育部关于学习贯彻温家宝总理在北京师范大学首届免费师范生毕业典礼上重要讲话精神的通知》提出，要切实做好首届免费师范生到农村学校任教工作，研究制定逐步在全国推广师范生免费教育工作方案和政策措施，鼓励地方发展师范生免费教育，支持各地师范院校采取定向招生、免费培养的办法，为农村培养骨干教师。[③] 2014年，《教育部、财政部、人力资源和社会保障部关于推进县（区）域内义务教育学校校长教师交流轮岗的意见》针对县域内乡村优秀骨干教师的流动提出：全面推进义务教育教师队伍"县管校聘"管理改革，打破教师交流轮岗的管理体制障碍。要重点引导优秀校长和骨干教师向农村学校、薄弱学校流动，重点推动城镇学校向乡村学校交流轮岗，重点推动中心学校向村小学、教学点交流轮岗。支持优秀校长、特级教师和省级教学名师到中西部边远贫困地区农村学

---

① 何东昌主编：《中华人民共和国重要教育文献（2003—2008）》，新世界出版社2010年版，第985页。

② 《国务院办公厅转发教育部等部门关于教育部直属师范大学师范生免费教育实施办法（试行）的通知》，《中华人民共和国国务院公报》2007年第17期。

③ 《教育部关于学习贯彻温家宝总理在北京师范大学首届免费师范生毕业典礼上重要讲话精神的通知》，http://www.moe.gov.cn/srcsite/A10/s7011/201106/t20110624_145912.html，2011年5月6日。

校任职任教,要实施好农村教师"特岗计划""三支一扶"计划、"三区"人才支持计划教师专项等国家级专项计划,加强边远贫困地区乡村学校骨干教师配备。① 随后,《教育部关于实施卓越教师培养计划的意见》对乡村补充优秀教师提出了要求,即要为乡村教育培养一批卓越的中学、小学和幼儿园教师,"建立高校与地方政府、中小学(幼儿园、中等职业学校、特殊教育学校,下同)协同培养新机制,培养一大批师德高尚、专业基础扎实、教育教学能力和自我发展能力突出的高素质专业化中小学教师"②。

2015年,《国务院办公厅关于印发乡村教师支持计划(2015—2020年)的通知》颁发,这是新中国第一部对乡村教师进行中长期支持的教育政策,明确提出要把乡村教师队伍建设摆在优先发展的战略地位,并对支持乡村教师队伍建设提出了系统完整的措施,对乡村教育发展具有里程碑意义。该通知对乡村教师的补充支持形成了系统完整的体系,体现在其中"拓展乡村教师补充渠道"和"推动城镇优秀教师向乡村学校流动"两大部分中,主要有以下几种补充形式:一是培养补充,包括一般培养补充和定向培养补充。一般培养补充为"鼓励省级人民政府建立统筹规划、统一选拔的乡村教师补充机制,为乡村学校持续输送大批优秀高校毕业生";③ 定向培养补充为"鼓励地方政府和师范院校根据当地乡村教育实际需求加强本土化培养,采取多种方式定向培养'一专多能'的乡村教师"。④ 二是特岗补充,"扩大农村教师特岗计划实施规模,重点支持中西部"老少边穷岛"等贫困地区补充乡村教师,适时提高特岗教师工资性补助标准"。三是支教补充,包括高校毕业生支教和专项支教。高校毕业生支教为"高校毕业生取得教师资格并到乡村

---

① 《教育部 财政部 人力资源和社会保障部关于推进县(区)域内义务教育学校校长教师交流轮岗的意见》,http://www.moe.gov.cn/srcsite/A10/s7151/201408/t20140815_174493.html,2021年5月8日。
② 《教育部关于实施卓越教师培养计划的意见》,《云南教育》(视界时政版)2014年第10期。
③ 《国务院办公厅关于印发乡村教师支持计划(2015—2020年)的通知》,《中华人民共和国国务院公报》2015年第17期。
④ 《国务院办公厅关于印发乡村教师支持计划(2015—2020年)的通知》,《中华人民共和国国务院公报》2015年第17期。

学校任教一定期限，按有关规定享受学费补偿和国家助学贷款代偿政策"；专项支教为"各地要采取有效措施鼓励城镇退休的特级教师、高级教师到乡村学校支教讲学，中央财政比照边远贫困地区、边疆民族地区和革命老区人才支持计划教师专项计划给予适当支持"。四是流动补充，包括城市教师向乡村流动，优秀骨干教师流动和县域内流动。城市教师向乡村流动要求，"全面推进义务教育教师队伍'县管校聘'管理体制改革，为组织城市教师到乡村学校任教提供制度保障"。优秀骨干教师流动要求"各地采取定期交流、跨校竞聘、学区一体化管理、学校联盟、对口支援、乡镇中心学校教师走教等多种途径和方式，重点引导优秀校长和骨干教师向乡村学校流动"。县域内流动要求"县域内重点推动县城学校教师到乡村学校交流轮岗，乡镇范围内重点推动中心学校教师到村小学、教学点交流轮岗"。

可以说，"支持计划"是在乡村教育面临新发展的形势下，为能够尽快显著缩小城乡教育师资水平存在的差距，使每个乡村孩子都能接受公平而有质量的教育，所采取的一种以实现乡村高质量教师队伍建设措施，对乡村教育发展具有里程碑意义。

三 乡村教师的稳定支持

乡村教师荣誉地位支持是对乡村教师工作肯定的重要表现，能够极大地激励乡村教师在乡从教的热情。2006 年，修订后的《中华人民共和国义务教育法》颁布，其中第二十八条规定"全社会应当尊重教师"。2007 年，《国家教育事业发展"十一五"规划纲要》提出，要弘扬尊师重教的良好社会风尚，各级政府要在政治上、思想上和生活上关心教师。2008 年，周济在《大力办好农村教育事业》中提出，要提高教师的社会地位、经济地位和职业地位，努力使教师成为最受人尊敬、最令人羡慕的职业。[①] 2010 年，在新世纪党中央、国务院召开的第一次全国教育会议上，胡锦涛发表了《在全国教育工作会议上的讲话》，提出"要在全社会大力弘扬尊师重教的优良传统，宣传优秀教师先进事

---

① 《大力办好农村教育事业》，《中国教育报》2008 年 10 月 23 日第 1 版。

迹，使教师成为最受社会尊重的职业"①。2012 年，《教育部 中央编办 国家发展改革委 人力资源和社会保障部关于大力推进农村义务教育教师队伍建设的意见》提出，在表彰农村从教优秀教师上，要对在艰苦边远乡村学校和教学点长期任教、贡献突出的教师给予表彰奖励，在全国教育系统先进集体和先进个人等方面的评选表彰上向乡村教师倾斜，要广泛深入宣传优秀农村教师的先进事迹。

工资待遇和工作条件方面的改善，是这一时期教育政策关注的重中之重。2006 年，修订后颁布的《中华人民共和国义务教育法》第三十一条规定："各级人民政府保障教师工资福利和社会保险待遇，改善教师工作和生活条件；完善农村教师工资经费保障机制。教师的平均工资水平应当不低于当地公务员的平均工资水平。……在民族地区和边远贫困地区工作的教师享有艰苦贫困地区补助津贴"。② 2007 年，《国务院批转教育部国家教育事业发展"十一五"规划纲要的通知》提出，要切实依法保障教师的平均工资水平不低于或者高于国家公务员平均水平，并逐步提高。要努力改善教师尤其是农村教师的工作、学习和生活条件，解决实际困难，健全教师医疗、养老等社会保障制度。③ 之后，《教育部关于进一步做好农村义务教育经费保障机制改革有关工作的通知》要求依法保障义务教育阶段教职工合理收入。要重视教职工地方津补贴问题，把教职工应享受的地方津补贴项目，纳入政府财政预算，纳入财政统一发放范围，保证教师合理收入。要将确保教职工应享受的津补贴项目纳入绩效工资核定范围，落实教师平均工资水平应不低于当地公务员的平均水平。④ 2008 年，《中共中央关于推进农村改革发展若干重大问题的决定》提出，要保障和改善农村教师工资待遇和工作条件。之后，周济在《大力办好农村教育事业》的讲话中提出，要依法进一

---

① 胡锦涛：《在全国教育工作会议上的讲话》，《人民日报》2010 年 9 月 9 日第 2 版。
② 《中华人民共和国义务教育法》，《中华人民共和国全国人民代表大会常务委员会公报》2006 年第 6 期。
③ 《国务院批转教育部国家教育事业发展"十一五"规划纲要的通知》，《中华人民共和国国务院公报》2007 年第 18 期。
④ 《教育部关于进一步做好农村义务教育经费保障机制改革有关工作的通知》，《中华人民共和国教育部公报》2007 年第 9 期。

步落实教师绩效工资，完善住房、医疗和养老等社会保障，保障和改善农村教师工资待遇和工作条件。2010年，《教育部关于贯彻落实科学发展观 进一步推进义务教育均衡发展的意见》提出，要"积极改善农村教师的工作生活条件，提高农村教师待遇，全面实施并不断完善义务教育阶段教师绩效工资制度"[1]。接着，袁贵仁部长《继续解放思想 坚持改革创新 努力开创教育事业科学发展新局面——在教育部2010年度工作会议上的讲话》发表，提出要继续抓好教师绩效工资制度的落实和完善，对长期在艰苦边远地区工作的教师实行工资福利倾斜政策。通过完善政策，提高教师地位待遇，吸引优秀人才长期从教、终身从教、到艰苦贫困地区从教。[2]

2010年，《国家中长期教育改革和发展规划纲要（2010—2020年）》颁布，在教师工资待遇方面提出：

> 不断改善教师的工作、学习和生活条件，吸引优秀人才长期从教、终身从教。依法保证教师平均工资水平不低于或者高于国家公务员的平均工资水平，并逐步提高。落实教师绩效工资。对长期在农村基层和艰苦边远地区工作的教师，在工资、职务（职称）等方面实行倾斜政策，完善津贴补贴标准。建设农村艰苦边远地区学校教师周转宿舍。研究制定优惠政策，改善教师工作和生活条件。关心教师身心健康。落实和完善教师医疗养老等社会保障政策。国家对在农村地区长期从教、贡献突出的教师给予奖励。[3]

同年，胡锦涛《在全国教育工作会议上的讲话》中提出：

> 要采取更有力的措施，提高教师地位，维护教师权益，改善教

---

[1] 《教育部关于贯彻落实科学发展观 进一步推进义务教育均衡发展的意见》，《海南省人民政府公报》2010年第12期。

[2] 袁贵仁：《继续解放思想 坚持改革创新 努力开创教育事业科学发展新局面——在教育部2010年度工作会议上的讲话》，《人民教育》2010年第6期。

[3] 中共中央、国务院：《国家中长期教育改革和发展规划纲要（2010—2020年）》，《人民教育》2010年第17期。

师待遇，关心教师身心健康，依法保证教师平均工资水平不低于或者高于国家公务员平均工资水平并逐步提高，落实教师绩效工资，对长期在农村基层和艰苦边远地区工作的教师实行倾斜政策，落实和完善教师社会保障政策，为教师解决后顾之忧，为教师发展成长创造更多机会、提供更有利的条件。①

2012年，《国务院关于加强教师队伍建设的意见》做出了完善教师表彰奖励制度、强化教师工资保障机制、健全教师社会保障制度、加快推进教师职务（职称）制度改革等系统详细安排。接着，《国务院关于深入推进义务教育均衡发展的意见》提出：要建设农村艰苦边远地区教师周转宿舍，完善医疗、养老等社会保障制度建设，切实维护农村教师社会保障权益。随后，《教育部　中央编办　国家发展改革委　人力资源和社会保障部关于大力推进农村义务教育教师队伍建设的意见》从工资待遇、绩效工资、养老保障和住房保障等方面，提出了农村教师待遇稳定措施。

在编制职称稳定支持上的教育政策，主要侧重于城乡教师统一编制，编制职称向乡村边远贫困地区政策倾斜等方面。2010年，《国家中长期教育改革和发展规划纲要（2010—2020年）》在教师编制职称方面提出："逐步实行城乡统一的中小学编制标准，对农村边远地区实行倾斜政策。制定幼儿园教师配备标准。建立统一的中小学教师职务（职称）系列，在中小学设置正高级教师职务（职称）。"② 2012年，《教育部关于印发〈国家教育事业发展第十二个五年规划〉的通知》提出，要逐步实行城乡统一的中小学编制标准，对农村边远地区实行倾斜政策，对长期在农村和艰苦边远地区工作的教师在工资、职务（职称）等方面实行倾斜政策，完善津贴补贴标准，逐步缩小城乡教师收入待遇

---

① 《国务院关于深入推进义务教育均衡发展的意见》，《中华人民共和国国务院公报》2012年第26期。

② 中共中央、国务院：《国家中长期教育改革和发展规划纲要（2010—2020年）》，《人民教育》2010年第17期。

差距。① 随后,《国务院关于深入推进义务教育均衡发展的意见》提出,对长期在农村基层和艰苦边远地区工作的教师在工资、职称等方面实行倾斜政策,在核准岗位结构比例时,高级教师岗位向农村学校和薄弱学校倾斜。接着,《国务院办公厅关于规范农村义务教育学校布局调整的意见》提出:"研究完善符合村小学和教学点实际的职称评定标准,职称晋升和绩效工资分配向村小学和教学点专任教师倾斜,鼓励各地采取在绩效工资中设立岗位津贴等有效政策措施,支持优秀教师到村小学和教学点工作。"② 2013 年,《关于全面改善贫困地区义务教育薄弱学校基本办学条件的意见》提出,要制定农村教师职称评审条件、程序和办法,农村教师职称晋升比例应不低于当地城区教师。2014 年,《教育部 财政部 人力资源和社会保障部关于推进县(区)域内义务教育学校校长教师交流轮岗的意见》提出,积极探索在农村学校、薄弱学校设立一批中小学正高级教师岗位,逐步提高农村学校中级、高级教师岗位比例。

这一时期,还有针对特岗教师、幼儿园教师和贫困地区薄弱学校等方面的特殊政策规定,对乡村教师进行专门的稳定支持。2006 年,《教育部关于做好 2007 年农村义务教育阶段学校教师特设岗位计划工作的通知》提出:

> 中央财政负责及时核拨专项资金,用于特设岗位教师的工资性支出。各地要负责统筹落实资金,用于解决特设岗位教师的地方性补贴、必要的交通补助、体检费和按规定纳入当地社会保障体系,享受相应的社会保障待遇应缴纳的相关费用,以及特设岗位教师岗前集中培训和招聘的相关工作等费用。③

---

① 《教育部关于印发〈国家教育事业发展第十二个五年规划〉的通知》,《中华人民共和国国务院公报》2012 年第 28 期。

② 《国务院办公厅关于规范农村义务教育学校布局调整的意见》,《中华人民共和国国务院公报》2012 年第 26 期。

③ 何东昌主编:《中华人民共和国重要教育文献(2003—2008)》,新世界出版社 2010 年版,第 1274 页。

2012 年,《教育部 中央编办 财政部 人力资源和社会保障部关于加强幼儿园教师队伍建设的意见》颁发,对幼儿园教师在绩效工资、保险待遇、住房保障和工作生活条件等方面提出了稳定要求。其中,专门对农村幼儿园教师的稳定提出:"对长期在农村基层和艰苦边远地区工作的幼儿园教师,在职务(职称)方面实行倾斜政策""对长期在农村基层和艰苦边远地区工作的幼儿园教师,实行工资倾斜政策"[1]。2013 年,《教育部 国家发展改革委 财政部关于全面改善贫困地区义务教育薄弱学校基本办学条件的意见》提出:"要落实连片特困区的乡村学校和教学点教师的生活补助政策,推进农村教师周转宿舍建设,周转宿舍建设和使用要优先考虑教学点教师需要,职称晋升和绩效工资向教学点专任教师倾斜。"[2]

2015 年,《国务院办公厅关于印发乡村教师支持计划(2015—2020年)的通知》颁发,对乡村教师提出了系统详细的稳定支持措施,具有里程碑的意义。这些措施主要体现在以下方面:第一,在提高乡村教师生活待遇上,基本涵盖了乡村教师生活的各个方面,主要体现在生活补助、工资待遇、社会保险、大病救助、宿舍住房等上。在生活补助上提出要"全面落实集中连片特困地区乡村教师生活补助政策,依据学校艰苦边远程度实行差别化的补助标准,中央财政继续给予综合奖补"。在工资待遇和社会保险上提出"各地要依法依规落实乡村教师工资待遇政策,依法为教师缴纳住房公积金和各项社会保险费"。在大病救助上提出"在现行制度架构内,做好乡村教师重大疾病救助工作"。在宿舍住房上提出"加快实施边远艰苦地区乡村学校教师周转宿舍建设。各地要按规定将符合条件的乡村教师住房纳入当地住房保障范围,统筹予以解决"[3]。

第二,在统一城乡教职工编制标准上,"按照城市标准""村小学、

---

[1] 《教育部 中央编办 财政部 人力资源和社会保障部关于加强幼儿园教师队伍建设的意见》,《云南教育》(视界时政版)2012 年第 12 期。

[2] 《教育部 国家发展改革委 财政部关于全面改善贫困地区义务教育薄弱学校基本办学条件的意见》,《云南教育》(视界时政版)2014 年第 2 期。

[3] 《国务院办公厅关于印发乡村教师支持计划(2015—2020 年)的通知》,《中华人民共和国国务院公报》2015 年第 17 期。

教学点编制""有编不补"等核心词,充分体现了乡村教师编制解决的核心问题,编制是定心丸,编制解决就能稳定乡村教师。具体而言,按照城市标准体现为"乡村中小学教职工编制按照城市标准统一核定"。村小学、教学点编制体现为"村小学、教学点编制按照生师比和班师比相结合的方式核定""通过调剂编制、加强人员配备等方式进一步向人口稀少的教学点、村小学倾斜"。"有编不补"体现为"严禁在有合格教师来源的情况下'有编不补'、长期使用临聘人员,严禁任何部门和单位以任何理由、任何形式占用或变相占用乡村中小学教职工编制"[①]。

第三,在职称(职务)评聘向乡村学校倾斜上,明确提出要"切实向乡村教师倾斜",并主要从外语论文和城市教师乡村任教两个方面做出要求。在外语论文方面,提出"乡村教师评聘职称(职务)时不作外语成绩(外语教师除外)、发表论文的刚性要求,坚持育人为本、德育为先,注重师德素养,注重教育教学工作业绩,注重教育教学方法,注重教育教学一线实践经历"。在城市教师乡村任教方面,提出"城市中小学教师晋升高级教师职称(职务),应有在乡村学校或薄弱学校任教一年以上的经历"[②]。

第四,在建立乡村教师荣誉制度上,主要包括从教年限荣誉奖励、社会专项基金、评优评先、宣传营造氛围方面进行支持。在从教年限荣誉奖励上,提出要"对在乡村学校从教30年以上的教师按照有关规定颁发荣誉证书。省(区、市)、县(市、区、旗)要分别对在乡村学校从教20年以上、10年以上的教师给予鼓励。各省级人民政府可按照国家有关规定对在乡村学校长期从教的教师予以表彰"[③]。在社会专项基金上,提出要"鼓励和引导社会力量建立专项基金,对长期在乡村学校任教的优秀教师给予物质奖励"。在评优评先上,提出"在评选表彰教育系统先进集体和先进个人等方面要向乡村教师倾斜"。在宣传营造氛

[①]《国务院办公厅关于印发乡村教师支持计划(2015—2020年)的通知》,《中华人民共和国国务院公报》2015年第17期。

[②]《国务院办公厅关于印发乡村教师支持计划(2015—2020年)的通知》,《中华人民共和国国务院公报》2015年第17期。

[③]《国务院办公厅关于印发乡村教师支持计划(2015—2020年)的通知》,《中华人民共和国国务院公报》2015年第17期。

围上，提出要"广泛宣传乡村教师坚守岗位、默默奉献的崇高精神，在全社会大力营造关心支持乡村教师和乡村教育的浓厚氛围"①。

四 乡村教师的发展支持

通过教育政策提出某一方面或整体综合的要求，给乡村教师发展以支持，是这一时期乡村教师发展支持的重要方面，主要体现在以下方面：一是从宏观上明确加强乡村教师培训的要求，主要涉及较为整体的笼统的要求。2006年，《教育部副部长陈小娅在全国推进义务教育均衡发展经验交流现场会上的讲话》指出，要采取多种方式提高农村教师的教育教学水平，组织农村学校教师到城镇办学水平高的学校跟岗学习、进修提高。2010年，《教育部关于贯彻落实科学发展观 进一步推进义务教育均衡发展的意见》提出，"要健全教师培养机制，加大对教师尤其是农村教师的培训力度，促进教师专业发展"②。同年，时任教育部部长袁贵仁《继续解放思想 坚持改革创新 努力开创教育事业科学发展新局面——在教育部2010年度工作会议上的讲话》特别提出："要以农村教师为重点提高中小学教师队伍整体素质，大力加强农村中小学教师和校长培养培训。"③

二是从中观上明确乡村教师发展的要求。主要涉及乡村教师发展支持较为明确的职责、体系、计划、规划等方面。2006年，经修订的《中华人民共和国义务教育法》第三十二条规定：县级以上人民政府应当加强教师培养工作，采取措施发展教师教育。县级人民政府教育行政部门应当均衡配置本行政区域内学校师资力量，组织校长、教师的培训和流动，加强对薄弱学校的建设。④ 2007年，《国家教育事业发展"十

---

① 《国务院办公厅关于印发乡村教师支持计划（2015—2020年）的通知》，《中华人民共和国国务院公报》2015年第17期。
② 《教育部关于贯彻落实科学发展观 进一步推进义务教育均衡发展的意见》，《海南省人民政府公报》2010年第12期。
③ 袁贵仁：《继续解放思想 坚持改革创新 努力开创教育事业科学发展新局面——在教育部2010年度工作会议上的讲话》，《人民教育》2010年第6期。
④ 《中华人民共和国义务教育法》，《中华人民共和国全国人民代表大会常务委员会公报》2006年第6期。

一五"规划纲要》要求加强教师教育与培训。支持具备条件的综合大学培养和培训中小学教师,形成开放灵活、规范有序的教师教育体系,提高教师教育的层次和水平。实施全国教师教育网络联盟计划,进一步完善培训制度,创新培训机制,提高教师专业水平和学历水平。2010年,《国家中长期教育改革和发展规划纲要(2010—2020年)》提出,要对教师实行每五年一周期的全员培训,要加大民族地区双语教师培养培训力度。2011年,《教育部关于大力加强中小学教师培训工作的意见》提出,要以农村教师为重点,开展中小学教师全员培训,着力抓好新任教师岗前培训,在职教师岗位培训和骨干教师研修提高,加强农村音乐、美术、英语、体育、信息技术、科学课程等紧缺学科教师的培训。该意见要求"今后五年,对全国1000多万教师进行每人不少于360学时的全员培训;支持100万名骨干教师进行国家级培训;选派1万名优秀骨干教师海外研修培训;组织200万名教师进行学历提升"[①]。

　　2012年,《教育部关于印发〈国家教育事业发展第十二个五年规划〉的通知》对农村教师发展提出了发展规划要求:支持到农村任教的免费师范毕业生的专业成长和长远发展;以农村教师为重点,开展分层分类分岗培训;加强县级农村教师培训机构基础能力建设,形成区域性农村教师学习与资源中心;中央财政支持实施教师国家级培训计划,主要支持农村教师培训,到2015年对550万名中西部农村教师普遍开展一次培训。[②] 接着,《关于深化教师教育改革的意见》颁发,该意见从构建开放灵活的教师教育体系,健全教师教育标准体系,完善教师培养培训制度,创新教师教育模式,深化教师教育课程改革,加强教师教育经费保障等方面,对推进教师教育内涵式发展,全面提高教师教育质量,培养造就高素质专业化教师队伍做了全面安排。然后,《教育部　中央编办　国家发展改革委　财政部　人力资源和社会保障部关于大力

[①] 《教育部关于大力加强中小学教师培训工作的意见》,《中小学教师培训》2011年第1期。

[②] 《教育部关于印发〈国家教育事业发展第十二个五年规划〉的通知》,《中华人民共和国国务院公报》2012年第28期。

推进农村义务教育教师队伍建设的意见》提出：

> 继续实施"中小学教师国家级培训计划"。加强农村教师国家级示范培训，积极探索农村教师远程网络培训的有效模式，为农村义务教育教师建立网络研修社区。加强音体美、科学、综合实践等农村紧缺薄弱学科课程教师和民族地区双语教师培训。支持农村名师名校长专业发展，造就一批乡村教育家。推动各地结合实际，规范建设县（区）域教师发展平台。①

2013 年，《教育部关于深化中小学教师培训模式改革全面提升培训质量的指导意见》提出，中小学教师培训要增强培训针对性，改进培训内容，转变培训方式，强化培训自主性，营造网络学习环境，建设培训公共服务平台，规范培训管理等一系列改革措施，为包括乡村在内的中小学教师发展提供了有力保障；并对农村教师发展提出：省级教育行政部门要推动置换脱产研修，将院校集中培训、优质中小学"影子教师"实践和师范生（城镇教师）顶岗实习支教相结合，为农村学校培养骨干教师。要采取多种培训方式，加大体育、音乐、美术等师资紧缺学科专兼职教师和民族地区双语教师的培训力度。

三是从微观上明确乡村教师发展的要求，主要涉及教师发展的具体制度、方式、素质能力等。2012 年，《国务院关于加强教师队伍建设的意见》颁发，提出要建立教师学习培训制度，要采取顶岗置换研修、校本研修、远程培训等多种模式，大力开展中小学、幼儿园教师特别是农村教师培训。2012 年，《国务院关于深入推进义务教育均衡发展的意见》提出了教师发展的要求：推动办学水平较高学校和优秀教师，通过共同研修培训、研讨备课、学术交流、开设公共课等方式，共同实现教师专业发展和教学质量提升。要加强教师培训，提升教师师德修养和业务能力。2013 年，《教育部关于建立健全中小学师德建设长效机制的意

---

① 《教育部 中央编办 国家发展改革委 财政部 人力资源和社会保障部关于大力推进农村义务教育教师队伍建设的意见》，《云南教育》（视界时政版）2012 年第 12 期。

见》对包括乡村教师在内的教师师德发展提出了要求：引导教师立德树人，为人师表，不断提升人格修养和学识修养，努力建设一支师德高尚、业务精湛、结构合理、充满活力的中小学教师队伍。[①] 同年，《教育部关于实施全国中小学教师信息技术应用能力提升工程的意见》颁发，明确提出"要将信息技术应用能力培训纳入教师培训必修学时（学分），原则上每五年不少于50学时""到2017年底完成全国1000多万中小学（含幼儿园）教师新一轮提升培训，提升教师信息技术应用能力、学科教学能力和专业自主发展能力""2014年起，分年度组织教师全员培训工作，原则上每年培训人数不少于本地区中小学教师总数的20%"[②]。此政策的实施有助于乡村教师信息技术能力获得发展。

"国培计划"是这一时期对乡村教师的一个重磅支持项目，通过"国培计划"对乡村教师整体素质提升起到了巨大的促进作用。2008年，教育部办公厅印发《2008年中小学教师国家级培训计划》，其中对乡村教师尤其是中西部地区乡村教师的发展做出了系统的安排，主要包括：一是教育部支持西部边远地区骨干教师培训专项计划。采取教育部专项支持和"对口支援"相结合的方式，对西部省区中小学骨干教师进行有针对性的培训。二是中西部农村义务教育学校教师远程培训计划。要求对中西部22个省及新疆生产建设兵团150个县20万名农村义务教育阶段学科教师进行40学时的专项培训。三是中小学班主任专项培训计划。要求在全国范围内遴选100个项目县，培训1万名中小学班主任。四是中小学体育教师培训计划。要求培训中西部地区中小学专职体育教师600人，培训全国体育传统项目学校体育教师600人。[③] 这些专项培训能够有效促进乡村中小学教师的发展，对提高乡村教育尤其是中西部乡村教育质量具有重要意义。同年，针对西部初中体育骨干教师

[①] 《教育部关于建立健全中小学师德建设长效机制的意见》，《中小学德育》2013年第9期。

[②] 《教育部关于实施全国中小学教师信息技术应用能力提升工程的意见》，http://www.moe.gov.cn/srcsite/A10/s7034/201310/t20131028_159042.html，2022年5月2日。

[③] 何东昌主编：《中华人民共和国重要教育文献（2003—2008）》，新世界出版社2010年版，第1583页。

发展，教育部办公厅专门颁发了《关于组织实施西部初中骨干体育教师国家级培训的通知》，明确提出要探索农村体育教师培训的课程体系和培训模式，推动农村体育教师培训工作的开展，促进西部地区学校体育教学质量的提高。

2009年，《教育部办公厅关于印发〈2009年中小学教师国家级培训计划〉的通知》明确提出要加大中小学教师培训的支持力度，重点加强农村教师培训。其中，《2009年中小学教师国家级培训计划》提出以下内容：一是中西部地区中小学骨干教师培训项目。要求重点对中西部地区11000名中小学骨干教师进行60学时的培训，其中县以下小学和初中骨干教师不少于70%，县以下高中骨干教师不少于50%。二是边境民族地区中小学骨干教师培训项目。要求培训1000名中小学骨干教师，其中县以下教师不少于选派教师总数的70%，同时要求将培训资源制作成光盘，辐射到本区域广大农村教师。三是中西部农村义务教育学校教师远程培训项目。要求对中西部100个县30万名农村义务教育阶段学科教师进行30学时的培训。四是中小学体育和艺术教师培训项目。要求对中西部1200名中小学专职体育和艺术骨干教师，进行50学时的专项培训。① 同年，《教育部办公厅关于组织实施2009年中西部地区中小学骨干教师培训项目的通知》提出，要对中西部22个省（区、市）10000名中小学学科骨干教师进行培训，其中县以下小学和初中骨干教师不少于70%，县以下高中骨干教师不少于50%。

2010年，《关于实施"中小学教师国家级培训计划"的通知》指出，"国培计划"要重点支持中西部农村教师培训。一方面，"国培计划"在"中小学教师示范性培训项目"中提出，要对"农村紧缺薄弱学科骨干教师进行培训。对全国6000名农村中小学紧缺薄弱学科骨干教师进行为期15天的专项集中培训""采用以远程培训为主的方式，对90万名农村义务教育学校骨干教师和高中课改学科骨干教师进行有

---

① 《教育部办公厅关于印发〈2009年中小学教师国家级培训计划〉的通知》，http：//www.moe.gov.cn/srcsite/A10/s7058/200907/t20090707_81500.html，2021年11月8日。

针对性的培训"①。另一方面,"国培计划"在"中西部农村骨干教师培训项目"中,通过农村中小学教师置换脱产研修、短期集中培训和远程培训等培训项目,有力地提升农村教师的教学能力与专业水平。2013年,《关于印发〈"国培计划"示范性集中培训项目管理办法〉等三个文件的通知》对中西部农村中小学骨干教师和幼儿园教师的培训做了系统安排,这将大大助力中西部农村教师的发展。2015 年,《关于做好2015 年中小学幼儿园教师国家级培训计划实施工作的通知》指出,从2015 年起,"国培计划"主要面向乡村教师,采取顶岗置换、送教下乡、网络研修、短期集中、专家指导、校本研修等方式,对教师进行专业化培训。②

教育政策还对乡村幼儿园教师采取了有力的发展支持。2011 年,《关于实施幼儿教师国家级培训计划的通知》提出,要对中西部农村公办幼儿园和普惠性民办幼儿园骨干教师和转岗教师进行培训,主要包括农村幼儿教师短期集中培训,农村幼儿园"转岗教师"培训和农村幼儿园骨干教师置换脱产研修。2012 年,《教育部 中央编办 财政部、人力资源和社会保障部关于加强幼儿园教师队伍建设的意见》提出要提高幼儿园教师培训质量。实行幼儿园教师 5 年一周期不少于 360 学时的全员培训制度,扩大实施幼儿园教师国家级培训计划。加大面向农村的幼儿园教师培养培训力度。③

2015 年《乡村教师支持计划(2015—2020 年)》颁发,第一次全面系统地对乡村教师的中长期发展提供了支持。一方面,在提高乡村教师思想政治素质和师德水平上,主要从政治理论学习制度、党建工作和师德教育三个层面,提出了发展支持要求。在政治理论学习制度方面,提出"进一步建立健全乡村教师政治理论学习制度,增强思想政治工作的针对性和实效性,不断提高教师的理论素养和思想政治素质"。在党

---

① 《关于实施"中小学教师国家级培训计划"的通知》,《宁夏教育》2010 年第 22 期。
② 《关于做好 2015 年中小学幼儿园教师国家级培训计划实施工作的通知》,《中华人民共和国教育部公报》2015 年第 5 期。
③ 《教育部 中央编办 财政部 人力资源和社会保障部关于加强幼儿园教师队伍建设的意见》,《云南教育》(视界时政版)2012 年第 12 期。

建工作方面，提出要"切实加强乡村教师队伍党建工作，基层党组织要充分发挥政治核心作用，进一步关心教育乡村教师，适度加大发展党员力度"。在师德教育方面，提出要"开展多种形式的师德教育，把教师职业理想、职业道德、法治教育、心理健康教育等融入职前培养、准入、职后培训和管理的全过程。落实教育、宣传、考核、监督与奖惩相结合的师德建设长效机制"。[1]

另一方面，在乡村教师能力素质上，从乡村教师培训的时间质量、培训实施主体责任、培训支持服务、培训内容、培训方式、特殊学科、在职深造等方面做出了全面系统安排。在乡村教师培训的时间质量上，提出"到2020年前，对全体乡村教师校长进行360学时的培训。要把乡村教师培训纳入基本公共服务体系，保障经费投入，确保乡村教师培训时间和质量"。在培训实施主体责任上，明确提出各级政府的责任划分为"省级人民政府要统筹规划和支持全员培训，市、县级人民政府要切实履行实施主体责任"。在乡村教师培训的支持服务上，提出要"整合高等学校、县级教师发展中心和中小学校优质资源，建立乡村教师校长专业发展支持服务体系"。在培训内容上，着重强调了师德素养和信息技术能力的提升，提出要"将师德教育作为乡村教师培训的首要内容，推动师德教育进教材、进课堂、进头脑，贯穿培训全过程。全面提升乡村教师信息技术应用能力"[2]。在培训方式上，提出要"按照乡村教师的实际需求改进培训方式，采取顶岗置换、网络研修、送教下乡、专家指导、校本研修等多种形式，增强培训的针对性和实效性"。在特殊学科教师的发展上，提出要"加强乡村学校音体美等师资紧缺学科教师和民族地区双语教师培训"。在"国培计划"和在职学习上，提出"从2015年起，'国培计划'集中支持中西部地区乡村教师校长培训。鼓励乡村教师在职学习深造，提高学历层次"[3]。

---

[1]《国务院办公厅关于印发乡村教师支持计划（2015—2020年）的通知》，《中华人民共和国国务院公报》2015年第17期。
[2]《国务院办公厅关于印发乡村教师支持计划（2015—2020年）的通知》，《中华人民共和国国务院公报》2015年第17期。
[3]《国务院办公厅关于印发乡村教师支持计划（2015—2020年）的通知》，《中华人民共和国国务院公报》2015年第17期。

五 小结

在乡村教师补充支持方面。这一时期，教育政策通过支教支援补充，主要有城镇教师支援和高校毕业生支教两种方式，在高校毕业生支教方面，又有以专门政策形式进行支持的"三支一扶"计划。这一时期，教育政策从总体上强调乡村教师补充的重要性，并提出补充要求，主要体现在如下方面：一是领导人讲话强调乡村教师补充，这种补充为乡村教师补充指明了方向，并对工作实施办法进行部署，对具体补充政策的实施具有重要驱动作用。二是均衡视域中的乡村教师补充，这种补充以城乡编制标准统一和城乡教师交流机制为核心，多种举措并举，为乡村学校补充所需师资。三是特别的乡村教师补充政策，主要涉及中小学教师的专门补充政策、乡村幼儿园教师补充政策、贫困地区薄弱乡村学校补充政策三种。四是全面系统的乡村教师补充要求，主要是对乡村教师补充的机制和制度建设进行安排，涉及的机制和制度如乡村教师补充机制，教师流动机制，优秀人才到乡村任教机制，高校毕业生乡村任教的补偿代偿机制，乡村教师队伍建设长效机制，城乡教师定期交流和轮岗制度及城镇教师支援农村教师制度等。2006年开始实施的"特岗计划"，对西部乡村教师补充效果明显，其涵盖的范围也从西部"两基"攻坚县，扩大到西部国家扶贫重点县，特殊困难的边境县，中西部少数民族自治州县。而且从国家"特岗计划"开始推进到地方"特岗计划"。高质量乡村教师补充也成为教育政策关注的重点，主要包括农村学校教育硕士师资培养，部属师范大学免费师范生，优秀骨干教师和卓越乡村教师培养等方面。这一时期，最重要的乡村教师支持政策就是《国务院办公大厅关于印发乡村教师支持计划（2015—2020年）的通知》，这是新中国第一部对乡村教师进行中长期支持的教育政策，明确提出要把乡村教师队伍建设摆在优先发展的战略地位，并对支持乡村教师队伍建设提出了系统完整的措施，对乡村教育发展具有里程碑意义。该通知对乡村教师的补充支持形成了系统完整的体系，主要体现在该通知中"拓展乡村教师补充渠道"和"推动城镇优秀教师向乡村学校流动"两大部分中，主要有培养补充、特岗补充、支教补充和流动补充四种补充形式，这兼顾了乡村教师补充数量和质量的双重考虑，并以质量补充为重点，这明显体现在"优秀高校毕业生""退休的特级教师、高级教师""优秀教师"和"骨干教师"等词语上。

在乡村教师稳定支持方面。这一时期在乡村教师荣誉地位支持上，主要体现在对社会提出尊师重教的要求，使教师成为最受尊重的职业。通过乡村教师表彰奖励，评选表彰给予倾斜，深入宣传乡村教师优秀事迹等措施，给乡村教师以精神上的稳定支持。在工资待遇和工作条件方面的稳定支持上，主要体现在以下方面：一是在工资方面，主要涉及工资水平、经费和绩效三方面。在工资水平上，要求平均工资水平不低于或者高于国家公务员平均水平，这已经成为政策的恒定目标。在工资经费上，要求完善工资经费的保障机制。在绩效工资上，要求完善义务教育阶段绩效工资制度。还有就是对农村基层和艰苦边远地区工作的教师，实行工资上的倾斜政策。二是在津贴补贴方面，主要采取艰苦贫困地区补助津贴、地方津补贴、津补贴纳入绩效工资，完善津补贴标准等措施，给乡村教师尤其是西部艰苦地区乡村教师以稳定支持。三是在社会保障方面，主要涉及保险、住房、医疗和养老等方面，尤其是为农村艰苦边远地区学校教师建设周转宿舍，能够有效促进乡村教师队伍的稳定。在编制职称方面，其核心内容是城乡中小学教师编制统一和职称统一。而正高级教师职称的设立，对农村边远地区编制职称实施倾斜政策，对村小和教学点以及幼儿园教师职称给予政策专门支持，这些都对乡村教师队伍稳定起到了巨大的促进作用。这一时期，政策还特别关注了特岗教师、幼儿园教师和贫困地区薄弱学校教师，给予这些教师群体以专门的稳定支持。2015年《乡村教师支持计划（2015—2020年）》颁发，提出了包括待遇稳定、编制稳定、职称稳定和荣誉稳定四大措施，具体体现为"提高乡村教师生活待遇""统一城乡教职工编制标准""职称（职务）评聘向乡村学校倾斜"和"建立乡村教师荣誉制度"。这是新中国成立以来对乡村教师提出的最为系统完整的稳定支持措施，对乡村教师队伍从根本上稳定具有决定性意义。

在乡村教师的发展支持方面。这一时期，教育政策对乡村教师进行了某方面或整体性的支持，这主要从宏观、中观和微观三方面体现出来。在宏观上，较为全面整体地对乡村教师发展提出支持要求体现在"加大培训力度""提高整体素质""提高教育教学水平"等较为宏观的祈使句上。在中观上，从某个大的方面对乡村教师发展提出支持要求，体现在诸如形成教师教育体系、实施全国教师教育网络联盟计划、开展全员培训、加强县级培训机构建设等方面。在微观上，从具体的某个方面提出对乡村教师发展的支持，体现在诸如研讨备课、学术交流、开设公共课等具体发展方式，顶岗置换研修、校本研修、远程培训等培训发展模式，教师师德、信息技术等素质能力等方面。这一时期，"国培计划"是一个针对乡村教师发展支持的突出问题而实施的一个重大举措。"国培计划"主要涉及中西部乡村骨干教师培训、乡村教师全员培训和班主任培训等方面。其中骨干教师培训是重中之重，在地域上主要涉及西部边远地区、中西部地区和边境民族地区骨干教师培训，在学科上主要涉及西部初中体育骨干教师、农村紧缺薄弱学科骨干教师和高中课改学科骨干教师培训。"国培计划"还采取了置换脱产研修、短期集中培训和远程培训等培训项目，并对培训教师的来源和每年培训教师的具体数量都有规定，对大幅度提升乡村教师队伍的整体素质起到了巨大的促进作用。乡村幼儿园教师的培训包括了骨干教师、转岗教师和全员培训，有力地提升了乡村幼儿园教师的素质。2015年，具有里程碑意义的乡村教师发展中长期规划《乡村教师支持计划（2015—2020年）》颁发，从乡村教师思想政治素质与师德，乡村教师能力素质两方面，提出了全面系统详细的支持措施。

第三章

《乡村教师支持计划（2015—2020年）》精准支持的现状调查

《乡村教师支持计划（2015—2020年）》实施以来，对乡村教师支持的实践探索逐渐深入，乡村教师"下不去""教不好""留不住"的问题，从总体上得到了明显改善。2020年"支持计划"虽已"收官"，但党和国家对乡村教师队伍建设的支持力度未减，2021年3月，习近平总书记在全国政协医药卫生界、教育界委员联组会上指出：国家将加强中西部欠发达地区教师定向培养和精准培训，深入实施乡村教师支持计划。① 深入实施乡村教师支持计划，精准支持是关键。六盘山连片特困区作为西部经济较为落后的地区，又是多民族杂居的地区，那里乡村教师支持的状况如何？怎样才能更加精准地对乡村教师进行支持？本书通过实证调研，在了解现状的基础上分析问题及其原因，进而提出解决问题的策略，以期更好地服务连片特困区乡村教师队伍建设。

第一节 乡村教师精准支持的调查方法

本书按照人均GDP、人口密度、民族聚集程度等指标，选取六盘山连片特困区具有代表性的县级行政单位进行聚类，作为要调查的样本，采取问卷调查法和访谈法进行现状调查。

---

① 《特写："办好人民满意的教育"——习近平总书记在全国政协医药卫生界教育界联组会上回应教育领域热点问题》，新华网，2021年3月7日，http://www.xinhuanet.com/politics/2021lh/2021-03/07/c_1127178161.htm。

一 问卷调查法

为明晰六盘山连片特困区乡村教师精准支持政策的实施现状，本书进行了大规模的问卷调查，通过问卷星平台向六盘山连片特困区1782名乡村教师发放问卷，其中收回有效问卷1767份，有效率为99.2%。

本研究团队编制了"乡村教师支持政策实施现状调查问卷"。该问卷主要包括以下三部分：第一部分涉及乡村教师基本信息，如性别、年龄、学历、职称等。第二部分涉及乡村教师支持的调查内容，以"支持计划"中的八项措施为调查内容，即师德水平、补充渠道、生活待遇、编制标准、职称评聘、流动制度、能力素质、荣誉制度八个维度。第三部分涉及乡村教师支持政策落地的效果，主要调查支持政策执行后，乡村教师是否"留得住""下得去""教得好"。该调查问卷中各变量的计分方式如表3-1所示。

表3-1　　　　　　调查问卷中各变量的计分方式

类目	题项	变量维度	变量名称	变量定义
乡村教师基本信息	1	样本背景信息	性别	1=男 0=女
	2		年龄	岁
	3		籍贯	1=本乡镇 0=本乡镇外（本县其他乡镇、本市其他县、本省其他市、外省）
	4		学历	1=大学本科及以上 0=大专及以下
	5		师范生类别	1=师范生（国家公费师范生、地方公费师范生、普通师范生） 0=非师范生
	6		所属学校级别	1=村（屯）级 0=镇（乡）级
	7		职称	1=一级及以上 0=二级及以下
	8		教龄	1=17年及以上 0=17年以下
	9		所教科目与专业的一致性	1=一致 0=不一致
	10		每周学时	小时

续表

类目	题项	变量维度	变量名称	变量定义
乡村教师支持政策精准落地现状	A1—A5	师德水平	政治理论学习制度	
			基层党组织政治核心作用	
			师德教育形式	
			师德教育内容	
			师德建设长效机制	
	A6—A8	补充渠道	特岗教师	
			高校毕业生	
			退休教师	
	A9—A17	生活待遇	山区生活补贴	
			月工资发放	
			周转宿舍	
			住房保障	
			重大疾病救助	
			医疗保险	
			体检	
			住房公积金和各项社会保险	
			工作选调	
	A18—A20	编制标准	编制使用效益	
			编制闲置	
			编制占用	
	A21—A23	职称评聘	评聘取向（向乡村教师倾斜）	
			评聘标准	
			约束条件	
	A24—A26	流动制度	流动方式	
			流动数量	
			流动质量	
	A27—A37	能力素质	培训时长	
			培训经费	
			培训首要内容（师德）	
			信息技术内容	

续表

类目	题项	变量维度	变量名称	变量定义
乡村教师支持政策精准落地现状	A27—A37	能力素质	教师信息技术能力提升	1 = 非常不同意 2 = 不同意 3 = 不确定 4 = 同意 5 = 非常同意
			多元培训方式	
			在职学习深造	
			紧缺学科教师培训	
			培训质量	
	A38—A44	荣誉制度	专业发展支持服务体系	
			荣誉体系	
			评选标准	
			行政性荣誉	
			社会性荣誉	
			精神性奖励	
			物质性奖励	
			宣传效果	
乡村教师支持政策精准落地效果	B1—B12	乡村教师对工作与生活现状及其满意度	收支	月工资： 1 = 2000 元以下；2 = 2001—3000 元；3 = 3001—4000 元；4 = 4001—5000 元；5 = 5001 元以上 与公务员的收入对比： 1 = 低很多；2 = 低一些；3 = 持平；4 = 高一些；5 = 高很多 城乡教师的收入对比： 1 = 低很多；2 = 低一些；3 = 持平；4 = 高一些；5 = 高很多 家庭开销：1 = 完全不够用；2 = 不够用；3 = 基本够用；4 = 完全够用
			住房	住房类型：1 = 自建房；2 = 自购；3 = 租房；4 = 学校宿舍；5 = 学校分配住房；6 = 其他

续表

类目	题项	变量维度	变量名称	变量定义
乡村教师支持政策精准落地效果	B1—B12	乡村教师对工作与生活现状及其满意度	住房	住房需求：1 = 完全不满足；2 = 不满足；3 = 基本满足；4 = 完全满足
			身体	身体状况：1 = 很差；2 = 较差；3 = 一般；4 = 良好；5 = 很好
			身体	健康体检需求：1 = 完全不满足；2 = 不满足；3 = 基本满足；4 = 完全满足
			交通	交通方式：1 = 步行；2 = 自行车；3 = 电动车；4 = 摩托车；5 = 班车；6 = 公交车；7 = 出租车；8 = 自驾车；9 = 其他
			交通	出行时间：1 = 15分钟以内；2 = 16—30分钟；3 = 31—45分钟；4 = 46分钟以上
			职称	职称评聘：1 = 极不满意；2 = 不满意；3 = 基本满意；4 = 非常满意
			激励	激励方式：1 = 极不满意；2 = 不满意；3 = 基本满意；4 = 非常满意
	B13—B14	留得住	从教稳定性	1 = 过渡，有机会随时调离；2 = 长期选择，但不会终身从教；3 = 愿意终身从教
			最需改善	1 = 社会地位；2 = 工资收入；3 = 住房问题；4 = 医疗保健；5 = 职称评定；6 = 子女教育；7 = 工作环境；8 = 其他

续表

类目	题项	变量维度	变量名称	变量定义
乡村教师支持政策精准落地效果	B15—B16	下得去	交流态度	1=不愿意；2=愿意
			原因	愿意的原因：1=满足职称评定条件；2=提高自身从教能力；3=教育情怀（帮助困难地区学生）；4=家庭；5=其他
				不愿意的原因：1=生活与工作条件艰苦；2=自身从教能力不足；3=教育情怀（不舍目前所带学生）；4=家庭；5=其他
	B17—B19	教得好	培训价值	对于教学观念的更新：1=非常有用；2=有用；3=一般；4=基本没用；5=完全没用
				对于专业能力的提升：1=非常有用；2=有用；3=一般；4=基本没用；5=完全没用
			教学水平	1=很差；2=较差；3=一般；4=良好；5=优秀

本书采用随机抽样法进行调查，通过问卷星平台向六盘山连片特困区乡村教师发放问卷，被调查乡村教师的基本情况如表3-2所示。

表3-2　　　　　　样本教师的基本特征及分布

变量	变量定义	样本数	平均值	标准差
教师性别	1=男；0=女	1767	0.43	0.50
教师学历	1=大学本科及以上；0=大专及以下	1767	0.44	0.50
教师年龄	岁	1767	40.29	11.15
教师职称	1=一级及以上；0=二级及以下	1767	0.48	0.50
教师教龄	1=17年及以上；0=17年以下	1767	0.46	0.50

续表

变量	变量定义	样本数	平均值	标准差
教师所教科目与专业一致性	1＝一致；0＝不一致	1767	0.76	0.43
教师所属学校级别	1＝村（屯）级；0＝镇（乡）级及以上	1767	0.40	0.49
教师每周工作学时	小时	1767	17.23	10.5

在信效度分析方面。一是信度分析。信度分析是对被调查对象回答真实性的分析，美国教育家李·克隆巴赫（L. Cronbach）在1951年提出的克隆巴赫系数（Cronbach's Alpha）是目前社会科学研究中最常使用的信度分析方法。调查问卷的第二部分是本书的核心调查内容，经过计算问题的信度系数数值为0.915，说明题目的内部一致性较好。

二是效度分析。效度分析是对问卷的准确性、有用性的分析，本书主要从内容效度和结构效度进行分析。为确保问卷的效度，研究团队进行了两轮前测和两次修改。在第一轮前测后，暴露出个别题目表述存在歧义，选项不全面（如在"学校类型"选项中，遗漏了幼儿园），在分析部分被测试乡村教师反馈意见的基础上，研究团队成员对问卷内容进行了第一轮全面修改。在第二轮前测后，被测试乡村教师的作答情况较好，研究团队邀请了3位专家对问卷内容进行最终审定，根据专家的审定意见，团队成员对问卷维度和个别内容进行了重点修改。

二 访谈法

本书选取民族聚集、贫困度深的宁南山区作为访谈样本，对那里的乡村教师、学校领导和教育行政部门主管领导进行深度访谈；并对访谈资料进行诊断、加工和分析，弄清楚乡村教师获得政策支持的个别差异，以便更加具体深入地分析乡村教师支持政策的实际效应与问题。

本书主要采用半结构化访谈方式，根据预设的访谈提纲，以及访谈现场的情况随时生成新问题，访谈的具体形式包括面对面访谈和电话访谈。本书共预设三类访谈提纲：一是乡村教师访谈提纲，共15题，包括个人基本情况、对政策的基本认识、政策执行后个人的工作与生活变化等。二是学校领导访谈提纲，共12题，包括学校基本情况、政策落地情况及遇到的问题等。三是教育行政部门主管领导访谈提纲，共10题，包括本县乡村教师基本情况、政策落地情况及遇到的问题等。

本书对初中、九年一贯制学校、乡镇中心小学、村屯完全小学、村屯不完全小学、幼儿园不同类型学校的24名乡村一线教师、12名乡村学校领导、2名Y县教育局主管领导进行了深度访谈。为方便统计与分析，这里对被访谈对象赋予了人工代码，如YC代表Y县乡镇的初中（C为学校类型首字母的缩写）；YCW代表Y县村屯完全小学（W为区别学校类型关键词的首字母缩写）；YC-1代表Y县乡村初中学校校长，YC-J1代表Y县乡村初中学校一线教师1（注意：被访谈乡村教师来自某类乡村学校，而不是某个同一所乡村学校），以此类推，如表3-3所示。

表3-3　　　　　　访谈调查样本基本情况信息

县域教育行政部门		学校			
代码	主管领导代码	类型	代码	主管校领导代码	乡村教师代码
Y	Y-1	（乡镇）初中	YC	YC-1	YC-J1	YC-J2 17年教龄
^	^	九年一贯制学校	YJ	YJ-1	YJ-J1	YJ-J2
^	^	（乡镇）中心小学	YZ	YZ-1	YZ-J1	YZ-J2 城市骨干教师
^	^	村屯完全小学	YCW	YCW-1	YCW-J1	YCW-J2
^	^	村屯不完全小学	YCB	YCB-1	YCB-J1	YCB-J2
^	^	幼儿园	YY	YY-1	YY-J1	YY-J2
X	X-1	（乡镇）初中	XC	XC-1	XC-J1（曾任工会主席）	XC-J2
^	^	九年一贯制学校	XJ	XJ-1	XJ-J1	XJ-J2
^	^	（乡镇）中心小学	XZ	XZ-1	XZ-J1	XZ-J2
^	^	村屯完全小学	XCW	XCW-1	XCW-J1	XCW-J2
^	^	村屯不完全小学	XCB	XCB-1	XCB-J1	XCB-J2
^	^	幼儿园	XY	XY-1	XY-J1	XY-J2

第二节　乡村教师师德与补充支持现状

师德是教师队伍建设的第一要务，"支持计划"将"师德为先，以德化人"作为首要的基本原则，并指出要"全面提升乡村教师思想政治素质和师德水平"。教师补充一直是乡村教师队伍建设的关键，而乡村教师队伍一直面临着补充难、补充质量不高的"老大难"问题，对此《乡村教师支持计划（2015—2020年）》对乡村教师补充提出了详细具体的要求，以期解决这一难题。那么，六盘山连片特困区乡村教师在师德和补充支持方面的现状如何呢？

一　乡村教师师德支持现状

为提升乡村教师的师德水平，六盘山连片特困区各地实施了对乡村教师师德发展的系列支持措施。从乡村教师政治理论学习制度、党建工作、师德教育形式、师德教育内容和师德建设长效机制等方面，对这些支持措施的实施状况进行调查的情况如下。

（一）政治理论学习制度

政治理论学习制度是提高乡村教师思想政治素质的重要抓手。对乡村教师政治理论学习制度状况的调查中，在回答"本校的政治理论学习制度健全，能够坚持用中国特色社会主义理论体系武装教师头脑，增强思想政治工作的针对性和实效性，不断提高教师的理论素养和思想政治素质"这一问题时，发现其基本现状如图3-1和表3-4所示。

从图3-1中可以看出，98.23%的乡村教师表示"非常同意"或"同意"，表示"不同意"或"非常不同意"的乡村教师仅占0.66%。结果表明，乡村学校能够将政治理论学习建设摆在首要位置，重视乡村教师政治理论的学习与研修。另外，通过分析Y县教育体育局主管领导的访谈内容，发现该县非常重视教师思想政治理论学习制度建设，将政治理论学习与研修计划纳入教师继续教育学时里，并要求每周每位乡村教师有不少于2小时的政治理论学习时间。X县教育体育局主管领导

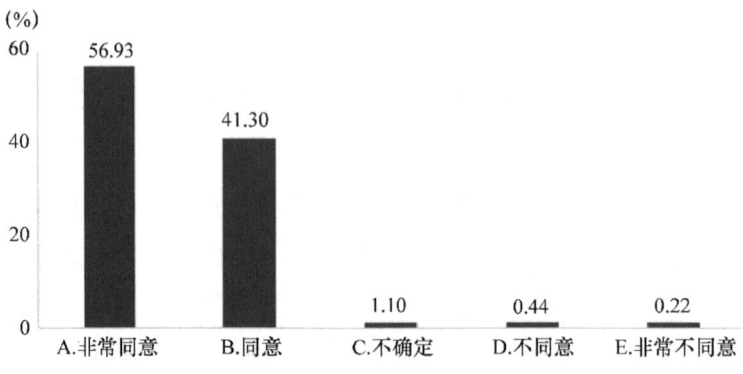

图 3-1 政治理论学习制度情况①

数据：A.非常同意 56.93；B.同意 41.30；C.不确定 1.10；D.不同意 0.44；E.非常不同意 0.22（单位：%）

在谈到"如何建立健全政治理论学习制度"时表示："学校对教师的政治理论培训轮训每年不少于 1 次，开展教师政治理论集中学习每月不少于 1 天，重点是加强习近平总书记关于教育重要论述的学习。"

表 3-4　乡村教师对政治理论学习制度情况的评价差异

变量		人数占比（%）	政治理论学习制度 Mean	SE	Difference
教师性别	女	57.15	4.473	[0.019]	-0.164***
	男	42.85	4.637	[0.033]	
教师学历	大学本科及以上	44.21	4.517	[0.020]	-0.048**
	大专及以下	55.79	4.564	[0.027]	
教师职称	一级及以上	48.22	4.579	[0.030]	0.069**
	二级及以下	51.78	4.510	[0.018]	
教师教龄	17 年及以上	46.30	4.595	[0.037]	0.096**
	17 年以下	53.70	4.499	[0.006]	
教师所教科目与专业一致性	一致	75.64	4.547	[0.027]	0.016
	不一致	24.36	4.531	[0.033]	
教师所属学校级别	村（屯）级	39.68	4.554	[0.023]	0.018
	镇（乡）级及以上	60.32	4.536	[0.034]	

注：*** 表示 $p<0.01$，** 表示 $p<0.05$。

---

① 图中数据由于保留小数点后两位，采用四舍五入，造成总的数据相加略大于或略小于 100%，后同。

从表3-4可以看出，乡村教师对政治理论学习制度的评价差异状况为：首先，从性别上看（$df=-0.164$，$p<0.01$），男性乡村教师对"政治理论学习制度情况"评价的算术平均分高于女性乡村教师，其中T检验结果显示，男性乡村教师的评价分值在0.01水平上显著高于女性乡村教师。其次，从学历上看（$df=-0.048$，$p<0.05$），大专及以下的乡村教师在该问题上的算术平均分高于大学本科及以上的乡村教师，学历在大专及以下乡村教师的评价分值在0.05水平上显著高于大学本科及以上的乡村教师。再次，从职称上看（$df=0.069$，$p<0.05$），一级及以上的乡村教师在该问题上的算术平均分高于二级及以下的乡村教师，一级及以上的乡村教师的评价分值在0.05水平上显著高于二级及以下的乡村教师。最后，从教龄上看（$df=0.096$，$p<0.05$），17年及以上的乡村教师，在该问题上的算术平均分高于17年以下的乡村教师。17年及以上乡村教师的评价分值在0.05水平上显著高于17年以下的乡村教师。所教科目与专业是否一致、不同学校级别的乡村教师在该问题上的态度不存在显著性差异。从中可见，男性、大专及以下、职称一级及以上、教龄17年及以上的乡村教师在该问题上的算术平均分较高，说明他们对政治理论学习制度的现状更加认同。

（二）乡村教师党建工作

坚持党建引领，充分发挥基层党组织的政治核心作用，是做好乡村教师队伍党建工作的关键。在回答"本校能切实加强教师队伍党建工作，基层党组织能充分发挥政治核心作用"这一问题时，乡村教师关于基层党组织发挥政治核心作用的情况如图3-2和表3-5所示。

从图3-2可以看出，94.69%的乡村教师表示"非常同意"或"同意"，表示"不同意"或"非常不同意"的乡村教师仅占1.1%。结果表明，乡村学校能够坚持党建引领，充分发挥教师党支部、党员教师的作用，切实加强乡村教师队伍思想政治和师德师风建设。在访谈中，Y县教育体育局主管领导在谈到"乡村教师队伍党建工作开展情况"时表示：

作为教育行政管理单位，我们鼓励教师党支部成为涵养师德师

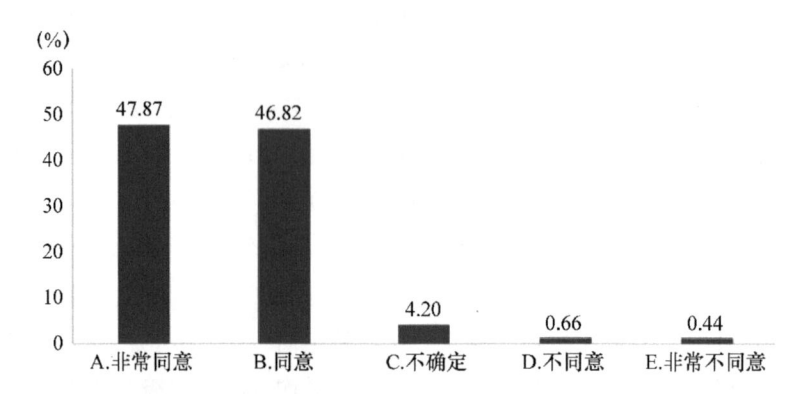

图 3-2 基层党组织发挥政治核心作用情况

选项	百分比
A.非常同意	47.87
B.同意	46.82
C.不确定	4.20
D.不同意	0.66
E.非常不同意	0.44

风的先锋队,党员教师成为引领师德师风的传播者,高层次人才和老教师成为师德师风的深化者。开展党员教师和非党员教师结对提升的"党群共进行动",教师专兼职从事党务工作和思想政治工作计入工作量,严格优秀党员教师、优秀党务工作者的评选标准。

X县教育体育局主管领导则表示:

> 我县教育系统坚持全面从严治党治教,认真落实党建工作责任制,严格落实"三会一课"等制度,采用多样化的方式不断提升教师队伍党建水平,例如,为进一步激发党员教师的先锋模范作用,积极推行支部"1+1"帮带提升工作。为聚焦师德师风建设,2019年深入开展了"抓党建引领师德师风 办人民满意教育"主题实践活动;为实现党建促教研,我们鼓励各级各类学校开展优秀党员教师示范课活动等。

这表明,学校非常重视乡村教师的党建工作,乡村教师党建工作措施到位,基层党组织发挥政治核心作用较好。

表 3-5 显示,乡村教师对基层党组织政治核心作用发挥评价差异状况为:首先,从性别上看($df = -0.142$,$p < 0.01$),男性乡村教师对"基层党组织发挥政治核心作用"评价的算术平均分高于女性乡村

教师,其中 T 检验结果显示,男性乡村教师的评价分值在 0.01 水平上显著高于女性乡村教师的评价分值。其次,从职称上看（$df = 0.039$, $p < 0.1$）,一级及以上的乡村教师在该问题上的算术平均分高于二级及以下的乡村教师,一级及以上乡村教师的评价分值在 0.1 水平上显著高于二级及以下的乡村教师。最后,从教龄上看（$df = 0.067$, $p < 0.05$）,17 年及以上的乡村教师在该问题上的算术平均分高于 17 年以下的乡村教师,17 年及以上乡村教师的评价分值在 0.05 水平上显著高于 17 年以下的乡村教师。不同学历、所教科目与专业是否一致、不同学校级别的乡村教师在该问题上的态度不存在显著性差异。从中可见,男性、职称一级及以上、教龄 17 年及以上的乡村教师,在该问题上的算术平均分高,说明他们更加认同乡村学校基层党组织能够很好地发挥政治核心作用。

表 3-5　乡村教师对基层党组织政治核心作用发挥情况的评价差异

变量		人数占比（%）	基层党组织的政治核心作用发挥情况		Difference
			Mean	SE	
教师性别	女	57.15	4.349	[0.019]	-0.142***
	男	42.85	4.491	[0.027]	
教师学历	大学本科及以上	44.21	4.394	[0.017]	-0.029
	大专及以下	55.79	4.422	[0.037]	
教师职称	一级及以上	48.22	4.430	[0.034]	0.039*
	二级及以下	51.78	4.391	[0.018]	
教师教龄	17 年及以上	46.30	4.446	[0.029]	0.067**
	17 年以下	53.70	4.379	[0.018]	
教师所教科目与专业一致性	一致	75.64	4.420	[0.026]	0.042
	不一致	24.36	4.378	[0.047]	
教师所属学校级别	村（屯）级	39.68	4.415	[0.021]	0.008
	镇（乡）级及以上	60.32	4.407	[0.037]	

注:*** 表示 $p < 0.01$,** 表示 $p < 0.05$,* 表示 $p < 0.1$。

(三) 师德教育形式

采用多种师德教育形式促进乡村教师师德发展，是对乡村教师师德支持的重要方面。在回答"教育行政部门和学校能够开展形式多样的师德教育"这一问题上，其结果如图3-3和表3-6所示。

从图3-3可以看出，97.96%的乡村教师表示"非常同意"或"同意"，表示"不同意"或"非常不同意"的乡村教师占比为0.5%。结果表明，教育行政部门和乡村学校能够以多种形式开展丰富多样的师德教育。在访谈中，Y县教育体育局主管领导在谈到"乡村教师师德教育形式"时表示："一般乡村学校每年组织两次师德师风集中学习教育，9月集中开展'师德教育月'活动，师德教育形式丰富多样，如报告、论坛、征文、演讲、讲座等。"X县教育体育局主管领导则表示："除了常规的师德教育培训活动，还会组织开展师德师风专题宣讲活动、应知应会知识专项测试活动、挖掘选树优秀师德典型活动、师德宣誓和师德师风案例警示教育活动等。"这表明，乡村学校在师德发展的形式方面较为丰富多样，能够满足乡村教师的需要。

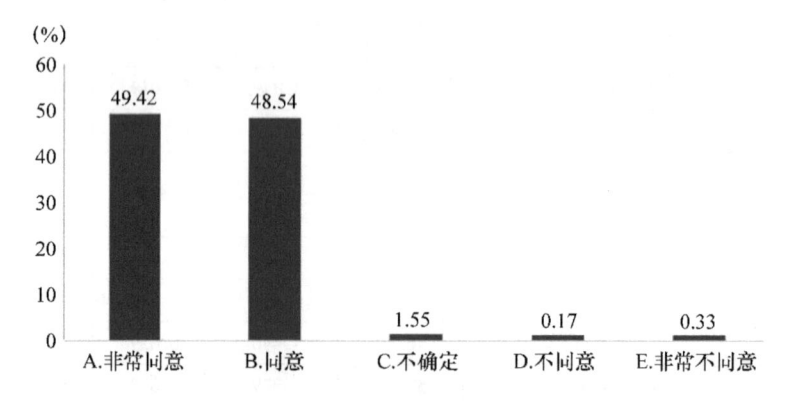

图3-3 师德教育形式情况

表3-6显示，乡村教师对师德教育形式的评价差异状况为：一方面，从性别上看（$df = -0.09$, $p < 0.01$），男性乡村教师对"师德教育形式"评价的算术平均分高于女性乡村教师，其中T检验结果显示，男性乡村教师的评价分值在0.01水平上显著高于女性乡村教师的评价分

值。另一方面，从教龄上看（$df=0.047$，$p<0.05$），17 年及以上的乡村教师在该问题上的算术平均分高于 17 年以下的乡村教师，17 年及以上的乡村教师的评价分值在 0.05 水平上显著高于 17 年以下的乡村教师。不同学历、不同职称、所教科目与专业是否一致、不同学校级别的乡村教师，在该问题上的态度不存在显著性差异。从中可见，男性、教龄 17 年及以上的乡村教师在该问题上的算术平均分高，说明他们对教育行政部门和乡村学校开展形式多样的师德教育更加认同。

表 3-6　　　乡村教师对师德教育形式的评价差异

变量		人数占比（%）	师德教育形式 Mean	SE	Difference
教师性别	女	57.15	4.428	[0.034]	-0.090***
	男	42.85	4.518	[0.030]	
教师学历	大学本科及以上	44.21	4.453	[0.041]	-0.026
	大专及以下	55.79	4.478	[0.027]	
教师职称	一级及以上	48.22	4.491	[0.022]	0.047
	二级及以下	51.78	4.444	[0.042]	
教师教龄	17 年及以上	46.30	4.492	[0.031]	0.047**
	17 年以下	53.70	4.445	[0.032]	
教师所教科目与专业一致性	一致	75.64	4.468	[0.033]	0.004
	不一致	24.36	4.464	[0.050]	
教师所属学校级别	村（屯）级	39.68	4.479	[0.019]	0.019
	镇（乡）级及以上	60.32	4.459	[0.048]	

注：*** 表示 $p<0.01$，** 表示 $p<0.05$。

（四）师德教育内容

师德教育内容的质量往往决定着师德教育的质量，对乡村教师提供高质量的师德内容是重要的师德支持。在回答"参加的师德教育内容涵盖了教师职业理想、职业道德、法治教育、心理健康教育等"这一问题上，其结果如图 3-4 和表 3-7。

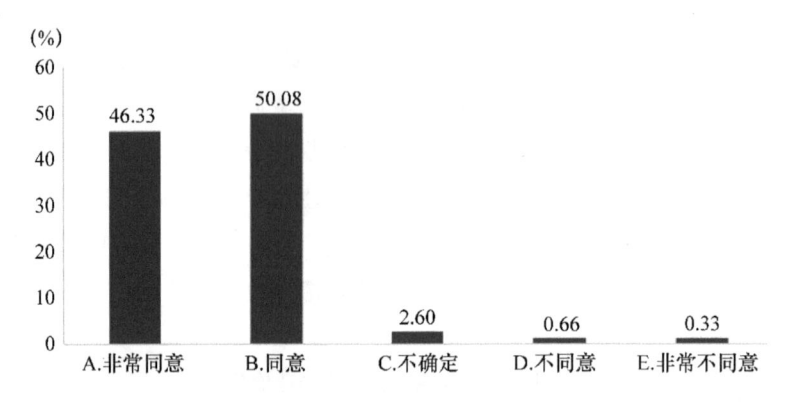

图 3-4 师德教育内容情况

各选项占比：A.非常同意 46.33%；B.同意 50.08%；C.不确定 2.60%；D.不同意 0.66%；E.非常不同意 0.33%。

表 3-7　乡村教师对师德教育内容的评价差异

变量		人数占比（%）	师德教育内容 Mean	SE	Difference
教师性别	女	57.15	4.385	[0.027]	-0.065***
	男	42.85	4.450	[0.021]	
教师学历	大学本科及以上	44.21	4.408	[0.030]	-0.008
	大专及以下	55.79	4.416	[0.025]	
教师职称	一级及以上	48.22	4.426	[0.016]	0.025
	二级及以下	51.78	4.401	[0.034]	
教师教龄	17年及以上	46.30	4.429	[0.024]	0.030*
	17年以下	53.70	4.399	[0.026]	
教师所教科目与专业一致性	一致	75.64	4.424	[0.024]	0.046*
	不一致	24.36	4.378	[0.034]	
教师所属学校级别	村（屯）级	39.68	4.405	[0.023]	-0.013
	镇（乡）级及以上	60.32	4.418	[0.030]	

注：*** 表示 $p<0.01$，* 表示 $p<0.1$。

从图 3-4 可以看出，96.41% 的乡村教师表示 "非常同意" 或 "同意"，表示 "不同意" 或 "非常不同意" 的乡村教师约占 0.99%。结果表明：当地教育行政部门和乡村学校，能够很好地对乡村教师进行职业理想、职业道德、法治和心理健康等师德教育。通过对 Y 县教育体育局主管领导访谈内容的分析发现,当地师德教育以法律法规、文件精神等为主要内容,同时将理想信念、红色教育、爱国主义、民族精神、中华文化等内容纳入师德教育课程体系,进而引导全体教师依法执教、规范执教。X县教育体育局主管领导在谈到"师德教育内容"时表示:"一方面,加大对各级各部门印发相关法律法规、文件的学习力度;另一方面,充分挖掘当地的红色教育资源,丰富师德教育内容。"乡村教师YC-J1在谈及"职前培养、准入、职后培训和管理中涵盖的师德教育内容"时表示:"在学校学习时,关于心理健康教育的内容较多,职业道德教育的内容次之,法制教育内容相对较少;在招录过程中,会有师德教育内容方面的考核;工作后,学校将师德摆在教师考核的首位,严格执行师德师风'一票否决'制度。"

从表3-7所显示的内容,可以看出乡村教师对师德教育内容评价的差异情况。首先,从性别上看($df= -0.065$, $p<0.01$),男性乡村教师对"师德教育内容"评价的算术平均分高于女性乡村教师,其中T检验结果显示,男性乡村教师的评价分值在0.01水平上显著高于女性乡村教师的评价分值。其次,从教龄上看($df=0.030$, $p<0.1$),17年及以上的乡村教师在该问题上的算术平均分高于17年以下的乡村教师,17年及以上乡村教师的评价分值在0.1水平上显著高于17年以下的乡村教师。最后,从所教科目与专业的一致性上看($df=0.046$, $p<0.1$),所教科目与专业一致的乡村教师,在该问题上的算术平均分高于不一致的乡村教师,所教科目与专业一致的乡村教师的评价分值在0.1水平上显著高于不一致的乡村教师。不同学历、不同职称、不同学校级别的乡村教师在该问题上的态度不存在显著性差异。可见,男性、教龄17年及以上、所教科目与专业一致的乡村教师,在该问题上的算术平均分高,说明他们对师德教育内容的支持更加认同。

(五)师德建设长效机制

《乡村教师支持计划(2015—2020年)》提出要落实教育、宣传、考核、监督与奖惩相结合的师德建设长效机制。在回答"学校能够落实教育、宣传、考核、监督与奖惩相结合的师德建设长效机制"这一问题上,其结果如图3-5和表3-8所示。

166 《乡村教师支持计划（2015—2020年）》的精准支持研究

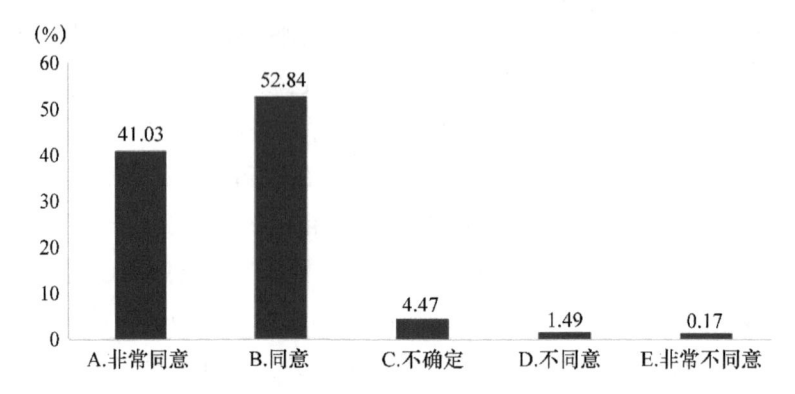

图 3-5 学校师德建设长效机制落实情况

表3-8 乡村教师对师德建设长效机制落实情况的评价差异

变量		人数占比（%）	师德建设长效机制 Mean	SE	Difference
教师性别	女	57.15	4.285	[0.017]	-0.104***
	男	42.85	4.389	[0.012]	
教师学历	大学本科及以上	44.21	4.316	[0.025]	-0.025
	大专及以下	55.79	4.340	[0.019]	
教师职称	一级及以上	48.22	4.360	[0.003]	0.059*
	二级及以下	51.78	4.301	[0.025]	
教师教龄	17年及以上	46.30	4.358	[0.007]	0.052**
	17年以下	53.70	4.305	[0.019]	
教师所教科目与专业一致性	一致	75.64	4.338	[0.022]	0.034
	不一致	24.36	4.304	[0.039]	
教师所属学校级别	村（屯）级	39.68	4.338	[0.015]	0.013
	镇（乡）级及以上	60.32	4.324	[0.022]	

注：*** 表示 $p<0.01$，** 表示 $p<0.05$，* 表示 $p<0.1$。

从图 3-5 可以看出，93.87% 的乡村教师表示"非常同意"或"同意"，表示"不同意"或"非常不同意"的乡村教师约占 1.66%。结果表明：乡村学校能够较好地进行师德长效机制建设。在访谈中，Y 县教育体育局主管领导表示："各级各类学校能够积极落实教育、宣传、考核、监督与奖惩相结合的师德建设长效机制，但是由于乡村学校更多地关注如何留住教师，在一定程度上忽视了师德建设。"X县教育体育局主管领导在谈到"师德建设长效机制落实情况"时表示："我们会不定期开展教师队伍师德师风专项督查，主要包括教职工思想政治素质、师德师风建设、教师教育教学行为、考勤管理等4项13条督查内容，还会组织开展'师德师风建设专项整治工作'。"

表3-8显示了乡村教师对师德建设长效机制落实评价差异的状况。首先，从性别上看（$df = -0.104$，$p < 0.01$），男性乡村教师对"师德建设长效机制落实情况"评价的算术平均分高于女性乡村教师，其中T检验结果显示，男性乡村教师的评价分值在0.01水平上显著高于女性乡村教师的评价分值。其次，从职称上看（$df = 0.059$，$p < 0.1$），一级及以上的乡村教师在该问题上的算术平均分高于二级及以下的乡村教师，一级及以上的乡村教师的评价分值在0.1水平上显著高于二级及以下的乡村教师。最后，从教龄上看（$df = 0.052$，$p < 0.05$），17年及以上乡村教师在该问题上的算术平均分高于17年以下的乡村教师，17年及以上乡村教师的评价分值在0.05水平上显著高于17年以下的乡村教师。不同学历、所教科目与专业是否一致、不同学校级别的乡村教师在该问题上的态度不存在显著性差异。可见，男性、职称一级及以上、教龄17年及以上的乡村教师在该问题上的算术平均分高，说明他们对乡村学校能够落实师德建设的长效机制更加认同。

总之，基于上述调查发现政治理论学习制度、乡村教师队伍党建工作、师德教育形式与内容、师德建设长效机制的整体状况较好。值得注意的是，不同性别、不同教龄乡村教师在"师德水平"维度的五个问题上均存在显著性差异，男性、教龄17年及以上乡村教师在五个问题上的算术平均分均高于女性、教龄17年以下的乡村教师。

二 乡村教师补充支持

为了更好地吸引优秀人才到乡村学校任教，《乡村教师支持计划（2015—2020年）》提出要"拓宽乡村教师补充渠道"。为此，六盘山连片特困区在拓宽乡村教师补充渠道方面，采取了一系列政策措施来落实"支持计划"。

(一) 农村教师特岗计划

从 2006 年起，教育部等四部委实施"农村义务教育阶段学校教师特设岗位计划"（以下简称"特岗计划"）。"特岗计划"对六盘山连片特困区乡村教师数量补充、学科年龄结构优化产生了重要作用，成为《乡村教师支持计划（2015—2020 年）》补充支持的一条重要渠道。为掌握六盘山连片特困区"特岗计划"的落实情况，本书对地方"特岗计划" 2021 年六盘山连片特困区各县设岗名额分配和 Y 县 2015—2020 年特岗教师安置人数进行了统计与调查，结果如表 3-9 和表 3-10 所示。

表 3-9　六盘山连片特困区 2021 年特岗教师安置人数分布情况

地区		安置人数（人）	省（区）内占比（%）	未分配县
宁夏回族自治区		439	100	中卫市海原县；固原市西吉县、隆德县、彭阳县、泾源县
宁夏西海固地区	吴忠市同心县	69	26.88	
	固原市原州区	49		
陕西		5290	100	宝鸡市陇县
陕西桥山西部地区	宝鸡市麟游县	15	3.89	
	宝鸡市千阳县	30		
	宝鸡市扶风县	60		
	咸阳市长武县	50		
	咸阳市永寿县	21		
	咸阳市淳化县	30		
甘肃		5257+243	100	
甘肃中东部地区	兰州市永登县	106		
	兰州市皋兰县	39		
	兰州市榆中县	52		
	白银市会宁县	78		
	白银市靖远县	51		
	白银市景泰县	47		
	天水市麦积区	35+11		
	天水市秦安县	62		
	天水市甘谷县	82		

续表

地区		安置人数（人）	省（区）内占比（%）	未分配县
甘肃中东部地区	天水市武山县	201+34	68.69	武威市古浪县
	天水市清水县	84		
	天水市张家川县	56+6		
	平凉市崆峒区	82		
	平凉市泾川县	71		
	平凉市灵台县	47+7		
	平凉市庄浪县	81+9		
	平凉市静宁县	72+5		
	庆阳市镇原县	135		
	庆阳市宁县	131		
	庆阳市正宁县	165		
	庆阳市合水县	130		
	庆阳市华池县	105		
	庆阳市环县	140		
	庆阳市庆城县	180		
	定西市安定区	53+2		
	定西市通渭县	73+2		
	定西市陇西县	103+2		
	定西市渭源县	52		
	定西市临洮县	89+3		
	定西市漳县	62		
	定西市岷县	221+28		
	临夏州东乡县	97		
	临夏州广河县	92		
	临夏州和政县	84		
	临夏州康乐县	137+16		
	临夏州临夏市	142+10		
	临夏州临夏县	73		
	临夏州永靖县	49		
	临夏州积石山县	84		

注："+"后为补录人数。

资料来源：各省（区）教育厅官网。

从表3-9可以看出，2021年六盘山连片特困区内的宁夏西海固地区、陕西桥山西部地区、甘肃中东部地区共安置4102名特岗教师，占三个省区特岗教师总数（11229名）的36.53%。统计结果表明：六盘山连片特困区特岗教师计划实施规模大，"特岗计划"已经成为重要的乡村教师补充渠道。

从表3-10可以看出，2015—2020年，Y县将特岗教师安置在乡村学校，能够严格遵循"重点为乡村学校补充特岗教师"的政策要求。在访谈中，Y县教育体育局主管领导表示："为加大乡村教师补充力度，每年会积极争取特岗教师的招录名额，在教育厅的统筹规划下，每年招录人数虽有不同，但是年年能补充一批乡村教师。"Y县乡村学校校长YJ-1则表示："特岗教师的工资待遇与编制教师一样，三年服务期满后能够按时纳编，但是重点大学毕业的优质师范生较少，个别'外乡'特岗教师，留任意愿较低，缺乏乡土情怀。"由上可知，六盘山连片特困区乡村教师"特岗计划"的整体落地情况较好，但特岗教师的留任问题、发展问题等亟须解决。

表3-10　　Y县2015—2020年特岗教师安置人数分布情况　　单位：人

	2015	2016	2017	2018	2019	2020
城市	0	0	0	0	0	0
农村	139	108	33	180	31	30

（二）经费支持政策

经费支持政策是拓宽乡村教师补充渠道最直接有效的举措，《乡村教师支持计划（2015—2020年）》主要涉及乡村学校任教的特岗教师、高校毕业生、退休支教教师等经费支持政策要求。关于乡村教师经费支持政策的落实情况，具体如下：

在特岗教师经费支持方面，《乡村教师支持计划（2015—2020年）》明确了"适时提高特岗教师工资性补助标准"的要求，在中央财政继续对"特岗计划"教师给予工资性补助的同时，各县不断强化主体责任，制定了相应的具体落实举措。本书对特岗教师经费支持政策的落实情况进行了调查，结果如图3-6所示。

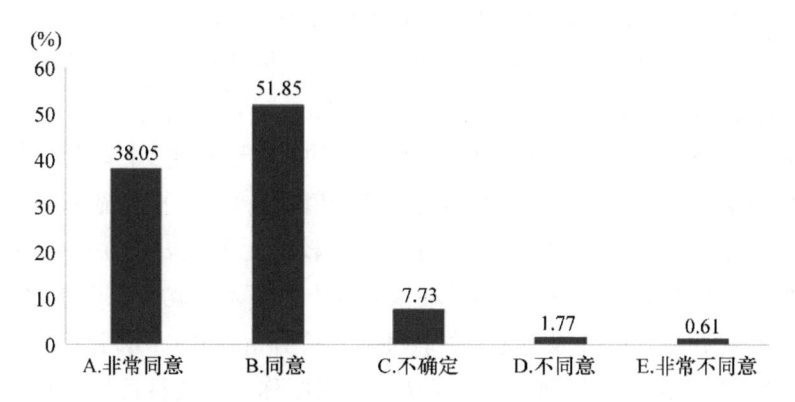

图3-6 自《乡村教师支持计划（2015—2020年）》实施以来，特岗教师的经济收入有所提升

从图3-6可以看出，38.05%的老师表示"非常同意""特岗教师的经济收入有所提升"，51.85%的老师表示"同意"，7.73%的老师表示"不确定"。结果表明：特岗教师经费支持政策落实整体情况较好，特岗教师的经济收入水平有明显提升。在访谈中，Y县教育体育局主管领导表示："县政府在制定'支持计划实施细则'时，明确强调特岗教师与在编在岗教师享受同样的工资待遇、乡村教师补贴和乡镇工作补贴，在中央财政转移支付的基础上，县财政不断加大特岗教师专项经费的投入力度。"Y县乡村学校校长YZ-1表示："自2015年以来，特岗教师的工资收入确实有了一定提高，但随着社会消费水平的提高，仍有特岗教师表示待遇还是低了。"X县九年一贯制学校乡村教师XJ-J2谈道：

特岗教师在三年服务期内连续计算工龄、教龄，不再实行试用期，在一定程度上已经提升了特岗教师的工资待遇，同时还能享受到各类乡村教师补助，但是从我本人情况来看，由于结婚不久，房子买到了市区，往返于家庭和单位之间，无形中增加了经济成本，我还计划备孕，子女的养育成本也会增加，我个人感觉目前还有很大的经济负担。

可以看出，特岗教师的经济收入确有较大提升，但受家庭、社会等因素的影响，特岗教师仍期望经济收入得到进一步提升。

表 3-11 显示了乡村特岗教师的经济收入提升的评价差异情况。一方面，从性别上看（$df = -0.066$，$p < 0.05$），男性乡村教师对"特岗教师的经济收入有所提升"评价的算术平均分高于女性乡村教师，其中 T 检验结果显示，男性乡村教师的评价分值在 0.05 水平上显著高于女性乡村教师的评价分值。另一方面，从教龄上看（$df = 0.057$，$p < 0.05$），17 年及以上的乡村教师在该问题上的算术平均分高于 17 年以下的乡村教师，17 年及以上乡村教师的评价分值在 0.05 水平上显著高于 17 年以下的乡村教师。不同学历、不同职称、所教科目与专业是否一致、不同学校级别的乡村教师，在该问题上的态度不存在显著性差异。可见，男性、教龄 17 年及以上的乡村教师在该问题上的算术平均分高，说明他们对"特岗教师的经济收入有所提升"更加认同。

表 3-11　　　　特岗教师经济收入提升的评价差异

变量		人数占比（%）	特岗教师经济收入提升		Difference
			Mean	SE	
教师性别	女	57.15	4.225	[0.029]	-0.066**
	男	42.85	4.290	[0.039]	
教师学历	大学本科及以上	44.21	4.246	[0.048]	-0.013
	大专及以下	55.79	4.258	[0.023]	
教师职称	一级及以上	48.22	4.256	[0.034]	0.006
	二级及以下	51.78	4.250	[0.037]	
教师教龄	17 年及以上	46.30	4.283	[0.022]	0.057**
	17 年以下	53.70	4.226	[0.038]	
教师所教科目与专业一致性	一致	75.64	4.265	[0.038]	0.049
	不一致	24.36	4.216	[0.033]	
教师所属学校级别	村（屯）级	39.68	4.265	[0.023]	-0.020
	镇（乡）级及以上	60.32	4.245	[0.048]	

注：** 表示 $p < 0.05$。

在高校毕业生经费支持方面，《乡村教师支持计划（2015—2020

年)》指出:"高校毕业生取得教师资格并到乡村学校任教一定期限,按照有关规定享受学费补偿和国家助学贷款代偿政策。"为此,六盘山连片特困区各地都制定了相应的具体落实举措,如青海民和县要求任教期限8年,可享受学费补偿和国家助学贷款代偿政策;宁夏原州区、彭阳县规定,任教期限3年以上可享受国家助学贷款代偿政策。在回答"到乡村学校任教一定年限的高校毕业生可享受学费补偿和国家助学贷款代偿政策"这一问题上,其基本情况如图3-7所示。

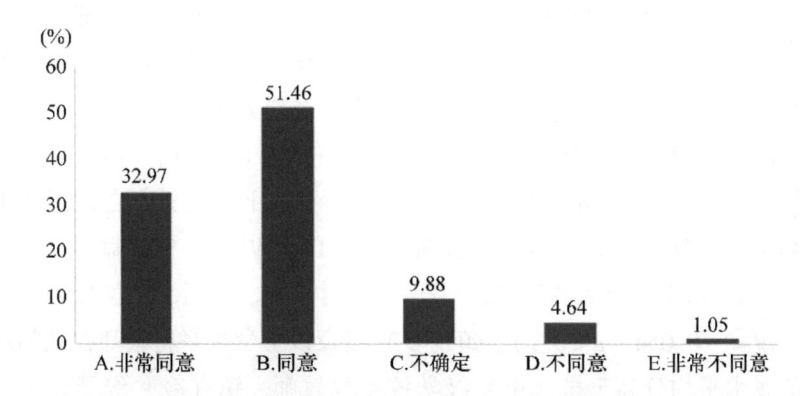

图3-7 到乡村学校任教一定年限的高校毕业生可享受学费补偿和国家助学贷款代偿情况

从图3-7可以看出,32.97%的老师表示"非常同意",51.46%的老师表示"同意",9.88%的老师表示"不确定",还有5.69%的老师表示"不同意"或"非常不同意"。结果表明:绝大多数到乡村学校任教的高校毕业生,都比较明确表示可以按照有关规定享受到学费补偿和国家助学贷款代偿政策。但是还有一部分乡村教师对此没有明确表示认同,说明部分乡村教师对该项政策知晓度不高,亟须加强政策的宣传力度。通过访谈Y县和X县教育体育局主管领导发现,该省(区)人民政府办公厅在2015年印发了《××高等学校毕业生国家助学贷款代偿暂行办法》,对招聘进乡村教师队伍、服务期在3年以上(含3年)、考核合格的高校毕业生,省(区)代为偿还其在校期间的国家助学贷款本金。可见说,在六盘山连片特困区,到乡村任教的高校毕业生能够较好地享受到学费补偿和国家助学贷款代偿。

表3-12显示了乡村教师对高校毕业生经费支持评价差异状况。首先，从性别上来看（$df=0.051$，$p<0.05$），在对"到乡村学校任教一定年限的高校毕业生可享受学费补偿和国家助学贷款代偿政策"评价的算术平均分上，女性乡村教师高于男性教师，其中T检验结果显示，女性乡村教师的评价分值在0.05水平上，显著高于男性乡村教师的评价分值。其次，从学历上看（$df=0.166$，$p<0.01$），大学本科及以上乡村教师在该问题上的算术平均分高于大专及以下乡村教师，乡村教师大学本科及以上的评价分值在0.01水平上显著高于大专及以下的乡村教师。再次，从职称上看（$df=-0.148$，$p<0.01$），二级及以下乡村教师在该问题上的算术平均分高于一级及以上乡村教师，二级及以下乡村教师的评价分值在0.01水平上显著高于一级及以上乡村教师。再次，从教龄上看（$df=-0.161$，$p<0.01$），17年以下乡村教师在该问题上的算术平均分高于17年及以上乡村教师，17年以下乡村教师的评价分值在0.01水平上显著高于17年及以上乡村教师。最后，从学校级别上看（$df=-0.054$，$p<0.1$），镇（乡）级及以上学校乡村教师在该问题上的算术平均分高于村（屯）级学校乡村教师，镇（乡）级及以上学校乡村教师的评价分值在0.1水平上显著高于村（屯）级学校乡村教师。在所教科目与专业是否一致上，乡村教师的态度不存在显著性差异。可见，女性、学历大学本科及以上、职称二级及以下、教龄17年以下、镇（乡）级及以上学校的乡村教师，在该问题上的算术平均分高，说明她们对"到乡村学校任教一定年限的高校毕业生可享受学费补偿和国家助学贷款代偿政策"更加认同。

表3-12　　　　　　高校毕业生经费支持的评价差异

变量		人数占比（%）	高校毕业生经费支持 Mean	SE	Difference
教师性别	女	57.15	4.133	[0.021]	0.051**
	男	42.85	4.082	[0.013]	
教师学历	大学本科及以上	44.21	4.203	[0.030]	0.166***
	大专及以下	55.79	4.037	[0.025]	

续表

变量		人数占比(%)	高校毕业生经费支持 Mean	SE	Difference
教师职称	一级及以上	48.22	4.034	[0.020]	-0.148***
	二级及以下	51.78	4.182	[0.025]	
教师教龄	17年及以上	46.30	4.024	[0.022]	-0.161***
	17年以下	53.70	4.185	[0.022]	
教师所教科目与专业一致性	一致	75.64	4.103	[0.029]	-0.031
	不一致	24.36	4.135	[0.031]	
教师所属学校级别	村（屯）级	39.68	4.078	[0.018]	-0.054*
	镇（乡）级及以上	60.32	4.132	[0.024]	

注：*** 表示 $p<0.01$，** 表示 $p<0.05$，* 表示 $p<0.1$。

在退休教师经费支持方面。《乡村教师支持计划（2015—2020年）》要求，"各地要采取有效措施鼓励城镇退休的特级教师、高级教师到乡村学校支教讲学"，六盘山连片特困区各地制定了相应的具体落实举措，如宁夏海原县、原州区、彭阳县等要求，"对自愿到乡村学校支教的退休特级教师、高级教师，由本人申请，经县（区）教育体育局审核、公示，由县财政按照每人每年20000元标准予以补助"。在回答"自愿到乡村学校支教的退休教师，可获得一定的工作补助"这一问题上，其结果如图3-8和表3-13所示。

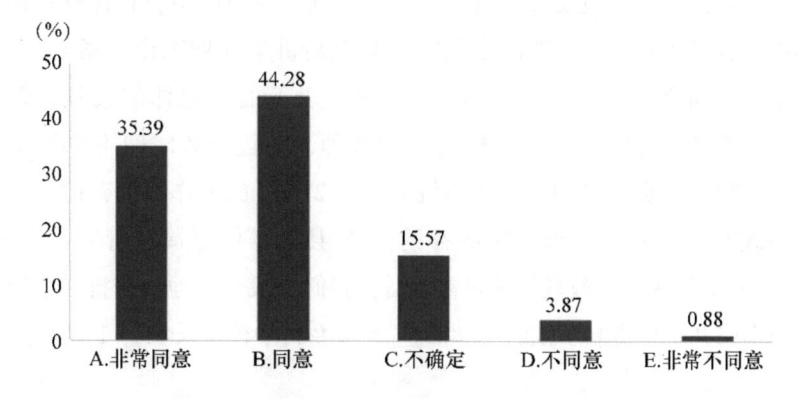

图3-8 自愿到乡村学校支教的退休教师，可获得一定的工作补助

A.非常同意 35.39
B.同意 44.28
C.不确定 15.57
D.不同意 3.87
E.非常不同意 0.88

表 3-13　　退休教师支教补助的评价差异

变量		人数占比（%）	退休教师支教补助 Mean	SE	Difference
教师性别	女	57.15	4.074	[0.057]	-0.054**
	男	42.85	4.128	[0.062]	
教师学历	大学本科及以上	44.21	4.046	[0.066]	-0.092**
	大专及以下	55.79	4.138	[0.044]	
教师职称	一级及以上	48.22	4.121	[0.041]	0.045
	二级及以下	51.78	4.075	[0.074]	
教师教龄	17年及以上	46.30	4.139	[0.044]	0.078*
	17年以下	53.70	4.061	[0.065]	
教师所教科目与专业一致性	一致	75.64	4.117	[0.059]	0.083
	不一致	24.36	4.035	[0.070]	
教师所属学校级别	村（屯）级	39.68	4.053	[0.069]	-0.074
	镇（乡）级及以上	60.32	4.127	[0.068]	

注：** 表示 $p<0.05$，* 表示 $p<0.1$。

从图 3-8 可以看出，35.39%的老师表示"非常同意"，44.28%的老师表示"同意"，15.57%的老师表示"不确定"，还有4.75%的老师表示"不同意"或"非常不同意"。结果表明：各地整体上能够较好地落实退休教师到乡村学校支教讲学的支持政策，但是也有少部分乡村教师对此并不满意，说明该项政策支持力度有待加强。在访谈中，Y县教育体育局主管领导表示："根据制定的《Y县银龄讲学计划工作方案》，一般每学年面向全国招募十余名65岁（含）以下的已退休的校长、教研员、特级教师、骨干教师等作为讲学教师，一般服务时间不少于1学年，乡村学校提供食宿，每年省统筹给予2万元的工作补助，但是由于县财政有限，并未配套一定的补助。"X县教育体育局主管领导表示："为更好保障退休支教教师的日常生活，我们一般会将他们安排在乡镇中心小学或九年一贯制学校的小学部。"X县乡村学校校长 XZ-1 表示：

我们学校教师充足，一般很少返聘退休教师，我们学校有1名女性乡村教师，55 岁退休后，自己主动申请继续任教 5 年（政策要求，干满 5 年），我们按照每学期的课时量发放津贴，她今年也满 60 岁了，按照政策不再返聘，男性教师退休就退休了，我们没有返聘过男性教师。"银龄讲学"教师不是年年都有，1 学年最多安排 1 名，经费由省或县财政专项支付，每年 2 万元。

X 县村屯不完全小学教师 XCB-J2 表示："我们学校和教学点还是很需要高水平的老师，但是没有来过'银龄讲学'的老师。"可见，虽然退休支教教师可以获得一定的经费补助，但是招募或返聘数量十分有限，退休支教教师无法覆盖到真正需要的教学点。

表 3-13 显示了乡村教师对退休教师支教补助的评价差异情况。首先，从性别上看（$df=-0.054$，$p<0.05$），男性乡村教师对"自愿到乡村学校支教的退休教师，可获得一定的工作补助"评价的算术平均分高于女性乡村教师，其中 T 检验结果显示，男性乡村教师的评价分值在 0.05 水平上显著高于女性乡村教师的评价分值。其次，从学历上看（$df=-0.092$，$p<0.05$），大专及以下乡村教师在该问题上的算术平均分高于大学本科及以上乡村教师，学历在大专及以下乡村教师的评价分值在 0.05 水平上显著高于大学本科及以上乡村教师。最后，从教龄上看（$df=0.078$，$p<0.1$），17 年及以上乡村教师在该问题上的算术平均分高于 17 年以下的乡村教师，17 年及以上乡村教师的评价分值在 0.1 水平上显著高于 17 年以下的乡村教师。不同职称、所教科目与专业是否一致、不同学校级别乡村教师在该问题上的态度不存在显著性差异。可见，男性、学历大专及以下、教龄 17 年及以上乡村教师，在该问题上的算术平均分高，说明他们对"自愿到乡村学校支教的退休教师，可获得一定的工作补助"更加认同。

其他补充类型的经费支持政策。六盘山连片特困区各地根据实际情况，对实习支教、政府购买服务、人才引进等不同渠道补充的乡村教师制定了经费支持政策。一是针对实习支教的乡村教师，陕西麟游县鼓励师范院校毕业生到乡村学校进行实习，由县人社局按照每人每月 1000 元的标准发放生活补贴。二是补足配齐乡村幼儿园教职工的重要方式就是政府购买服务，青海民和县要求依据社会平均工资水平，为政府购买服务的乡村幼儿园教职工提供保教岗位工资补助。三是针对人才引进的乡村教师，各地采取了有力的举措，如宁夏西吉县对于引进的服务期满6年的市级以上骨干教师、学科带头人、特级教师，经县教育行政部门考核，县财政一次性给予20万元奖励；对于引进的服务期满6年的国家重点师范院校毕业生以及免费师范生，县财政一次性给予10万元奖励。宁夏海原县对签订三年以上服务合同的国家级优秀教师、自治区级特级教师、自治区级学科带头人、全国优质课竞赛等级奖获得者，一次性给予5万元安家费；通过高层次人才引进的签订五年服务合同的全日制师范类研究生，由拟调单位组织专业测试合格后办理人才录用手续，一次性给予5万元安家费。宁夏彭阳县对于引进的市级以上骨干教师、学科带头人、特级教师，自愿在乡村学校服务期满6年的，经教体局考核，县财政一次性给予20万元奖励；对招聘的免费师范生，政府免费提供公租房一套，服务期满6年的，一次性给予10万元奖励。

通过访谈进一步发现，由各地政府购买服务渠道补充的乡村幼儿园教师的成效显著，但是其成效局限于乡村幼儿园。六盘山连片特困区个别地区给予乡村支教实习教师一定的经费补贴，由于实习支教教师稳定性差，此经费支持政策落地效果有限。宁夏西海固地区的很多地方制订了人才引进的经费支持计划，当地教育行政部门花费大力气引才，但整体效果依然欠佳，优秀教师仍很少选择在乡村学校任教。

第三节 乡村教师待遇与编制支持现状

乡村教师待遇较低是困扰乡村学校师资难招难留的根本，而"综合待遇对于乡村教师的职业选择、职业认同和职业发展具有关键性的影响"[①]，解决乡村教师待遇问题是《乡村教师支持计划（2015—2020

---

① 刘善槐、李梦琢等：《乡村教师综合待遇的劳动定价、差异补偿与微观激励研究》，《东北师大学报》（哲学社会科学版）2018年第4期。

年)》解决乡村教育的重要突破口。乡村教师编制配置是对乡村教育人力资源投入的主要方式，乡村教师编制状况基本决定了乡村教师队伍的结构和状态，对乡村教师的量与质有重要影响，教师编制是乡村教师队伍稳定与发展的保障。

一　乡村教师生活待遇支持现状

六盘山连片特困区的乡村教师，在西部边远地区工作和生活，整体的条件较为艰苦、工作任务繁重。《乡村教师支持计划（2015—2020年）》明确提出了"提高乡村教师生活待遇"的举措。为了解六盘山连片特困区乡村教师的生活待遇政策状况，这里从生活补助、工资待遇、住房保障、医疗保障政策等方面进行调查。

（一）生活补助

"支持计划"明确要求："全面落实集中连片特困地区乡村教师补助政策，依据学校艰苦边远程度实行差别化的补助标准，中央财政继续给予综合奖补。"从中央政府到地方政府都不断加大乡村教师生活补助投入，按照"地方自主，中央奖补"的原则落实相关政策。在回答"乡村教师每月可享受山区生活补助"这一问题上，其结果如图3-9和表3-14所示。

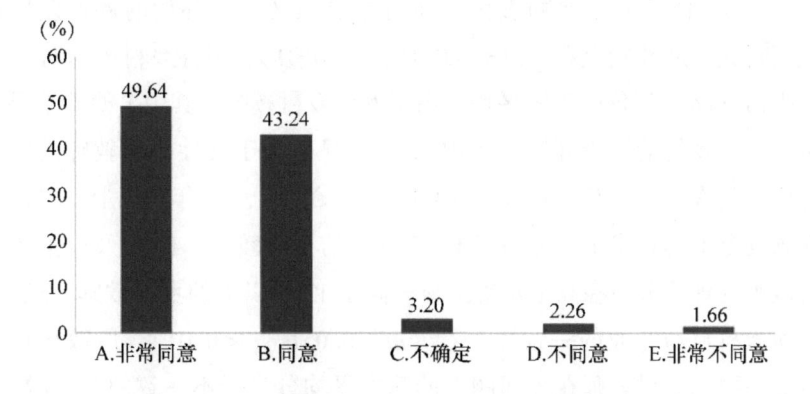

图3-9　乡村教师每月可享受山区生活补助

从图3-9可以看出，92.88%的乡村教师表示"非常同意"或

"同意",表示"不同意"或"非常不同意"的乡村教师仅占3.92%。结果表明：六盘山连片特困区绝大多数乡村教师,对每月享受一定金额的山区生活补助表示赞同和认可。在访谈中,Y县教育体育局主管领导在谈到"乡村教师生活补助政策落实"时表示："省一级的补助标准为每月500元,在此基础上,我们县一级给边远山区教师人均每月提高到700元。为解决经费紧张的问题,县财政积极筹措补充,取得了一定的积极成效。山区乡村教师的交通补贴也从人均每月50元提高到了80元。"Y县乡村教师YZ-J1谈道："教育局提高了山区乡村教师的每月补贴,我的朋友在非山区的乡村学校,她一个月拿300元补贴,我比较满意目前每月700元的补助标准,我现在是一级教师,仅乡镇补贴一个月就能拿到1940元,各类补贴核算下来,要比同级职称的城市教师多拿2000多块钱,我身边的很多同事并不愿意调到县城。"X县的乡村学校校长XZ-1表示："目前乡村教师的生活补助政策非常好,我们是乡镇中心小学,老师们住得好、吃得好（老师会缴4元的餐费）、补助高,大家回到市区开车仅半个小时,正常情况下每周都能回家。如果到县城学校,每个月少收入2000元,多支出食宿1000元,等于每月少赚3000元。"可见,乡村教师生活补助政策落地状况整体情况较好,教师满意度较高。

表3-14显示了乡村教师对每月享受山区生活补助的评价差异情况。首先,从性别上看（$df=-0.16$, $p<0.01$）,男性乡村教师对"山区生活补助"评价的算术平均分高于女性乡村教师,其中T检验结果显示,男性乡村的评价分值在0.01水平上显著高于女性乡村教师的评价分值。其次,从教龄上看（$df=0.134$, $p<0.1$）,17年及以上乡村教师在该问题上的算术平均分高于17年以下的乡村教师,17年及以上的乡村教师的评价分值在0.1水平上显著高于17年以下的乡村教师。最后,从所教科目与专业的一致性上看（$df=0.051$, $p<0.01$）,所教科目与专业一致的乡村教师在该问题上的算术平均分高于不一致的乡村教师,所教科目与专业一致的乡村教师的评价分值在0.01水平上显著高于不一致的乡村教师。不同学历、不同职称、不同学校级别的乡村教师,在该问题上的态度不存在显著性差异。可见,男性、教龄17年及以上、

所教科目与专业一致的乡村教师,在该问题上的算术平均分高,说明他们对当地能够"全面落实集中连片特困地区乡村教师生活补助政策"更加认同。

表3-14　　　　　　　　每月享受山区生活补助的差异

变量		人数占比（%）	山区补贴 Mean	SE	Difference
教师性别	女	57.15	4.318	[0.034]	-0.160***
	男	42.85	4.478	[0.018]	
教师学历	大学本科及以上	44.21	4.409	[0.040]	0.041
	大专及以下	55.79	4.368	[0.036]	
教师职称	一级及以上	48.22	4.421	[0.051]	0.067
	二级及以下	51.78	4.354	[0.044]	
教师教龄	17年及以上	46.30	4.458	[0.024]	0.134*
	17年以下	53.70	4.324	[0.043]	
教师所教科目与专业一致性	一致	75.64	4.374	[0.025]	0.051***
	不一致	24.36	4.425	[0.020]	
教师所属学校级别	村（屯）级	39.68	4.410	[0.014]	0.040
	镇（乡）级及以上	60.32	4.370	[0.030]	

注：*** 表示 $p<0.01$，* 表示 $p<0.1$。

（二）工资待遇

"支持计划"明确提出："各地要依法依规落实乡村教师工资待遇政策"，教师工资待遇一般包括职务工资、级别工资、绩效工资、津贴等。为提高乡村教师工资待遇水平，六盘山连片特困区各地采取了一系列有力举措，如宁夏西吉县实行农村特岗教师班主任津贴制度，按照每人每月150元至200元标准审核发放。青海民和县则建立专项资金，提高班主任津贴标准。甘肃通渭县则要求，规范实施绩效工资考核分等次发放，充分发挥绩效工资的杠杆作用，调动广大教师的工作积极性。甘肃会宁县提出要使乡村教师待遇总体上高于县城教师等。对六盘山连片特困区乡村教师月工资发放和月工资收入水平的调查，其具体结果如图3-10、表3-15和图3-11所示。

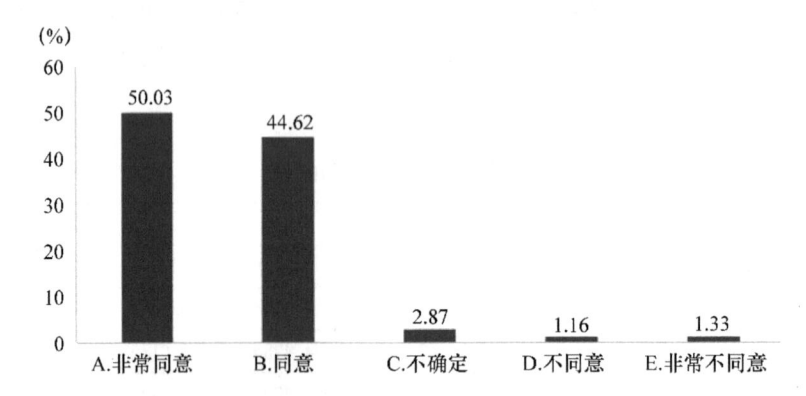

图 3 – 10　每月工资能按时足额发放

表 3 – 15　月工资发放情况的评价差异

变量		人数占比（%）	月工资发放 Mean	SE	Difference
教师性别	女	57.15	4.311	[0.038]	-0.244 ***
	男	42.85	4.554	[0.024]	
教师学历	大学本科及以上	44.21	4.405	[0.022]	-0.017
	大专及以下	55.79	4.422	[0.052]	
教师职称	一级及以上	48.22	4.517	[0.040]	0.197 ***
	二级及以下	51.78	4.320	[0.025]	
教师教龄	17年及以上	46.30	4.546	[0.027]	0.244 ***
	17年以下	53.70	4.302	[0.026]	
教师所教科目与专业一致性	一致	75.64	4.415	[0.041]	0.001
	不一致	24.36	4.415	[0.036]	
教师所属学校级别	村（屯）级	39.68	4.450	[0.033]	0.058 **
	镇（乡）级及以上	60.32	4.392	[0.044]	

注：*** 表示 $p<0.01$，** 表示 $p<0.05$。

在回答"每月工资能按时足额发放"这一问题上，从图 3 – 10 可以看出，94.65% 的乡村教师表示"非常同意"或"同意"，但也有 2.49% 的乡村教师回答"不同意"或"非常不同意"。这表明绝大多数乡村教师能按时足额发放工资，但仍需要重视部分乡村教师在工资发放

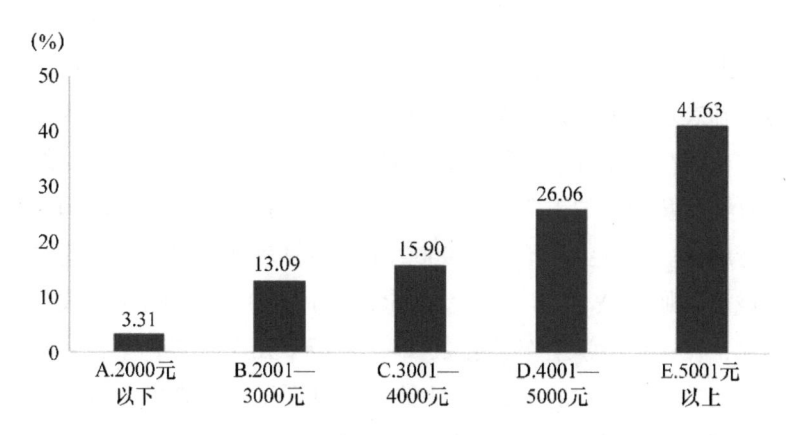

第三章 《乡村教师支持计划（2015—2020 年）》精准支持的现状调查　　*183*

图 3 – 11　月工资（实发工资）收入水平分布

分布数据：A.2000 元以下 3.31%；B.2001—3000 元 13.09%；C.3001—4000 元 15.90%；D.4001—5000 元 26.06%；E.5001 元以上 41.63%。

中存在的问题。在访谈中，教育行政部门领导、乡村学校校长、乡村教师均表示乡村教师每月的工资均可按时足额发放。

表 3 – 15 显示了乡村教师对月工资发放的评价差异情况。首先，从性别上看（$df = -0.244$，$p < 0.01$），男性乡村教师对"月工资发放情况"评价的算术平均分高于女性乡村教师，其中 T 检验结果显示，男性乡村教师的评价分值在 0.01 水平上显著高于女性乡村教师的评价分值。其次，从职称上看（$df = 0.197$，$p < 0.01$），一级及以上乡村教师在该问题上的算术平均分高于二级及以下的乡村教师，一级及以上乡村教师的评价分值在 0.01 水平上显著高于二级及以下的乡村教师。再次，从教龄上看（$df = 0.244$，$p < 0.01$），17 年及以上乡村教师在该问题上的算术平均分高于 17 年以下的乡村教师，17 年及以上乡村教师的评价分值在 0.01 水平上显著高于 17 年以下的乡村教师。最后，从学校级别上看（$df = 0.058$，$p < 0.05$），村（屯）级学校乡村教师在该问题上的算术平均分高于镇（乡）级及以上学校乡村教师，村（屯）级学校乡村教师的评价分值在 0.05 水平上显著高于镇（乡）级及以上学校的乡村教师。不同学历、所教科目与专业是否一致的乡村教师，在该问题上的态度不存在显著性差异。可见，男性、职称一级及以上、教龄 17 年及以上、村（屯）级学校的乡村教师在该问题上的算术平均分高，说明他们更加认同每月工资能够按时足额发放。

从图3-11可以看出，67.69%的乡村教师月工资（实发工资）在4001元以上，3000元以下的乡村教师占比为16.4%。在访谈中，多数乡村教师表示，近年来工资收入水平有明显的提升，如X县乡镇中心小学校长XZ-1表示："特岗教师月工资不会低于4000元，二级教师每个月实际拿到手的工资不会低于6000元，我现在是一级教师而且还干着行政，一个月工资不低于9000元，乡村教师工资水平普遍高于同级的城市教师。"Y县村屯不完全小学教师YCB-J1表示："我就生活在农村，在这个小学工作了近20年，经历了几次工资调整，从刚工作的几百块钱，到现在的6000多块钱，我见证了乡村老师们从温饱到小康再到富裕的过程。"X县乡镇中学教师XZ-2认为："编制内的乡村教师待遇很不错，在乡镇中学一级教师工资能拿到9000元左右，二级教师能拿到7000元左右，刚入职的在编教师能达到5000元左右，特岗教师4800元，'五险一金'都有。"X县乡村幼儿园园长XY-1认为："我们乡镇中心幼儿园带编制的老师仅有2名，归到小学编制内统一管理，这几位老师的工资水平较高，但是政府购买服务的7名老师相较于乡村中小学老师偏低，老师们会产生失衡心理，有能力的老师则选择跳槽或考编。"可见，六盘山连片特困区乡村教师和特岗教师工资收入水平得到了显著提升，但是编制外的乡村教师，特别是乡村幼儿园教师的工资收入水平有待进一步提升。

（三）住房保障

"支持计划"要求："加快实施边远艰苦地区乡村学校教师周转宿舍建设。各地按规定将符合条件的乡村教师住房纳入当地住房保障范围，统筹予以解决。"为改善乡村教师住房保障状况，六盘山连片特困区各地采取了一系列有力举措，如宁夏彭阳县在"十三五"期间，在教师住房紧张的红河等乡（镇）建设农村教师周转宿舍374套13090平方米，乡校在周转房安排上向无住房教师和特岗教师倾斜。甘肃会宁县在乡镇政府所在地建设乡村教师周转宿舍，包括廉租房、公租房、经济适用房等。为全面了解六盘山连片特困区乡村教师住房保障政策落地情况，这里从住房类型、周转宿舍建设和住房保障范围三个方面进行调查，其结果如图3-12、图3-13和表3-16、图3-14

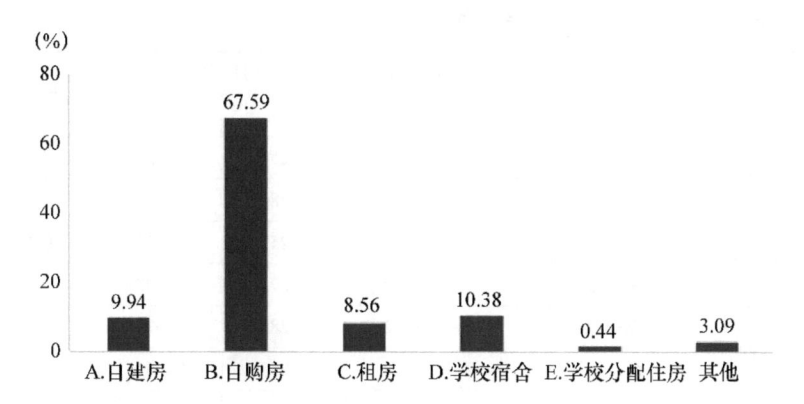

图 3-12　乡村教师住房类型情况

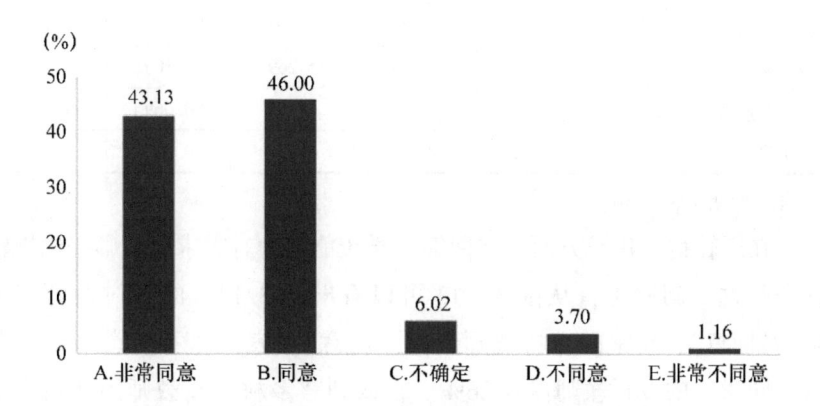

图 3-13　学校能够为有需求的教师提供周转宿舍

以及表 3-17 所示。

在现有住房类型方面，从图 3-12 可以看出，67.59% 的为教师自购房，9.94% 的为教师自建房，8.56% 的教师租房，10.38% 的教师为学校宿舍，学校分配住房仅占 0.44%，3.09% 的教师与父母同住或借住等。在对乡村学校校长的访谈中，多数校长表示，大部分乡村教师都能自行解决住房问题，教师们一般会在县城或市区购房，每周回一次家。因此各个年龄段的乡村教师均有在学校住宿的需求，学校完全能够为有需求的教师解决校内住宿问题。可见，虽然目前乡村教师能够自主解决住房问题，但乡村教师的总体宿舍需求还是很高。

表3-16　　　　　　　　　学校周转宿舍的评价差异

变量		人数占比（%）	周转宿舍 Mean	SE	Difference
教师性别	女	57.15	4.251	[0.059]	-0.035
	男	42.85	4.286	[0.034]	
教师学历	大学本科及以上	44.21	4.257	[0.075]	-0.017
	大专及以下	55.79	4.274	[0.032]	
教师职称	一级及以上	48.22	4.280	[0.039]	0.027
	二级及以下	51.78	4.253	[0.062]	
教师教龄	17年及以上	46.30	4.284	[0.041]	0.034
	17年以下	53.70	4.251	[0.055]	
教师所教科目与专业一致性	一致	75.64	4.265	[0.039]	-0.004
	不一致	24.36	4.269	[0.108]	
教师所属学校级别	村（屯）级	39.68	4.132	[0.069]	-0.222***
	镇（乡）级及以上	60.32	4.354	[0.043]	

注：*** 表示 $p<0.01$。

在周转宿舍建设方面，在回答"学校能够为有需求的教师提供周转宿舍"这一问题上，从图3-13可以看出，43.13%的乡村教师表示"非常同意"，46%的乡村教师选择"同意"，表示"不同意"或"非常不同意"的乡村教师占4.86%。在谈到"乡村学校教师周转宿舍建设"时，X县教育行政部门主管领导表示："2015—2020年，我们整合了20所农村中小学为九年一贯制学校，新征土地2000余亩，新建、迁建、改扩建学校近300所，同时加快建设教师周转宿舍，目前乡村教师周转宿舍的条件普遍提升。"乡镇中心小学的校长和老师们普遍表示，乡镇中心小学不缺住宿的房间，尤其是近几年来，住宿环境得到了很大改善，单人单间，还有单独的浴室和卫生间。可见，六盘山连片特困区乡村教师周转宿舍建设成效显著，但县域内存在显著差异，部分乡村学校能够积极解决特岗教师、新入职教师、远距离教师的住宿问题，但住宿条件有待进一步改善。

表3-16显示了乡村教师对学校周转宿舍的评价差异情况。从学校级别上看（$df=-0.222$，$p<0.01$），镇（乡）级及以上学校的乡村教

师在该问题上的算术平均分高于村（屯）级学校的乡村教师，其中T检验结果显示，镇（乡）级及以上学校乡村教师的评价分值在0.01水平上显著高于村（屯）级学校的乡村教师。不同性别、不同学历、不同职称、不同教龄、所教科目与专业是否一致的乡村教师，在该问题上的态度不存在显著性差异。可见，镇（乡）级及以上学校的乡村教师更加认同乡村学校能够为有需求的教师提供周转宿舍。

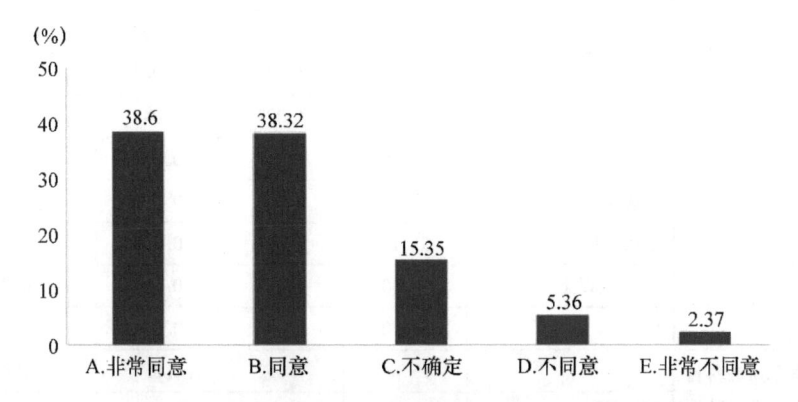

图3-14 当地能将符合条件的乡村教师住房纳入住房保障范围

- A.非常同意：38.6%
- B.同意：38.32%
- C.不确定：15.35%
- D.不同意：5.36%
- E.非常不同意：2.37%

在住房保障范围方面，对于"当地将符合条件的乡村教师住房纳入廉租房、公租房、经济适用房等住房保障范围"这一问题，从图3-14可以看出，38.6%的乡村教师表示"非常同意"，38.32%的乡村教师选择"同意"，选择"不同意"或"非常不同意"的乡村教师占7.73%，还有15.35%的老师选择"不确定"，对于住房保障支持政策的知晓程度不高。在访谈中，Y县教育体育局主管领导在谈到"乡村教师住房保障"时表示："*教育行政部门与乡村学校基本能够协同解决乡村教师周转宿舍问题。我们对在边远山区任教的，本市户籍外，市区无住房的新招聘特岗教师，在市区集体安排公租房或经济适用房。将所有符合条件的乡村教师纳入住房保障范围，关联诸多政府部门，实施确实有难度。*"被访谈的几位村（屯）级学校的乡村教师均表示，学校周转宿舍基本能够满足新进教师的需求，且乡村教师多为农村自建房或在城区买房，不太了解关于纳入住房保障范围的相关政策。由此可见，六盘山连片特困区各地能够做到积极统筹，将符合条件的乡村教师住房纳入当地住房保障范围，但经济适用房、公共租赁房的问题错综复杂，相关政策的落地存在一定的阻力。

表3-17　　　　　　　　　住房保障范围的评价差异

变量		人数占比（%）	住房保障 Mean	SE	Difference
教师性别	女	57.15	4.086	[0.058]	0.062
	男	42.85	4.024	[0.042]	
教师学历	大学本科及以上	44.21	4.073	[0.047]	0.024
	大专及以下	55.79	4.049	[0.055]	
教师职称	一级及以上	48.22	4.020	[0.065]	-0.076
	二级及以下	51.78	4.096	[0.042]	
教师教龄	17年及以上	46.30	4.028	[0.062]	-0.058
	17年以下	53.70	4.086	[0.046]	
教师所教科目与专业一致性	一致	75.64	4.052	[0.054]	-0.029
	不一致	24.36	4.081	[0.048]	
教师所属学校级别	村（屯）级	39.68	4.009	[0.042]	-0.084
	镇（乡）级及以上	60.32	4.093	[0.056]	

表3-17显示了乡村教师对住房保障范围的评价差异情况。在回答"当地将符合条件的乡村教师住房纳入廉租房、公租房、经济适用房等住房保障范围"这一问题上，不同性别、不同学历、不同职称、不同教龄、所教科目与专业是否一致、不同学校级别乡村教师的态度不存在显著性差异。

（四）医疗保障

"支持计划"提出了"在现行制度框架内，做好乡村教师重大疾病救助工作"的支持要求。六盘山连片特困区各地为提升乡村教师医疗保障水平，细化、优化了一系列相关措施，如甘肃会宁县每年组织乡村教师进行1次体检，组织专家到偏远乡村中小学和幼儿园巡诊。宁夏彭阳县财政按每人每年1500元的标准安排乡村教师体检专项经费，海原县

第三章 《乡村教师支持计划（2015—2020年）》精准支持的现状调查   189

每年组织乡村教师体检一次。青海民和县则要求教育工会负责建立以中心学校工会为单位的乡村教师健康档案，每两年对教师进行一次体检，为患重特大疾病符合医疗救助条件的乡村教师提供帮助，因工负伤、患病或非因工负伤教师和孕期、产假和哺乳期女教师的待遇，按国家和省级规定执行等。为了解六盘山连片特困区乡村教师医疗保障政策的落实情况，这里对乡村教师重大疾病救助、医保、体检政策等进行了调查，其结果如图3-15、表3-18，图3-16、表3-19，图3-17、表3-20所示。

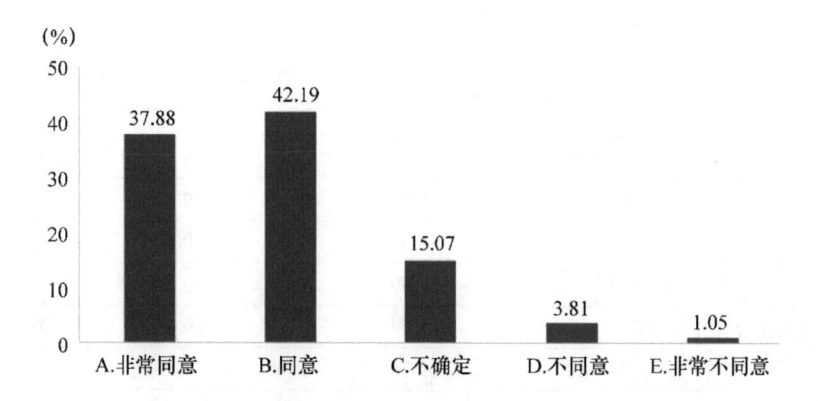

(%)
50
40 37.88   42.19
30
20   15.07
10   3.81   1.05
0
  A.非常同意 B.同意 C.不确定 D.不同意 E.非常不同意

图3-15　当地能够做好乡村教师重大疾病救助工作

在重大疾病救助方面。在回答"当地能够做好乡村教师重大疾病救助工作"这一问题上，从图3-15可以看出，37.88%的乡村教师表示"非常同意"，42.19%的乡村教师选择"同意"，选择"不同意"或"非常不同意"的乡村教师占4.86%，还有15.07%的乡村教师表示"不确定"，表明他们对重大疾病救助政策的知晓程度不高。为进一步了解乡村教师重大疾病救助工作的落实情况，在对Y县人力资源和社会保障局工作人员的访谈中发现，乡村教师的"五险一金"均可按时缴纳，因重大疾病产生的手术或药物费，在政府规定的报销目录范围内，可第一时间在医院办理相关报销手续。在访谈中，乡村学校的几位校长均表示，有重大疾病的乡村教师，在享受医疗报销之外，学校还会通过工会慰问的形式给予一定的帮助。但几位被访谈的乡村教师表示：

"由于自己和身边的人没有过重大疾病,自己也搞不清楚什么才是重大疾病,也从来没有考虑过申报大病救助。"可见,六盘山连片特困区能够在现行医疗保障制度框架内,做好乡村教师重大疾病救助工作,但部分乡村教师对该项政策的了解程度较低,其宣传力度有待加强。

表3-18　　　　　　　重大疾病救助工作的评价差异

变量		人数占比（%）	重大疾病救助 Mean	SE	Difference
教师性别	女	57.15	4.104	[0.054]	-0.036
	男	42.85	4.140	[0.064]	
教师学历	大学本科及以上	44.21	4.086	[0.066]	-0.060
	大专及以下	55.79	4.146	[0.055]	
教师职称	一级及以上	48.22	4.129	[0.065]	0.019
	二级及以下	51.78	4.110	[0.052]	
教师教龄	17年及以上	46.30	4.153	[0.056]	0.062*
	17年以下	53.70	4.091	[0.054]	
教师所教科目与专业一致性	一致	75.64	4.137	[0.052]	0.072
	不一致	24.36	4.065	[0.083]	
教师所属学校级别	村（屯）级	39.68	4.093	[0.053]	-0.044
	镇（乡）级及以上	60.32	4.137	[0.067]	

注:*表示 $p<0.1$。

表3-18显示了乡村教师对重大疾病救助工作的评价差异。从教龄上看（$df=0.062$，$p<0.1$），17年及以上乡村教师在该问题上的算术平均分高于17年以下的乡村教师,其中T检验结果显示,17年及以上乡村教师的评价分值在0.1水平上显著高于17年以下的乡村教师。不同性别、不同学历、不同职称、所教科目与专业是否一致、不同学校级别的乡村教师,在该问题上的态度不存在显著性差异。可见,教龄17年及以上乡村教师在该问题上的算术平均分高,说明他们更加认同当地能够做好乡村教师重大疾病救助工作。

在医疗保障方面,在回答"就医时可及时享受医保"这一问题上,从图3-16可以看出,96.02%的乡村教师表示"非常同意"或"同

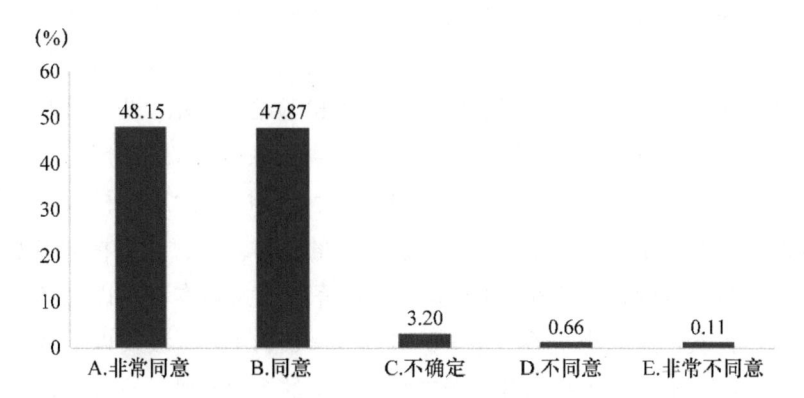

图 3-16 就医时可及时享受医保

意",回答"不同意"或"非常不同意"的乡村教师占 0.77%,另有 3.2%的乡村教师选择"不确定"。结果表明:整体上六盘山连片特困区乡村教师医疗体制较为完善,能够为乡村教师安心从教提供较为充足的医疗保障。

表 3-19　　享受医保的评价差异

变量		人数占比（%）	医疗保障 Mean	SE	Difference
教师性别	女	57.15	4.371	[0.029]	-0.153***
	男	42.85	4.524	[0.013]	
教师学历	大学本科及以上	44.21	4.394	[0.015]	-0.076**
	大专及以下	55.79	4.470	[0.023]	
教师职称	一级及以上	48.22	4.477	[0.020]	0.079***
	二级及以下	51.78	4.398	[0.022]	
教师教龄	17年及以上	46.30	4.488	[0.018]	0.097***
	17年以下	53.70	4.392	[0.018]	
教师所教科目与专业一致性	一致	75.64	4.439	[0.017]	0.013
	不一致	24.36	4.427	[0.047]	
教师所属学校级别	村（屯）级	39.68	4.429	[0.027]	-0.013
	镇（乡）级及以上	60.32	4.441	[0.032]	

注:*** 表示 p<0.01,** 表示 p<0.05。

表 3-19 显示了乡村教师对享受医保评价的差异情况。首先，从性别上看（$df = -0.153$，$p < 0.01$），男性乡村教师对"医疗保障"评价的算术平均分高于女性乡村教师，其中 T 检验结果显示，男性乡村教师的评价分值在 0.01 水平上显著高于女性乡村教师的评价分值。其次，从学历上看（$df = -0.076$，$p < 0.05$），大专及以下学历乡村教师在该问题上的算术平均分高于大学本科及以上的乡村教师，学历在大专及以下乡村教师的评价分值在 0.05 水平上显著高于大学本科及以上的乡村教师。再次，从职称上看（$df = 0.079$，$p < 0.01$），一级及以上乡村教师在该问题上的算术平均分高于二级及以下的乡村教师，一级及以上乡村教师的评价分值在 0.01 水平上显著高于二级及以下的乡村教师。最后，从教龄上看（$df = 0.097$，$p < 0.01$），17 年及以上乡村教师在该问题上的算术平均分高于 17 年以下的乡村教师，17 年及以上乡村教师的评价分值在 0.01 水平上显著高于 17 年以下的乡村教师。所教科目与专业是否一致、不同学校级别乡村教师，在该问题上的态度不存在显著性差异。可见，男性、学历大专及以下、职称一级及以上、教龄 17 年及以上的乡村教师，在该问题上的算术平均分高，说明他们对乡村教师医疗保障及时更加认同。

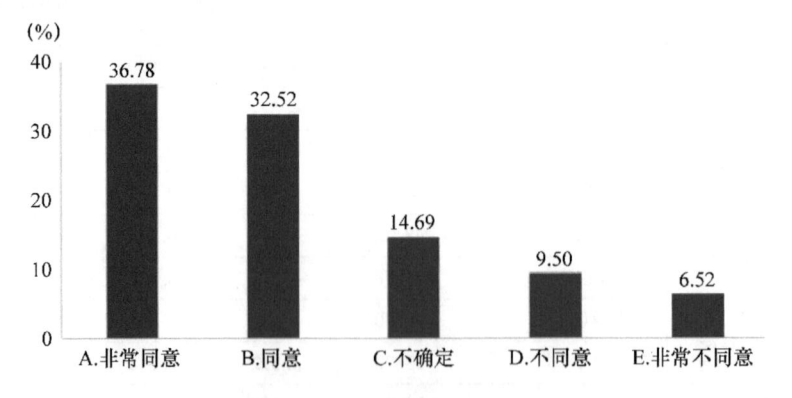

图 3-17　能够定期参加体检

在定期体检方面，在回答"能够定期参加体检"这一问题上，从图 3-17 可以看出，36.78% 的乡村教师表示"非常同意"，32.52% 的乡村教师选择"同意",选择"不同意"或"非常不同意"的乡村教师占16.02%,另有14.69%的乡村教师选择了"不确定",表明这些乡村教师对体检政策的知晓程度不高。虽然六盘山连片特困区各地每年都花费大量经费,支持乡村教师做好体检工作,但从调研情况来看,依然有部分地区乡村教师体检政策落实情况欠佳。在访谈中,多数乡村教师表示,几年能参加一次体检,甚至有个别老师除了入职体检外,再没参加过学校组织的体检。

表3-20　　　　　　　　　定期体检的评价差异

变量		人数占比（%）	教师体检 Mean	SE	Difference
教师性别	女	57.15	3.794	[0.121]	-0.082
	男	42.85	3.876	[0.049]	
教师学历	大学本科及以上	44.21	3.711	[0.076]	-0.212**
	大专及以下	55.79	3.923	[0.079]	
教师职称	一级及以上	48.22	3.887	[0.099]	0.112
	二级及以下	51.78	3.775	[0.078]	
教师教龄	17年及以上	46.30	3.937	[0.079]	0.200**
	17年以下	53.70	3.737	[0.076]	
教师所教科目与专业一致性	一致	75.64	3.878	[0.069]	0.201*
	不一致	24.36	3.677	[0.139]	
教师所属学校级别	村（屯）级	39.68	3.715	[0.106]	-0.189**
	镇（乡）级及以上	60.32	3.904	[0.083]	

注:** 表示 $p<0.05$,* 表示 $p<0.1$。

表3-20显示了乡村教师对定期体检的评价差异情况。首先,从学历上看($df=-0.212$, $p<0.05$),大专及以下乡村教师在该问题上的算术平均分高于大学本科及以上的乡村教师,其中T检验结果显示,学历在大专及以下乡村教师的评价分值在0.05水平上显著高于大学本科及以上的乡村教师。其次,从教龄上看($df=0.2$, $p<0.05$),17年及以上乡村教师在该问题上的算术平均分高于17年以下的乡村教师,17年及以上乡村教师的评价分值在0.05水平上显著高于17年以下的乡村

教师。再次，从所教科目与专业一致性上看（$df = 0.201$，$p < 0.1$），所教科目与专业一致的乡村教师在该问题上的算术平均分高于所教科目与专业不一致的乡村教师，所教科目与专业一致乡村教师的评价分值在 0.1 水平上显著高于所教科目与专业不一致的乡村教师。最后，从学校级别上看（$df = -0.189$，$p < 0.05$），镇（乡）级及以上学校乡村教师在该问题上的算术平均分高于村（屯）级学校的乡村教师，镇（乡）级及以上学校乡村教师的评价分值在 0.05 水平上显著高于村（屯）级学校的乡村教师。不同性别、不同职称乡村教师在该问题上的态度不存在显著性差异。可见，学历大专及以下、教龄 17 年及以上、所教科目与专业一致、镇（乡）级及以上乡村学校的乡村教师，在该问题上的算术平均分高，说明他们对乡村教师可定时参加体检更加认同，但不可忽视的是整体平均分偏低的问题。

（五）住房公积金和各项社会保险费缴纳

社会保险旨在抵御各类风险，消除乡村教师的后顾之忧，一般包括医疗保险、住房公积金、养老保险、生育保险、失业保险等。"支持计划"明确规定，"依法为教师缴纳住房公积金和各项社会保险费"，关于六盘山连片特困区乡村教师住房公积金和各项社会保险费缴纳的落实情况的调查结果如图 3-18 和表 3-21 所示。

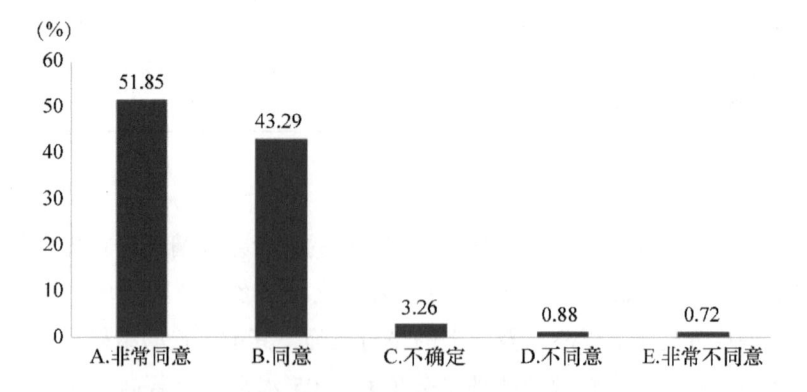

图 3-18 当地能够依法缴纳住房公积金和各项社会保险费

在回答"当地能够依法缴纳住房公积金和各项社会保险费"这一

问题上,从图 3-18 可以看出,95.14% 的乡村教师表示"非常同意"或"同意",选择"不同意"或"非常不同意"的乡村教师占 1.6%,另有 3.26% 的老师表示"不确定"。而被访谈的教育行政部门领导、乡村学校校长、教师等则均持肯定态度。结果表明:六盘山连片特困区能够较好地为乡村教师缴纳住房公积金和各项社会保险费。

表 3-21　　住房公积金和各项社会保险费缴纳的评价差异

变量		人数占比(%)	住房公积金和各项社会保险费 Mean	SE	Difference
教师性别	女	57.15	4.385	[0.024]	-0.163***
	男	42.85	4.547	[0.022]	
教师学历	大学本科及以上	44.21	4.472	[0.013]	0.031
	大专及以下	55.79	4.441	[0.037]	
教师职称	一级及以上	48.22	4.510	[0.028]	0.107**
	二级及以下	51.78	4.403	[0.027]	
教师教龄	17 年及以上	46.30	4.518	[0.025]	0.118**
	17 年以下	53.70	4.400	[0.025]	
教师所教科目与专业一致性	一致	75.64	4.485	[0.025]	0.040***
	不一致	24.36	4.445	[0.020]	
教师所属学校级别	村(屯)级	39.68	4.467	[0.018]	0.021
	镇(乡)级及以上	60.32	4.446	[0.035]	

注:*** 表示 $p<0.01$,** 表示 $p<0.05$。

表 3-21 显示了乡村教师对住房公积金和各项社会保险费的评价差异情况。首先,从性别上看($df=-0.163$,$p<0.01$),男性乡村教师的评价算术平均分高于女性乡村教师,其中 T 检验结果显示,男性乡村教师的评价分值在 0.01 水平上显著高于女性乡村教师。其次,从职称上看($df=0.107$,$p<0.05$),一级及以上乡村教师在该问题上的算术平均分高于二级及以下的乡村教师,一级及以上乡村教师的评价分值在 0.05 水平上显著高于二级及以下的乡村教师。再次,从教龄上看($df=0.118$,$p<0.05$),17 年及以上乡村教师在该问题上的算术平均分高于

17年以下的乡村教师，17年及以上的乡村教师的评价分值在0.05水平上显著高于17年以下的乡村教师。最后，从所教科目与专业一致性上看（$df=0.04$，$p<0.01$），所教科目与专业一致的乡村教师在该问题上的算术平均分高于所教科目与专业不一致的乡村教师，所教科目与专业一致乡村教师的评价分值在0.01水平上显著高于所教科目与专业不一致的乡村教师。不同学历、不同学校级别的乡村教师对该问题的态度不存在显著性差异。可见，男性、职称一级及以上、教龄17年及以上、所教科目与专业一致的乡村教师，在该问题上的算术平均分高，说明他们对"当地能够依法缴纳住房公积金和各项社会保险费"更加认同。

（六）工作选调

"支持计划"对生活补助、工资待遇、住房保障、医疗保障、住房公积金和各项社会保险费缴纳等生活待遇政策有明确要求，六盘山连片特困区各地根据实际情况，从工作选调、奖励补助或交通补助等方面制定具体举措，以提高乡村教师的生活待遇。满足乡村教师工作选调需求，充分体现了各地"以人为本"的用人理念。甘肃景泰县要求："教师夫妻双方均在我县农村任教的，在自愿的情况下，根据工作需要，由教育局负责选调一方到离家就近学校工作。"甘肃会宁县要求："乡村教师夫妻双方均在同一县域内工作的或父母年老体衰、无人照顾的，在自愿的情况下，由县教育、人社部门负责选调一方到离家就近学校工作。"宁夏西海固地区则要求，乡村教师夫妻双方均在农村学校任教，在自愿的情况下，可选调一方到离家近的学校工作。青海民和县则要求："任教满5年的在编在岗公办学校教师，因夫妻两地分居等问题，申请调回原地乡村学校任教的，在有编有岗的情况下，开辟绿色通道予以办理，保持乡村教师队伍稳定。"这里对乡村教师工作选调政策的落实情况进行了调查，其结果如图3-19、表3-22所示。

在回答"条件满足且自愿的情况下，当地会选调乡村教师到离家近的学校工作"这一问题上，从图3-19可以看出，36.44%的乡村教师表示"非常同意"，33.41%的乡村教师选择"同意"，选择"不同意"或"非常不同意"的乡村教师占11.15%，另有高达19%的乡村教师选择"不确定"，说明他们对工作选调政策的知晓程度不高。结果表明：

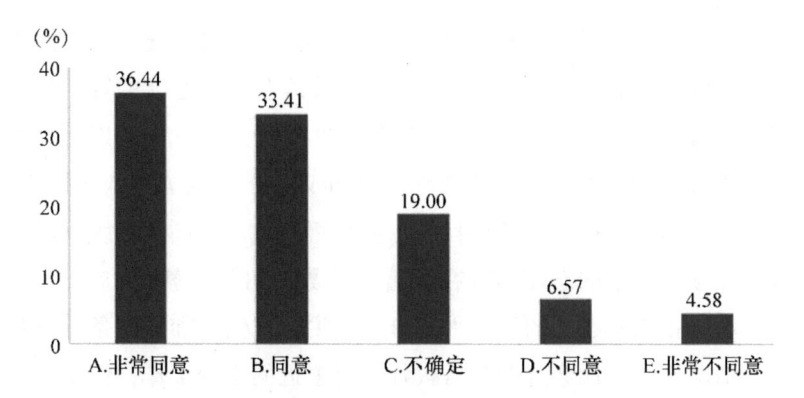

第三章 《乡村教师支持计划（2015—2020年）》精准支持的现状调查 197

(%)
40 ┤ 36.44
          33.41
30 ┤
20 ┤   19.00
10 ┤   6.57   4.58
 0 └──A.非常同意─B.同意─C.不确定─D.不同意─E.非常不同意

图3-19 条件满足且自愿的情况下，当地会选调乡村教师
到离家近的学校工作

乡村教师工作选调政策的实施有待进一步加强，政策的知晓度相对较低。在访谈中，乡村教师普遍认为，关于工作选调政策了解程度不够，身边很少有通过工作选调实现工作单位调整的教师，他们一般利用"县管校聘"的机会，通过申请、竞聘的方式实现工作单位的调整。

表3-22　　　　　　　　　工作选调的评价差异

变量		人数占比（%）	工作选调		Difference
			Mean	SE	
教师性别	女	57.15	3.881	[0.109]	-0.057
	男	42.85	3.938	[0.082]	
教师学历	大学本科及以上	44.21	3.822	[0.095]	-0.149
	大专及以下	55.79	3.972	[0.090]	
教师职称	一级及以上	48.22	3.926	[0.105]	0.040
	二级及以下	51.78	3.886	[0.092]	
教师教龄	17年及以上	46.30	3.974	[0.091]	0.128*
	17年以下	53.70	3.846	[0.090]	
教师所教科目与专业一致性	一致	75.64	3.929	[0.086]	0.096
	不一致	24.36	3.833	[0.124]	
教师所属学校级别	村（屯）级	39.68	3.863	[0.119]	-0.070
	镇（乡）级及以上	60.32	3.933	[0.098]	

注：* 表示 $p<0.1$。

表 3-22 显示了乡村教师对工作选调的评价差异情况。从教龄上看（$df=0.128$，$p<0.1$），17 年及以上乡村教师在该问题上的算术平均分高于 17 年以下的乡村教师，其中 T 检验结果显示，17 年及以上乡村教师的评价分值在 0.1 水平上显著高于 17 年以下的乡村教师。不同性别、不同学历、不同职称、所教科目与专业是否一致、不同学校级别的乡村教师，在该问题上的态度不存在显著性差异。可见，教龄 17 年及以上的乡村教师在该问题上的算术平均分高，说明他们更加认同条件满足且自愿的情况下，当地会选调乡村教师到离家近的学校工作，但是不可忽视的是整体平均分偏低的问题。

（七）其他方面

为鼓励和支持乡村骨干教师发展，部分地区实施了奖励补助政策、交通补助政策等。如宁夏实施的乡村骨干教师支持计划，要求各地方每年按照 10% 的比例评选乡村骨干教师，并给予奖励补助。对区级及以上、市、县三级骨干教师（学科带头人），Y 县分别给予每人每年 2000 元、1500 元、1000 元奖励补助，X 县分别给予每人每月 150 元、100 元和 50 元奖励津贴（每年按 10 个月计）。Y 县将乡村教师交通补贴提高到人均每月山区 80 元；X 县按任教学校距县城距离实行 200 元至 600 元交通补助政策。

二 乡村教师编制支持现状

从城镇和农村采用班师比配置教师，到按照生师比配置教师（标准依城市、县镇和农村递减），乡村教师编制数远远低于实际需要。2014 年，《关于统一城乡中小学教职工编制标准的通知》提出，统一城乡编制标准，并对规模较小的村小和教学点适当倾斜，按照生师比和班师比相结合的方式核定。编制标准由"城乡倒挂"转变为"向乡村倾斜"[1]。"支持计划"则进一步强调了该编制标准，并在县级编制核定、编制调制、人员配备等方面提出了明确的支持要求。

---

[1] 朱秀红、刘善槐等：《乡村振兴背景下农村教师队伍建设的政策思路、执行陷阱与改革逻辑》，《华东师范大学学报》（教育科学版）2022 年第 6 期。

(一) 编制均衡配置

"支持计划"要求县级教育行政部门按照班额、生源等情况，统筹分配各校教职工编制，通过调剂编制、加强人员配备等方式，进一步向人口稀少的教学点、村小学倾斜，重点解决教师全覆盖的问题。以 Y 县为例，遵循"省级统筹、市域调剂、动态调配"的工作思路，教育行政部门每学年初按照学校布局、班额、生源、教育教学改革需求等，提出统筹调整方案，不断加大教职工编制统筹配置和动态调整。为满足乡村教育快速发展的需求，Y 县实行教师编制配备和购买工勤服务。Y 县教育行政部门主管领导在谈到"乡村教师编制配置"时表示：

>我们积极争取公费师范生和特岗教师招录名额和"编制周转池"编制，接收其他县区连人带规划转教师，对寄宿制和承担较多教学点管理任务的乡村学校，按照一定比例核增编制，逐步压缩使用事业编制的非教学人员比例，通过政府购买服务的方式，满足教学辅助和后勤服务需求，切实提高编制资源使用效益。

Y 县 2015—2021 年在编乡村教师的占比情况如表 3-23。

表 3-23　　Y 县 2015—2021 年在编乡村教师的占比

年份	学校数（所）	在编教师数（人）	乡村学校数（所）	在编乡村教师数（人）	在编乡村教师占比（%）
2015	237	3709	150	1858	50.09
2016	231	3775	147	1818	48.16
2017	229	3770	148	1813	48.09
2018	226	4090	142	2003	48.97
2019	215	3849	135	1795	46.64
2020	213	3871	135	1945	50.25
2021	205	3931	127	1700	43.25

从表 3-23 可以看出，Y 县 2015—2021 年在编乡村教师占比在 43%—50%，在编乡村教师占比并未呈现出逐年递增的趋势。Y 县教育

行政主管领导表示，在编乡村教师占比不增反减的主要原因在于，为有效破解"无编可用"的困境，着力实施"农村集中办学计划"，整合撤并小规模学校，不断优化调整小规模学校和教学点布局。X县在"十三五"期间，共整合20所农村中小学为九年一贯制学校，撤并学校94所，改制教学点208个。随着教学点和小规模学校的撤并，乡村学校编制资源配置得到进一步优化，各乡村学校师资配置更加均衡、结构更加合理。

在访谈中，YC-1（乡镇中学校长）表示："学校有近两千名学生，共46个班，编制数有100个，相较于城市相似规模的某中学，我们少了约三十几个编制数。"YJ-1（九年一贯制学校校长）谈道："学校目前近1500名学生，共32个班，四十几个编制确实紧张，教育局计划从其他县划转安排10个老师，特岗教师拟转正13个，学校的教师编制总量会明显提升。"YZ-1（乡镇中心小学校长）表示：

> 我们学校规模不大，约300个学生，在编教师有近70个，相较于城市400多人的小学，我们多了约二十几个编制。从总量上看，我们不缺老师，我们还有体育、音乐、美术老师，但是我所分管的村屯完全小学，音体美由语文老师、数学老师代教的现象很普遍，我们只能通过"走教"的形式，满足部分学校对薄弱学科教师的需求。

不难看出，乡村中学教师编制在总量上仍存在不足，乡村小学教师的编制总量虽然充足，但是村屯级乡村小学学科结构性缺编问题仍然存在。

（二）编制使用效益

乡村教师编制使用效益主要体现在能否确保乡村学校开足开齐国家规定课程，为提升乡村教师编制的使用效益，六盘山连片特困区各地结合当地实际，采取了一系列举措。例如宁夏海原县要求重点向人口稀少的教学点、村小学按照规定的编制标准进行核编，10名学生以下保证有2名在编教师，10—30名学生保证有3名在编教师，30名以上不得少于4名在编教师,以确保教学点师资配备和学生安全,确保乡村学校开足开齐国家规定的课程。为了解六盘山连片特困区乡村教师编制使用效益,这里以"本校教师编制总量能够确保开足开齐国家规定课程"为题进行了调查,其结果如图3-20、表3-24所示。

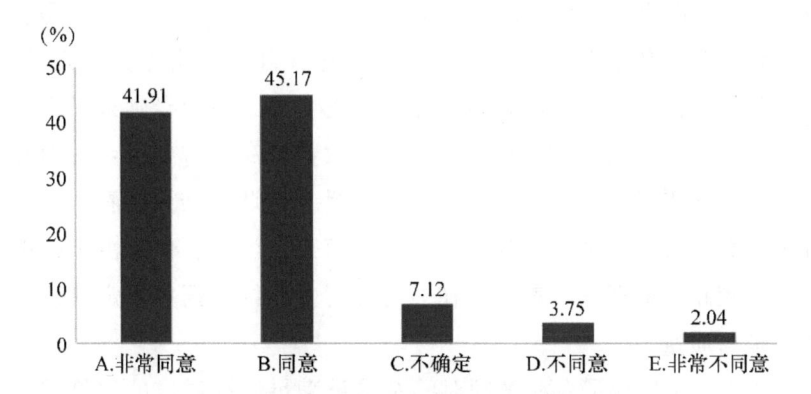

图3-20 乡村教师编制总量能够确保开足开齐国家规定课程

表3-24　　　　编制总量满足课程需求的评价差异

变量		人数占比（%）	编制总量满足课程需求 Mean	SE	Difference
教师性别	女	57.15	4.142	[0.063]	-0.173**
	男	42.85	4.315	[0.080]	
教师学历	大学本科及以上	44.21	4.139	[0.055]	-0.138*
	大专及以下	55.79	4.278	[0.078]	
教师职称	一级及以上	48.22	4.328	[0.072]	0.216***
	二级及以下	51.78	4.112	[0.054]	
教师教龄	17年及以上	46.30	4.337	[0.074]	0.224**
	17年以下	53.70	4.113	[0.046]	
教师所教科目与专业一致性	一致	75.64	4.118	[0.069]	-0.130*
	不一致	24.36	4.248	[0.092]	
教师所属学校级别	村（屯）级	39.68	4.187	[0.096]	-0.050
	镇（乡）级及以上	60.32	4.236	[0.064]	

注：*** 表示 $p<0.01$, ** 表示 $p<0.05$, * 表示 $p<0.1$。

从图 3-20 可以看出，41.91% 的乡村教师表示"非常同意"，45.17% 的乡村教师表示"同意"，选择"不同意"或"非常不同意"的乡村教师占 5.79%，7.12% 的乡村教师选择了"不确定"。在访谈中，乡镇中心小学教师 XZ-J1 表示："学校教师完全能够确保开足开齐国家规定课程，而且副科老师还能主动利用当地自然文化资源，打造特色课程，传承红色文化、非物质文化、自然文化等资源。"村屯小学任课教师则表示，副科老师相对缺乏，多为主课老师兼任副科课程。可见，乡镇级乡村学校的编制使用效益更高，村屯级乡村学校的音体美课程需求在一定程度上得不到满足。从调研结果来看，乡村教师编制总量总体上能够保证开足开齐国家规定课程，但是由于村屯级乡村学校缺少薄弱学科教师，在一定程度上制约了国家规定课程的开设数量与质量。

表 3-24 显示了乡村教师对编制总量满足课程需求的评价差异情况。首先，从性别上看（$df = -0.173$，$p < 0.05$），男性乡村教师的评价算术平均分高于女性乡村教师，其中 T 检验结果显示，男性乡村教师的评价分值在 0.05 水平上显著高于女性乡村教师。其次，从学历上看（$df = -0.138$，$p < 0.1$），大专及以下乡村教师在该问题上的算术平均分高于大学本科及以上的乡村教师，学历在大专及以下乡村教师的评价分值在 0.1 水平上显著高于大学本科及以上的乡村教师。再次，从职称上看（$df = 0.216$，$p < 0.01$），一级及以上乡村教师在该问题上的算术平均分高于二级及以下的乡村教师，一级及以上乡村教师的评价分值在 0.01 水平上显著高于二级及以下的乡村教师。复次，从教龄上看（$df = 0.224$，$p < 0.05$），17 年及以上乡村教师在该问题上的算术平均分高于 17 年以下的乡村教师，17 年及以上乡村教师的评价分值在 0.05 水平上显著高于 17 年以下的乡村教师。最后，从所教科目与专业一致性上看（$df = -0.13$，$p < 0.1$），所教科目与专业不一致的乡村教师在该问题上的算术平均分高于所教科目与专业一致的乡村教师，所教科目与专业不一致乡村教师的评价分值在 0.1 水平上显著高于所教科目与专业一致的乡村教师。不同学校级别的乡村教师对该问题的态度不存在显著性差异。可见，男性、学历在大专及以下、职称一级及以上、教龄 17 年及

以上、所教科目与专业不一致的乡村教师，在该问题上的算术平均分高，说明他们更加认同乡村学校的编制总量能够满足开齐国家规定课程的需求。

（三）编制闲置与占用

"支持计划"中明确了"两个严禁"，即严禁在有合格教师来源的情况下"有编不补"、长期使用临聘人员；严禁任何部门和单位以任何理由、任何形式占用或变相占用乡村中小学教职工编制。这里从编制闲置和编制占用两方面进行调查，其结果如图3-21和表3-25、图3-22和表3-26所示。

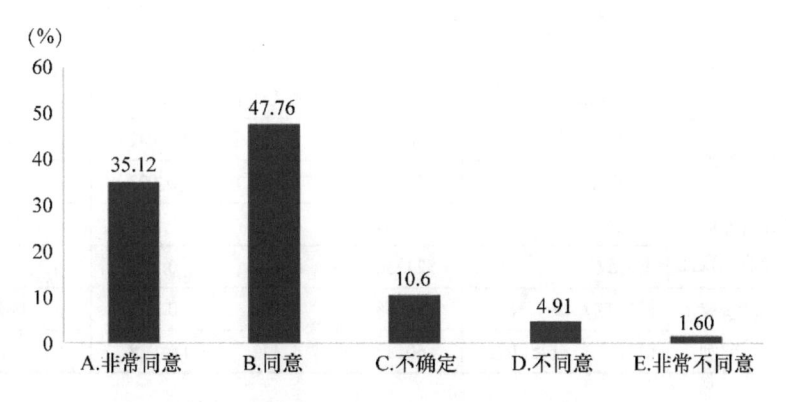

图3-21　在有合格教师来源下，不存在"有编不补"或长期使用临聘代课人员的情况

在编制闲置方面，对于"在有合格教师来源下，不存在'有编不补'或长期使用临聘代课人员的情况"这一问题，从图3-21可以看出，35.12%的乡村教师表示"非常同意"，47.76%的乡村教师选择"同意"，选择"不同意"或"非常不同意"的乡村教师占6.51%，还有10.6%的乡村教师选择"不确定"。结果表明：乡村学校整体上较少存在"有编不补"或长期使用临聘代课人员的情况，但有部分教师对编制闲置问题并不清楚。

表3-25显示了乡村教师对编制闲置的评价差异情况。从表3-25可见，不同性别、不同学历、不同职称、不同教龄、所教科目与专业是

否一致、不同学校级别的乡村教师，对该问题的态度不存在显著性差异。

表3-25 不存在"有编不补"或长期使用临聘代课人员的差异

变量		人数占比（%）	不存在"有编不补"或长期使用临聘代课人员 Mean	SE	Difference
教师性别	女	57.15	4.099	[0.018]	-0.026
	男	42.85	4.125	[0.022]	
教师学历	大学本科及以上	44.21	4.175	[0.035]	0.116
	大专及以下	55.79	4.059	[0.045]	
教师职称	一级及以上	48.22	4.088	[0.033]	-0.043
	二级及以下	51.78	4.131	[0.020]	
教师教龄	17年及以上	46.30	4.068	[0.042]	-0.078
	17年以下	53.70	4.146	[0.027]	
教师所教科目与专业一致性	一致	75.64	4.104	[0.025]	-0.008
	不一致	24.36	4.112	[0.025]	
教师所属学校级别	村（屯）级	39.68	4.061	[0.024]	-0.081
	镇（乡）级及以上	60.32	4.142	[0.028]	

在编制占用方面，在回答"学校不以任何理由、任何形式占用或变相占用教职工编制"这一问题上，从图3-22可以看出，47.74%的乡村教师表示"非常同意"，47.87%的乡村教师选择"同意"，选择"不同意"或"非常不同意"的乡村教师占2.2%，还有7.18%的乡村教师选择"不确定"。结果表明：整体上乡村教师认为，学校能够较好地做到不以任何理由、任何形式占用或变相占用教职工编制，但是也有相当一部分教师对编制占用问题并不关心。

表3-26显示了乡村教师对编制占用的评价差异情况。首先，从性别上看（$df = -0.037$，$p < 0.05$），男性乡村教师评价的算术平均分高于女性乡村教师，其中T检验结果显示，男性乡村教师的评价分值在0.05水平上显著高于女性乡村教师。其次，从学历上看（$df = 0.065$，$p < 0.1$），大学本科及以上乡村教师在该问题上的算术平均分高于大专

(%)

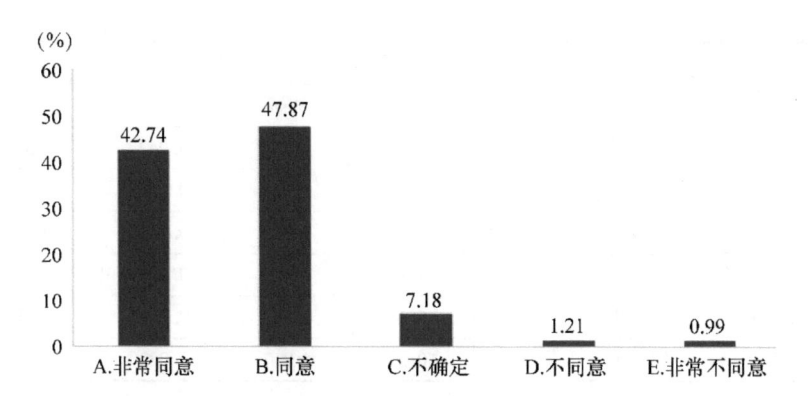

图 3-22　学校不以任何理由、任何形式占用或变相占用教职工编制

及以下的乡村教师，学历在大学本科及以上乡村教师的评价分值在 0.1 水平上显著高于大专及以下的乡村教师。最后，从职称上看（$df = -0.042$，$p < 0.1$），二级及以下乡村教师在该问题上的算术平均分高于一级及以上的乡村教师，二级及以下乡村教师的评价分值在 0.1 水平上显著高于一级及以上的乡村教师。不同教龄、所教科目与专业是否一致、不同学校级别的乡村教师，对该问题的态度不存在显著性差异。可见，男性、学历大学本科及以上、职称二级及以下的乡村教师，在该问题上的算术平均分高，说明他们对学校不以任何理由、任何形式占用或变相占用教职工编制更加认同。

表 3-26　　　　　　　学校不占用教职工编制的差异

变量		人数占比（%）	不占用教职工编制 Mean	SE	Difference
教师性别	女	57.15	4.296	[0.029]	-0.037**
	男	42.85	4.332	[0.022]	
教师学历	大学本科及以上	44.21	4.348	[0.026]	0.065*
	大专及以下	55.79	4.283	[0.039]	
教师职称	一级及以上	48.22	4.290	[0.037]	-0.042*
	二级及以下	51.78	4.332	[0.022]	

续表

变量		人数占比（%）	不占用教职工编制 Mean	SE	Difference
教师教龄	17年及以上	46.30	4.297	[0.042]	-0.028
	17年以下	53.70	4.324	[0.019]	
教师所教科目与专业一致性	一致	75.64	4.343	[0.045]	0.042
	不一致	24.36	4.301	[0.024]	
教师所属学校级别	村（屯）级	39.68	4.303	[0.036]	-0.013
	镇（乡）级及以上	60.32	4.317	[0.022]	

注：** 表示 $p<0.05$，* 表示 $p<0.1$。

第四节 乡村教师职称与流动支持现状

职称评聘关系到教师的经济收入、职业发展及专业地位，它是乡村教师队伍建设的重要制度性因素和重要抓手。乡村教师流动问题，不仅是乡村教师补充的一种方式，而且能够有效改善乡村教师结构，提高乡村教育质量。

一 乡村教师职称支持现状

"支持计划"要求"职称（职务）评聘向乡村学校倾斜"，六盘山连片特困区各地通过创新与完善乡村教师职称评聘指标分配、职称评聘标准、职称约束条件等举措，努力造就一支高素质的乡村教师队伍。

（一）职称（职务）评聘向乡村教师倾斜

为全面了解六盘山连片特困区乡村教师职称（职务）评聘政策落地情况，这里对职称（职务）分配是否向乡村教师倾斜、样本教师的职称（职务）等级等进行调查，其结果如图3-23和表3-27所示。

在回答"职称（职务）评聘能够切实向乡村教师倾斜"这一问题上，从图3-23可以看出，42.79%的乡村教师表示"非常同意"，44.28%的乡村教师选择"同意"，选择"不同意"或"非常不同意"的乡村教师占3.97%，还有8.95%的乡村教师选择"不确定"，说明这

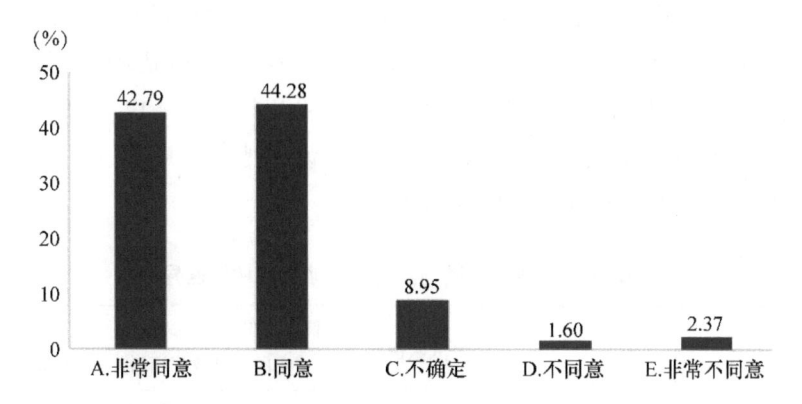

图 3-23 职称（职务）评聘能够切实向乡村教师倾斜

部分乡村教师对此项政策不太了解。在访谈中，X县乡镇中心小学校长XZ-1表示："乡村教师的职称明显好评，在乡村学校任教无间断满10年或15年，且仍在乡村学校教学岗位上的教师，只需要具备业绩与成果要求中的1项，就可以评一级教师，但城市教师需要满足2项，教研员则需要满足3项。"结果表明：六盘山连片特困区能够较好地在职称（职务）评聘上切实向乡村教师倾斜，但部分乡村教师对职称（职务）评聘的了解度不够。

表3-27显示了乡村教师对职称（职务）评聘向乡村教师倾斜的评价差异情况。首先，从性别上看（$df = -0.157$，$p < 0.01$），男性乡村教师的算术平均分高于女性乡村教师，其中T检验结果显示，男性乡村教师的评价分值在0.01水平上显著高于女性乡村教师。其次，从学历上看（$df = -0.208$，$p < 0.01$），大专及以下乡村教师在该问题上的算术平均分高于大学本科及以上的乡村教师，学历在大专及以下乡村教师的评价分值在0.01水平上显著高于大学本科及以上的乡村教师。再次，从职称上看（$df = 0.191$，$p < 0.01$），一级及以上乡村教师在该问题上的算术平均分高于二级及以下的乡村教师，一级及以上乡村教师的评价分值在0.01水平上显著高于二级及以下的乡村教师。最后，从教龄上看（$df = 0.263$，$p < 0.01$），17年及以上乡村教师在该问题上的算术平均分高于17年以下的乡村教师，17年及以上乡村教师的评价分值在

0.01水平上显著高于17年以下的乡村教师。所教科目与专业是否一致、不同学校级别的乡村教师，对该问题的态度不存在显著性差异。可见，男性、学历在大专及以下、职称一级及以上、教龄17年及以上的乡村教师，在该问题上的算术平均分高，说明他们对职称（职务）评聘能够切实向乡村教师倾斜更加认同。

表3-27　职称（职务）评聘向乡村教师倾斜的评价差异

变量		人数占比（%）	职称（职务）评聘能够切实向乡村教师倾斜 Mean	SE	Difference
教师性别	女	57.15	4.171	[0.079]	-0.157***
	男	42.85	4.328	[0.072]	
教师学历	大学本科及以上	44.21	4.123	[0.069]	-0.208***
	大专及以下	55.79	4.330	[0.062]	
教师职称	一级及以上	48.22	4.338	[0.074]	0.191***
	二级及以下	51.78	4.146	[0.065]	
教师教龄	17年及以上	46.30	4.380	[0.057]	0.263***
	17年以下	53.70	4.117	[0.062]	
教师所教科目与专业一致性	一致	75.64	4.220	[0.082]	-0.024
	不一致	24.36	4.244	[0.084]	
教师所属学校级别	村（屯）级	39.68	4.271	[0.089]	0.053
	镇（乡）级及以上	60.32	4.217	[0.083]	

注：*** 表示 $p<0.01$。

（二）乡村教师职称评聘标准

"支持计划"要求："乡村教师评聘职称（职务）时不作外语成绩（外语教师除外）、发表论文的刚性要求，坚持育人为本、德育为先，注重师德素养，注重教育教学工作业绩，注重教育教学方法，注重教育教学一线实践经历。"六盘山连片特困区各地在"实施办法"中重申了此要求，如宁夏彭阳县对长期在农村中小学校、幼儿园工作的教师且现仍在乡村教学岗位上，连续工作15年晋升中级职称，连续工作25年晋升高级及以上职称，且历年年度考核合格以上，经所在单位研究同意，教育主管部门审核，公示无异议的，可不受专业技术岗位结构比例限制，直接参加专业技术资格评审。为全面了解职称评价举措的落实情况，这里对乡村教师职称评聘标准进行了调研，其结果如图3-24、表3-28所示。

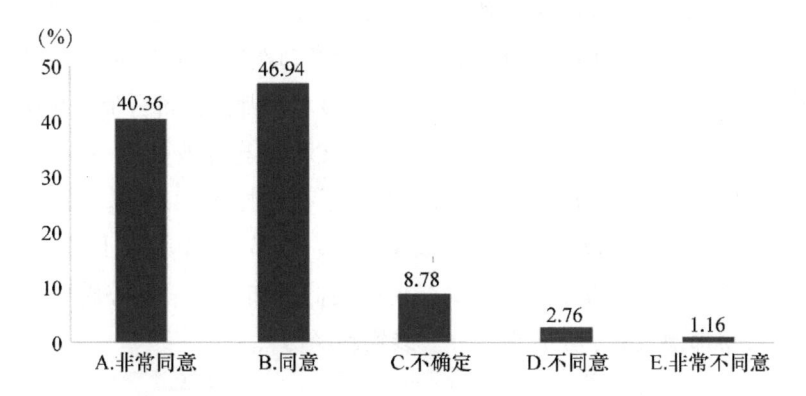

图3-24 评聘职称（职务）不作外语（外语教师除外）、论文刚性要求，重点考察师德、业绩和一线经历

在回答"在评聘职称（职务）时，不作外语成绩（外语教师除外）、发表论文的刚性要求，重点考察师德素养、工作业绩、一线实践经历"这一问题上，从图3-24可以看出，40.36%的乡村教师表示"非常同意"，46.94%的乡村教师选择"同意"，选择"不同意"或"非常不同意"的乡村教师占3.92%，还有8.78%的乡村教师选择"不确定"，说明他们不太了解职称评聘标准。在访谈中，Y县教育行政部门主管领导表示："在职称评审的条件里，针对教研员才会有发表论文的刚性要求，对中小学（幼儿园）教师，我们均不作外语成绩和发表论文的刚性要求。"结果表明：六盘山连片特困区各地整体上能够较好地落实乡村教师职称评聘的相关要求。

表3-28显示了乡村教师对职称评聘标准的评价差异情况。首先，从性别上看（$df = -0.174$，$p < 0.01$），男性乡村教师评价的算术平均分高于女性乡村教师，其中T检验结果显示，男性乡村教师的评价分值在0.01水平上显著高于女性乡村教师。其次，从学历上看（$df = -0.074$，$p < 0.05$），大专及以下乡村教师在该问题上的算术平均分，

高于大学本科及以上的乡村教师，学历在大专及以下乡村教师的评价分值在 0.05 水平上显著高于大学本科及以上的乡村教师。再次，从职称上看（$df=0.113$，$p<0.01$），一级及以上乡村教师在该问题上的算术平均分，高于二级及以下的乡村教师，一级及以上乡村教师的评价分值在 0.01 水平上显著高于二级及以下的乡村教师。最后，从教龄上看（$df=0.134$，$p<0.01$），17 年及以上乡村教师在该问题上的算术平均分高于 17 年以下的乡村教师，17 年及以上乡村教师的评价分值在 0.01 水平上显著高于 17 年以下的乡村教师。所教科目与专业是否一致、不同学校级别的乡村教师，对该问题的态度不存在显著性差异。可见，男性、学历在大专及以下、职称一级及以上、教龄 17 年及以上的乡村教师，在该问题上的算术平均分高，说明他们更加认同"在评聘职称时，重点考察师德素养、工作业绩、一线实践经历"。

表 3–28　　　　职称（职务）评聘标准的评价差异

变量		人数占比（%）	评聘职称（职务）重点考察的内容 Mean	SE	Difference
教师性别	女	57.15	4.160	[0.046]	−0.174***
	男	42.85	4.334	[0.031]	
教师学历	大学本科及以上	44.21	4.193	[0.046]	−0.074**
	大专及以下	55.79	4.267	[0.036]	
教师职称	一级及以上	48.22	4.293	[0.033]	0.113***
	二级及以下	51.78	4.180	[0.043]	
教师教龄	17 年及以上	46.30	4.306	[0.026]	0.134***
	17 年以下	53.70	4.173	[0.041]	
教师所教科目与专业一致性	一致	75.64	4.223	[0.070]	−0.016
	不一致	24.36	4.238	[0.044]	
教师所属学校级别	村（屯）级	39.68	4.232	[0.059]	−0.004
	镇（乡）级及以上	60.32	4.236	[0.042]	

注：*** 表示 $p<0.01$，** 表示 $p<0.05$。

(三) 城市教师职称约束条件

"支持计划"要求:"城市中小学教师晋升高级教师职称(职务),应有在乡村学校或薄弱学校任教一年以上的经历。"为鼓励城市中小学老师到乡村学校或薄弱学校任教,六盘山连片特困区各地根据实际,主要从职称级别和任教年限两方面细化了职称约束条件。一方面,扩展职称晋升级别要求,如宁夏西海固地区将职称晋升级别从高级扩展到晋升中、高级职称均须有一年以上的经历。另一方面,延长乡村任教年限,如甘肃会宁县则规定县域内评定高级职称的教师,须有乡村任教3年以上经历。这里对职称约束条件的落实情况进行调查,其结果如图3-25和表3-29所示。

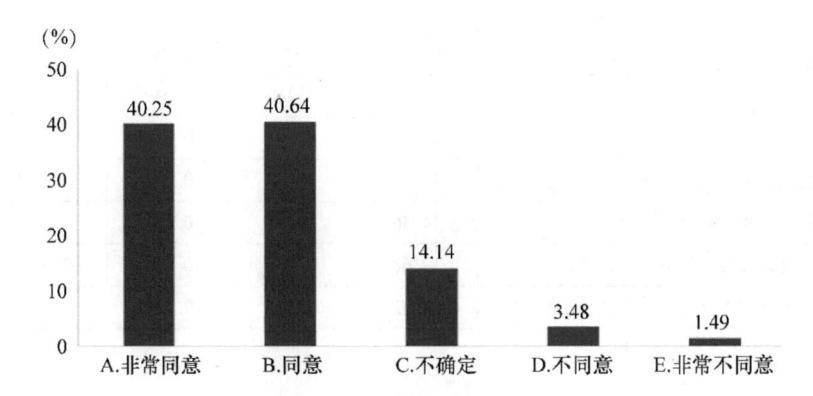

图3-25 城市教师晋升中高级职称,须有一年以上乡村或
薄弱学校任教经历

在回答"城市教师晋升中高级职称,须有一年以上乡村或薄弱学校任教经历"这一问题上,从图3-25可以看出,40.25%的乡村教师表示"非常同意",40.64%的乡村教师选择"同意",选择"不同意"或"非常不同意"的乡村教师占4.97%,另有高达14.14%的乡村教师选择"不确定",说明他们不太了解乡村教师职称评聘的约束条件。在访谈中,Y县教育行政部门的主管领导表示:"城市教师申报一级教师、高级教师和正高级教师时,在教育教学能力要求方面,必须有一年以上在薄弱学校或农村学校任教的经历。"结果表明:六盘山连片特困区各

地能够较好地落实城市教师职称晋升须有一年以上乡村学校或薄弱学校任教经历的政策。

表3-29 城市教师晋升中高级职称,须有一年以上乡村学校或薄弱学校任教经历

变量		人数占比(%)	城市教师支持晋升条件		Difference
			Mean	SE	
教师性别	女	57.15	4.069	[0.042]	-0.185***
	男	42.85	4.255	[0.055]	
教师学历	大学本科及以上	44.21	4.077	[0.038]	-0.129***
	大专及以下	55.79	4.206	[0.044]	
教师职称	一级及以上	48.22	4.206	[0.053]	0.111***
	二级及以下	51.78	4.095	[0.039]	
教师教龄	17年及以上	46.30	4.236	[0.049]	0.162***
	17年以下	53.70	4.074	[0.032]	
教师所教科目与专业一致性	一致	75.64	4.142	[0.065]	-0.009
	不一致	24.36	4.151	[0.057]	
教师所属学校级别	村(屯)级	39.68	4.161	[0.046]	0.020
	镇(乡)级及以上	60.32	4.141	[0.062]	

注:*** 表示 $p<0.01$。

表3-29显示了乡村教师对城市教师职称约束条件的评价差异情况。首先,从性别上看($df=-0.185$,$p<0.01$),男性乡村教师评价的算术平均分高于女性乡村教师,其中T检验结果显示,男性乡村教师的评价分值在0.01水平上显著高于女性乡村教师。其次,从学历上看($df=-0.129$,$p<0.01$),大专及以下的乡村教师在该问题上的算术平均分,高于大学本科及以上的乡村教师,学历在大专及以下乡村教师的评价分值在0.01水平上显著高于大学本科及以上的乡村教师。再次,从职称上看($df=0.111$,$p<0.01$),一级及以上乡村教师在该问题上的算术平均分高于二级及以下的乡村教师,一级及以上乡村教师的评价分值在0.01水平上显著高于二级及以下的乡村教师。最后,从教龄上看($df=0.162$,$p<0.01$),17年及以上乡村教师在该问题上的算术平

均分，高于 17 年以下的乡村教师，17 年及以上乡村教师的评价分值在 0.01 水平上显著高于 17 年以下的乡村教师。所教科目与专业是否一致、不同学校级别的乡村教师，对该问题的态度不存在显著性差异。可见，男性、学历在大专及以下、职称一级及以上、教龄 17 年及以上的乡村教师，在该问题上的算术平均分高，说明他们对"城市教师晋升中级或高级职称，须有一年以上乡村学校或薄弱学校任教的经历"更加认同。

二 乡村教师流动支持现状

"支持计划"强调要"推动城镇优秀教师向乡村学校流动"。六盘山连片特困区各地出台了一系列促进县域内教师流动的重要举措，这里主要从影响流动的两个重要方面，即流动方式和流动结果进行调研。

（一）流动方式

"支持计划"要求："各地要采取定期交流、跨校竞聘、学区一体化管理、学校联盟、对口支援、乡镇中心学校教师走教等多种途径和方式，引导优秀校长和骨干教师向本校流动。"这里对相关情况进行了调查，其结果如图 3-26、表 3-30 所示。

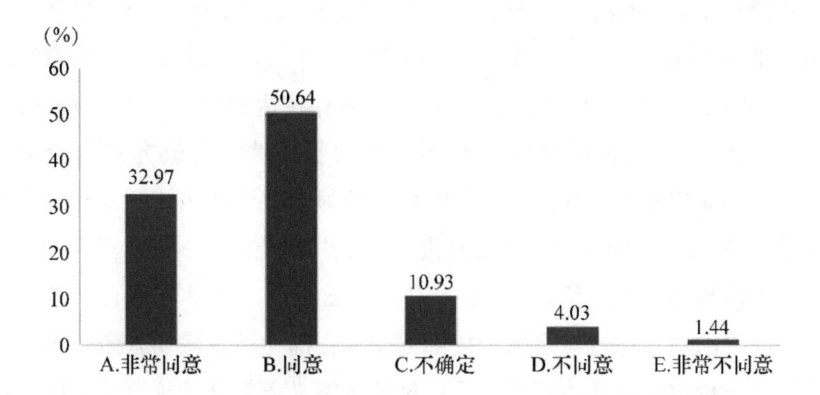

图 3-26 学校能够采取多种途径和方式引导优秀校长和骨干教师向本校流动

（A.非常同意 32.97%；B.同意 50.64%；C.不确定 10.93%；D.不同意 4.03%；E.非常不同意 1.44%）

表3-30 多种途径引导优秀校长和骨干教师向本校流动的评价差异

变量		人数占比（%）	引导优秀校长和骨干教师向本校流动的多种途径		Difference
			Mean	SE	
教师性别	女	57.15	4.126	[0.039]	0.077*
	男	42.85	4.049	[0.053]	
教师学历	大学本科及以上	44.21	4.096	[0.035]	0.006
	大专及以下	55.79	4.090	[0.052]	
教师职称	一级及以上	48.22	4.034	[0.048]	-0.113*
	二级及以下	51.78	4.147	[0.054]	
教师教龄	17年及以上	46.30	4.049	[0.053]	-0.082*
	17年以下	53.70	4.131	[0.046]	
教师所教科目与专业一致性	一致	75.64	4.079	[0.058]	-0.018
	不一致	24.36	4.097	[0.043]	
教师所属学校级别	村（屯）级	39.68	4.121	[0.031]	0.047
	镇（乡）级及以上	60.32	4.074	[0.053]	

注：*表示 $p<0.1$。

在回答"学校能够采取多种途径和方式引导优秀校长和骨干教师向本校流动"这一问题上，从图3-26可以看出，32.97%的乡村教师表示"非常同意"，50.64%的乡村教师选择"同意"，选择"不同意"或"非常不同意"的乡村教师占5.47%，另有高达10.93%的乡村教师选择"不确定"，这说明这些教师不了解校长、教师交流方式的相关举措。在访谈中发现，Y县全面实施乡村教师走教计划，缓解乡村教师结构性短缺问题；不断推广"集团化""城乡共同体"办学模式，加强集团化内部教师交流；组织开展校（园）长论坛、教学开放日、教育教学观摩等活动，促进城乡间、校际的交流；深化城乡联动教研计划，提升城乡学校教研共同体建设水平；规范实施义务教育学校校长教师交流轮岗，实行定期轮岗、挂职交流和选派交流三种校长交流轮岗形式，实行城乡中小学教师双向交流轮岗、乡镇中心小学与本乡镇村小及教学点教师交流两种教师交流轮岗形式；在各层次评优选先中，同等条件下优先考虑有乡村中小学交流任教经历的教师等。调研显示，六盘山连片特困区各地能够采取诸多措施，不断丰富教师流动方式，但乡村教师对不同流动方式的知晓程度不高，在一定程度上影响了流动的效果。

表3-30显示了乡村教师对引导优秀校长和骨干教师向本校流动的多种途径的评价差异情况。首先，从性别上看（$df=0.077$，$p<0.1$），女性乡村教师评价的算术平均分高于男性乡村教师，其中T检验结果显示，女性乡村教师的评价分值在0.1水平上显著高于男性乡村教师。其次，从职称上看（$df=-0.113$，$p<0.1$），二级及以下乡村教师在该问题上的算术平均分，高于一级及以上的乡村教师，二级及以下乡村教师的评价分值在0.1水平上显著高于一级及以上的乡村教师。最后，从教龄上看（$df=-0.082$，$p<0.1$），17年以下乡村教师在该问题上的算术平均分，高于17年及以上的乡村教师，17年以下乡村教师的评价分值在0.1水平上显著高于17年及以上的乡村教师。不同学历、所教科目与专业是否一致、不同学校级别的乡村教师，对该问题的态度不存在显著性差异。可见，女性、职称二级及以下、教龄17年以下乡村教师在该问题上的算术平均分高，说明她们对"学校能够采取多种途径和方式引导优秀校长和骨干教师向本校流动"更加认同。

（二）流动结果

"流动制度"执行的出发点和落脚点是"流动结果"，"流动结果"主要体现在量与质两个方面。这里从校长和教师的流动数量和流动质量两方面进行调查，其结果如图3-27、表3-31、表3-32、图3-28、表3-33、表3-34所示。

在流动数量方面。在回答"身边有校长或教师交流到本校"这一问题上，从图3-27可以看出，33.96%的乡村教师表示"非常同意"，49.92%的乡村教师选择"同意"，选择"不同意"或"非常不同意"的乡村教师占6.35%，另有9.77%的乡村教师选择"不确定"。从表3-31可以看出，2015—2021年，Y县校长的流动比例最高达到了29%，教师每年的流动比例保持在12%左右。在访谈中，X县教育行政部门主管领导表示："为均衡城乡师资力量，我们积极推进城乡校长、教师交流轮岗，实行音体美等紧缺学科教师走教制度，公选竞聘中小学

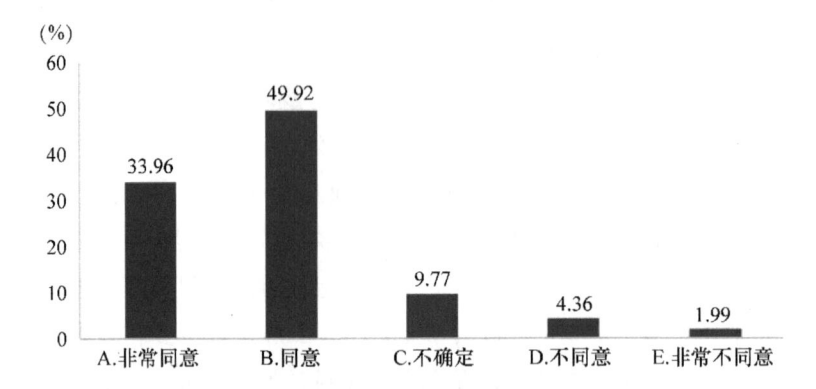

图 3-27　身边有校长或教师交流到本校

校长管理岗位，返聘长期坚守农村教学点的退休教师，继续服务偏远山区小规模学校，每年交流校长 50 人左右，交流教师 400 人左右。"从统计数据，以及 Y、X 个案县校长、教师的流动数量不难看出，教育行政部门能够采取积极有效措施，保持乡村教师队伍数量上的稳定，在"下得去"方面取得了一定成效，但部分乡村教师并不太关注城市与乡村教师的流动数量问题。

表 3-31　2015—2021 年 Y 县校长、教师流动情况统计

		2015 年	2016 年	2017 年	2018 年	2019 年	2020 年	2021 年
校长	城乡校长总数（人）	237	231	229	226	215	213	205
	流动人数（人）	32	28	67	33	24	60	49
	流动比例（%）	14	12	29	15	11	28	24
教师	城乡教师总数（人）	3709	3775	3770	4090	3849	3871	3931
	流动人数（人）	473	479	503	475	473	533	494
	流动比例（%）	13	13	13	12	12	14	13

注：校长总数含小规模学校、教学点负责人；表中的流动人数指义务教育阶段公办城镇和优质学校每年向农村学校、薄弱学校单向流动且符合流动条件的校长或教师数量。

表 3-32 显示了乡村教师对流动数量的评价差异情况。首先，从学历上看（$df=0.067$，$p<0.05$），大学本科及以上乡村教师评价的算术平均分高于大专及以下的乡村教师，其中 T 检验结果显示，大学本科及

以上乡村教师的评价分值在 0.05 水平上显著高于大专及以下的乡村教师。其次，从职称上看（$df = -0.15$，$p < 0.01$），二级及以下乡村教师在该问题上的算术平均分高于一级及以上的乡村教师，二级及以下乡村教师的评价分值在 0.01 水平上显著高于一级及以上的乡村教师。再次，从教龄上看（$df = -0.144$，$p < 0.01$），17 年以下乡村教师在该问题上的算术平均分高于 17 年及以上的乡村教师，17 年以下乡村教师的评价分值在 0.01 水平上显著高于 17 年及以上的乡村教师。不同性别、所教科目与专业是否一致、不同学校级别的乡村教师，对该问题的态度不存在显著性差异。可见，学历大学本科及以上、职称二级及以下、教龄17 年以下的乡村教师，在该问题上的算术平均分高，说明他们对"身边有城市教师或乡镇教师交流到本校"更加认同。

表 3 - 32　　　　　　　　　流动数量的评价差异

变量		人数占比（%）	流动数量 Mean	SE	Difference
教师性别	女	57.15	4.130	[0.028]	0.077
	男	42.85	4.053	[0.019]	
教师学历	大学本科及以上	44.21	4.134	[0.021]	0.067**
	大专及以下	55.79	4.067	[0.022]	
教师职称	一级及以上	48.22	4.019	[0.034]	-0.150***
	二级及以下	51.78	4.169	[0.013]	
教师教龄	17 年及以上	46.30	4.020	[0.032]	-0.144***
	17 年以下	53.70	4.163	[0.018]	
教师所教科目与专业一致性	一致	75.64	4.116	[0.023]	0.026
	不一致	24.36	4.090	[0.021]	
教师所属学校级别	村（屯）级	39.68	4.160	[0.024]	0.104
	镇（乡）级及以上	60.32	4.055	[0.034]	

注：*** 表示 $p < 0.01$，** 表示 $p < 0.05$。

在流动质量方面。在回答"流动校长、教师的管理或教学水平有助于提升本校的教育质量"这一问题上，从图 3 - 28 可以看出，33.68%的乡村教师表示"非常同意"，47.87%的乡村教师选择"同意"，选择

"不同意"或"非常不同意"的乡村教师占5.63%，另有高达12.81%的乡村教师选择"不确定"，说明他们不太关注教师流动对乡村教学质量的提升情况。

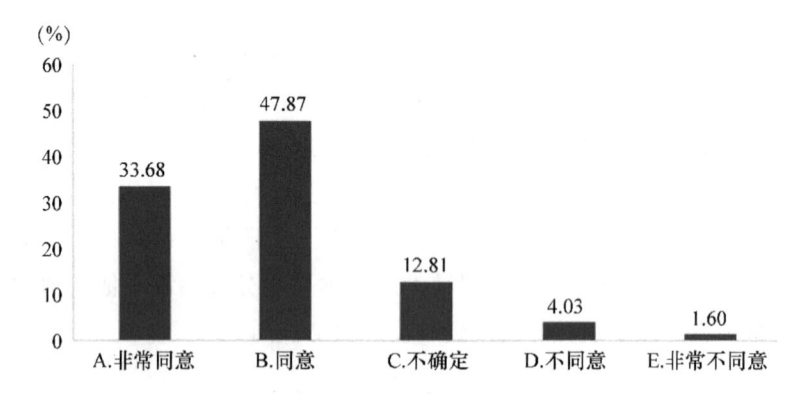

图3-28 流动校长、教师的管理或教学水平有助于提升本校的教育质量

- A.非常同意：33.68
- B.同意：47.87
- C.不确定：12.81
- D.不同意：4.03
- E.非常不同意：1.60

表3-33显示了乡村教师对流动质量评价的差异情况。从表3-33可见，不同性别、不同学历、不同职称、不同教龄、所教科目与专业是否一致、不同学校级别的乡村教师，在该问题上的态度不存在显著性差异。

表3-33　　　　　　　　流动质量的评价差异

变量		人数占比（%）	流动质量 Mean	SE	Difference
教师性别	女	57.15	4.079	[0.063]	-0.003
	男	42.85	4.082	[0.072]	
教师学历	大学本科及以上	44.21	4.028	[0.056]	-0.093
	大专及以下	55.79	4.122	[0.061]	
教师职称	一级及以上	48.22	4.094	[0.069]	0.026
	二级及以下	51.78	4.068	[0.060]	
教师教龄	17年及以上	46.30	4.118	[0.071]	0.071
	17年以下	53.70	4.047	[0.052]	

续表

变量		人数占比(%)	流动质量 Mean	SE	Difference
教师所教科目与专业一致性	一致	75.64	4.009	[0.085]	-0.094
	不一致	24.36	4.103	[0.062]	
教师所属学校级别	村（屯）级	39.68	4.088	[0.060]	0.013
	镇（乡）级及以上	60.32	4.075	[0.067]	

从表3-34可以看出，2015—2021年，Y县每年流动骨干教师人数占流动教师总人数的30%左右。在访谈中，YCW-J2（村屯级小学老师）谈道："交流的教师在1年教学工作中，确实能够提升我们的教育教学质量，但这些教师的目的也很明确，就是为了评职称。"XY-1（乡村幼儿园教师）表示："到幼儿园交流的园级领导和骨干教师非常少，可能是由于我入职才两年，没有遇到过，但是沿海发达地区组织讲师团开展的各类义务支教活动很受老师们的欢迎，能够给予我们很好的示范、诊断与指导。"不难看出，六盘山连片特困区各地教育行政部门虽然采取了诸多提升校长、教师流动的举措，但是在教师流动提升乡村学校教育质量上仍有上升空间，而且部分政策在执行过程中仍有不到位情况存在。

表3-34　　2015—2021年Y县骨干教师流动情况统计

	2015年	2016年	2017年	2018年	2019年	2020年	2021年
流动教师人数（人）	473	479	503	475	473	533	494
流动骨干教师人数（人）	153	146	157	156	138	166	145
流动比例（%）	32	30	31	33	29	31	29

第五节　乡村教师能力与荣誉支持现状

能力素质是乡村教师"教好学"和"育好人"的决定性因素，乡村教师只有以强大的能力素质为支撑，才能有效推动乡村课堂革命深入进行，才能从根本上提高乡村教育质量。乡村教师荣誉制度作为国家对做出突出贡献乡村教师的表彰和嘉奖的制度安排，在增强乡村教师立德树人的荣誉感，激励乡村教师教育使命感，营造尊师重教良好社会风尚，促使乡村教师更好地扎根乡村教育事业等方面具有重要作用。

一 乡村教师能力素质支持现状

"支持计划"明确提出要"全面提升乡村教师能力素质"，六盘山连片特困区各地从乡村教师培训时长、培训经费、培训内容、培训方式、培训对象等方面，出台了一系列具体举措，为乡村教师能力素质提升提供了坚实的支持。

（一）培训时长

"支持计划"要求"到2020年前，对全体乡村教师校长进行360学时的培训"，为了解六盘山连片特困区乡村教师校长培训时长的落实情况，这里对乡村教师培训时长进行了调查，其结果如图3-29、表3-35所示。

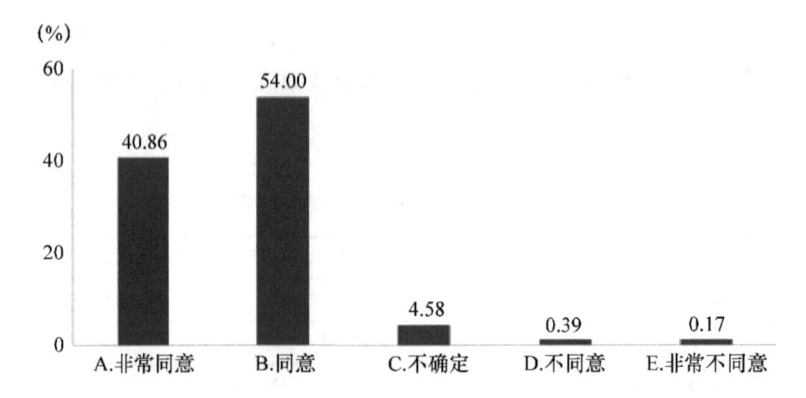

图3-29 能够在2015—2020年期间完成至少360学时或72学时/年的培训学时

在回答"能够在2015—2020年期间完成至少360学时或72学时/年的培训学时"这一问题上，从图3-29可以看出，40.86%的乡村教师表示"非常同意"，54%的乡村教师选择"同意"，选择"不同意"

或"非常不同意"的乡村教师占0.56%，还有4.58%的乡村教师选择"不确定"。结果表明：乡村教师校长培训时长要求的落实情况整体较好，各地教育行政部门能够采取相关措施，确保乡村教师校长有充足的培训学时。在访谈中，Y县教育行政部门分管领导表示："我们不断加大乡村教师培训力度，要求新任校长或拟任校长必须完成不少于300学时的任职资格培训，每年对全体乡村教师、校长进行不少于72学时的培训，推行培训自主选学，实行培训学分管理，建立培训学分银行，乡村教师的培训时长充足。"X县乡镇中心小学校长XZ-1表示：

> 近几年老师们外出培训的机会非常多，我们的老师去过福建、兰州、上海、北京等城市。受疫情影响，虽然我们去外省频次有所减少，但是省内高校培训和线上培训明显增多了。我们的暑期培训一般依托X省教育公共服务平台和国家中小学智慧教育平台进行。培训学时有充分的保障，例如我们正在进行的信息技术2.0培训，要求每一位老师必须达到600分钟的学习时长。

表3-35　　　　　　　　培训时长的评价差异

变量		人数占比（%）	培训时长 Mean	SE	Difference
教师性别	女	57.15	4.321	[0.011]	-0.066**
	男	42.85	4.388	[0.012]	
教师学历	大学本科及以上	44.21	4.359	[0.020]	0.017
	大专及以下	55.79	4.342	[0.010]	
教师职称	一级及以上	48.22	4.375	[0.011]	0.049**
	二级及以下	51.78	4.326	[0.007]	
教师教龄	17年及以上	46.30	4.377	[0.012]	0.051**
	17年以下	53.70	4.326	[0.005]	
教师所教科目与专业一致性	一致	75.64	4.360	[0.027]	0.013
	不一致	24.36	4.347	[0.013]	
教师所属学校级别	村（屯）级	39.68	4.369	[0.017]	0.032
	镇（乡）级及以上	60.32	4.337	[0.014]	

注：** 表示 $p<0.05$。

表 3-35 显示了乡村教师对培训时长的评价差异情况。首先,从性别上看（$df = -0.066$,$p < 0.05$）,男性乡村教师评价的算术平均分高于女性乡村教师,其中 T 检验结果显示,男性乡村教师的评价分值在 0.05 水平上显著高于女性乡村教师。其次,从职称上看（$df = 0.049$,$p < 0.05$）,一级及以上乡村教师在该问题上的算术平均分高于二级及以下的乡村教师,一级及以上乡村教师的评价分值在 0.05 水平上显著高于二级及以下的乡村教师。最后,从教龄上看（$df = 0.051$,$p < 0.05$）,17 年及以上乡村教师在该问题上的算术平均分高于 17 年以下的乡村教师,17 年及以上乡村教师的评价分值在 0.05 水平上显著高于 17 年以下的乡村教师。不同学历、所教科目与专业是否一致、不同学校级别的乡村教师,对该问题的态度不存在显著性差异。可见,男性、职称一级及以上、教龄 17 年及以上的乡村教师,在该问题上的算术平均分高,说明他们对"在 2015—2020 年期间完成至少 360 学时或 72 学时/年的培训学时"更加认同。

（二）培训经费

"支持计划"规定,"要把乡村教师培训纳入基本公共服务体系,保障经费投入",六盘山连片特困区各地结合实际,出台了乡村教师培训的相应经费保障措施。如青海民和县要求"学校按照年度公用经费总额的 5% 足额安排教师培训经费"。宁夏彭阳县、海原县规定"教师培训经费人均每年达到 1000 元"。为了解六盘山连片特困区乡村教师培训经费相关举措的落实情况,这里对乡村教师培训经费报销状况进行了调查,其结果如图 3-30、表 3-36 所示。

在回答"学校报销各类培训产生的报名费、资料费、食宿费、交通费等培训经费"这一问题上,从图 3-30 可以看出,34.46% 的乡村教师表示"非常同意",53.06% 的乡村教师选择"同意",选择"不同意"或"非常不同意"的乡村教师占 3.09%,另有 9.39% 的乡村教师选择了"不确定",说明他们对乡村教师培训经费报销的相关制度了解有限。在访谈中,Y 县教育行政部门分管领导表示：

> 我们县将教育培训经费列入了政府教育预算,严格按照年度公

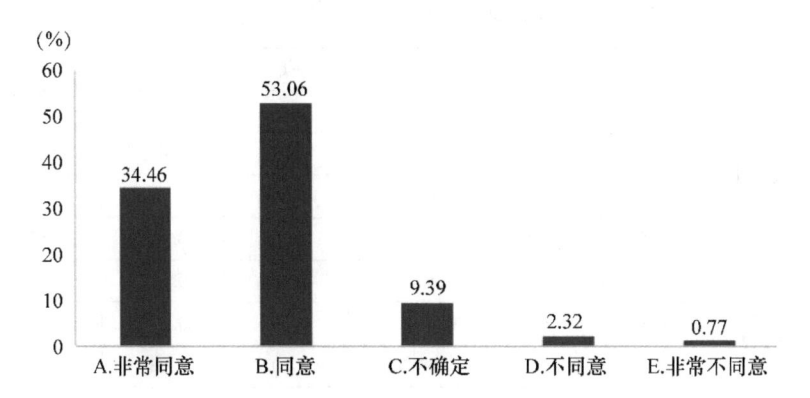

第三章 《乡村教师支持计划（2015—2020年）》精准支持的现状调查　　223

```
(%)
60
     53.06
50
40
   34.46
30
20
10        9.39
               2.32  0.77
 0
A.非常同意 B.同意 C.不确定 D.不同意 E.非常不同意
```

图3-30　学校报销各类培训产生的报名费、资料费、
食宿费、交通费等培训经费

用经费预算总额的5%安排教师培训经费。根据省里的统一部署安排，实施乡村教师专项培训普惠行动，国培计划经费主要用于乡村教师培训。总之，乡村教师培训经费有一定的保障。"

YZ-J1（乡镇中小学教师）谈道："我参加过各类培训，自己没有出过钱，如果到外地培训，每次还能报销一定的伙食费和交通补助费。"结果表明，六盘山连片特困区各地整体上能够较好地保障乡村教师培训的经费投入。

表3-36显示了乡村教师对各类培训费用报销的评价差异情况。从学校级别上看（$df = -0.094$，$p < 0.1$），镇（乡）级及以上学校的乡村教师在该问题上的算术平均分高于村（屯）级学校的乡村教师，其中T检验结果显示，镇（乡）级及以上学校乡村教师的评价分值在0.1水平上显著高于村（屯）级学校的乡村教师。不同性别、不同学历、不同职称、不同教龄、所教科目与专业是否一致的乡村教师，在该问题上的态度不存在显著性差异。可见，镇（乡）级及以上学校的乡村教师，在该问题上的算术平均分高，说明他们对"学校报销各类培训产生的报名费、资料费、食宿费、交通费等培训经费"更加认同。

表3-36　　　　各类培训经费报销情况的评价差异

变量		人数占比（%）	各类培训费用的报销 Mean	SE	Difference
教师性别	女	57.15	4.162	[0.025]	-0.042
	男	42.85	4.204	[0.016]	
教师学历	大学本科及以上	44.21	4.208	[0.044]	0.050
	大专及以下	55.79	4.158	[0.020]	
教师职称	一级及以上	48.22	4.157	[0.016]	-0.045
	二级及以下	51.78	4.202	[0.039]	
教师教龄	17年及以上	46.30	4.155	[0.022]	-0.047
	17年以下	53.70	4.202	[0.037]	
教师所教科目与专业一致性	一致	75.64	4.160	[0.050]	-0.027
	不一致	24.36	4.187	[0.019]	
教师所属学校级别	村（屯）级	39.68	4.124	[0.028]	-0.094*
	镇（乡）级及以上	60.32	4.217	[0.029]	

（三）培训内容

"支持计划"强调，"将师德教育作为乡村教师培训的首要内容"，"全面提升乡村教师信息技术应用能力"。为此，这里对六盘山连片特困区乡村教师进行了关于师德和信息技术等培训内容的调查。

在师德培训方面。在回答"师德教育是培训的首要内容，贯穿培训全过程"这一问题上，从图3-31可以看出，41.36%的乡村教师表示"非常同意"，55.55%的乡村教师选择"同意"，选择"不同意"或"非常不同意"的乡村教师占0.45%，另有2.65%的乡村教师选择"不确定"。结果表明：六盘山连片特困区各地教育行政部门，能够较好地将师德作为首要培训内容，并贯穿培训的全过程。为进一步了解"各类型师德教育内容如何融入乡村教师职前培养、准入、职后培训和管理的全过程"，研究者对教育体育局主管领导和部分乡村教师进行了深入访谈。Y县教育体育局主管领导表示：

我们建立了教师资格认定申请人无犯罪记录核查制度、教职人员准入查询性侵违法信息制度，在事业编制教师招聘、特岗教师招录、公费师范生入职等资格准入和行业入口，严格思想政治和师德考察，加强试用期考察，对师德不合格人员解除聘用合同。同时，开展新入职教师"师德承诺"行动。职业道德、法治、心理健康教育等内容能够贯穿职后培训和管理的全过程。

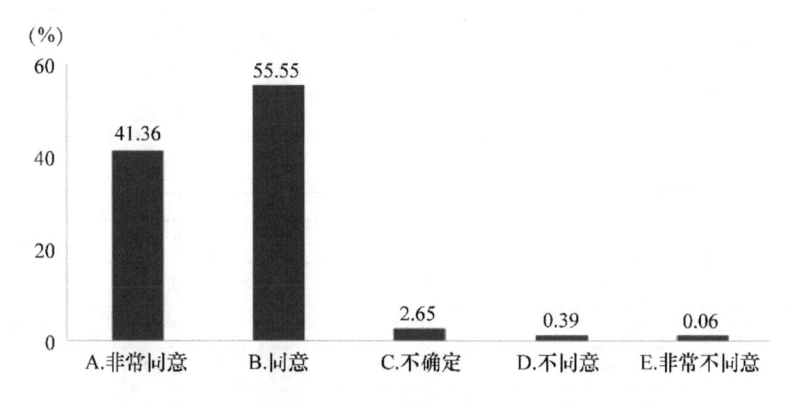

图3-31 师德教育是培训的首要内容，贯穿培训全过程

表3-37显示了乡村教师对师德教育内容评价的差异情况。从性别上看（$df = -0.061$，$p < 0.05$），男性乡村教师评价的算术平均分高于女性乡村教师，其中T检验结果显示，男性乡村教师的评价分值在0.05水平上显著高于女性乡村教师。不同学历、不同职称、不同教龄、所教科目与专业是否一致、不同学校级别的乡村教师，对该问题的态度不存在显著性差异。可见，男性乡村教师在该问题上的算术平均分高，说明他们认为当地能够将师德作为乡村教师培训的首要内容，并贯穿培训全过程。

在信息技术培训方面。在回答"各类培训能够涵盖信息技术内容"这一问题上，从图3-32可以看出，95.03%的乡村教师表示"非常同意"或"同意"，3.42%的乡村教师选择"不确定"，选择"不同意"或"非常不同意"的乡村教师仅占1.54%。被访谈的教育行政部门的主管领导、乡村学校校长、乡村教师等均表示，近几年来，关于信息技术应用的培训内容较多。可见，六盘山连片特困区各地教育行政部门，在各类培训中能够很好地涵盖信息技术应用内容。

表3-37　　　　　　　　师德教育内容的评价差异

变量		人数占比（%）	师德教育内容 Mean	SE	Difference
教师性别	女	57.15	4.352	[0.024]	-0.061**
	男	42.85	4.413	[0.017]	
教师学历	大学本科及以上	44.21	4.364	[0.017]	-0.025
	大专及以下	55.79	4.389	[0.022]	
教师职称	一级及以上	48.22	4.388	[0.022]	0.019
	二级及以下	51.78	4.369	[0.019]	
教师教龄	17年及以上	46.30	4.392	[0.028]	0.026
	17年以下	53.70	4.366	[0.013]	
教师所教科目与专业一致性	一致	75.64	4.369	[0.019]	-0.012
	不一致	24.36	4.381	[0.023]	
教师所属学校级别	村（屯）级	39.68	4.389	[0.011]	0.018
	镇（乡）级及以上	60.32	4.371	[0.029]	

注：** 表示 $p<0.05$。

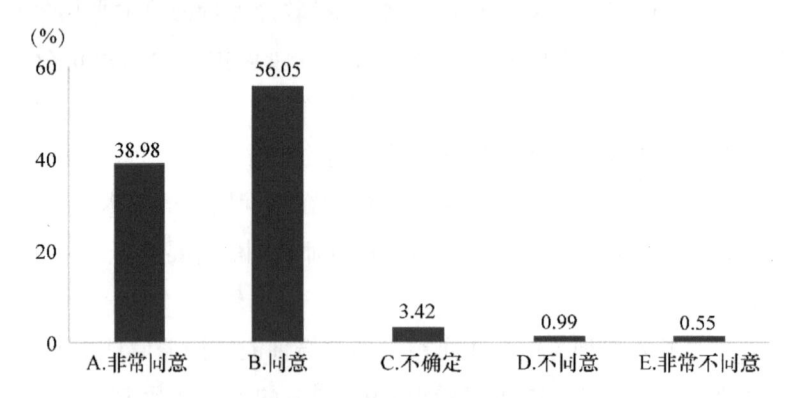

图3-32　各类培训能够涵盖信息技术内容

（A.非常同意 38.98；B.同意 56.05；C.不确定 3.42；D.不同意 0.99；E.非常不同意 0.55）

表3-38显示了乡村教师对各类培训中信息技术内容的评价差异情况。从性别上看（$df=-0.062$，$p<0.1$），男性乡村教师评价的算术平均分高于女性乡村教师，其中T检验结果显示，男性乡村教师的评价分

值在 0.1 水平上显著高于女性乡村教师。不同学历、不同职称、不同教龄、所教科目与专业是否一致、不同学校级别的乡村教师，对该问题的态度不存在显著性差异。可见，男性乡村教师在该问题上的算术平均分高，说明他们更加认同当地能够通过培训全面提升教师的信息技术应用能力。

表 3-38　　各类培训中信息技术内容的评价差异

变量		人数占比（%）	信息技术内容 Mean	SE	Difference
教师性别	女	57.15	4.293	[0.038]	-0.062*
	男	42.85	4.355	[0.013]	
教师学历	大学本科及以上	44.21	4.320	[0.043]	0.001
	大专及以下	55.79	4.319	[0.019]	
教师职称	一级及以上	48.22	4.313	[0.025]	-0.012
	二级及以下	51.78	4.325	[0.037]	
教师教龄	17年及以上	46.30	4.336	[0.020]	0.031
	17年以下	53.70	4.305	[0.035]	
教师所教科目与专业一致性	一致	75.64	4.285	[0.049]	-0.045
	不一致	24.36	4.330	[0.022]	
教师所属学校级别	村（屯）级	39.68	4.332	[0.036]	0.021
	镇（乡）级及以上	60.32	4.311	[0.030]	

注：*表示 $p<0.1$。

（四）培训方式

为更加切合乡村教师专业发展需求，需要不断改革与创新培训方式。这里基于"支持计划"中关于培训方式的相关要求，结合六盘山连片特困区各地的具体举措，从新兴培训方式、多元培训方式、在职学习深造、"国培计划"等方面进行调查。

在新型培训方式方面，"支持计划"要求"积极利用远程教学、数字化课程等信息技术手段，破解乡村优质教学资源不足的难题"。为加强乡村教师信息技术培训，六盘山连片特困区各地出台了系列具体举措，如青海民和县探索乡村教师网络研修社区、网络工作坊等新型培训方式，组织教师开展网上教研、视频课堂及互动观摩、微课制作等竞赛活动。线上培训成为乡村教师培训的新型方式，更是破解乡村优质教学资源不足的有效手段，为了解六盘山连片特困区乡村学校信息技术手段应用情况，这里对乡村教师进行了调查，其结果如图3-33、表3-39所示。

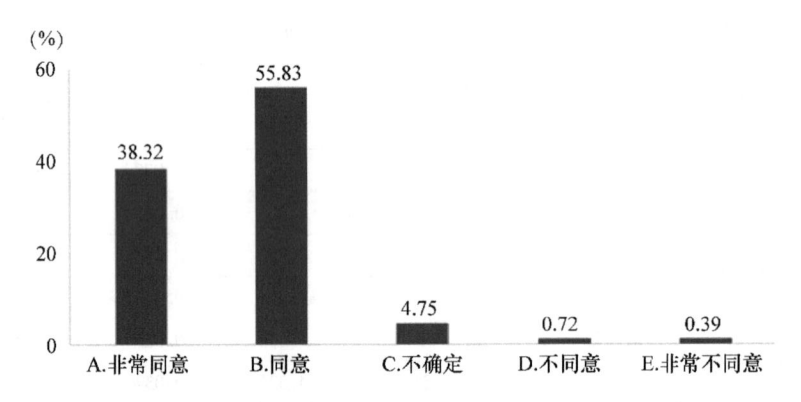

图3-33 学校能够充分利用信息技术手段，破解乡村优质教学资源不足的难题

在回答"学校能够充分利用信息技术手段，破解乡村优质教学资源不足的难题"这一问题上，从图3-33可以看出，38.32%的乡村教师表示"非常同意"，55.83%的乡村教师选择"同意"，选择"不同意"或"非常不同意"的乡村教师占1.11%，另有4.75%的乡村教师选择"不确定"。结果表明：乡村学校能够充分利用信息技术手段，破解乡村优质教学资源不足的难题。在谈到"乡村学校信息技术手段应用"时，Y县教育行政部门分管领导表示：

> 我们响应上级要求，实施乡村教师智能研修全覆盖行动，不断深化中小学幼儿园教师信息技术应用能力提升工程2.0，推进"三个课堂"常态化、制度化、规模化应用。以智能教育素养提升行动为契机，遴选一批信息化管理能力较强的优秀校长和信息技术应用能力较强的骨干教师，开展智能教育领导力研修和教学能力研修，为智能教育开展培养一批"种子"。通过本地区学校与教育发达地

区高水平学校结对，建立远程同步智能课堂，实现教师"智能手拉手"，推动优质教育资源同步共享。

X县教育行政部门分管领导表示："我们不断抢抓'互联网+教育'机遇，建设'在线互动课堂'教室343间，通过'一拖二'和'一拖三'的方式开展互动教学和教研，建立一拖一、师与师、生与生、课与课联学联办模式，实现城乡优秀教师教育教学资源共享。"X县乡镇中心小学校长XZ-1表示："我们的思品课是'一拖二'的形式进行，中心小学的老师通过远程方式与村屯小学同上一节课。目前初小和教学点的远程硬件设备，完全能够达到同上一节课的要求。目前我们县的信息技术设备，应该排在全市的前列，撤并学校后，老师就到新的学校，但是有些远程设备会闲置。"可见，信息技术手段在破解乡村学校尤其是初小和教学点优质教学资源不足的难题中发挥了重要作用。

表3-39 信息技术手段破解乡村优质教学资源不足难题的评价差异

变量		人数占比（%）	信息技术手段 Mean	SE	Difference
教师性别	女	57.15	4.277	[0.039]	-0.074*
	男	42.85	4.351	[0.013]	
教师学历	大学本科及以上	44.21	4.281	[0.037]	-0.049
	大专及以下	55.79	4.330	[0.016]	
教师职称	一级及以上	48.22	4.320	[0.024]	0.022
	二级及以下	51.78	4.298	[0.033]	
教师教龄	17年及以上	46.30	4.339	[0.018]	0.057**
	17年以下	53.70	4.282	[0.031]	
教师所教科目与专业一致性	一致	75.64	4.292	[0.047]	-0.022
	不一致	24.36	4.314	[0.024]	
教师所属学校级别	村（屯）级	39.68	4.335	[0.044]	0.043
	镇（乡）级及以上	60.32	4.291	[0.023]	

注：** 表示 $p<0.05$，* 表示 $p<0.1$。

表3-39显示了乡村教师对信息技术手段破解乡村优质教学资源不

足难题的评价差异情况。一方面，从性别上看（$df = -0.074$，$p < 0.1$），男性乡村教师评价的算术平均分高于女性乡村教师，其中 T 检验结果显示，男性乡村教师的评价分值在 0.1 水平上显著高于女性乡村教师；另一方面，从教龄上看（$df = 0.057$，$p < 0.05$），17 年及以上乡村教师在该问题上的算术平均分高于 17 年以下的乡村教师，17 年及以上乡村教师的评价分值在 0.05 水平上显著高于 17 年以下的乡村教师。不同学历、不同职称、所教科目与专业是否一致、不同学校级别的乡村教师，对该问题的态度不存在显著性差异。可见，男性、教龄 17 年及以上的乡村教师，在该问题上的算术平均分高，说明他们更加认可学校能够利用信息技术手段，破解乡村优质教学资源不足的难题。

在多元培训方式方面，"支持计划"要求"按照乡村教师的实际需求改进培训方式，采取顶岗置换、网络研修、送教下乡、专家指导、校本研修等多种形式，增强培训的针对性和实效性"。六盘山连片特困区各地结合实际，提出了具体的可行性举措，如青海民和县采用岗前培训、教师培训团队置换脱产研修、送教下乡、校本研修、乡村教师访名校、跟岗研修等培训方式。

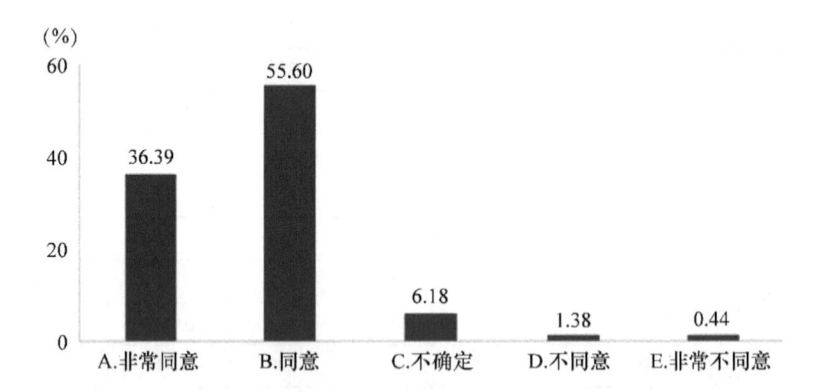

图 3 – 34　当地能够采取多元培训方式，增强培训的针对性和实效性

在回答"当地能够采取顶岗置换、网络研修、送教下乡、专家指导、校本研修等多种形式，增强培训的针对性和实效性"这一问题上，从图 3 – 34 可以看出，91.99% 的乡村教师表示"非常同意"或"同

意",选择"不同意"或"非常不同意"的乡村教师占1.82%,另有6.18%的乡村教师选择"不确定"。结果表明:六盘山连片特困区各地能够采取多种形式,不断增强培训的针对性和实效性。在访谈中,X县九年一贯制学校校长XJ-1表示:

> 我们学校采取"引进来"与"走出去"、线上与线下相结合的多样化方式,效果很好。例如最近从厦门来了9位专家,县教育局制定了指导方案,各位专家会到各级各类学校听课、诊断,开展教研活动,活动持续一年。专家们不会固定在某所学校,一般每次来学校会蹲点一天听评课,检查教学常规、日常管理。

表3-40　　　　　　　　多元培训方式的评价差异

变量		人数占比（%）	培训的针对性和实效性 Mean	SE	Difference
教师性别	女	57.15	4.245	[0.036]	-0.033
	男	42.85	4.278	[0.033]	
教师学历	大学本科及以上	44.21	4.277	[0.036]	0.032
	大专及以下	55.79	4.245	[0.034]	
教师职称	一级及以上	48.22	4.218	[0.045]	-0.080**
	二级及以下	51.78	4.298	[0.034]	
教师教龄	17年及以上	46.30	4.227	[0.048]	-0.060
	17年以下	53.70	4.287	[0.032]	
教师所教科目与专业一致性	一致	75.64	4.255	[0.030]	-0.006
	不一致	24.36	4.261	[0.035]	
教师所属学校级别	村（屯）级	39.68	4.262	[0.031]	0.004
	镇（乡）级及以上	60.32	4.258	[0.042]	

注:** 表示 $p<0.05$。

表3-40显示了乡村教师对多元培训方式的评价差异情况。从职称上看（$df=0.08$，$p<0.05$），一级及以上乡村教师评价的算术平均分高于二级及以下的乡村教师,其中T检验结果显示,一级及以上乡村教师

的评价分值在0.05水平上显著高于二级及以下的乡村教师。不同性别、不同学历、不同教龄、所教科目与专业是否一致、不同学校级别的乡村教师,对该问题的态度不存在显著性差异。可见,职称一级及以上的乡村教师,在该问题上的算术平均分高,说明他们较为认可当地能够采取多元培训方式,增强乡村教师培训的针对性和实效性。

对于在职学习深造方面,"支持计划"要求,"鼓励乡村教师在职学习深造,提高学历层次"。为了解该要求的落实情况,这里调查了乡村教师对"鼓励乡村教师在职学习深造,提高学历层次"的看法,结果如图3-35、表3-41所示。

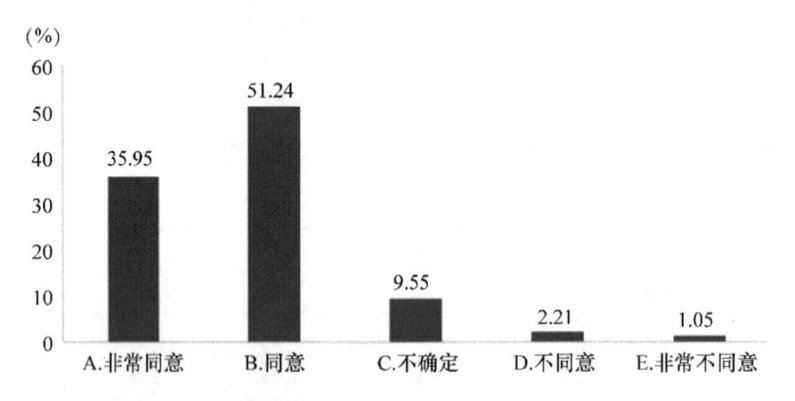

图3-35 学校鼓励教师在职学习深造,提高学历层次

从图3-35可以看出,35.95%的乡村教师表示"非常同意",51.24%的乡村教师选择"同意",选择"不同意"或"非常不同意"的乡村教师占3.26%,另有高达9.55%的乡村教师选择"不确定"。结果表明:乡村学校整体上能够做到鼓励乡村教师在职学习深造,但也有部分乡村教师对此持有异议,说明此项政策落实存在一定的问题。在访谈中,Y县教育行政部门主管领导表示:"2021年12月开始,全区开始推行'农村学校教育硕士师资培养计划',开始启动公费师范生推免研究生的计划,但是乡村任教的公费师范生寥寥无几。"被访谈的乡村学校校长普遍表示,非常鼓励乡村教师学习深造,但是一般要在职深造。

表3-41显示了乡村教师对在职学习深造的评价差异情况。从性别上看（$df = -0.055, p < 0.05$），男性乡村教师评价的算术平均分高于女性乡村教师，其中T检验结果显示，男性乡村教师的评价分值在0.05水平上显著高于女性乡村教师。不同学历、不同职称、不同教龄、所教科目与专业是否一致、不同学校级别的乡村教师，对该问题的态度不存在显著性差异。可见，男性乡村教师在该问题上的算术平均分高，说明他们更认可乡村学校鼓励教师在职学习深造。

表3-41　　　　　　　　在职学习深造的评价差异

变量		人数占比（%）	在职学习深造 Mean	SE	Difference
教师性别	女	57.15	4.162	[0.046]	-0.055**
	男	42.85	4.218	[0.044]	
教师学历	大学本科及以上	44.21	4.161	[0.053]	-0.045
	大专及以下	55.79	4.206	[0.039]	
教师职称	一级及以上	48.22	4.185	[0.043]	-0.001
	二级及以下	51.78	4.187	[0.052]	
教师教龄	17年及以上	46.30	4.205	[0.044]	0.036
	17年以下	53.70	4.169	[0.045]	
教师所教科目与专业一致性	一致	75.64	4.146	[0.060]	-0.053
	不一致	24.36	4.199	[0.047]	
教师所属学校级别	村（屯）级	39.68	4.164	[0.045]	-0.037
	镇（乡）级及以上	60.32	4.201	[0.050]	

注：** 表示 $p < 0.05$。

（五）培训对象

"支持计划"要求"加强乡村学校音体美等师资紧缺学科教师和民族地区双语教师培训"。由于六盘山连片特困区双语教师占比极小，这里只对音体美等紧缺学科教师培训情况进行调查，其结果如图3-36、表3-42所示。

在回答"学校重视并加强对音乐、体育、美术、英语、科学、综合实践等薄弱学科教师培训"这一问题上，从图3-36可以看出，

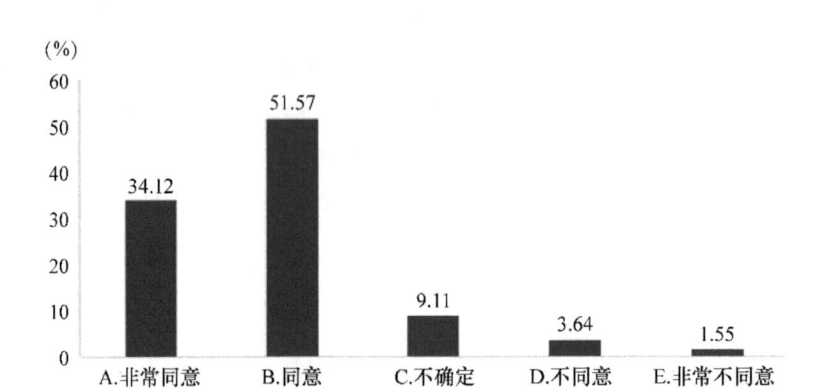

图 3-36 学校重视并加强对薄弱学科教师培训

34.12%的乡村教师表示"非常同意",51.57%的乡村教师选择"同意",选择"不同意"或"非常不同意"的乡村教师占 5.19%,另有 9.11%的乡村教师选择"不确定",说明他们不甚了解薄弱学科教师培训政策的实施情况。X 县教育行政部门的主管领导表示:"为做好薄弱学科的教学工作和多样化课后服务工作,县教育局在不断加大音、体、美、科学等紧缺学科教师招聘数量的同时,逐步加强对薄弱学科教师的培训,但是线下专门的薄弱学科培训较少,目前主要是依托线上平台开展。"结果表明,六盘山连片特困区的乡村学校整体上能够很好地落实薄弱学科教师培训。

表 3-42 显示了乡村教师对薄弱学科教师培训的评价差异情况。从学校级别上看($df = -0.087$,$p < 0.1$),镇(乡)级及以上学校乡村教师的评价算术平均分高于村(屯)级学校的乡村教师,其中 T 检验结果显示,镇(乡)级及以上学校乡村教师的评价分值在 0.05 水平上显著高于村(屯)级学校的乡村教师。不同性别、不同学历、不同职称、不同教龄、所教科目与专业是否一致的乡村教师,对该问题的态度不存在显著性差异。可见,镇(乡)级及以上学校乡村教师在该问题上的算术平均分高,说明他们更加认可乡村学校重视并加强对薄弱学科教师培训。村(屯)级乡村教师分数偏低,说明了乡村初小和教学点缺少薄弱学科教师的问题。

表3-42　　　　　　薄弱学科教师培训的评价差异

变量		人数占比（％）	薄弱学科教师培训 Mean	SE	Difference
教师性别	女	57.15	4.103	[0.074]	-0.062
	男	42.85	4.165	[0.030]	
教师学历	大学本科及以上	44.21	4.081	[0.071]	-0.088
	大专及以下	55.79	4.168	[0.036]	
教师职称	一级及以上	48.22	4.162	[0.033]	0.062
	二级及以下	51.78	4.099	[0.072]	
教师教龄	17年及以上	46.30	4.167	[0.037]	0.070
	17年以下	53.70	4.097	[0.065]	
教师所教科目与专业一致性	一致	75.64	4.037	[0.108]	-0.122
	不一致	24.36	4.159	[0.038]	
教师所属学校级别	村（屯）级	39.68	4.077	[0.076]	-0.087*
	镇（乡）级及以上	60.32	4.164	[0.042]	

注：*表示 p<0.1。

（六）培训质量

为了解"全面提升乡村教师能力素质"相关政策的落实情况，这里对六盘山连片特困区乡村教师培训质量进行调查，其结果如图3-37、表3-43所示。

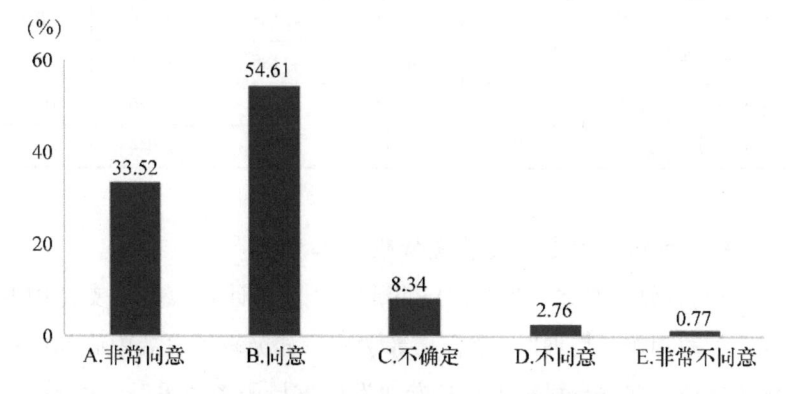

图3-37　各级各类培训符合您的需求，培训质量较高

A.非常同意 33.52
B.同意 54.61
C.不确定 8.34
D.不同意 2.76
E.非常不同意 0.77

在回答"各级各类培训符合您的需求,培训质量较高"这一问题上,从图3-37可以看出,33.52%的乡村教师表示"非常同意",54.61%的乡村教师选择"同意",选择"不同意"或"非常不同意"的乡村教师占3.53%,另有8.34%的乡村教师选择"不确定",说明他们不太了解培训质量的问题。结果表明:乡村教师整体上对各级各类培训质量持肯定态度,但部分乡村教师对培训质量的认识较为模糊。

表3-43显示了乡村教师对培训质量的评价差异。不同性别、不同学历、不同职称、不同教龄、所教科目与专业是否一致、不同学校级别的乡村教师对该问题的态度不存在显著性差异。

表3-43　　　　　　　培训质量的评价差异

变量		人数占比(%)	培训质量 Mean	SE	Difference
教师性别	女	57.15	4.163	[0.049]	-0.023
	男	42.85	4.186	[0.025]	
教师学历	大学本科及以上	44.21	4.156	[0.037]	-0.030
	大专及以下	55.79	4.186	[0.032]	
教师职称	一级及以上	48.22	4.176	[0.038]	0.006
	二级及以下	51.78	4.170	[0.039]	
教师教龄	17年及以上	46.30	4.184	[0.038]	0.021
	17年以下	53.70	4.163	[0.043]	
教师所教科目与专业一致性	一致	75.64	4.128	[0.066]	-0.060
	不一致	24.36	4.188	[0.031]	
教师所属学校级别	村(屯)级	39.68	4.188	[0.026]	0.025
	镇(乡)级及以上	60.32	4.163	[0.044]	

(七)乡村教师专业发展支持服务体系

"支持计划"要求,"从2015年起,'国培计划'集中支持中西部地区乡村教师校长培训""整合高等学校、县级教师发展中心和中小学校优质资源,建立乡村教师校长专业发展支持服务体系"。六盘山连片特困区各地在"国培计划"的引领下,构建起了"国培—省培—市培—县培—校培"五级联动的教师培训网络，并结合当地实际，出台了一系列举措。例如青海民和县依托"国培计划"，组织乡村中小学教师到省内外师范院校和优质中小学进行脱产研修培训，分批组织乡村教师到一线或东部中心城市高水平院校，进行为期10—20天的集中培训。这里对六盘山连片特困区各地促进和提升乡村教师专业发展水平的各种保障措施进行了调查，其结果如图3－38、表3－44所示。

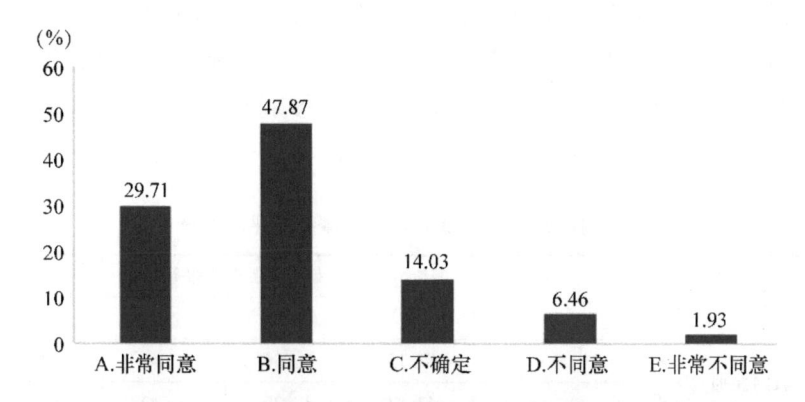

图3－38 为支持乡村教师专业发展，当地能够提供各项系统的保障措施

在回答"为支持乡村教师专业发展，当地能够提供各项系统的保障措施"这一问题上，从图3－38可以看出，29.71%的乡村教师表示"非常同意"，47.87%的乡村教师选择"同意"，选择"不同意"或"非常不同意"的乡村教师占8.39%，另有高达14.03%的乡村教师选择"不确定"，说明他们对相关政策执行情况并不十分了解。

表3－44显示了乡村教师对专业发展支持服务体系的评价差异情况。首先，从性别上看（$df=0.077$，$p<0.01$），女性乡村教师评价的算术平均分高于男性教师，其中T检验结果显示，女性乡村教师的评价分值在0.01水平上显著高于男性乡村教师。其次，从职称上看（$df=-0.128$，$p<0.05$），二级及以下乡村教师在该问题上的算术平均分高于一级及以上的乡村教师，二级及以下乡村教师的评价分值在0.05水平上显著高于一级及以上的乡村教师。再次，从教龄上看（$df=-0.127$，$p<0.05$），17年以下乡村教师在该问题上的算术平均分高于

17 年及以上的乡村教师，17 年以下乡村教师的评价分值在 0.05 水平上显著高于 17 年及以上的乡村教师。最后，从学校级别上看（$df = -0.121$，$p < 0.1$），镇（乡）级及以上学校乡村教师在该问题上的算术平均分高于村（屯）级学校的乡村教师，镇（乡）级及以上学校乡村教师的评价分值在 0.1 水平上显著高于村（屯）级学校的乡村教师。不同学历、所教科目与专业是否一致的乡村教师对该问题的态度不存在显著性差异。可见，女性、职称二级及以下、教龄 17 年以下、镇（乡）级及以上学校的乡村教师，在该问题上的算术平均分高，说明她们更加认同当地能够提供各项系统保障措施支持乡村教师专业发展，需要注意的是，本题整体的算术平均分较低。

表 3-44　乡村教师专业发展支持服务体系的评价差异

变量		人数占比（%）	专业发展支持服务体系 Mean	SE	Difference
教师性别	女	57.15	3.996	[0.045]	0.077***
	男	42.85	3.920	[0.042]	
教师学历	大学本科及以上	44.21	4.005	[0.066]	0.075
	大专及以下	55.79	3.930	[0.041]	
教师职称	一级及以上	48.22	3.897	[0.052]	-0.128**
	二级及以下	51.78	4.025	[0.054]	
教师教龄	17 年及以上	46.30	3.895	[0.062]	-0.127**
	17 年以下	53.70	4.022	[0.048]	
教师所教科目与专业一致性	一致	75.64	3.988	[0.058]	0.033
	不一致	24.36	3.955	[0.042]	
教师所属学校级别	村（屯）级	39.68	3.890	[0.021]	-0.121*
	镇（乡）级及以上	60.32	4.011	[0.058]	

注：*** 表示 $p < 0.01$，** 表示 $p < 0.05$，* 表示 $p < 0.1$。

二　乡村教师荣誉支持现状

"支持计划"明确指出要"建立乡村教师荣誉制度"，乡村教师荣誉制度有利于提高乡村教师职业的认同感、责任感和幸福感，激发乡村教师奉献乡村教育的内生动力。为了解六盘山连片特困区乡村教师荣誉制度的落实情况,这里从荣誉体系、评选标准、荣誉类型、表彰宣传等方面进行了调查。

(一) 荣誉体系

"支持计划"明确要求:"国家对在乡村学校从教 30 年以上的教师按照有关规定颁发荣誉证书。省(区、市)、县(市、区、旗)要分别对在乡村学校从教 20 年以上、10 年以上的教师给予鼓励。"为健全完善阶梯式的乡村教师荣誉体系,六盘山连片特困区各地严格落实国家、本省(区)的相关要求,出台了相关举措。例如宁夏西海固地区、青海海东地区各县严格执行国家、自治区、市、县分别对在乡村学校从教 30 年、20 年、15 年、10 年以上的教师给予奖励的政策要求。陕西桥山西部地区、甘肃中东部地区各县执行国家、省、市、县分别对在乡村学校从教 30 年、20 年、10 年以上的教师给予奖励的政策要求。为了解六盘山连片特困区乡村教师荣誉体系相关制度的落实情况,这里对乡村教师进行了调查,其结果如图 3-39、表 3-45 所示。

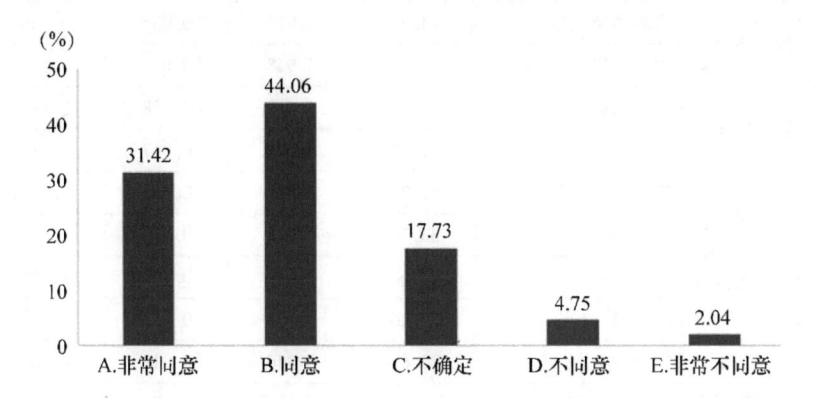

图 3-39 从教 30 年、20 年、15 年、10 年以上乡村教师会得到各级政府的奖励

在回答"从教 30 年、20 年、15 年、10 年以上的乡村教师会得到国家、省(区)、市、县政府的奖励"这一问题上,从图 3-39 可以看出,31.42%的乡村教师表示"非常同意",44.06%的乡村教师选择"同意",选择"不同意"或"非常不同意"的乡村教师占 6.79%,另有高达17.73%的乡村教师选择"不确定",说明他们对乡村教师荣誉体系政策执行情况不太了解。在访谈中,乡村学校校长和部分乡村教师认为,各级政府确实会给从教10年、15年、20年、30年以上的教师颁发证书,这是对长期坚守乡村的乡村教师们的认可,但不会配套物质性奖励,在职称评定中也起不到实质性作用。被访谈的青年教师则普遍表示,他们很少关注这方面的奖励。可见,各级政府会奖励从教30年、20年、15年、10年以上的乡村教师,初步形成了国家、省、市县阶梯式的乡村教师荣誉体系,但荣誉制度与乡村教师实际利益还存在较大脱钩的现象。

表3-45　　　　　　　乡村教师荣誉体系的评价差异

变量		人数占比（%）	乡村教师荣誉体系 Mean	SE	Difference
教师性别	女	57.15	4.001	[0.058]	0.039
	男	42.85	3.962	[0.041]	
教师学历	大学本科及以上	44.21	4.017	[0.035]	0.058
	大专及以下	55.79	3.958	[0.057]	
教师职称	一级及以上	48.22	3.917	[0.058]	-0.130**
	二级及以下	51.78	4.047	[0.047]	
教师教龄	17年及以上	46.30	3.935	[0.059]	-0.091
	17年以下	53.70	4.026	[0.050]	
教师所教科目与专业一致性	一致	75.64	3.919	[0.077]	-0.086
	不一致	24.36	4.005	[0.033]	
教师所属学校级别	村（屯）级	39.68	3.946	[0.022]	-0.064
	镇（乡）级及以上	60.32	4.009	[0.061]	

注:** 表示 $p<0.05$。

表3-45显示了乡村教师对乡村教师荣誉体系的评价差异情况。从职称上可以看出（$df=-0.13$, $p<0.05$）,二级及以下乡村教师评价的算术平均分高于一级及以上的乡村教师,其中,T检验结果显示,二级及以下乡村教师的评价分值在0.05水平上显著高于一级及以上的乡村教师。不同性别、不同学历、不同职称、不同教龄、所教科目与专业是

否一致、不同学校级别的乡村教师，对该问题的态度不存在显著性差异。可见，职称二级及以下乡村教师在该问题上的算术平均分高，说明他们更加认同各级政府能够对从教较长年限的乡村教师给予鼓励。

（二）评选标准

"支持计划"指出："在评选表彰教育系统先进集体和先进个人等方面要向乡村教师倾斜。"六盘山连片特困区各地教育行政部门在评优选先标准中会明确提出"向基层一线教师，向条件艰苦的乡村中小学倾斜"的要求，关于该要求的落实情况如图3-40、表3-46。

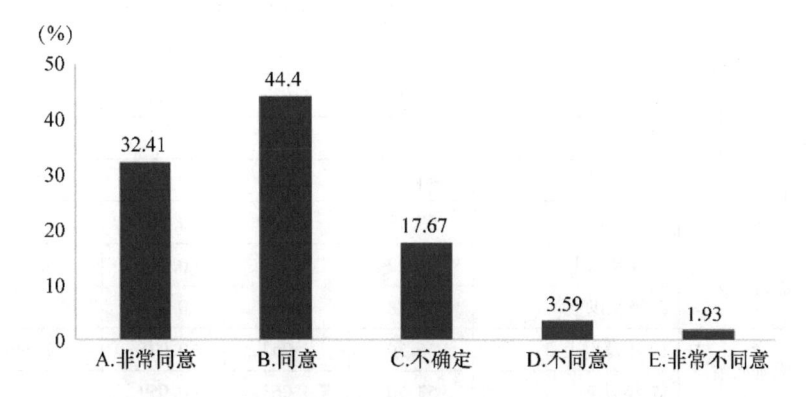

图3-40 在评优选先中，会适当向乡村学校、教师倾斜

在回答"在各类评优选先中，教育行政部门会适当放宽评选条件，向乡村学校、教师倾斜"这一问题上，从图3-40可以看出，32.41%的乡村教师表示"非常同意"，44.4%的乡村教师选择"同意"，选择"不同意"或"非常不同意"的乡村教师占5.52%，另有高达17.67%的乡村教师选择"不确定"，说明他们对评优选先的评选标准持有异议。在访谈中，Y县教育行政部门的主管领导表示：

在评选表彰先进集体和个人的评选要求中，明确要求评选先进要向基层和教育教学工作一线的人员倾斜，向条件艰苦的农村中小学倾斜。一般每年在教师节表彰先进集体和个人，县教育局会专门设立针对乡村教师的荣誉（如"最美乡村教师"），还会设定表彰名额，如一般乡村学校占表彰先进集体的半数以上。

X县乡镇初级中学教师XC-J1表示："我觉得能够拿奖的乡村教师太少了，我没有获得过任何奖励。"可以看出，评优选先标准能够很好地做到向乡村学校和教师倾斜，但由于获奖名额限制，仍然有五分之一的乡村教师表示"不确定""不同意"或"非常不同意"。

表3-46　　　　评选标准向乡村教师倾斜的评价差异

变量		人数占比（%）	评选标准向乡村教师倾斜		Difference
			Mean	SE	
教师性别	女	57.15	4.023	[0.068]	0.010
	男	42.85	4.013	[0.044]	
教师学历	大学本科及以上	44.21	4.036	[0.045]	0.031
	大专及以下	55.79	4.005	[0.069]	
教师职称	一级及以上	48.22	3.961	[0.074]	-0.111
	二级及以下	51.78	4.072	[0.056]	
教师教龄	17年及以上	46.30	3.967	[0.075]	-0.096
	17年以下	53.70	4.063	[0.059]	
教师所教科目与专业一致性	一致	75.64	4.002	[0.088]	-0.022
	不一致	24.36	4.024	[0.049]	
教师所属学校级别	村（屯）级	39.68	3.977	[0.032]	-0.069
	镇（乡）级及以上	60.32	4.046	[0.070]	

表3-46显示了乡村教师对评选标准向乡村教师倾斜情况的评价差异情况。不同性别、不同学历、不同职称、不同教龄、所教科目与专业是否一致、不同学校级别的乡村教师，对该问题的态度不存在显著性差异。

（三）荣誉类型

基于对"支持计划"中关于"建立乡村教师荣誉制度"具体举措的分析，这里从不同的角度对荣誉类型做了具体划分，并进行了实证调查。

在行政性荣誉与社会性荣誉方面。从颁发部门的角度而言，可将荣誉类型划分为两类。一是行政性荣誉，由国家、省、市、县、镇等不同行政部门或学校给予乡村教师的表彰奖励。二是社会性荣誉，由社会力量建立专项基金，给予乡村教师的表彰奖励。为了解六盘山连片特困区乡村教师行政性荣誉与社会性荣誉的实际情况，本书对乡村教师进行了调查，其结果如图3-41、表3-47和图3-42、表3-48所示。

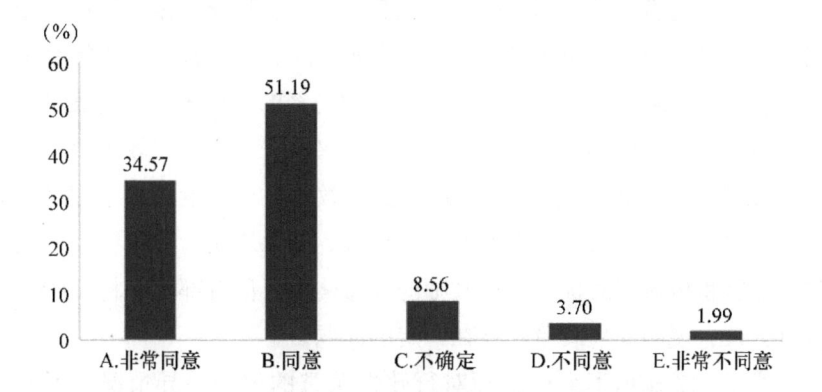

图3-41 各级各类行政部门会对优秀乡村教师给予表彰奖励

表3-47 行政性荣誉的评价差异

变量		人数占比（%）	行政性荣誉 Mean	SE	Difference
教师性别	女	57.15	4.110	[0.051]	-0.043
	男	42.85	4.153	[0.042]	
教师学历	大学本科及以上	44.21	4.128	[0.052]	-0.001
	大专及以下	55.79	4.129	[0.041]	
教师职称	一级及以上	48.22	4.115	[0.054]	-0.026
	二级及以下	51.78	4.141	[0.045]	
教师教龄	17年及以上	46.30	4.121	[0.049]	-0.014
	17年以下	53.70	4.135	[0.053]	
教师所教科目与专业一致性	一致	75.64	4.079	[0.099]	-0.065
	不一致	24.36	4.144	[0.033]	
教师所属学校级别	村（屯）级	39.68	4.084	[0.045]	-0.073
	镇（乡）级及以上	60.32	4.157	[0.056]	

在回答"各级各类行政部门或学校会对优秀乡村教师给予表彰奖励"这一问题上，从图3-41可以看出，34.57%的乡村教师表示"非常同意"，51.19%的乡村教师选择"同意"，选择"不同意"或"非常不同意"的乡村教师占5.69%，另有8.56%的乡村教师选择"不确定"。在访谈中，X县乡镇中心小学校长XZ-1则表示："各级政府会设立关于乡村教师的表彰奖励，一般获得省级表彰获奖概率很小，今年我们有1名老师获评市级'最美乡村教师'，市级表彰一般2年有1个名额，县级表彰一年有2—3个名额。"被访谈的乡村教师普遍表示，在教师节时，各级各类行政部门会设立重教兴学先进集体、教育教学工作先进集体、优秀校（园）长、最美乡村教师、师德标兵、优秀教师、优秀班主任、优秀教育工作者等荣誉称号。结果表明：各级各类行政部门都能够积极落实对优秀乡村教师的表彰奖励，但有部分乡村教师对此持有异议，说明此项政策尚存在一定的问题。

表3-47显示了乡村教师对行政性荣誉的评价差异情况。不同性别、不同学历、不同职称、不同教龄、所教科目与专业是否一致、不同学校级别的乡村教师，对该问题的态度不存在显著性差异。

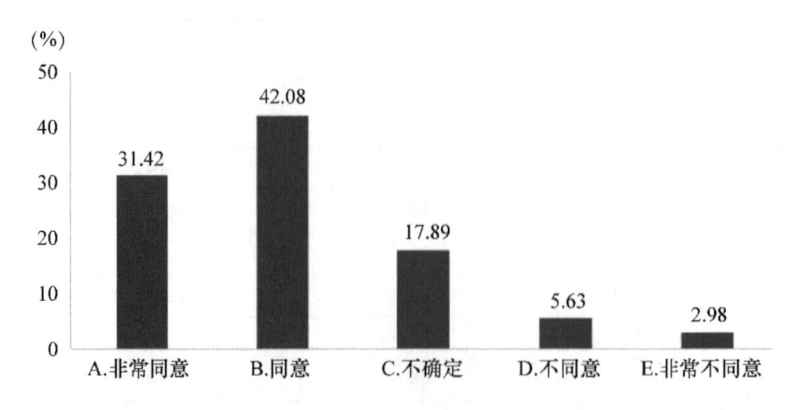

图3-42 优秀乡村学校和乡村教师能够获得社会力量专项基金的奖励

在回答"优秀乡村学校和乡村教师能够获得社会力量专项基金的奖励"这一问题上，从图3-42可以看出，31.42%的乡村教师表示"非常同意"，42.08%的乡村教师选择"同意"，选择"不同意"或"非常不同意"的乡村教师占 8.61%，另有高达 17.89% 的乡村教师选择"不确定"，说明乡村教师在获得社会性荣誉方面确实存在较大的问题。访谈中发现，社会力量设立的针对乡村学校和乡村教师的专项基金奖励整体上非常少。

表 3-48　　　　　　　　　社会性荣誉的评价差异

变量		人数占比（%）	社会性荣誉 Mean	SE	Difference
教师性别	女	57.15	3.968	[0.069]	0.080
	男	42.85	3.888	[0.040]	
教师学历	大学本科及以上	44.21	3.974	[0.050]	0.073**
	大专及以下	55.79	3.902	[0.051]	
教师职称	一级及以上	48.22	3.844	[0.059]	-0.173***
	二级及以下	51.78	4.017	[0.055]	
教师教龄	17年及以上	46.30	3.850	[0.058]	-0.156**
	17年以下	53.70	4.006	[0.059]	
教师所教科目与专业一致性	一致	75.64	3.910	[0.062]	-0.032
	不一致	24.36	3.942	[0.049]	
教师所属学校级别	村（屯）级	39.68	3.873	[0.023]	-0.101
	镇（乡）级及以上	60.32	3.974	[0.071]	

注：*** 表示 $p<0.01$，** 表示 $p<0.05$。

表 3-48 显示了乡村教师对社会性荣誉的评价差异情况。首先，从教师学历上看（$df=0.073$，$p<0.05$），大学本科及以上的乡村教师评价的算术平均分高于大专及以下的乡村教师，其中 T 检验结果显示，大学本科及以上乡村教师的评价分值在 0.05 水平上显著高于大专及以下的乡村教师。其次，从职称上看（$df=-0.173$，$p<0.01$），二级及以下乡村教师在该问题上的算术平均分高于一级及以上的乡村教师，二级及以下乡村教师评价分值在 0.01 水平上显著高于一级及以上的乡村教师。最后，从教龄上看（$df=-0.156$，$p<0.05$），17 年以下乡村教师在该问题上的算术平均分高于 17 年及以上的乡村教师，17 年以下乡村教师的评价分值在 0.05 水平上显著高于 17 年及以上的乡村教师。不同

性别、所教科目与专业是否一致、不同学校级别的乡村教师，对该问题的态度不存在显著性差异。可见，大学本科及以上的乡村教师、职称二级及以下、教龄17年以下的乡村教师，在该问题上的算术平均分高，说明他们更加认同优秀乡村学校和乡村教师能够获得社会力量专项基金的奖励。需要注意的是，"社会性荣誉"的算术平均分明显低于"行政性荣誉"。

在精神性奖励与物质性奖励方面。从奖励性质的角度上，将荣誉类型划分为两类：一是精神性奖励，如设立的各类荣誉称号以及颁发的荣誉证书。二是物质性奖励，如奖金、考核加分、职称评聘挂钩、疗养、子女加分等。需要说明的是，荣誉奖励一般兼具精神性和物质性，是精神奖励与物质奖励的结合。为了解六盘山连片特困区乡村教师精神性奖励与物质性奖励的落实情况，本书对乡村教师进行了调查，其结果如图3-43、表3-49和图3-44、表3-50所示。

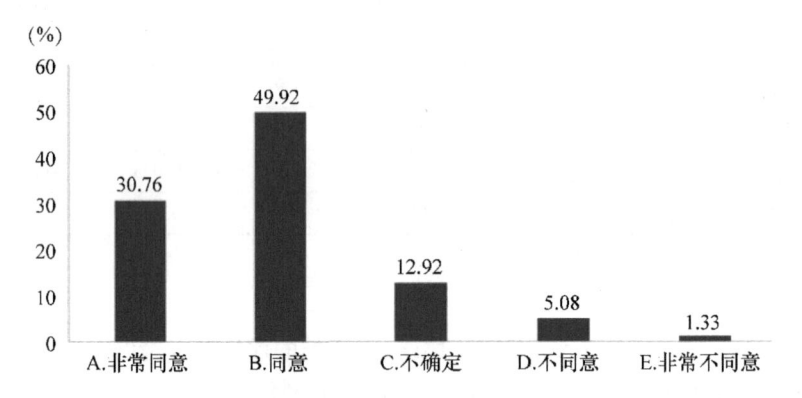

图3-43 在乡村学校长期任教的优秀教师可获得荣誉称号或荣誉证书等精神性奖励

在回答"在乡村学校长期任教的优秀教师可获得荣誉称号或荣誉证书等精神性奖励"这一问题上，从图3-43可以看出，30.76%的乡村教师表示"非常同意"，49.92%的乡村教师选择"同意"，选择"不同意"或"非常不同意"的乡村教师占6.41%，另有高达12.92%的乡村教师选择"不确定"，说明他们对精神性奖励措施持有异议。经访谈发现，目前主要的精神性奖励是，对乡村学校从教 15 年、20 年、30 年等不同年限教师的精神性奖励。结果表明：各级政府能够较好地做到对乡村教师进行精神性奖励，但是乡村教师中仍有较大部分对此持有异议。

表 3-49 显示了乡村教师对精神性奖励的评价差异情况。不同性别、不同学历、不同职称、不同教龄、所教科目与专业是否一致、不同学校级别的乡村教师，对该问题的态度不存在显著性差异。

表 3-49　　　　　　　　精神性奖励的评价差异

变量		人数占比（%）	培训时间 Mean	SE	Difference
教师性别	女	57.15	4.027	[0.041]	-0.025
	男	42.85	4.051	[0.051]	
教师学历	大学本科及以上	44.21	3.999	[0.029]	-0.069
	大专及以下	55.79	4.068	[0.049]	
教师职称	一级及以上	48.22	4.039	[0.054]	0.003
	二级及以下	51.78	4.036	[0.040]	
教师教龄	17 年及以上	46.30	4.054	[0.056]	0.031
	17 年以下	53.70	4.023	[0.035]	
教师所教科目与专业一致性	一致	75.64	3.977	[0.062]	-0.080
	不一致	24.36	4.057	[0.046]	
教师所属学校级别	村（屯）级	39.68	3.990	[0.058]	-0.078
	镇（乡）级及以上	60.32	4.068	[0.039]	

在回答"优秀乡村教师可获得奖金、考核加分、职称评聘挂钩、疗养或子女加分等物质性荣誉"这一问题上，从图 3-44 可以看出，30.7% 的乡村教师选择"非常同意"，36.78% 的乡村教师选择"同意"，选择"不同意"或"非常不同意"的乡村教师占 11.04%，另有高达 21.48% 的乡村教师选择"不确定"，说明他们对此项政策落实情况持有异议。在访谈中，X 县教育行政部门的主管领导表示："以每年的省级'最美乡村教师'评选为例，获奖老师在获得荣誉称号的同时，还会拿到四五千元的奖金，每年我们县约有十几名乡村老师获奖。" X

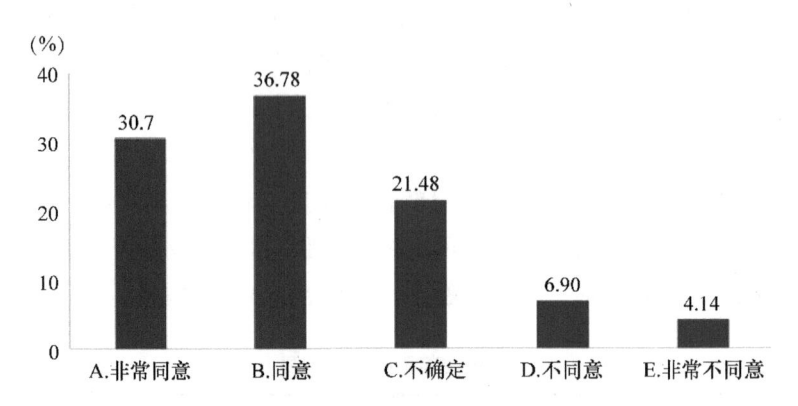

图 3-44 优秀乡村教师可获得物质性荣誉

柱状图数据：
- A.非常同意：30.7%
- B.同意：36.78%
- C.不确定：21.48%
- D.不同意：6.90%
- E.非常不同意：4.14%

县乡镇中心小学校长 XZ-1 表示："获奖教师一般会拿到 1000—2000 元的奖金。我印象中奖金最高的一次是 2016 年的'最美乡村教师'，市里给获奖的教师每人发了 20000 元奖金，当时优秀教师、优秀校长、优秀教育工作者的奖励标准是每人 2000 元。"在被访谈的乡村教师中，有教师指出："普通老师获奖的概率比较低，领导们或'资历老'的教师拿完了，才能轮到普通老师。"教育行政部门主管领导、乡村学校校长与乡村教师之间出现了相反的观点。统计数据中有高达 30% 以上的乡村教师表示"不确定""不同意"或"非常不同意"，足以说明在物质性奖励评价实施过程中还存在较大问题。

表 3-50 显示了乡村教师对物质性奖励的评价差异情况。一方面，从职称上看（$df = -0.179$，$p < 0.05$），二级及以下乡村教师评价的算术平均分高于一级及以上的乡村教师，其中 T 检验结果显示，二级及以下乡村教师的评价分值在 0.05 水平上显著高于一级及以上的乡村教师。另一方面，从教龄上看（$df = -0.182$，$p < 0.05$），17 年以下乡村教师在该问题上的算术平均分高于 17 年及以上的乡村教师，17 年以下乡村教师的评价分值在 0.05 水平上显著高于 17 年及以上的乡村教师。不同性别、不同学历、所教科目与专业是否一致、不同学校级别的乡村教师，对该问题的态度不存在显著性差异。可见，职称二级及以下、教龄 17 年以下的乡村教师，在该问题上的算术平均分高，说明他们更加认

同在乡村学校长期任教的优秀教师可获得物质性荣誉。需要注意的是,"物质性奖励"的算术平均分明显低于"精神性奖励"。

表3-50　　　　　　　　物质性奖励的评价差异

变量		人数占比（%）	物质性奖励疗养		Difference
			Mean	SE	
教师性别	女	57.15	3.835	[0.069]	0.005
	男	42.85	3.830	[0.061]	
教师学历	大学本科及以上	44.21	3.868	[0.066]	0.064
	大专及以下	55.79	3.804	[0.063]	
教师职称	一级及以上	48.22	3.740	[0.066]	-0.179**
	二级及以下	51.78	3.919	[0.070]	
教师教龄	17年及以上	46.30	3.735	[0.071]	-0.182**
	17年以下	53.70	3.917	[0.074]	
教师所教科目与专业一致性	一致	75.64	3.800	[0.099]	-0.043
	不一致	24.36	3.843	[0.055]	
教师所属学校级别	村（屯）级	39.68	3.764	[0.031]	-0.115
	镇（乡）级及以上	60.32	3.878	[0.078]	

注：** 表示 $p<0.05$。

（四）表彰宣传

"支持计划"明确要求,"广泛宣传乡村教师坚守岗位、默默奉献

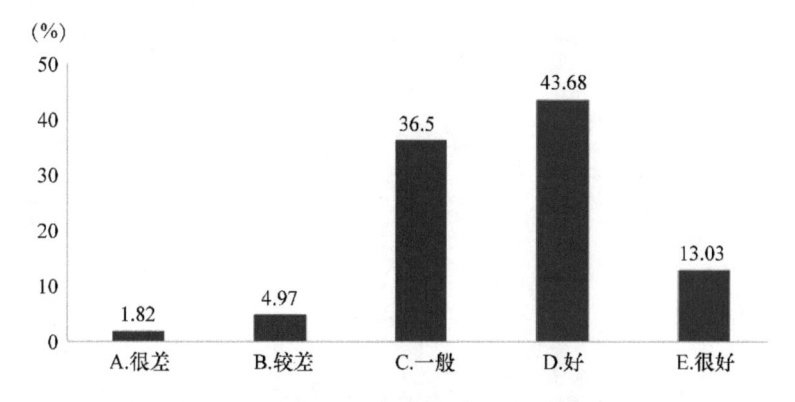

图3-45　当地对乡村优秀教师的表彰宣传效果

的崇高精神，在全社会大力营造关心支持乡村教师和乡村教育的浓厚氛围"。为了解六盘山连片特困区各地对优秀乡村教师的表彰宣传情况，本书对乡村教师进行了调查，其结果如图3-45所示。

在回答"当地对乡村优秀教师的表彰宣传效果"这一问题上，从图3-45可以看出，13.03%的乡村教师选择"很好"，43.68%的乡村教师选择"好"，36.5%的乡村教师选择"一般"，4.97%的乡村教师选择"较差"，另有1.82%的乡村教师选择"很差"。结果表明：乡村教师对表彰宣传效果整体上还算满意，但仍有很大部分乡村教师对此不认同，这说明对获奖乡村教师的宣传力度还存在较大问题。

第四章

《乡村教师支持计划（2015—2020年）》精准支持的成效问题

乡村教育发展的关键在于乡村教师队伍建设，截至2020年，全国各地已完成"支持计划"的实施。在这期间，六盘山连片特困区各级政府大力贯彻"支持计划"，积极采取各种措施，为实现乡村教师队伍建设"下得去、留得住、教得好"的目标，做出了巨大努力，取得了非常好的效果，乡村教师队伍面貌焕然一新。但是，在"支持计划"实施过程中也暴露出一些问题，这些问题削弱了"支持计划"对乡村教师的支持效果，这也是乡村教师队伍建设深入支持所必须面对和解决的问题。

第一节 乡村教师精准支持的成效

在"支持计划"的执行过程中，六盘山连片特困区各地从乡村教师"下不去、留不住、教不好"的困境出发，在乡村教师队伍建设上以问题为导引，聚焦发力，着力于"下得去、留得住、教得好"的目标，采取了一系列有力措施，使乡村教师队伍建设成效明显，呈现出一派向好发展的强劲势头。

一 "下得去"：拓展补充渠道，满足乡村教师队伍需求

根据"支持计划"的要求，六盘山连片特困区各地不断拓宽乡村

教师来源渠道，主要措施包括扩大特岗教师规模；定向本土化培养；补偿乡村从教的高校毕业生的学费或助学贷款；鼓励退休的特级或高级教师到乡村支教讲学；推动城乡教师合理流动，等等。这些措施极大地满足了乡村教师队伍建设的需求。

（一）"特岗计划"补充优化了乡村教师队伍

随着大学生就业压力的加大，乡村教师待遇的不断提升，以及乡村教师编制的逐渐增加，六盘山连片特困区基本不存在特岗教师招聘岗位无人问津的现象。在"特岗计划"实施层面，特岗教师实现了100%被安置到乡村中小学，特岗教师"下得去"的目标已基本上能够实现，特岗教师成为一支稳定的乡村教师补充渠道，对改变乡村地区师资薄弱的局面具有重要意义。以甘肃省平凉市 H 村屯级完全小学为例。该小学共有 20 名小学生，在编在岗教师 2 名，特岗教师 6 名，教师数量完全能够满足需要。再如宁夏西海固地区的乡村学校中，"特岗计划"成为毕业生的重要就业平台，随着特岗教师不断补充到乡村学校，2018年宁夏 X 县乡村教师数量基本饱和，自 2019 年，未安置过来源于"特岗计划"的新教师。青海省海东市 Z 乡九年一贯制学校某新入职教师表示："我辞去市上一所幼儿园的工作，备考了两年才考上特岗，进入这所乡村学校，现在是五年级的班主任。今年我们学校一共来了 6 名特岗教师，他们来自各个行业，有的从事过银行工作，有的原先在培训机构，也有刚刚毕业的大学生。"可见，通过"特岗计划"有效促进了六盘山连片特困区乡村教师队伍的补充优化。

（二）县域内教师交流轮岗机会增多

为实现乡村教育优质均衡发展，六盘山连片特困区各地坚持个人申请与组织安排相结合，公平、公正、有序开展交流轮岗工作，提升了县域内教师交流轮岗的机会，为实现优秀教师"下得去"的目标创造条件。从调研结果来看，有 83% 的乡村教师认为，身边有校长或教师交流到他们所在学校。2015—2021 年，Y 县校长每年的流动率约为 20%，教师每年的流动比例保持在 12% 左右，每年流动骨干教师人数占流动教师总人数的 30% 左右，而且通过"集团化"和"城乡共同体"办学模式，有效推动了城乡教育一体化发展。县域内交流轮岗机会的增多，有效地促进了六盘山连片特困区乡村教育的优质均衡发展,县域内交流轮岗工作逐渐走向规范化,主要表现在以下方面:从交流轮岗的主体来看,包括校长交流轮岗和教师交流轮岗。从交流轮岗的范围来看,包括县域内城乡教师双向交流(含集团化内部交流)、乡镇之间的教师交流和乡镇内部的教师交流。从交流轮岗的制度保障来看,"县管校聘"管理体制、职称评聘制度(即城市教师职称晋升必须满足在乡村学校或薄弱学校任教1年的条件)和评奖评优条件(如参评各级各类骨干教师需有1年以上乡村中小学的交流经历,将各单位的交流工作纳入年度考核)等,都为乡村教师的交流轮岗提供了制度保障。乡镇小学教师"走教"制度,也有效缓解了初小和教学点的音乐、体育、美术、英语等薄弱学科结构性短缺问题。在省内外高等院校对乡村学校的对口支援工作方面,主要通过委派专家团队"送教下乡"和乡村教师访问名校的方式进行,尤其是"下得去"的专家团队,有效提升了乡村的教育教学质量。深化城乡联动的教研计划,使教研员实现了真正地"下得去",有效提升了城乡学校教研共同体的建设水平。

二 "留得住":多措并举,稳定乡村教师队伍

六盘山连片特困区各地从生活待遇、编制配置、职称评聘、荣誉制度等方面出发,多措并举,努力打造一支稳定的乡村教师队伍,并取得了显著成效。调查结果显示,66.98%的乡村教师愿意终身在乡村学校任教,13.31%的乡村教师选择长期在乡村任教,只有19.71%的乡村教师选择随时准备调离乡村学校。由此可见,六盘山连片特困区各地乡村教师整体留教意愿很高,教师队伍趋于稳定。

(一)乡村教师生活条件得到较大改善

乡村教师生活条件改善主要表现在月工资水平、住房条件、医疗保障等方面。调研结果表明,67.69%的乡村教师月工资水平在4000元以上,30.1%的乡村教师认为他们的工资水平高于同级职称的城市教师。乡村学校周转宿舍建设较好,大大改善了乡村教师的住宿条件。89.13%的乡村教师认为,乡村学校能够为有需求的教师提供周转宿舍。甘肃省平凉市H村屯级完全小学校长表示:"我们学校是2017年重新选址建成，2018 年我们师生搬迁后，学生学习和教师生活的环境得到了很大的改变，11 位老师 1 人 1 间宿舍，条件很好，6 名特岗教师都表示愿意长期留在这里从教。"乡村学校能够为在编在岗和特岗教师及时缴纳"五险一金"，95.14% 的乡村教师认为，当地能够依法缴纳住房公积金和各项社会保险费，96.02% 的乡村教师认为，他们在就医时可及时享受医保。乡村学校能够为教师提供就餐便利，在访谈中，X 县乡镇中学校长表示：

> 教师用餐是收费的，费用由学校直接将老师们的餐补打到食堂，老师直接到学生食堂排队就餐，食堂伙食很不错。对于一些工作繁忙的教师，尤其是带班主任的、带主科的老师，一天属于他们的时间非常少，再加上是寄宿制，老师从早晨的五六点钟就起床，一直忙到晚上十点钟，如果住宿学生有问题的话，还得陪着嘛。为了让老师能够更安心地工作，学校领导还专门为这些老师们开了教工小灶，改善他们的伙食条件，获得了老师们的一致好评。

乡村小学的老师普遍表示，乡村小学的饮食很好，午餐按照营养午餐的标准配备，老师们只需要象征性地交一定的就餐费。可以看出，乡村教师们的整体生活条件得到了明显改善，为乡村教师安心工作解除了生活之忧。

（二）乡村教师"系统内"工作岗位的可选择空间增大

六盘山连片特困区各地为实现中小学教师编制的均衡配置，主要采取了县域内的"县管校聘"和县域间的"合理划转"两种方式。一方面，在县域内的"县管校聘"方面，乡村教师实现了"学校人"向"系统人"的身份转变，一般采用乡村教师本人提出申请，然后竞争上岗的方式进行。另一方面，在县域间的"合理划转"方面，从超核编制的教师盈余县，向"无编可用"的教师不足县连人带编划转，通过"双向选择"确定拟划转人员。这两种方式的实施，在一定程度上给乡村教师提供了在"系统内"调整工作岗位的机会。访谈调查结果表明，很多在县城工作的城市教师，会在孩子高考后通过"县管校聘"的途径，回到工资水平更高的乡村学校任教。被访谈的乡村教师普遍认为，县域内和县域间乡村教师编制的动态调配办法，能够为城乡教师提供根据个人家庭和专业发展需求，进行自主选择工作岗位的机会，乡村教育"系统内"无人愿意留的现象基本已经不存在。

（三）职称（职务）评聘切实向乡村教师倾斜

造就一支高素质的乡村教师队伍，需要客观公正地评价乡村中小学教师的专业技术水平，其核心和关键在于乡村教师的职称（职务）评聘。职称（职务）评聘关系到乡村教师的切身利益和长远发展，六盘山连片特困区各地在乡村教师职称评聘方面，总体上取得了较为显著的成效。从调查结果来看，76.2%的乡村教师表示对目前乡村教师职称（职务）评聘制度"满意"。当然，也存在很大比例的乡村教师表示了不满，有18.55%的乡村教师表示"不满意"，还有5.25%的乡村教师表示"极不满意"，乡村教师们的这些不满说明还存在很大的改进空间。乡村教师职称（职务）评聘的成效还体现在以下方面：87.07%的乡村教师认同"职称（职务）评聘能够切实向乡村教师倾斜"。87.3%的乡村教师认同"在评聘职称（职务）时，不作外语成绩（外语教师除外）、发表论文的刚性要求，重点考察师德素养、工作业绩、一线实践经历"。80.89%的乡村教师认可"城市教师晋升中级或高级职称，须有1年以上乡村学校或薄弱学校任教的经历"。在访谈中，被访谈的乡村学校校长和教师普遍认为，相较于城市教师，乡村教师的职称（职务）评聘较容易。

（四）各级各类表彰奖励能够切实向乡村教师倾斜

六盘山连片特困区各地针对乡村教师制定了各级各类倾斜性的表彰奖励制度，这些制度有效激发了广大乡村教师的工作积极性，对营造尊师重教的社会氛围起到了巨大推动作用。调查发现，76.59%的乡村教师对目前针对乡村教师倾斜性的表彰奖励制度感到"满意"，这表明绝大多数的乡村教师切实从表彰奖励制度中享受到了实惠。当然，需要注意的是，仍有18.83%的乡村教师对表彰奖励制度表示"不满意"，4.58%的乡村教师则表示"极不满意"，这意味着对乡村教师的各级各类倾斜性表彰奖励制度，依然存在较大的改进空间。在访谈中，Y县和

X县教育行政部门的主管领导均表示，在评选先进时，能够做到尽量向条件艰苦的乡村中小学教师倾斜。

三 "教得好"：优化措施，提升乡村教师师德与能力

"支持计划"明确要求"全面提高乡村教师思想政治素质和师德水平""全面提升乡村教师能力素质"。六盘山连片特困区各地聚焦不断提升乡村教师"师德水平"和"能力素质"，采取了一系列具体有针对性的举措，在造就一支甘于奉献、素质优良、扎根乡村的教师队伍上取得了良好的效果。对乡村教师调查的结果显示，7.84%的乡村教师认为他们的教育教学处在"优秀"水平，64%的乡村教师认为他们的教育教学处在"良好"水平，25.35%的乡村教师认为他们的教育教学水平"一般"，仅有2.81%的乡村教师认为他们的教育教学水平"较差"。从乡村教师的自我评价来看，绝大多数乡村教师对其教育教学水平表示认可，这从侧面反映了对乡村教师师德和能力素质支持的各项措施确实起到了较大的促进作用。

（一）乡村教师思想政治素质和师德水平普遍得到提升

六盘山连片特困区作为革命老区和民族地区，各地乡村学校能够坚持党对教育事业的全面领导，深入落实立德树人的根本任务，不断推进习近平新时代中国特色社会主义思想"三进"工作，创新师德师风建设机制，有效提高了乡村教师的整体师德水平。调研结果显示，在"师德水平"维度的政治理论学习制度、党建工作、师德教育形式、师德教育内容、师德建设长效机制五个方面，有超过90%的乡村教师持肯定态度。这充分说明了六盘山连片特困区各地教育行政部门在实施"支持计划"要求的乡村教师师德支持方面取得了显著成效。在访谈中，X县乡镇中学教师XC-J2表示：

> 我个人很认可政治理论学习或师德教育，关键是要有合适的方法，尤其是在偏远的乡村学校，乡村老师一年四季走不出学校的那座墙，每日面对的是学生，这些内容不深入学习，理论水平提不上去，工作思路就打不开，你会永远处在一种封闭状态。学习一次两

次，可能感受不到它的价值，但是长期性学习，一年、两年、三五年下来，在把握好政治方向的同时，还会激励你成就你，那就了不得啦。

从乡村教师的实际感受中可以看出，师德支持确实对乡村教师师德素质提升起到了实质性的帮助。

(二) 乡村教师培训促进了乡村教师能力素质的提升

六盘山连片特困区乡村教师能力素质的提升，主要表现在教育观念更新、专业能力发展、信息技术应用能力的提升上。首先，在乡村教师教育观念更新方面。通过调查发现，29.21%的乡村教师认为，各级各类培训对于更新其教育观念"非常有用"，53.18%的乡村教师认为"有用"，14.63%的乡村教师认为"一般"，2.6%的乡村教师认为"基本没用"，0.39%的乡村教师认为"完全没用"。可以看出，绝大多数乡村教师对通过培训提高自我教育观念持肯定态度，只有极少数教师持否定态度，这说明培训能够有效更新乡村教师的教育观念。其次，在乡村教师专业能力发展方面。通过调查发现，在回答"各级各类培训能够促进自己专业能力发展"这一问题上，28.44%的乡村教师认为"非常有用"，53.18%的乡村教师认为"有用"，14.94%的乡村教师认为"一般"，2.93%的乡村教师认为"基本没用"，0.5%的乡村教师认为"完全没用"。可以看出，八成以上乡村教师认为培训能够有效促进其专业能力发展，持否定态度的仅3%左右，说明培训对乡村教师能力发展确实具有重要作用。最后，在信息技术应用能力提升方面。各级各类乡村中小学的信息化教学硬件设备有充分保障，乡村教师信息化应用能力在培训中得到了有效提升。Y县乡镇中学校长YC-1表示："这几年通过各种培训，乡村教师的信息技术应用能力提升很快，面对新的信息技术教学平台，不管是年轻老师还是年长老师，都愿意花费精力去学，教师信息技术能力的提升促进了学校教学质量的提升。"Y县教育行政部门的主管领导表示："自2018年开始，各个县通过推进信息技术应用能力提升工程2.0，在3年内对乡村教师轮训一遍，每次培训不低于600分钟，乡村教师的信息技术应用能力得到较大提升。"

第二节 乡村教师精准支持的问题

六盘山连片特困区各地在贯彻"支持计划"的过程中,采取了一系列行之有效的措施,取得了巨大成就,有效促进了乡村教师队伍的建设和发展,乡村教师队伍整体面貌焕然一新。不过,六盘山连片特困区各地在实施"支持计划"时,也面临着不少挑战和困难,这正是进一步深入实施"支持计划"的动力,更是六盘山连片特困区乡村教师队伍高质量建设的起点。

一 乡村教师对"支持计划"内容知晓度偏低

乡村教师作为"支持计划"所要产生作用的对象主体,他们对"支持计划"具体内容的认知水平,在很大程度上决定着"支持计划"能否真正全面精准落地。虽然"支持计划"已经进行了较长时期的实施,但就六盘山连片特困区各地乡村教师的调查结果来看,从整体上讲,乡村教师对"支持计划"具体内容的知晓度并不高。在对乡村教师进行"支持计划"八项措施具体内容的调查中,共涉及44个题目,乡村教师在29个题目上选择"不确定"的占比超过5%,在8个题目上选择"不确定"的占比超过15%(具体如表4-1所示)。这些选择"不确定"的乡村教师可能受很多因素的影响,但有一点比较明确,他们不太了解"支持计划"的政策内容,因而难以做出选择。

表4-1 超过5%的乡村教师选择"不确定"的题目及占比

序号	题目	不确定(%)
1	自"支持计划"实施以来,特岗教师经济收入有所提升	7.73
2	到乡村学校任教一定年限的高校毕业生可享受学费补偿和国家助学贷款代偿政策	9.88
3	自愿到乡村学校支教的退休教师,可获得一定的工作补助	15.57
4	学校能够为有需求的教师提供周转宿舍	6.02
5	当地能将符合条件的乡村教师住房纳入住房保障范围	15.35

续表

序号	题目	不确定（%）
6	当地能够做好乡村教师重大疾病救助工作	15.07
7	能够定期参加体检	14.69
8	条件满足且自愿的情况下，当地会选调乡村教师到离家近的学校工作	19.00
9	本校乡村教师编制总量能够确保开足开齐国家规定课程	7.12
10	在有合格教师来源下，不存在"有编不补"或长期使用临聘代课人员的情况	10.60
11	学校不以任何理由、任何形式占用或变相占用教职工编制	7.18
12	职称（职务）评聘能够切实向乡村教师倾斜	8.95
13	在评聘职称（职务）时，不作外语成绩（外语教师除外）、发表论文的刚性要求，重点考察师德素养、工作业绩、一线实践经历	8.78
14	城市教师晋升中级或高级职称，须有一年以上乡村学校或薄弱学校任教经历	14.14
15	学校能够采取多种途径和方式引导优秀校长和骨干教师向本校流动	10.93
16	身边有校长或教师交流到本校	9.77
17	流动校长、教师的管理或教学水平有助于提升本校的教育质量	12.81
18	学校报销各类培训产生的报名费、资料费、食宿费、交通费等培训经费	9.39
19	当地能够采取多元培训方式，增强培训的针对性和实效性	6.18
20	学校鼓励教师在职学习深造，提高学历层次	9.55
21	学校重视并加强对薄弱学科教师培训	9.11
22	各级各类培训符合您的需求，培训质量较高	8.34
23	为支持乡村教师专业发展，当地能够提供各项系统的保障措施	14.03
24	从教30年、20年、15年、10年以上的乡村教师会得到各级政府的奖励	17.73
25	在评优选先中，会适当向乡村学校、教师倾斜	17.67
26	各级各类行政部门会对乡村学校或乡村教师给予表彰奖励	8.56
27	优秀乡村学校和乡村教师能够获得社会力量专项基金的奖励	17.89
28	在乡村学校长期任教的优秀教师可获得荣誉称号或荣誉证书等精神性奖励	12.92
29	在乡村学校长期任教的优秀教师可获得物质性荣誉	21.47

通过访谈发现，六盘山连片特困区各地在行政领导层面，对"支持计划"内容的认知度较高。各县教育行政部门主管领导都十分熟知"支持计划"的主要举措，并能够掌握省、市、县级政府印发的"实施办法/细则"，乡村学校校长也基本了解本县乡村教师支持政策的内容要点。但在乡村教师层面，情况就非常不乐观了，被访谈的乡村教师有很大部分根本不知道"支持计划"，更遑论具体内容了，这样的结果实在出人意料。当然，大多数被访谈的乡村教师表示，他们只是知道"支持计划"，但对其中的具体内容不甚了解。这样的访谈结果也进一步印证解释了乡村教师在选择"不确定"项上占比较高的调查结果。由此可见，六盘山连片特困区乡村教师对"支持计划"内容知晓程度整体偏低，这严重阻碍了乡村教师对"支持计划"的理解、接受、支持和监督，也给"支持计划"的实施落实带来了困难。

二 乡村教师师德存在的问题

六盘山连片特困区各地对乡村教师师德建设非常重视，在贯彻"支持计划"有关师德支持的各项要求上，总体成效显著，但在乡村教师师德内容、策略和实效等方面尚存在诸多问题。

（一）师德及师德建设的内容认识局限

乡村校长和教师对师德本身及师德建设内容的认识，是进行师德支持的认识前提。一方面，乡村校长和教师对师德的认识存在偏颇。通过对六盘山连片特困区各地乡村学校校长和教师的访谈，结果显示，乡村学校校长和教师普遍把师德归结为师生关系的底线即师德行为。如Y县某小学校长说："在我们学校，经常会出现一些老师在盛怒之下控制不住其情绪，就难免出现一些小的体罚，或说些恨铁不成钢的不好听的话。所以我认为，教师的师德问题，最重要的就是对学生要有仁爱之心，不能对学生进行任何形式的体罚或变相体罚。"乡村教师们则普遍直截了当地表明，有师德的关键在于知道哪些不该干，比如不能体罚和变相体罚学生。可以说，乡村学校校长和教师对师德的认识，更多地从乡村教育实践中最容易出现的有违师德现象出发，谈论对师德的认识，这就难免把师德局限于师德底线的认识层面。在与乡村教师们交谈的过程中，当论及师德的理想信念、道德情操、扎实学识、仁爱之心等内容时，乡村教师们普遍表示非常认可，但对这些内容的认识往往过于肤浅。这说明乡村教师师德教育要在全面深刻上下功夫。另一方面，很多乡村校长和教师把师德建设当成完成上级部署的师德任务。在访谈中，X县教育主管部门分管领导表示："目前师德建设的现状是'上热、中温、下凉'，教育局热火朝天搞师德建设，乡村学校领导不冷不热配合搞师德建设，乡村老师冷冷淡淡应付师德建设。师德建设成了上级检查下级的一项任务，一些乡村学校和教师把师德建设，当成是应付完成任务。"很多乡村学校校长认为，师德建设的主要内容就是完成上级交代的师德教育培训工作。乡村教师则普遍表示，不太清楚师德建设内容是什么，但是会按照教育局和学校的师德要求完成任务。

（二）师德建设策略依赖外在规训

六盘山连片特困区各地乡村教师师德建设的策略，呈现出一种过度依赖外在师德规训惩戒措施的倾向，主要体现在通过重点强调师德底线标准来解决乡村教师师德失范问题。在访谈中，几位教育行政管理部门的主管领导表示，完善和落实教育、宣传、考核、监督与奖惩相结合的师德建设长效机制很关键，但又特别强调，在目前乡村教师职称评聘、评优选先、年底考核等方面，都坚决实行师德一票否决制。而且特别指出，一直把建立详细的师德师风负面清单，加大师德违规惩处力度，作为师德建设的最有效抓手。乡村学校校长们普遍表示，虽然也经常通过政治理论学习和师德研究培训等方式来提高教师师德，但这些校长们都特别强调指出，保证乡村教师职业道德水平最有效的手段，就是划定纪律和规矩"红线"。乡村教师们大都认为，随着互联网的发展，个别教师妖魔化的道德形象被放大到大众视野，山区农民心中"尊师重教"的淳朴观念发生了改变，乡村教师圣人化的道德形象也发生了变化，最有效的师德建设策略就是教育行政部门和学校制定的各类教师职业道德行为处理办法。可以看出，六盘山连片特困区乡村教师师德建设在策略方面对外在规训过度强调，这些惩处性的外在规训，更多关注的是师德问题的后果，强调的是警示警戒作用，而不利于乡村教师师德理想的培养。

（三）师德建设结果实效性困境

六盘山连片特困区各地在乡村教师师德建设中，非常重视师德建设的实效，并通过"支持计划"的实施，给乡村教师师德提升提供了切实的支持，使乡村教师的师德素养水平有了显著提高。但在访谈的过程中发现，乡村教师师德实效性也存在一些特别需要注意的问题。在访谈中，Y县九年一贯制乡村学校教师YJ-J1表示："领导或专家读文件、唱高调的师德教育方式，千篇一律形式化的师德评价，只会让乡村老师疲于应付，丝毫起不到提升师德水平的效果。"Y县乡镇中学校长YC-1表示："你调研的关于乡村教师政治理论学习制度、乡村教师队伍党建工作、师德教育形式与内容、师德建设长效机制等方面，我们似乎都做了，但又似乎什么也没做，方方面面都照顾到了，但又都是浅尝辄止、蜻蜓点水。"X县乡镇中学教师XC-J2表示："我们学校每周周一专门组织党员学习，每次会后加一场全体老师的政治理论学习。这类会议将政治性知识强加在老师身上，很难让老师形成一种正确的认识，效果不佳。"X县教育行政部门主管领导由衷地谈道："我们一直在努力寻找打开'师德建设之门'的'钥匙'，但是有的人刚开始就放弃了，有的人迷失在又窄又长崎岖难走的途中，有的人没找到'钥匙'，有的人找到了'假钥匙'，我能确信的是我没有找到那把触及乡村教师心灵的'钥匙'。"可以看出，乡村教师师德实效性方面确实存在一些不尽如人意的地方，这既反映了乡村教师们渴望提升师德教育效果的期待，又指明了师德支持改进的一个重要着力点。

三 乡村教师补充存在的问题

六盘山连片特困区各地积极贯彻"支持计划"，扩大乡村教师补充渠道，为乡村教育补充了大量优秀的教师。不过，在调研中发现，乡村教师补充也面临着一些问题，主要体现在两个方面：一是"特岗计划"补充的问题，二是本土化定向培养"一专多能"乡村教师的问题。

（一）"特岗教师"补充面临的问题

一直以来，六盘山连片特困区各地向乡村学校输送优秀毕业生的主渠道，主要依赖招聘特岗教师。但是，在调研中发现，出现了部分县区不再补充"特岗教师"的现象,数据显示,2021年,六盘山连片特困区的宁夏西海固地区、陕西桥山西部地区、甘肃中东部地区,共补充了4102名特岗教师。但是,在宁夏中卫市海原县、固原市西吉县、隆德县、彭阳县、泾源县、陕西宝鸡市陇县、甘肃武威市古浪县等地区,基本上未安置"特岗教师"。在访谈中,X县教育主管部门领导表示:

> 2018年之后,全县没有招录过"特岗教师",没有招聘过在编教师。缺老师的乡村学校,每年都是通过"县管校聘"的方式,在县域范围内交流聘用已经在编的教师。我们县内的状况是,东部片区教师数量不足,而西部片区教师数量较多,主要原因是近几年来相对重视教育的西部片区家庭,选择将孩子送到城市中学,所以很多孩子就流向城市,学生少了,教师数量就出现了盈余。通过"县管校聘"的方式,基本可以解决这种教师数量不平衡、不均等的问题,也就不需要再招聘在编教师和特岗教师了。

这表明乡村教育不是不需要"特岗教师"进行补充,而是学生流失使乡村教师相对出现富余,通过区域内教师交流就能够满足眼前教师之需。实际上,乡村学生流失的原因是乡村学校教育质量不高,乡村教师整体水平不高,如果乡村教育是高质量的,那么学生就不会向城市流动。这就提出了一个更加重要的命题,乡村教育需要进行高质量发展转型,才能避免乡村学生流入城市,这意味着乡村教育补充的"特岗教师"也要实现高质量转型,即向乡村教育补充高质量的"特岗教师"。

(二)乡村教师本土化培养的问题

"支持计划"明确指出:"鼓励地方政府和师范院校根据当地乡村教育实际需求加强本土化培养,采用多种方式定向培养'一专多能'的乡村教师。"为有效拓宽乡村教师培养和补充渠道,向乡村学校输送更多的优秀毕业生,六盘山连片特困区各地贯彻"支持计划"的要求,逐渐推行乡村教师本土化培养政策。如宁夏回族自治区要求自2016年起,将地方免费师范生(2018年8月的《教育部直属师范大学师范生公费教育实施办法》将"师范生免费教育"改称为"师范生公费教育"）计划由每年 200 名扩大到 300 名，由区内高等院校定向培养"一专多能"的教师，协议到乡村学校任教。青海省依托青海师范大学，实施教育部"西部农牧区卓越小学全科教师培养"项目和省级卓越教师培养教育试点项目，深化小学教师培养模式改革，加强本土化培养，重点为乡村小学培养"一专多能"全科型教师和中小学双语教师。而且，青海师范大学和青海民族大学在师范类招生计划中，每年都安排一定比例的乡村小学教育（全科）专业计划。陕西省要求将地方免费师范生计划或乡村教师定向培养计划培养，并取得教师资格证的毕业生，定向安排到生源县乡村学校任教。甘肃省则统筹省内师范院校招生计划，改革培养模式，精准免费培养"小学全科""中学一专多能"的乡村教师。实施精准扶贫教育支持计划，每年选拔一批家庭困难、学业优秀、有志从事乡村教育的优秀高中毕业生到师范院校就读，定向培养、协议服务。随着省级举措的出台，六盘山连片特困区各地开始探索建立师范院校与研训机构、中小学联合培养乡村教师的机制，通过不断加强岗位锻炼，扎实开展校本教研的方式，促进乡村教师的本土化培养发展。

但是，在贯彻实施"支持计划"要求的过程中，也出现了一些不尽如人意的问题，主要体现在签约到乡村学校的公费师范生人数比例较低。调查结果显示，乡村教师中普通师范生占 67.15%，非师范生占 23.08%，国家公费师范生占 7.29%，地方公费师范生仅占 2.48%。可以看出，国家和地方公费师范生共占约 9.77% 的比重，公费师范生的比重明显偏低。这里以比较典型的 Y 县 2015—2020 年公费师范生的安置情况为例。在对 Y 县教育行政部门主管领导的访谈中，整理出了 Y 县公费师范生安置人数分布情况（如表 4-2 所示）。仅从此调查中就可以看出，Y 县公费师范生无一被安置到乡村学校，全部进了城区学校，Y 县的情况虽然有些极端，却反映出乡村学校在公费师范生安置上面临的窘境。而被访谈的乡村学校校长和教师普遍认为，一般来说公费师范生的绝大部分会被安置在省会城市或市区内的学校，只有极小部分会被安置到乡村学校。窥斑知豹，总体上说，六盘山连片特困区乡村教师中，来自公费师范生的占比相当低，各地都将绝大部分甚至全部公费师范生安置到了城区学校任教，乡村学校能够获取公费师范生任教的机会很少。

表4-2　　Y县2015—2020年公费师范生安置人数分布情况

年份	2015	2016	2017	2018	2019	2020
城市	14	13	30	47	23	64
农村	0	0	0	0	0	0

四　乡村教师生活待遇存在的问题

六盘山连片特困区各地在"支持计划"实施以来，乡村教师在工资收入、生活补助、住房保障、医疗保险等方面，都有了明显改善和提升。但是，在调查的过程中也发现，在乡村教师生活待遇方面，仍然存在一些需要解决的问题。

（一）乡村教师收入水平的问题

乡村教师的收入水平体现了教师的劳动价值，为家庭生活提供了最基本保障。在对六盘山连片特困区的调研发现，乡村教师们普遍肯定了实际收入有了明显提升，却有很大一部分乡村教师认为，他们的实际收入水平与期望收入存在较大差距。这主要表现在以下方面。一是有相当部分乡村教师认为，他们与当地公务员实际收入水平相比明显偏低。调查显示，20.09%的乡村教师认为他们的实际收入水平比公务员"低很多"，25.56%的乡村教师认为"低一些"，44.88%的乡村教师认为"持平"，7.04%的乡村教师认为"高一些"，2.43%的乡村教师认为"高很多"。而在访谈中，乡村教师们普遍认为，他们的经济收入和社会地位都低于公务员。二是有相当部分乡村教师认为，他们的实际收入水平低于城市教师。调查显示，12.05%的乡村教师认为他们的实际收入水平比城市教师"低很多"，25.74%的乡村教师认为"低一些"，43.66%的乡村教师认为"持平"，17.5%的乡村教师认为"高一些"，1.05%的乡村教师认为"高很多"。可以看出，虽然大部分乡村教师认为其收入比城市教师高一些或持平，但依然有近四成乡村教师认为其收入不如城市教师。究其原因，在访谈中这些乡村教师表示，城市教师所在学校分配收入多，如城里学校学生多，相应的课后服务带来的收入就高，乡村学校学生少，放学后学生回家还要干点农活，课后服务几乎带不来收入，而且城市教师外出兼职机会多。三是大部分乡村教师认为，他们的收入低于家庭经济开支水平。调查显示，在回答"您的收入能否支撑家庭基本开销"的问题上，15.25%的乡村教师认为"完全不够用"，36.09%的乡村教师认为"不够用"，45.95%的乡村教师认为"基本够用"，2.71%的乡村教师认为"完全够用"。可见，超过半数乡村教师认为收入难以支撑家庭基本开销。在访谈中，乡村教师们普遍认为，随着物价的上涨，家庭总开支加大，大家都面临"上有老、下有小"的问题，如果夫妻双方一方收入偏低，家庭收入就不足以支付家庭的日常开支、父母赡养费、子女教育费、人情往来费等花销。调研同时发现，70.9%的乡村教师认为，目前的工资收入水平需要提高。

（二）乡村学校教师住宿条件的问题

住房是乡村教师基本的生活必需品，乡村教师只有具备安定的居住之所，才能在乡村安心从教。就六盘山连片特困区各地乡村教师住宿条件而言，主要面临两方面的问题。一是乡村教师住宿距离乡村学校较远，上班很不方便。通过调查得知，乡村教师住房类型以自购房为主，自购房占比为67.59%，自建房占比为9.94%，租房占比为8.56%，学校宿舍占比为10.38%，学校分配住房占0.44%。而且，自购房的乡村教师基本上都将房子购置在县城或市区，距离乡村学校较远，这些乡村教师往返于住所和单位之间，耗时耗力，很不便捷。调查显示，乡村教师从住所到单位的单程耗时，40.13%的要耗时60分钟以上，耗时45—60分钟的占28.55%，耗时20—45分钟的占20.31%，耗时20分钟以内的占11.01%。可以看出，很大部分乡村教师上班单程要花费一个小时以上时间，这给他们的工作生活带来很大不便。二是不同类型乡村学校教师周转宿舍条件差异较大。乡镇中心小学教师周转宿舍条件最好，乡镇中学和村（屯）级小学教师周转宿舍条件相对较差。在访谈中，X县乡镇中心小学校长XC-1表示："我们学校从2013年就已经开始建设周转宿舍，我所分管的村级完小也有一栋教师宿舍楼，完全能够满足所有教师的住宿需求。现在周转宿舍的住宿条件很好，能够保证单人单间，有卫生间、浴室和厨房。我们还提供免费午餐，需要晚餐的老师需要交4元钱。"而X县乡镇中学校长XC-2则提出相反的看法："我们学校老师们的学校住宿条件略微有点提升，但是这种提升非常慢。我们学校是寄宿制，老师们需要负责晚自习，大部分老师都有住宿需求，但是教师宿舍条件很不理想，很多年轻老师3—6人挤在一间宿舍。"一位乡镇中学优秀教师A也表示："一个班一共50多个学生，其中40多个是寄宿，而学生宿舍居住空间严重不足，没办法，只能把教师的住宿空间让给学生，这样教师的住宿条件就很不好，很多教师挤在一间宿舍。"X县村屯不完全小学老师YCB-1表示："我们的住宿条件稍差一些，老师们宿舍的床还是一米宽的硬板床，会给新入职的教师、离家远的教师安排宿舍，基本是2—4人一间，住宿条件一般，但比以前已经有了很大改善。"乡村教师住宿条件的差异，既说明了要积极改善乡村教师较差的住宿条件，又明确了乡村教师住宿条件深入支持精准性的重要性。

(三) 乡村教师身心健康问题

六盘山连片特困区各地积极实施"支持计划"，在保障乡村教师的身心健康方面做了大量工作，取得了显著的成就。不过，通过调查也发现，乡村教师身心健康方面存在一些需要克服的问题。这些问题主要体现在以下方面。一是部分地方乡村教师定期体检支持政策执行不到位，没有完全落实教师健康体检的要求，健康体检在满足乡村教师需求上还存在差距。调查结果显示，69.3%的乡村教师"同意"学校能定期组织教师参加体检，表明还有部分乡村教师不认可或没有定期参加体检。而且，在回答"学校组织的体检能否满足您的健康需求"问题上，19.77%的乡村教师表示"完全不满足"；38.44%的乡村教师表示"不满足"。经进一步访谈发现，部分学校乡村教师的体检周期是3年甚至更长，很多乡村教师表示，学校仅是偶尔组织一次体检，体检费的标准也很低，大多是些常规性的检查项目。二是乡村教师的心理健康问题不太受重视。调查结果显示，在回答"学校对心理健康服务工作的重视程度"问题上，16.9%的乡村教师选择"非常不重视"，33.1%的乡村教师选择"不重视"，34.1%的乡村教师选择"一般"，9.6%的乡村教师选择"较重视"，6.3%的乡村教师选择"非常重视"。在访谈中，教育行政部门主管领导和乡村学校校长大多数表示,对乡村学生的心理健康问题关注较多,在一定程度上确实忽视了乡村教师的心理健康问题。

(四)乡村特岗教师同工不同酬的问题

六盘山连片特困区各地乡村特岗教师在薪酬待遇上存在同工不同酬的问题,主要体现在两个方面:一是县与县之间特岗教师的薪酬存在较大差异。在调查中发现,同一地区的 D 县与 G 县的特岗教师,在工资待遇各方面存在一定差异,在月收入上有 300 元左右的差距,虽然差距不大,但在收入低的特岗教师群体中却产生了相当大的负面情绪。二是县域内特岗教师与在编教师同工不同酬。通过对甘肃省 H 村屯级完全小学 6 名特岗教师的访谈发现,该小学特岗教师的住房公积金、医疗保险、养老保险等"五险一金"都需要自己缴纳,而且其工资待遇明显低于在编教师,他们拿不到在编教师的班主任津贴、交通补助费等。在对 H 村屯级完全小学特岗教师 HCW-1 进行深度访谈时,该教师表示:"学校一共 11 个老师,在编教师有 2 个,年龄比较大,我们 6 个特岗教师平时承担的各类工作任务要高于这 2 位老师,但是待遇要低好多。每月自己缴纳'五险一金'的时候,确实很寒心失望。但是我们 6 个目前都会留下来,因为现在特岗也不好考,再说找个稳定的工作太难了。"可以看出,同工不同酬的问题虽然没有改变特岗教师的职业选择,但是严重损耗了特岗教师的职业情感,负面消极的职业情绪不但不利于特岗教师的工作热情的保持,而且为特岗教师之后离职埋下了伏笔。

五 乡村教师离职意向和老龄化问题

六盘山连片特困区各地在"支持计划"的支持之下,乡村教师"留得住"的局面得到了根本改善,教师整体留任状况较好,教师结构也得到了优化,取得了明显的成效。但是,在调查过程中也发现了一些值得注意的"老问题",即部分地区乡村教师依然面临流失和老龄化问题。

(一)乡村教师离职意向问题

在"支持计划"的强有力支持下,六盘山连片特困区各地乡村教师队伍整体较为稳定。但通过调查发现,仍有 19.71% 的乡村教师表示,他们在乡村学校任教只是过渡并可能随时调离。这种离职意向的存在，是影响乡村教师队伍稳定的严重隐患。为了深入了解六盘山连片特困区乡村教师离职的状况，这里选取一位已离职的乡村中学优秀教师A和乡中心小学青年教师B，以及一位有离职意向的村屯完全小学在职特岗教师C进行了深度访谈。在访谈中，A教师表示："我做了近20年的乡村教育工作，2002年我刚毕业就回到家乡，2021年还是一级职称。由于擅长管理和组织活动，组织信任安排到了X县图书馆的管理岗位，其实我觉得做乡村教师更踏实一些，压力小一点，活得特别安逸、充实又自在，面临的社会外界的压力少了一些，但是组织安排了新的任务，我还是欣然接受，毕竟也是自我价值的一种体现。"可以看出，A教师是由于组织调动而离开乡村学校的。B教师表示：

> 我是2021年离开乡镇中心小学，现在X县教育局工作。除非年龄特别大的老师，确实因为孩子上学、照顾老人等家庭原因留下来了，大多数乡村老师选择到城市学校，尤其是年轻老师。例如我的一位"90后"朋友S老师，也离开了她所在的乡中心小学。那个地方还有好多年轻的、优秀的老师，我感觉可能用不了几年时间，他们也会选择离开乡村。

由此可知，B教师谈到的情况是乡村的整体环境难以吸引教师留教，说明连片特困区乡村教师职业的吸引力还需要进一步提升。C教师则表示：

> 现在找工作很难，我还会继续在乡村学校任教，但如果有更好的工作岗位，我还是会离开，目前我身边的很多特岗教师都有这种想法。本来大家大学毕业时的首选是考研或考公，考特岗是退而求其次的职业选择。人肯定会选择往高处走，有的年轻老师直接考上公务员彻底脱离教师行业，有的年轻老师利用"县管校聘"的机会到了县城学校，也有个别安于现状"不求上进"的年轻老师，只能待在这里。

由此可知，C 教师到乡村学校属于无奈的选择，这说明乡村学校留心比留人更重要，选择对乡村教育充满热爱的人到乡村任教尤其重要。

（二）乡村教师老龄化问题

乡村教师老龄化是一个老生常谈的问题，从表面上看涉及乡村教师年龄结构是否合理，实际上反映了乡村教育是否后继有人，乡村教育是否有活力等问题。从整体上看，六盘山连片特困区各地乡村教师结构比较合理，但在访谈调查中也发现，乡村教师老龄化问题的趋势依然存在。在访谈中，X 县乡镇中学校长 XC‑1 表示：" 我们中学有 15 个班级，学生 800 人，总共有 63 个老师，有编的大约 40 人。学校老师们在年龄构成上变化很大，之前，二三十岁的年轻老师能够达到二十几个，2020 年之后，学校教师明显呈现出老龄化趋势，年轻老师的数量减少了将近一半。" X 县乡中心小学校长表示：

"县管校聘"时，40 岁以下有初中教师资格证的老师，全部要调到县城任教。由于我们乡老师总体比较充裕，新补充的教师很少，2022 年新补充 1 名事业编青年教师，2017 年、2014 年、2012 年分别补充了 1 个。这些青年教师虽然都留下来了，但是教育厅对师生比和班师比有严格的规定，我们新补充教师数量太少了。乡村教师随着年龄增长，可以提升的空间太小，即使想要贡献，但是本身可以发挥的能量或光亮太微小。乡村教育的发展从根本上讲还是要靠年轻人，青春的力量孕育着无限的可能与希望。现在很多家长甚至很多老师，都愿意选择将自家的孩子交给年轻有活力的教师带，说是年轻人身上的新思想、新视野更有价值。

乡村教师老龄化趋势，不仅是对乡村教育生态失衡的严重威胁，也意味着在连片特困区年轻乡村教师留乡任教意愿依然不够高。

六　乡村教师职称问题

职称评聘与乡村教师个人利益密切相关，是乡村教师十分关心的内容之一。六盘山连片特困区在职称评聘方面，能够较好地按照"支持计划"的要求，切实做到向乡村学校倾斜，乡村教师也从倾斜政策中获得了实惠。但通过调查发现，仍有高达60.35%的乡村教师表示，目前的职称评聘制度需要改善。其问题主要体现在乡村教师职称岗位结构比例不平衡和职称评聘制度异化等方面。

(一) 乡村教师职称岗位结构比例问题

六盘山连片特困区各地在乡村教师职称岗位比例方面，按照"支持计划"的要求，根据实际情况制定了相应的政策要求，主要包括两方面：一是落实省级城乡统一的学校教师岗位结构比例，如宁夏城乡学校高、中、初级岗位结构比例为初中1.5：5：3.5、小学幼儿园为1：5：4。二是提高乡村教师中高级教师职称比例，如甘肃榆中县要求新增中、高级教师岗位指标（农村山区为10%、农村川区为7%、县镇为5%），新评正高级教师岗位农村学校、薄弱学校不少于15%。不过，在调查中也发现，乡村教师实际的职称等级结构出现了比例失衡现象，具体如图4-1所示。

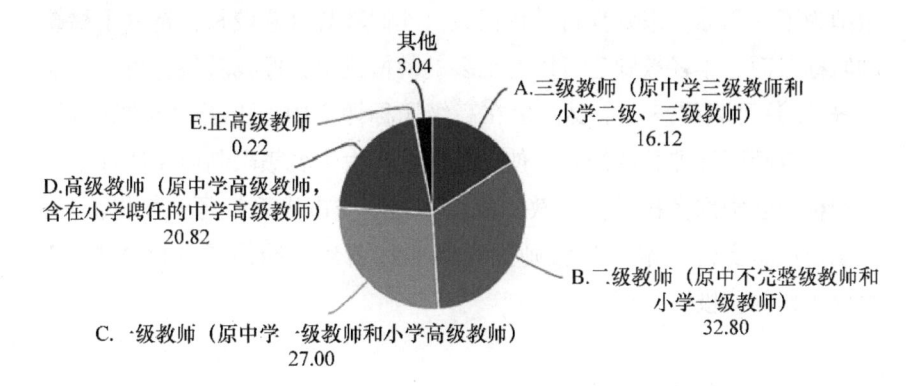

图4-1 乡村教师各级职称分布比例(%)

从图4-1可以看出，乡村教师专业技术职称的高级、中级、初级与其他岗位之间结构比例为2.1：2.7：4.9：0.3。按照正常的比例标准，中级职称教师的比例应该最高，初级职称教师次之，高级教师比例最少。但从调查的结果来看，初级职称教师的比例明显过高，中级教师的比例则明显偏低，乡村教师的职称等级结构出现了比例失衡现象。这会导致某一级别乡村教师职称申报拥堵，使达到申报条件的教师无法申报高一级职称，伤害了乡村教师工作的积极性。

（二）乡村教师职称评聘问题

六盘山连片特困区各地都能够较好地按照"支持计划"要求，制定符合实际的乡村教师职称评审条件，为乡村教师职称评审创造良好的支持环境。但在实际调研过程中发现存在两个问题：一是乡村学校在执行教师职称评审制度时存在论资排辈的问题。在访谈中，被访谈的乡村教师普遍表示，教龄是限制其评审高级职称的一个羁绊，教龄限制的实质就是论资排辈。对此，一位乡村年轻教师YC-1表示："年限到了二级教师自然就定了，但是教龄限制了自己评一级职称的机会，专业能力再强，也比不上老教师十几年甚至几十年的教龄，在乡村学校职称评聘中教龄压倒一切。"二是乡村教师职称评审挤占问题，主要是城市学校教师到乡村挤占教师职称名额。对此，Y县一位有17年教龄的乡村中学教师YC-2表示："评职称教龄很重要，我工作了17年，论教龄我比年轻人有很大竞争优势，但让我憋屈的是，越来越多城市学校的中年教师为了评职称，来到乡村学校任教，他们教龄普遍较长，挤占了稀缺的职称名额。年轻教师还可以有更多的跳槽机会，像我就很尴尬，只能苦等。"这种职称挤占主要发生在高级职称评审中，由于"支持计划"对乡村教师职称评聘的倾斜，使一些在城市由于名额限制而无法评上高级职称的教师到乡村学校任教，虽然有利于城市优秀教师向乡村流动，但也挤压了乡村"本土"教师的高级职称名额，挫伤了乡村"本土"教师工作的积极性。

七 城乡教师交流轮岗问题

城乡教师交流轮岗是"支持计划"为改善乡村教师结构和质量的一项重要支持性举措，六盘山连片特困区各地积极推行城乡教师交流轮岗，为乡村教师质量提升和结构改善提供了重要支撑，有力地推动了乡村教育的发展。不过，在调研中也发现，六盘山连片特困区各地城乡教师交流轮岗也出现了一些问题。

（一）城乡教师流动意愿的问题

虽然城乡教师流动轮岗在"支持计划"实施后，已经成为常态，但在调查的过程中发现，仍然有很大部分城乡教师呈现出流动意愿较低的倾向。调查统计结果显示，有42.41%的乡村教师表示"不愿意"参加学校的交流轮岗。在进一步的访谈中，X县乡镇中学教师XC–J1笑着说道："校长曾问我，谁有意向去城里轮岗呢？领导开玩笑地说，如果没人去就安排我去，我也笑了，我说能去也行吧。"这种调侃充分反映了乡村教师对流动的不情不愿之态度。Y县乡中心小学校长YZ–1表示："每年与城市A小学互派教师七八名，每次都需要学校再三地动员，才能勉强完成任务，特别头疼的是每年流动教师到村小、教学点进行为期1年的交流轮岗，没有教师愿意去，这是我最为难的事。"乡中心小学教师YZ–J2（由城市骨干教师交流过来）表示："作为骨干教师的身份参与到交流轮岗中，不回避地说，我能参加此次交流，很重要的一个原因是服从领导安排，另外我老家距离这个乡村学校不远，我母亲近期身体欠佳，我可以方便照顾。"城乡教师交流轮岗的意愿不高，暴露了城乡教师交流吸引力不足的问题，没有吸引力的交流轮岗，会严重影响轮岗交流的质量，使轮岗交流沦为形式，违背了轮岗交流的初衷。

（二）城乡教师交流轮岗实施中的问题

六盘山连片特困区各地在城乡教师交流轮岗实施中，整体上措施得当，成效显著。但在调查过程中，也发现了一些值得注意的无效流动问题，主要体现在两方面：一是出现了享受性流动问题。在城乡教师流动轮岗交流的过程中，一些参加流动的教师，到流动学校后却"享清福""混日子"。在访谈中，X县乡中心小学校长XC–J1谈道："制度要求城市教师必须到乡村学校或薄弱学校工作1年，但是近几年来我们学校来的城市老师，好几个都是'身在曹营心在汉'，基本是在'混日子'，根本发挥不了实质性作用，对学校基本没啥帮助。"乡中学教师XC–J1表示："来我们学校的城市教师，有一些是年龄大的老师，由于城市学校竞争压力太大，评不上职称，家里面的孩子高中毕业后，为了评职称，重新回到乡里学校，拿着高工资'养老'、'享清福'，一举多得。"二是功利化流动现象依然较为突出。教师流动主要是为了获得对自己有实际好处。在访谈中，X县乡中学教师XC–J1表示："到我们学校的城市教师，有一些是为了评职称需要，在乡村学校或薄弱学校工作一年就走了，人家根本不想发挥什么作用。"XJ-J2（九年一贯制乡村学校教师）认为："有时候，城市学校过来挂职交流的副职校长发挥不了引领作用，所谓的挂职变成了个别领导提职前的'镀金'。"总之，享受性流动和功利化流动虽然仅是个别现象，却严重影响了城乡教师流动的声誉和实际效果。

（三）优秀教师支援乡村流动的问题

六盘山连片特困区各地采取对口支援、送教下乡、走教、"银龄计划"等多种途径，促进优秀教师向乡村学校流动，提高了乡村学校的教学质量，起到了很好的引领示范作用。不过，在调查中也发现，这些优秀教师支援流入乡村教育中，也存在一些需要注意的问题，主要体现在以下方面：一是对口支援"不对口"导致指导效果不佳。在访谈中，X县乡中学校长XC-1表示："B飞机有限责任公司上海支教团，每年充实5个人左右过来支教，他们属于飞机科研人员和飞机制造行业，有一个对口帮扶的项目，他们就来了。虽然他们学历很高，却不是师范专业，缺乏教育经验，对我们的数理化、信息技术等学科的教学工作，起不到太大的指导效果。"二是走教能够有效缓解乡村小规模学校音、体、美等薄弱学科教师结构性短缺问题，但走教教师规模太小，对解决该短板问题杯水车薪。在访谈中，X县乡中心小学校长XZ-1表示："我学校有音、体、美老师，每个学科1名老师，每周都会到村屯小学'走教'，一般每周2节课，很难满足村屯小学的需要。"Y县教育行政部门主管领导表示："乡村小规模学校教师走教支持计划落实走教教师，有效缓解了薄弱学科教师不足的问题，但是走教教师人数仍无法满足县域教学点、初小的教学需求，走教教师任务繁重。"三是送教下乡受到乡村学校的普遍欢迎，但是送教次数太少，时间太短。在访谈中，X县乡镇中心小学教师XZ-J2表示："教育局组织的'送教下乡'对我的帮助很大，但是每学年的次数太少了，一般一学期能有一次，而且指导时间太短，有时只有一天。"教师XZ-J1表示："每次送教活动'大张旗鼓'来，'匆匆忙忙'走，送教老师水平很高，但都有固定单位，本身原单位就有很重的工作任务，缺少静下心来深入地指导，我们的老师基本上还没'消化'，老师就走了。"四是"银龄计划""种子教师"等效果有限。由于这类教师的数量总体上太少,难以形成规模效应,其引领示范作用发挥效果有限。在访谈中,X县乡中学教师XC-J1就表示:"我们这里教师基本不太看好'银龄计划''种子教师'等,此类教师人数太少,有的教师根本待不了多久,起不了多大作用,有时候反倒成了一种对正常教学秩序的搅扰。"

八 乡村教师发展培训问题

六盘山连片特困区各地非常重视乡村教师的发展支持,积极采取各种措施对乡村教师进行培训,以全面提高乡村教师的教育教学素质能力,为建设一支素质优良的乡村教师队伍打下了坚实基础。不过,六盘山连片特困区各地在乡村教师培训过程中,也存在一些亟须改进的问题。

(一)乡村教师培训内容方面的问题

在培训内容方面,各县能够精准执行关于师德教育内容、信息技术内容的培训要求,但是存在同质化、理论化和陈旧化等问题,具体表现在如下方面:一是培训内容缺乏"乡土味","接地气"的乡村教育培训内容十分匮乏,无法满足乡村教师的发展需求。在访谈中,乡村小学教师XZ-J1表示:"我认为咱们当前的很多培训缺乏对乡村教育实际考虑,培训的专业内容多为教育基本理论、教学技能、教法等,关于乡村学生身心健康、乡村学校班级管理、乡村教育资源开发与应用等方面的内容较少。"二是培训内容缺乏"实践性",乡村教师培训中过于强调理论知识,适用于乡村教育情境的实践性知识不足。在访谈中,Y县村屯不完全小学教师YCB-J1表示:"我虽然很珍惜每次培训的机会,希望能通过培训不断提升个人素质,但感觉很多培训过度偏向传授理论知识,太缺乏实用性,很多知识在教育教学中根本用不上。"三是培训内容缺乏"前沿性",乡村教师培训的很大部分内容缺乏前沿的引导性,有些甚至较为陈旧。在访谈中,X县九年一贯制学校教师XJ-J1表示:"随着接受培训次数的增多,我感觉到培训内容的新鲜感越来越少,不够前沿,很多专家的培训内容陈旧枯燥,甚至有的内容前几年都听过,还在讲,接受这种培训就成了一种煎熬。"

（二）乡村教师培训方式方面的问题

乡村教师培训方式存在的问题可从线上和线下两方面进行分析。一方面是线下集中讲座式培训的问题，主要体现在过多过度的集中讲座式培训，以及培训后续的跟踪指导不足方面。在访谈中，X县乡镇中心小学教师XZ-J2表示："绝大多数培训都是专家讲座、领导讲话的集中培训，当然也会夹杂一些实践参观，这种培训集中在一周或几周完成，培训完成就彻底结束，回去后老师们有了问题，也无法继续向专家请教，我们很希望专家们能够继续跟踪指导我们。"乡村教师的发展和能力提升不是一蹴而就的，而是一个长期的持续过程，短期集中培训自然能够让乡村教师在"增理论"和"开眼界"上有所获得，却无法使乡村教师在日常教育教学实践性问题的解决中获得发展。另一方面是线上培训方式普遍低效的问题，甚至有很大部分线上培训异化为教师"刷学时"。在访谈中，X县乡镇中学校长XC-1表示："线上培训对老师们比较方便，节省时间，但是弊端特别大，很多老师都是打开手机或电脑，自己干别的事情，根本就没认真学习，线上培训效果较差。"X县乡镇中心小学教师XZ-J1表示："线上培训不能说不好，但效果确实比较差，主要是教师们平时都很忙，有了时间都陪家人和孩子，能够真正坐下来听线上讲座的老师很少。据我所知，有些老师为了完成培训课时的任务，让家人朋友代替'学习'，纯粹是在'刷学时'，你想能有啥效果。"线上培训效果不佳，给老师们带来的成长有限，反而成了一种负担，这对乡村教师线上培训进一步改进提出了新要求。

（三）培训主体方面的问题

乡村教师是培训的主体，培训从根本上讲是为了服务于乡村教师的发展。因此，乡村教师是否能够主动地全身心地参与到培训中，对培训效果具有重要影响。在调查中发现，乡村教师教学工作任务普遍繁重，承担着超负荷的工作量，严重挤压了培训的时间和机会。在访谈中，很多乡村教师尤其是小规模学校乡村教师表示，他们所教科目与专业不一致，在调查中也发现，所教科目与专业完全一致的乡村教师仅占27.17%，这种情况在无形中加大了乡村教师的教学任务。而且，很多乡村教师要跨年级跨科目上课，这进一步加大了教师们的教学工作量。

在访谈中，Y 县村屯不完全小学校长 YCB-1 表示："学校有 4 个年级，共 4 个班，17 名学生，有 5 个老师负责教学工作，一般每位老师要担任 3—5 门课程，老师需要跨年级跨科目上课，甚至是采用一师一班的包班制上课或多个年级合班上课的复式教学。"此外，乡村教师的周课时量偏大，教学任务十分繁忙。调查显示，44.65% 的乡村教师周学时大于等于 20 学时。在访谈中，Y 县乡镇中学教师 YC-J2 表示："我们是寄宿制学校，我的课表上是 22 节语文课，但除了上课，还要备课，批改作业，组织开展课后服务等，教学任务十分繁重，好几次培训都因为教学抽不开身，而没有去参加。"X 县乡镇中心小学教师 XZ-J1 深情地表示："我特别希望参加培训提高自己，但平时教育教学工作比较多，自己停课去参加培训，担心会影响孩子们的学习，无法带着彻底释放的感觉参加培训。假期培训也很不方便，自己的孩子放假没人带，而且培训占用了放假时间，老师们从心理上普遍感到很不情愿。"可以说，乡村教师减负与乡村教师发展密不可分，这要求把减轻乡村教师工作负担，作为乡村教师发展支持的一个重要部分。

九 乡村学校信息化教育资源问题

为破解乡村学校信息化教学资源不足问题，六盘山连片特困区各地积极贯彻"支持计划"要求，一方面着力改善信息化办学条件，加大信息化基础设施建设力度；另一方面注重信息化内涵式发展，加大对乡村学校信息化教学资源的供给，使乡村学校信息化教学条件从整体上有了巨大改善。不过，在调研中也发现，六盘山连片特困区各地在解决乡村学校信息化教育资源时，也存在部分乡村学校信息化硬件设备闲置，优质信息化教学资源供给不足的问题。

（一）乡村学校信息化硬件设备闲置问题

六盘山连片特困区各地教育部门不断加大乡村学校的信息化基础设施建设力度，并取得了一定的成效。如 Y 县依托智能研修中心建设、智慧教学设施提升等项目，给乡村学校配备了智慧黑板，不断优化乡村学校的信息化硬件设备。又如 X 县每年为乡村中小学校安排网络资费 141 万元，用于支持教师远程学习和"优质资源班班通"建设，抢抓

"互联网+教育"机遇，建设"在线互动课堂"教室343间。在乡村学校信息化硬件设备不断优化的同时，部分乡村学校信息化硬件设备出现了闲置问题，造成信息化教学设备资源的浪费。这主要表现在以下方面。一是由于维修不及时，导致信息化硬件设备闲置。X县乡镇中学教师XC-J2表示："学校信息技术应用方面的硬件设备十分先进，但是偶尔会断网或者多媒体出现故障，但由于资金不到位或校内专业人员解决不了，就会存在拖半学期、一学期或更长时间难以维修的情况，导致很多新的多媒体设备被长期闲置。"二是乡村学校由于撤并导致大量信息化硬件设备闲置。Y县乡镇中心小学校长表示："S小学由于学生少，学校被撤，留下的设备非常好。我去接管这部分资产的时候，感觉非常可惜，一方面是因为很多先进的教学设备在拆卸的过程中会被损坏；另一方面由于目前各个学校的教学硬件设备充足，这批设备很难再发挥它应有的价值，被闲置的可能性很大。"

（二）优质信息化教学资源供给问题

六盘山连片特困区各地教育部门在优质信息化教学资源供给方面，根据实际情况做出了很大努力。如Y县不断深化"互联网+教育"示范区建设，充分发挥6所省级信息化标杆校的示范作用，依托在线互动课堂，解决乡村学校优质教育资源短缺问题。X县则通过"一拖二""一拖三"的方式开展互动教学和教研，建立一拖一、师与师、生与生、课与课联学联办模式，实现城乡优秀教师教育教学资源共享。不过，在信息化优质教学资源供给的过程中，也出现了一些需要注意的问题，主要表现在两方面：一是供给的线上教学资源不符合乡村学校学生发展水平。在访谈中，X县乡镇中学教师XC-J1表示："乡村学校与城市学校会通过'一拖二'的方式，进行'同步课堂'教学，但是两校学生的现有水平不一样，城市老师的教学起点高一些，'同步课堂'看起来很'美'，但我们的学生根本不适应。课堂在形式上实现了教学同步，但学生实现不了同步提升，教学效果不太好。"二是供给的线上教学资源内容同质化，无法满足乡村教育多样化的资源需求。在访谈中，Y县乡镇中心小学教师YZ-J1表示："城里老师和乡村老师用的都是一个平台上的课件资源，缺少了乡村教育的针对性，很多方面不符合乡村教育的实际需要。"

十 乡村教师荣誉制度问题

"支持计划"要求"建立乡村教师荣誉制度",在乡村实施教师荣誉制度,对提高乡村教师职业吸引力和社会地位具有重要的促进作用。从静态的结构要素和动态的管理实施视角出发,通过对六盘山连片特困区乡村教师荣誉制度研究发现,一方面是乡村教师荣誉制度结构要素存在一定问题,主要表现在评选范围、评选办法、表彰方式、监督措施等方面。另一方面是乡村教师荣誉制度的运行机制问题,主要表现在荣誉前、荣誉中和荣誉后三个阶段存在某种程度的割裂。

（一）乡村教师荣誉制度结构要素的问题

通过对乡村教师荣誉制度中的荣誉类型、评选标准、评选程序、表彰名额、表彰方式等方面的调查,发现存在以下问题:一是荣誉类型较为单一,专门针对乡村教师设立的荣誉主要是"最美乡村教师",以及为乡村长时间任教的教师颁发荣誉证书。X县村屯不完全小学校长XCB-1表示:"任教20年以上的乡村教师能够获得一个证书,再就是'最美乡村教师',再没听说为乡村教师专门设立过啥奖项。"二是评选标准较为模糊,可操作性较差。在访谈中,Y县教育行政部门主管领导表示:

> 以"最美乡村教师"的评选为例,评选标准主要包括忠诚于当前的教育事业、扎根农村、热爱农村教育事业；教学态度认真,治学严谨,认真履行教师岗位职责；教育理念先进,教学成绩显著,口碑好、声誉高；在乡村学校工作10年以上的在岗教师。除了10年以上工作时长的要求可量化外,其他条件都比较模糊。各乡村学校在明确条件和程序后,进行推荐。至于如何推荐,就是乡村学校自己的事情了,主观性较大。

三是评选程序不规范,教师参与度较低,缺少必要的监督措施。在访谈中,X县乡镇中心小学教师XZ-J2表示:"每次评谁,普通老师基本没有发表意见的机会，一般是学校领导开会决定，学校按照分配名额报上去，一般就批下来了，因为多数是等额推荐。"四是表彰名额太少，表彰人数十分有限。在访谈中，乡村学校校长和教师普遍表示，受表彰的人数太少。X 县在 2016 年、2017 年、2018 年，分别有 13 名、13 名、16 名在乡村工作 20 年以上的在岗教师获得省级"最美乡村教师"荣誉称号。X 县乡镇中学教师 XC-J1 表示："我的一个同学非常优秀，拿到了××基金会的 30000 元奖金，那一次，全省就评了 2 名乡村教师，是'××乡村教师公益计划'的一次表彰活动。类似于这种奖励虽然钱多，但是人数太少了，而且不是年年都有。"五是表彰形式化，缺乏仪式感。在访谈中，Y 县村屯完全小学教师 YCW-J2 表示："刚开始，对从教 20 年以上教师颁发荣誉证书，还举办了专门的颁发仪式。后来就没有了，获得荣誉证书的老师，自己到学校或教育局领上就回家了，虽然看到证书也很感动，但这种感动很多时候是自己感动自己。"X 县小学教师 XCW-J2 表示：

> 那一次我记忆犹新，获得荣誉的教师到主席台上分享自己的从教故事，台下的教师们都是热泪盈眶，我记得有一个老教师后来说，我虽然只获得了 200 元奖励和一纸证书，但 20 多年，我从未在台上就座过，都是坐在台下听领导讲话，这次自己坐上了高位，讲自己的故事，我真的很感动。不过，现在的教师表彰越来越形式化了，一般都是领导讲话，教师们上去领奖，教师代表讲话，走个过场而已。

（二）乡村教师荣誉制度运行机制的问题

在乡村教师荣誉制度的运行机制方面主要存在以下问题：一是"荣誉前"的宣传力度不够，评选条件不透明，乡村教师参与度不高。在访谈中，乡村教师普遍表示，每年主要的评优选先集中在教师节，但是不太清楚评选的具体条件。X 县村屯完全小学校长 XCW-1 表示："一般教育局一纸文件下发到乡镇中心小学，有时候在村屯级学校老师们还不知道的情况下，推荐人选已经确定了，村小、教学点的乡村老师参与评选的机会很少。"二是"荣誉中"存在激励措施异化现象。有的学校把激励当作给教师不恰当加压的一种手段，X县乡镇中学教师XC-J2谈道：

> 上级部门有一种做法，每次考试划定一个分数线，按照超过的分数奖励现金，低于分数线的则罚款，不过罚款只是象征性的。这种方式，确实在一定程度上提高了学生的分数，但竞争也越来越激烈，每年划定的分数线也越来越高，老师们压力越来越大，疲惫不堪，有的出现了心理问题。

也有的学校把表彰奖励当作"轮流坐庄"，X县小学教师XZ-J2表示："由于奖励名额有限，为了让大家都能享受到奖励，就只能轮流获奖，今年是你，明年是他，后年就是我。"还有把表彰激励当作利益均分，Y县小学教师XCB-J1表示："我们学科教师不多，大家形成了不成文的规定，不管哪个教师获得表彰，只要有物质性奖金，回来后大家都平分。"更有把激励物质化，过度看重物质性奖励，Y县小学教师XCB-J2表示："有时候教育局的表彰会有1000—2000元的物质性奖励，但金额一般不会再高了，奖励金额太少，其实起不到多大的激励作用，就是领个'零花钱'的感觉。"三是"荣誉后"的长效管理不到位，未能有效发挥受表彰乡村教师的榜样示范作用。在访谈中，乡村教师们普遍表示，受表彰的乡村教师回校后，学校很少会安排他们进行专门的报告或教学指导活动。Y县教育行政部门的主管领导表示："授予乡村教师荣誉后，会通过多种形式宣传长期扎根农村、无私奉献的先进事迹，一般非常典型的乡村教师故事会被报道，不是所有的受表彰教师的事迹都会被报道。对受表彰教师发展的后期支持与管理措施相对较少，我觉得，乡村学校领导需要思考如何发挥受表彰教师的引领作用。"

第五章

《乡村教师支持计划（2015—2020年)》精准支持的问题归因

六盘山连片特困区各地在贯彻《乡村教师支持计划（2015—2020年)》的过程中，一些具体的支持政策在落地时，出现了一些问题。只有弄清这些问题产生的原因，才能为更有效地解决问题奠定坚实的基础。由于"支持计划"实施落地所遇到的问题涉及面广，比较细碎烦琐，因此可以说，影响这些问题产生的因素范围广，较复杂。这里主要从宣传、经费、部门协同、社会结构、文化生态、体制机制等比较关键的方面进行分析，以期为问题的解决提供可行的思考。

第一节 支持政策宣传

作为政策执行的一种手段和方法，"政策宣传是指关于公共政策决定、政策内容和政策实施方式的宣布和传播，是政策执行的起始环节，同时也是政策执行的重要手段和方法，具有政策工具的性质、价值和意义"[①]。基于政策工具视角分析，政策宣传具有政策信息传播、政策行动引导和社会监控的功能，政策宣传效果如何，直接关系到政策预期目标的实现程度。在"支持计划"政策的实施落实过程中，由于政策宣

---

① 钱再见：《论政策执行中的政策宣传及其创新——基于政策工具视角的学理分析》，《甘肃行政学院学报》2010年第1期。

传理念落后、政策宣传方式单一和政策实施不精等原因，造成乡村教师对"支持计划"落实政策的知晓度较低。

一 政策宣传理念落后

政策宣传作为一种非强制性的重要政策工具，并未得到六盘山连片特困区一些教育部门和乡村学校的重视，县域内部分政策执行者的宣传理念较为落后，主要体现在如下方面：一是过度依赖"自上而下"颁发文件的传达式宣传。作为乡村教师支持计划的牵头部门，县级教育行政部门将宣传等同于"下发文件"。作为基层的乡村教育管理责任主体，各学区将宣传等同于"接收上级文件"和"向下转发文件"。作为乡村教师支持政策执行的主阵地，乡村学校则将宣传等同于"接收上级文件"和"向下宣读文件"，这样"自上而下"的文件传达，就完成了最初的宣传。二是规避"支持计划"政策部分内容的宣传。在"支持计划"政策宣传的过程中规避执行困难的政策内容，如Y县教育行政部门主管领导谈道："对于教育局没办法按要求严格执行的'实施细则'内容，如需要财政上安排专项体检经费的乡村教师体检，需乡村学校驻地镇街党委政府支持的周转宿舍建设等方面，我们还是会有意识不去宣传。"乡村学校校长则普遍表示，在解读乡村教师支持政策的过程中，会将无法完全落实的政策略过，避免造成不必要的矛盾。三是政策宣传不精准，不到位。对"支持计划"实施内容的宣传粗枝大叶，没有使作为受众群体的广大乡村教师知晓。如Y县的"实施细则"要求：

> 乡村教师在评聘职称（职务）时不作计算机考试、发表论文的刚性要求，对长期在农村中小学校、幼儿园工作的教师且现仍在农村教学岗位上，连续工作15年晋升中级职称（职务），连续工作25年晋升高级及以上职称（职务），且历年年度考核合格以上，经所在单位研究同意，教育主管部门审核，公示无异议的，可不受专业技术岗位结构比例限制，直接参加专业技术资格评审。

但在访谈中，部分乡村教师仍将发表论文看作评职称的刚性要求，或者不清楚不受专业技术岗位结构比例限制需要的相应工作年限，甚至有个别在编乡村幼儿教师认为他们不属于享受此条规定的人员。

二 政策宣传方式不足

乡村教师知晓"支持计划"信息的渠道不畅，以及宣传方式过于单一，这主要体现在两个方面：一方面线下宣传多以印发文件为主，其主要受众群体是乡村学校领导层面的人群，而作为乡村教师这个群体，如果学校不采取相关宣传学习活动，一般很难了解具体的"实施办法"细节。在访谈中，乡村教师们普遍反映，他们学校基本没有召开过"支持计划"相关的会议、通报、研讨等活动。Y县小学教师XCB-J1表示："只是听说有这么一个支持计划，但具体内容是什么，如何对老师进行支持，我们并不清楚。"另一方面通过线上宣传，六盘山连片特困区各地或依托官方网站进行宣传，或通过官方微信公众号进行宣传，或通过短视频进行宣传，等等。但这些宣传整体上不够充分，从政府网站发布的各地具体"支持计划"的"实施细则/方案/办法"来看，通过查找、统计发现，六盘山连片特困区仅10个县政府官方网站上，能够明确查到乡村教师支持政策的"实施细则/方案/办法"，具体如表5-1所示。

表5-1　六盘山连片特困区乡村教师支持政策文本发布情况

地区	政策文本名称	发布机构	发布时间
宁夏西海固地区	西吉县乡村教师支持计划（2016—2020年）实施细则	西吉县人民政府办公室	2016-06-03
	彭阳县乡村教师支持计划（2016—2020年）实施细则	彭阳县人民政府办公室	2016-03-31
	海原县乡村教师支持计划（2015—2020年）实施办法	海原县人民政府办公室	2016-05-17
陕西桥山西部地区	麟游县乡村教师支持计划（2017—2020年）实施方案	麟游县人民政府办公室	2017-08-15
青海海东地区	民和县乡村教师支持计划（2015—2020年）实施方案（试行）	民和县人民政府办公室	2016-03-31

续表

地区	政策文本名称	发布机构	发布时间
甘肃中东部地区	榆中县乡村教师支持计划（2015—2020年）实施方案	榆中县人民政府办公室	2016-10-11
	靖远县乡村教师支持计划（2016—2020年）实施办法	靖远县人民政府	2016-09-21
	会宁县乡村教师支持计划（2016—2020年）实施办法	会宁县人民政府办公室	2016-12-31
	景泰县乡村教师支持计划（2016—2020年）实施办法	景泰县教育局	2017-07-31
	通渭县乡村教师支持计划实施办法	通渭县人民政府办公室	2017-12-11

资料来源：相关各县政府官网、教育体育局官网面向社会公开的政策文本。

三　政策宣传实施不精

六盘山连片特困区各地在"支持计划"宣传实施中做了大量工作，整体上效果较好。不过，在"支持计划"政策宣传实施的过程中，也暴露出一些需要引起注意的问题。一方面，乡村教师对"支持计划"实施的信息反馈机制不健全，基本是科层制下"自上而下"的单向政策宣传占主导地位。政府官网的"互动交流"或"政民互动"中的"领导信箱""网上投诉"等，为政府与公众提供了互动平台，但是关于乡村教师支持计划执行情况的反馈几乎没有。以Y县政府官网"互动交流"中的公众留言为例。2017年至2020年，没有出现一条关于乡村教师支持计划政策的留言。在访谈中，乡村教师普遍表示，不知道如何对"支持计划"的相关政策情况进行反馈，而且表示不想因为"告状"而惹来不必要的麻烦。由此可见，作为"支持计划"受众主体的乡村教师，缺乏对"支持计划"进行反馈的机制，正是正常反馈渠道的缺乏，使部分乡村教师将信息反馈简单地等同于"投诉告状"，这对"支持计划"的实施改进非常不利。另一方面，乡村教师支持政策内容实施的宣传精准度不够。"支持计划"的八项措施要求非常明确，是对乡村教师支持十分迫切十分重要的八个方面，每一个方面都与乡村教师的切身利益密切相关，这要求宣传必须细化精准。如针对八项措施每个方面进行专题宣传，整体上存在一定的缺失，在对"支持计划"第八项主要举措之一——建立乡村教师荣誉制度进行调查时，在回答"当地对乡村优秀教师的表彰宣传效果"这一问题上，超过四成以上的乡村教师认为"一般"或"比较差"，这说明在"支持计划"实施内容的宣传精准度上还很不到位。

第二节　支持经费投入

教育经费投入是"支持计划"实施的基本保障。对"支持计划"的教育经费投入，从经费来源上看，受到以财政性教育经费和非财政性教育经费投入的影响。"支持计划"在落地方面出现的问题，与教育经费投入有着密切关联，主要体现在财政性教育经费投入不足和非财政性教育经费投入有限两个方面。

一　财政性教育经费投入不足

六盘山连片特困区各地经济发展水平普遍较低，连片特困区各县财政状况相差比较大，在一定程度上限制了财政性教育经费的投入，这严重影响了"支持计划"中乡村教师的生活待遇、培训质量、荣誉奖励等各项政策的实施落地。在访谈中，各地教育行政部门主管领导普遍表示，县级财政"不拨钱"是乡村教师支持政策无法完全落地的主要原因。

对"支持计划"财政性经费投入不足，主要体现在以下方面：一是乡村教师待遇增加不大，部分地区乡村教师生活补助与津贴标准偏低，有的未能达到规定标准。以甘肃省"支持计划"的要求为例。其实施细则要求对集中连片特困区的乡村教师，每月发放生活补助标准要高于300元，但实际情况却是"G县H乡乡村教师的生活补助按边远程度分两个等级，第一等是每月335元，第二等是每月275元。生活补助的具体实施是一个不断提升的过程，但在实施中没有全面达到'高于

300元'的政策要求"①。这说明当地财政经费投入不足，难以达到"支持计划"规定的要求。

二是服务期满的高素质师范生特殊奖励经费，未能按要求按时拨付。"支持计划"对到连片特困区工作的高素质师范生，有一些特殊的政策资金奖励政策，这对鼓励高素质人才到特困区乡村任教具有重要意义。但由于财政经费投入不足，这些资金奖励政策落实起来有较大困难。如一位在岗的公费师范生于2018年4月在X县政府官方网站的"领导信箱"中留言道："在教职工大会上校长曾说，X县的公费师范生服务满6年会发10万元，我的服务期到了，但是钱没有发。请问有没有这项政策？"X县教育局的回复道：

《X县乡村教师支持计划（2016—2020）实施细则》提出，"对于引进的国家重点师范院校毕业生以及免费师范生，服务期满6年的，县财政一次性给予10万元奖励"。X县首届免费师范生是2011年9月到岗任教，已于2017年9月服务期满6年，截至2018年4月在岗的公费师范生6人，教育体育局还正在向县政府争取奖励资金。

经费投入不足导致奖励资金不能按时发放，削弱了高素质人才到乡村任教的积极性，产生了不良的影响。

三是乡村教师定期体检经费投入不足。身体健康是乡村教师开展教育工作的前提，定期体检是乡村教师身心健康的重要保障。由于在实施"支持计划"时，各地财政投入有限，使乡村教师定期体检的需求无法完全满足。在访谈中，X县乡镇中学教师XC-J1表示：

说到体检，我恰好负责过学校工会工作，近几年每年学校工会都安排老师集中到省会城市的体检中心、康养中心去免费体检。体

---

① 王吉康、李成炜：《乡村教师视角下〈乡村教师支持计划（2015—2020年）〉实施效果研究——基于甘肃省G县的调研》，《当代教育论坛》2019年第5期。

检费用是学校通过工会账户打到体检单位，每个人的吃、住、用和体检费都是学校负责，每人体检标准不会超过 500 元。工会会费用于体检，既不会造成会费的违规支出，又用在了乡村教师身上，一举两得。虽然平时大家都说健康很重要，除了健康后边的都是零，还是有很多老师会放弃体检，选择休息两天，最主要原因就是大家觉得检查费用不高，都是些常规项目检查，也查不出什么。因此，每年的体检都是硬性规定，学校也很无奈，因为毕竟工会会费实在有限。

  X 县乡镇中心小学校长则表示："2020 年之前，每两年安排一次乡村教师体检，上级要求是一年安排一次体检，但是一方面受到疫情影响；另一方面县财政也没有拨款，2020 年后没再给乡村教师安排过体检。"Y 县教育行政部门主管领导则直截了当地表示："乡村教师定期体检政策无法执行的最主要原因就是县财政不拨钱。"正是乡村教师体检经费的投入不足，造成了乡村学校无法满足教师健康体检的需求。

  四是优秀教师物质奖励和特岗教师待遇无法完全兑现。各地按"支持计划"中要求，对长期在乡村任教的优秀乡村教师给予物质性奖励，但有些地方为降低财政性支出，通过压缩获奖名额，或降低物质性奖励金额的办法，以缩减物质性奖励费用。还有部分地方在特岗教师生活待遇方面的财政性投入偏低。在访谈中发现，甘肃省平凉市 H 县村屯级完全小学特岗教师，还需要他们自己缴纳"五险一金"，而且拿不到在编教师的班主任津贴、交通补助费等。

  五是教育经费投入存在结构性失衡，人员经费投入不足的问题。在"支持计划"执行过程中，各地方财政性教育经费投入不足的另一个重要原因，主要是有关乡村教师人员经费支出占总支出的比例较低。各地在财政性教育经费支出方面，存在普遍重视物质性的基本设施建设，如校舍建设、校园附属设施建设、设备购置等，教育经费支出在这方面占了很大比重。在访谈中发现，乡村学校校长和教师们都普遍表示，当地政府在新建、续建农村校舍、运动场，加快乡村学校信息化设备配置方面，投入了大量资金。这样，相对于物质性基建投资，人员经费支出的比重就会降低，这在很大程度上影响了乡村教师各项待遇的按时兑现。

二 非财政性教育经费投入有限

"非财政投入支持是与财政投入支持相对应的表述，指经济与非政府组织以及公民对乡村教师队伍建设的物质性支持。"① 事实上，对乡村教师除政府财政性投入之外的其他各种形式的物质性支持，有利于拓展乡村教师的专业视野，改善乡村教师的生活工作条件，扩大对乡村优秀教师群体的奖励，广泛传播优秀乡村教师群体的感人事迹，对助力乡村教师支持政策落地具有重要意义。六盘山连片特困区各地在实施"支持计划"的过程中，在积极争取非财政性经费支持方面做了大量工作，为乡村教师赢得了不少物质性捐赠，取得了一定的成效。不过，从总体上说，乡村教师能够获得的非财政性经费支持依然十分有限，主要表现在以下方面：一是非财政性教育经费主要用于学生资助，对乡村教师的资助较少。在访谈中，乡村教师普遍表示，他们自己没有获得过，也很少听到周围的同事获得过民间或企业之类的物质性捐赠。X县乡镇中心小学校长 XZ-1 表示："今年国内某知名高师院校，对学校进行了学业和经费上的一对一帮扶，但是数额非常有限，且仅仅用在对贫困学生的资助上，资助10名学生，每人每月100元，持续资助3年。还有一些是企业或社会团体设立的基金，但是仍然以资助学生、改善学校环境为主"。二是对乡村教师的捐赠普遍是数量稀少的奖励性支持，普惠性的几乎没有，且存在不平衡现象。在访谈中，Y县与X县教育行政管理部门领导表示，香港福建希望工程基金会对"最美乡村教师"的捐资，是给予获奖教师比较大的资助。2018年捐资100万港币和10万元人民币，2019年捐资50万港币，获奖老师能拿到4400元人民币，但是每年各个县十几个名额，获奖教师数量太少。X县乡镇中学教师 XC-J1 表示："××基金会组织的'××乡村教师公益计划'奖励金额有30000元奖金，但是全省评了2名乡村教师"。X县乡镇中心小学校长 XC-1

---

① 蒋亦华：《乡村教师政策执行的社会支持：构成及形成路径》，《教育科学》2021年第3期。

则表示:"2017年,彩票基金捐赠了60套设备,包括床、5厘米的床垫、床头柜、电视、办公桌,确实改善了部分老师们的住宿条件,但是县域内乡村小学的住宿条件存在不平衡,M乡镇中心小学老师用的是一米宽的硬板床。"

第三节 支持部门协调

"支持计划"在六盘山连片特困区各地的真正落实,离不开各级各类行政部门之间的协同。"乡村教师队伍建设'边界模糊性'明显。当前我国乡村教师队伍建设实行'中央领导,省级统筹,以县为主'的治理体制,决定了需要加强不同层级部门的纵向协同。同时,乡村教师队伍建设不单是教育行政部门的职责,也关涉到人事、编制、财政等部门,决定了需要加强不同部门之间的横向协同。"[1] 可以说,纵向不同层级部门和横向不同类型部门之间的良好协同,是保证"支持计划"政策高效落地的重要条件。

一 不同层级行政部门之间纵向协调不够

"支持计划"在六盘山连片特困区各地的精准落地,需要不同层级政府部门分级组织实施,进行统筹推进。但在实施过程中,由于不同层级行政部门间协同不够,因此导致了"支持计划"实施中各种问题的出现。

在"支持计划"实施过程中,地方各级行政部门纵向协调不够,主要体现在放权、管理和服务三个方面。一是在放权方面,上级行政部门下放的权力,低层级政府"接不住"。在"支持计划"政策的执行过程中,下级政府部门要结合实际,对上级政府下放的权力进行调适,但由于地方政府执行能力有限,"接不住"下放的权力,使支持政策难以

---

[1] 李玲、李伟:《乡村教师队伍建设政策协同性评价研究》,《南京师大学报》(社会科学版)2020年第1期。

精准落地。如 X 县所在的省级和市级政府，均提出要实施特岗计划补充乡村教师，而县级政府制定的"实施办法"中，也要求继续招聘特岗教师，但 X 县自 2018 年以来未再招录过特岗教师。造成这种现象的很重要的原因是县级政府没有建立起有效的乡村教师退出机制，使一些教育教学水平低下的不合格乡村教师无法退出，而年轻的特岗教师或优秀大学毕业生难以进入乡村教师队伍，这也加重了乡村教师队伍的老龄化趋势。

二是在管理方面，上级行政部门的命令式管理和监督不到位。在"支持计划"执行中，乡村学校属于"被管理对象"，上级政府根据需要下命令，随时调用乡村学校的资源。比如，上级政府部门利用行政命令"上调"乡村优秀教师到县城工作，或者对派往乡村学校任教的优秀毕业生加以"截留"，直接安排到县城优质学校工作等，这是乡村学校难以补充到优秀教师而使"支持计划"落实不到位的一个重要原因。在调查中发现，X 县流失掉一位在乡村中学任教近 20 年的优秀乡村教师，主要原因就在于"组织调动"。"支持计划"的顺利实施需要有对整个实施进程进行监督的良好机制，监督不到位就会形成"口头很重视，行动不落实"的现象。六盘山连片特困区在"支持计划"实施中出现的问题，很多都与上级行政部门的监督不到位有关，没有对"支持计划"落实情况作为日常性工作进行动态监督，导致"支持计划"的规定和落地在有些地方成为相互分离的"两张皮"。在六盘山连片特困区各地的政府官方网站上，几乎查不到乡村教师支持政策专项督查情况的通报，及年度执行监督情况的通报，就反映了上级行政部门监督在某种程度上的差强人意。

三是在服务方面，地方各上下级政府之间服务协调不足，无法及时协调解决乡村教师支持工作中出现的问题。一方面是对"支持计划"实施的服务体系不健全，没有形成上下贯通的服务支持体系。一个重要表现就是下级上传的协调服务低效，作为最基层的乡村学校，在"支持计划"执行中出现的问题，在向上级教育行政部门反映后，难以及时获得解决。如编制不够，经费不足，教师学科结构失衡等问题，除了一部分条件限制之外，更多的是上下级部门间协调低效，把简单的问题复杂化,导致问题长期拖延而得不到解决。二是各级行政部门间信息协调不畅,服务基层教师问题突出。在访谈中发现,由于市、县、乡等各级行政部门间信息协调不够,在给乡村教师布置有关"支持计划"实施的填表、打卡、问卷、会议等任务时,出现了大量重复性雷同的工作,无形中增加了乡村教师的工作量。

二 不同部门之间的横向协调不足

在落实"支持计划"方面,六盘山连片特困区所在的宁夏和陕西分别提出 8 项主要举措,青海提出 8 项 16 条政策措施,甘肃提出了 10 项主要任务,并明确提出要加强宣传、编制、发展改革、教育、财政、人社、住建、民政、卫生等各部门间的密切协调配合,以形成有效支持合力。尽管六盘山连片特困区各地都组成了专门的领导小组和工作机构,但不同类型部门之间的横向协调方面,在实践中还存在一些不足之处,使"支持计划"在实施中产生了各种问题。

在"支持计划"实施中不同类型部门间横向协调的不足,主要体现在:一方面"支持计划"落实的责任清单,侧重于部门内部的权责统一,忽视了部门之间的权责配置。

> 权责清单是指对政府及其部门或其他主体所行使的公共行政权和承担的责任进行全面梳理的基础上,按照职权法定、权责匹配等原则,依法审核确认,将权力事项、实施主体、实施依据、运行流程、责任事项、责任主体、追责情形等以清单形式列举,并公之于众的制度安排。[1]

六盘山连片特困区很多地方在"实施细则/办法/方案",以及最后的保障措施和工作要求中,都明确了不同部门的责任。如教育局作为牵头部门,负责编制乡村教师发展规划,统一规划和部署全县乡村教师发

---

[1] 王湘军、李雪茹:《从"碎片化"到"整体化":清单管理制度健全路径探论》,《行政论坛》2019 年第 2 期。

展工作；编办确保乡村学校编制需求；发改局加快乡村学校食堂、周转宿舍和活动中心建设；财政局要完善并督促落实乡村教师生活补助政策；人社局、教育局解决乡村教师职称评聘问题；卫生局积极服务乡村教师健康需求；宣传部、教育局营造关心支持乡村教师的社会氛围等。各地还在"实施细则/办法/方案"中进一步要求，必须明确"支持计划"推进工作的时间表、路线图和具体责任单位与责任人，并报相关政府部门备案，同时向社会公布，主动接受社会监督。不难看出，六盘山连片特困区各地十分重视各个部门责任清单的编制。事实上，责任清单是对权力清单的细化、补充和延伸，有更大的制度空间，可以"弥补权力清单'重部门责任、轻协同责任'的固有制度'盲区'"[1]。

  不过，六盘山连片特困区各地在制定责任清单要求时，各部门十分重视"支持计划"政策要求中与本部门直接相关的主体责任，而相对忽视了跨部门间的协同责任，未能有效建立交叉职责的协同协调程序。如此，责任清单之外无责任，造成乡村教师支持政策在执行过程中，各部门对协同协调责任的"故意"回避，进而影响到"支持计划"各项政策措施的精准落地。以"提高乡村教师生活待遇"政策要求为例。这项政策措施的真正落地，涉及发改局对乡村教师周转宿舍、学校食堂的建设规划，涉及财政局对乡村教师生活补助政策的完善，涉及卫生局对乡村教师体检和就医需求的服务，涉及人社局对乡村教师各项社会保障政策的落实，涉及教育局对乡村教师各项生活待遇的统一规划与落实。但是，在各部门的责任清单中，在对联合交叉事项管理过程中的负责、主办、协办等主体责任的界定却不十分明晰，如 Y 县教育局、财政局、卫计局等行政部门，会定期在 Y 县政府官网上公开"权力清单"和"责任清单"，各部门的责任清单主要包括职权类型、职权编码、职权名称、职权依据、责任事项、追责情形、担责方式等，却没有明确表明本部门应该承担的"协同责任"。

  另一方面，教育与其他行政部门间的协同不足。"支持计划"各项政策措施的施行，教育行政部门的责任重大，但也需要其他行政部门进

---

[1] 高杭：《教育行政权责清单制度的反思与重构》，《教育研究》2021 年第 2 期。

行协同才能实现。六盘山连片特困区各地县级"实施细则/办法/方案"都明确要求，县政府是责任主体，教育行政部门负责统筹管理、规划和指导，其他部门按照职能职责主动履职，旨在建立起教育行政部门牵头，其他部门协同的机制。但在"支持计划"的实施中，教育与其他行政部门间的协同明显不足。在乡村教师支持政策实际执行的过程中，教育行政部门处于"责任大权力小"的矛盾境地。教育行政部门作为乡村教师队伍建设的牵头部门，面对牵涉乡村教师补充、待遇、编制、支持、流动、培训、荣誉等复杂的任务，需要其他行政部门给予充分的配合，但"各部门都有自己的部门惯例、利益诉求及价值立场，在执行中不愿意与其他部门合作，形成政策执行的'孤岛现象'"[1]。如此，教育行政部门就会困于"力不从心"的"单打独斗"局面。另外，教育与其他各部门间还存在结构摩擦力的问题，这造成在"支持计划"政策执行中出现了执行困难的现象。由于各行政部门都有各种不同的政策执行职责，这些政策执行职责在各部门中的目标排序也不尽相同，"支持计划"政策执行在各部门中的重要程度排序也不同。这样，若相关激励措施不到位，财政局、人社局、卫生局等非牵头部门，很难对乡村教师支持政策达成高度共识。如此，就会出现"支持计划"政策各执行部门间发生摩擦，部门间协同执行难以得到有效推进，造成部分政策执行困难。如Y县教育行政部门主管领导就表示："财政局拨不下体检经费，乡村教师定期体检制度，只能不了了之。"

第四节 支持社会结构

社会是一个多层次的复杂体系，包含着各种结构，"社会结构是一个国家或地区的基本社会形态，是观察分析这个国家或地区社会状况、社会发展水平的重要维度"[2]。社会结构可划分为三个层次："宏观社会

---

[1] 赵垣可、刘善槐：《教师"县管校聘"政策执行的制约因素与路径选择——基于史密斯政策执行过程模型的分析》，《教育与经济》2022年第2期。

[2] 陆学艺主编：《当代中国社会结构》，社会科学文献出版社2018年版，第8页。

结构要素，即人与自然；中观社会结构要素，即政治、经济、文化、社会结构等要素；微观社会结构要素，即人口结构、家庭结构、群体结构、组织结构、城乡结构、社区结构、利益结构、就业结构、劳动力结构、阶级阶层结构等要素。"[1] 从微观社会结构要素的视角，对六盘山连片特困区城乡结构、人口结构、家庭结构等微观社会结构要素变迁进行的考察，发现这些因素加重了乡村教师队伍的不稳定性。

一 城乡结构变化，使乡村教师乡村工作与城市生活的矛盾凸显

随着城乡一体化的发展，出现了乡村趋向"城镇化"和"城市化"的发展现象。"城镇化"和"城市化"是有所区别的概念，一般而言，城镇化是指乡村人口向中小城镇转移和集中，城市化是乡村和中小城镇人口向大城市和超大城市转移和集中。六盘山连片特困区各地很大部分乡村教师受到了"城镇化"和"城市化"的巨大冲击，出现了乡村教师在乡村工作和在城市生活的现实矛盾。

一方面，"城镇化"带来乡村教师现实生活的"离乡"趋势。"城镇化"的发展使农村人口向就近城镇的转移，城镇的人口比重呈上升趋势。2020年第七次全国人口普查与2010年第六次全国人口普查相比，六盘山连片特困区的城镇人口不断增加，乡村人口呈现出下降趋势（如表5-2所示）。

表5-2　　　　六盘山连片特困区部分县（区）城乡人口

地区			人口数（2020年）			与2010年相比城镇人口比重上升百分点（%）
			总人口数（人）	城镇人口数（人）及占比（%）	乡村人口数（人）及占比（%）	
宁夏西海固地区	固原市	原州区	471329	267810/56.82	203519/43.18	25.22
		隆德县	109451	41744/38.14	67707/61.86	11.11

---

[1] 杜玉华：《社会结构：一个概念的再考评》，《社会科学》2013年第8期。

续表

地区			人口数（2020年）			与2010年相比城镇人口比重上升百分点（%）
			总人口数（人）	城镇人口数（人）及占比（%）	乡村人口数（人）及占比（%）	
陕西桥山西部地区	宝鸡市	千阳县	99510	47801/48.04	51709/51.96	30.59
	咸阳市	永寿县	160230	62781/39.2	97449/60.8	7.20
青海海东地区	西宁市	湟中区	395043	128290/32.47	266753/67.53	15.62
	海东市	民和县	326964	131715/40.28	195249/59.72	17.26
甘肃中东部地区	兰州市	永登县	4359446	3622550/83.10	736896/16.90	6.82
	平凉市	泾川县	222210	86982/39.14	135228/60.86	14.48
	庆阳市	华池县	119346	50304/42.15	69042/57.85	20.97

资料来源：相关各县（区）第七次全国人口普查公报。

城镇化带来了乡村教师现实生活的"离乡"趋势，很多乡村教师选择在乡镇或县城居住，出现了"在乡村从教"，而"在城镇生活"或努力迈向"在城镇生活"的路上，逐渐疏离乡村社会。在访谈中发现，六盘山连片特困区各地由于大规模撤点并校，工作并生活在村子里的初小或教学点老师越来越少，如X县"十三五"期间共整合20所乡村中小学为九年一贯制学校，撤并学校94所，改制教学点208所。"在城镇生活"使乡村教师的乡土情怀逐渐消解，尤其是新生代青年乡村教师，很大部分是迫于就业压力，而选择"在乡村从教"而不是"为乡村从教"，他们本来乡土情怀就淡漠，努力走向"在城镇生活"。这种工作与生活的乡城割裂，给乡村教师的稳定带来了冲击。

另一方面，城市化带来了乡村教师未来生活的"离乡"趋势。"城市化"发展使乡村和中小城镇人口向省会等大城市转移,乡村教师的婚恋择偶、子女教育、购买住房等呈现了"城市化"趋势。经访谈发现,年轻乡村教师首选在市区或省会城市的配偶,有家庭的乡村教师更愿意选择将子女留在市区或省会城市接受教育。另外,"城市化"使大城市出现了一个特殊群体,由于"大量农村儿童涌入城市,从留守农村到留守城镇,为实现城市就学,成为城市的'再留守儿童'"[1],六盘山连片特困区的部分乡村教师子女,也成为"再留守儿童"中的一员。X县村屯完全小学的教师XCW-J1表示:"乡村教师补助虽然高,由于乡村教育质量较差和医疗水平不高等问题,为了孩子到城里读书,少部分老师会选择将工作调离到市区,还有很大部分乡村老师则选择在大城市买房,由祖辈或配偶负责子女的生活和教育。"被访谈的乡村教师普遍表示,为了拿到比城市教师高出来的2000元收入,部分乡村教师愿意留在乡村任教,但他们不会选择将孩子放在乡村读书。由此,乡村教师选择让子女成为"城市留守儿童",选择让父母成为"城市留守老人",这些选择也是乡村教师为未来城市生活做准备,待条件成熟,他们就可能离开乡村。

二 人口结构变化,加剧了乡村学生群体的不稳定性

六盘山连片特困区乡村进城务工人员的比例逐渐增加,引发了这一区域很多乡村人口结构的变化,从而使乡村学生群体也出现了变化,给乡村教师的稳定与负担带来巨大影响。

一方面,乡村人口流失使乡村学生减少,引发了乡村教师的流失。随着六盘山连片特困区乡村中进城务工人员的增多,出现了大量乡村儿童随父母进城读书的现象,致使乡村学校的学生人数逐渐减少。在访谈中发现,部分村屯级完全小学的学生仅有20人左右,甚至有的初小和教学点学生人数仅为个位数。乡村学生数量的锐减,使乡村教师编制出现满额,年轻乡村教师补充不进来,加上未建立乡村教师退出机制,很

---

[1] 易文彬、黄晓晔:《再留守:农村儿童留守城市及其社会隐喻》,《江西社会科学》2021年第10期。

多学校出现了乡村教师老龄化的趋势。在调研中发现，六盘山连片特困区部分县的乡村学校，特别是乡镇中学的优秀学生流失严重，进而引发了优秀教师和青年教师的流失。X县流失的一位乡镇中学优秀教师A表示：

> 我在乡村学校工作确实挺舒服，但是在乡村教师老龄化严重的情况下，年轻的优秀老师留不住，也补充不进来，随着优秀学生的不断流失，值得我们深思的问题还有很多。我觉得乡村教师"留得住"的关键在优秀学生"留得住"。打个比方，如果没了病人，医生还有存在的价值吗？从如何"留教师"到如何"留学生"的问题，值得我们深思。

X县乡镇中学教师XC-J1谈道：

> 学校为了稳定一些优秀的老师，采取了很多措施，相对有效的方式就是绩效工资，如果你是任课教师，还是班主任，同时担任着行政岗位工作，就能拿到较高的绩效工资。我认为，钱是很重要的手段，但是人的问题是核心，一位优秀的老师愿不愿意留下来，很大程度上取决于学校还有没有优秀的学生。很现实的一个问题是，当家长把一个个优秀学生带到城市，学校在流失一批批优秀学生的同时，无形中带走了一个个优秀的老师。

X县流失的乡镇中心小学青年教师B则表示："乡村学校的家长们，一般都设法将孩子送到城里读书，我觉得要想在现在乡村学生身上实现个人价值太难了。"乡村学校从"教师留不住"追溯到"学生留不住"，乡村教师队伍建设不仅仅关涉"留教师"的问题，更重要的是必须解决"留学生"的问题。

另一方面，乡村留守儿童数量仍然较大。近年来，全国范围内乡村留守儿童的数量整体上不断减少，但在六盘山连片特困区的一些乡村学校，留守儿童所占比重仍然较高。在访谈中发现，村屯级小学的老师和校长们普遍表示，学校的学生绝大多数是留守儿童。X县村屯完全小学的教师XCW-J1表示："在我们这里的学生中，大约有三分之一是留守儿童，整体学业情况不是很好，教育起来很费劲。"大量乡村留守儿童的存在，需要教师给予特殊的关爱，需要付出大量额外的工作量，这在一定程度上加大了乡村教育的难度，也无形中加重了乡村教师的负担。

第五节 支持体制机制

"支持计划"政策执行过程离不开良好的体制机制，"体制和机制是与制度紧密相连的两个范畴，前者偏重制度的构成要素，后者强调制度的运行方式，两者是制度安排中的核心要素组成"[①]。六盘山连片特困区各地在"支持计划"的实施过程中，致力于建立良好的实施体制机制，也取得了较大的效果。不过，乡村教师支持体制机制在"支持计划"实施过程中也存在一些不完善的地方，主要表现在乡村教师编制管理体制机制、职称评聘机制、退出机制等方面，这是"支持计划"实施中一系列问题产生的一个重要原因。

一 乡村教师编制管理体制机制问题

在现行的编制管理体制下，虽然不存在"有编不补""变相占编"等问题，但是在乡村教师编制管理体制机制方面仍存在一些问题。一方面，作为均衡城乡师资队伍重要政策的"县管校聘"管理体制改革备受期待，但是在实行过程中出现了异化问题，这在很大程度上加剧了城乡师资队伍以及县域内不同片区师资队伍的不平衡。在访谈过程中，X县教育主管部门领导表示：

> 每年实施"县管校聘"，西部片区盈余的很多乡村教师，基本

[①] 陈景彪：《我国科技创新人才体制机制的改革与完善》，《行政管理改革》2022年第9期。

上都首选应聘到县城中小学，但是县城中小学一般不会选择年龄偏大的老师。因为很多年龄大的老师发展潜力有限，没有年轻人吃苦耐劳，还有一些长期退居二线了、不在一线教书，这些年龄大的教师只能继续留在乡村学校，加剧了乡村教师的老龄化趋势。

X县乡镇中学校长XZ-1表示：

现在很多在编的年轻乡村老师，都在想方设法通过"县管校聘"应聘到县城学校。我们学校就在东部片区，优秀的在编青年教师很难招过来，流入的都是年龄偏大的老教师，虽然他们有一定的教学经验，但他们的精力和体力都有限，有很多工作无法承担。而且造成学校教师年龄结构不合理，非常不利于学校的长远发展。

另一方面，在"以县为主"的编制管理体制下，增加乡村教师编制就意味着增加教育经费支出。当县级政府财力有限时，为了减少财政经费支出，就可能减少乡村教师编制，使乡村教师编制呈现出"无编可用"的饱和状况，结果很多高校优秀毕业生难以补充到乡村学校。在访谈中，X县乡村中心小学校长谈道：

2020年我们有35个老师，2021年学生人数少了，县上只给了我们29个编制。据我所知，现在各个乡村小学编制都已经满额，好多学校好几年基本没有新教师进来。现在的问题，不是优秀毕业生"去不去"乡村学校的问题，而是"没机会去"的问题，根本没有编制可考。我们这里由于乡村教师编制饱和，从2018年开始已经很少有优秀师范生进来。

乡村学校编制难以增加，可能有各种原因，但县级政府财政压力是其中一个重要方面。

二 乡村教师职称评聘机制不完善

在职称评聘上，六盘山连片特困区各地都按照"支持计划"要求，向乡村教师进行名额的倾斜。但是由于乡村教育状况出现了变化，而"支持计划"的乡村教师职称评聘机制却没有随之发生改变，原来的乡村教师职称评聘机制也暴露出了不够完善的弊端，使乡村教师岗位结构出现"断层"现象，并异化为论资排辈。一方面，大多数县乡村教师在任教满一定年限后，便直接晋升为二级教师，致使低级职称教师的人数逐年增加，造成职称评聘基数逐渐增大。另一方面，在大量撤并乡村小规模学校之前，乡村学校学生人数多，乡村教师职称评聘的名额较为充足，教师晋升的机会也较多，使很大一部分教师集中评上了高级职称，而且在短时间内达不到退休年龄，造成高级职称教师人数饱和。这样，每年教育局都要严格按照整个县域学校的教学业绩和实际需求，统筹分配各乡镇乡村学校的职称评聘名额，那些职称较为饱和的乡村学校，能够分到的名额十分有限，乡村教师职称评聘难度越来越大。由此，当乡村教师满足晋升职称条件的人数较多时，教龄就成了最公平且有说服力的评聘标准。这样，乡村教师职称评聘制度无形中就异化为论资排辈。在访谈中，X县乡镇中心小学校长XZ-1表示："教育局每年按照一定的比例，为乡镇所有乡村学校分配职称名额，一般而言，每年整个乡镇能分配到3—5个高级职称就不错了，不是每个学校都能拿到一个名额。"X县村屯不完全小学老师XCB-J1表示："对于村小的老师来说，现在评职称更难了，要评的人数太多，职称数量太少，很多老师都等了好几年也没有晋升上职称。"

三 乡村教师退出机制缺乏

缺乏退出机制一直是我国教师队伍建设的一个短板，虽然这个话题在教师研究的学术话语中经常被提出，但实现起来却困难重重。乡村教师队伍建设也面临着退出机制缺乏的困局，成为"系统人"就意味着拥有"铁饭碗"，是很多人去乡村学校任教的重要的直接动力。一旦失去了职业稳定性这根"救命稻草"，在乡村教育普遍环境艰苦、条件较差的情况下，想要使乡村教师职业具有吸引力，就更加困难。因此，六盘山连片特困区各地教育行政部门，在制定乡村教师退出机制的相关政策时，也面临着一些现实的困难和顾虑。在访谈中，Y县教育主管部门领导表示:"我们之前也曾经制定了一些政策,如通过校内教师竞聘上岗来有限度地促进不合格的教师退出教学岗位,但是由于缺乏统一的系列具体支持配套政策,具体措施都由学校自身把握,其结果并不令人满意,还给很多学校的稳定带来了困扰。"X县教育主管部门领导表示:

"县管校聘"实施后,出台了一些实施细则,对教师退出有了较为明确的要求。但在现实中也不那么容易落实,由于退出教师去向有限,退出的评价标准也不是很科学,而且碍于人情,一些不稳定的风险也存在。因此,各个乡村学校都采取了模糊措施,即使有教师不能被聘上岗,也会转岗到后勤、教辅与行政等岗位,这些老师们的工资待遇没有受到太大影响,依然占据着教师编制,根本无法实现彻底退出。

这样就造成了乡村教师岗位成为部分低水平教师、不太合格教师、不能胜任乡村教育教学工作教师的"栖息地",给乡村教师队伍建设带来了负面影响,严重制约了乡村教师队伍的高质量建设。

第六章

《乡村教师支持计划（2015—2020年）》精准支持的改进路径

自《乡村教师支持计划（2015—2020年）》颁发以来，六盘山连片特困区各地聚焦乡村教师"下得去、留得住、教得好"的要求，不断创新乡村教师支持政策的实施措施，取得了显著成效。随着2020年教育部等六部门联合发布《关于加强新时代乡村教师队伍建设意见》，对乡村教师的支持也进入一个全新实施的新阶段。面对"支持计划"在六盘山连片特困区各地实施中所产生的问题，政府、社会、学校、教师等需要协同推进，为乡村教师提供更好的系统化精准支持，对连片特困区乡村教师队伍建设，以及乡村教育质量的提升，都具有重要意义。六盘山连片特困区是边远山区、革命老区、民族地区和脱贫地区等多种特殊地理空间的结合点，所涉及的4省（区）各地方的经济、文化、社会和教育等发展水平与需求各异，各县域乡村教师的发展要求也呈现出多元化、差异化和个性化的特点。这些都决定了对乡村教师的支持要以精准为核心，积极探索克服六盘山连片特困区乡村教师深入支持的改进路径，助力连片特困区乡村教育的高质量发展。

第一节 精准把握乡村教师的支持重点

乡村教师支持政策在实施过程中，有一些亟须加强的短板和弱点，需要给予重点支持。因此，需要从政策宣传、经费投入和部门协调三个方面入手进行重点支持。在"支持计划"的政策宣传上较为薄弱,很多乡村教师对支持政策知晓度较低,这使得作为支持主体的乡村教师积极性难以调动,以及监督作用无法发挥,非常不利于"支持计划"的实施。经费投入是"支持计划"实施的物质保障,经费支持不足,支持的很多重要措施就无法落实。只有部门协调保证实施运作顺畅,提高实施效率和效果,才能顺利解决实施中所遇到的各种关键棘手问题。

一 创新乡村教师支持政策宣传,提升政策宣传效果

"支持计划"的最终目的是通过对乡村教师的专项支持,建设一支高水平专业化的乡村教师队伍,以从根本上提高乡村教育的质量,对我国乡村教育事业的发展具有重要的积极作用。但"支持计划"知晓率较低的状况,反映出我国乡村教师支持政策方面的宣传短板。这要求在对包括"支持计划"在内的所有乡村教师支持政策的宣传方面,充分发挥政策宣传的信息传播、行动引导和监督落实等方面的功能,从宣传理念、宣传方式、宣传效果提升等方面进行全面创新,以确保各种乡村教师支持政策能够真正落地生根。

第一,要更新宣传理念。在乡村教师支持政策的宣传中,要放弃传统那种机械地"自上而下"式的简单执行上级命令的宣传。以这种方式宣传"支持计划"实施内容,主要采用通过信息门户发布通知、下发文件等文本式的宣传,忽视了乡村教师这一受众群体的切身感受,无法取得良好的宣传效果。"宣传思想工作是做人的工作,人在哪重点就应该在哪"[1],因此在乡村教师支持政策宣传过程中,应该根据政策文本内容,站在乡村教师的角度,充分考虑不同类型乡村学校的特点,针对不同地区、年龄、性别的乡村教师,展开"精准化"的"人文性"宣传。具体而言,要秉持"自下而上"的宣传视角,站在基层乡村教师的立场上,分析乡村教师群体希望接受信息的方式,以更加便捷生动的方式解读支持政策,做好对乡村教师真正关心问题的宣传。要确立

---

[1] 《习近平强调 胸怀大局把握大势着眼大事 努力把宣传思想工作做得更好》,《紫光阁》2013年第9期。

"精准高效"的宣传目标,吃透政策文本的宣传内容,不折不扣地把乡村教师应该享受的政策支持,真实地传达给他们,尽力消除"故意"模糊化、选择性、替换性或象征性宣传。坚持"因地制宜"的宣传原则,充分了解支持政策实施乡村学校的环境特点,加强政策宣传的可行性、针对性。

第二,要改进宣传方式。在新媒体时代,对乡村教师进行支持政策宣传,就要充分借助新媒体便捷、广泛、亲民、及时和生动等特点,运用新媒体的新形式、新技术,开发各种图片文字结合、数字影音媒介等高效宣传方式,尽可能以乡村教师喜闻乐见的形式,构建新媒体宣传矩阵,进行多渠道、多平台的政策解读和权威发布。要充分利用乡村教师间的人际宣传,在"人人都是宣传者"的时代,要克服乡村教师支持政策宣传是宣传部门、教育部门和主流媒体职责的传统观点,充分发挥全员宣传的优势,把支持政策的宣传深入乡村教师群体中,让每个乡村教师都成为政策的宣传员,鼓励乡村教师自主地转载、宣传支持政策的材料与内容,发挥乡村教师群体间宣传的共情性,使支持政策在乡村教师中更好地产生政策共鸣,提高对支持政策的认同度。进行群体化的定制式宣传,每个乡村学校的教师都有自己的特点,乡村学校要发挥基层宣传主阵地的作用,既要对支持政策内容进行整体全面的宣传,又要根据乡村教师职称、年龄等因素引起的不同的迫切需求,制定不同的宣传文案,以切身关切为核心,定期对不同群体进行针对性的宣传。

第三,要提升宣传效果。重视支持政策的宣传效果,不仅是政策执行顺利进行的保障,也是对公众知情权的尊重,更是公众在支持政策执行过程中进行民主监督的前提。"支持计划"政策内容的宣传效果与宣传的持续性和周期性密切相关。乡村教师对"支持计划"内容的了解与接受,需要一定的时间和过程,而乡村教师平时工作很忙,很少有大量空余的闲散时间,他们的空余时间呈零散化状态。"支持计划"内容的宣传就需要抓住这些零散时间,采取碎片化的持续宣传方式,使宣传始终保持较高的频率,乡村教师就能够随时及时了解相关政策内容。"支持计划"的内容宣传还要突出重点,对乡村教师不同时期关注的重点内容,要具有针对性的宣传。这就要按"支持计划"内容的重要性程度和不同时段关切性的热度，对支持政策内容宣传进行重要性排序，如在评职称时，就对支持政策中职称评聘内容进行重点宣传。这样，在达到宣传效果的同时，乡村教师还能由于关切得到满足而体会到幸福感。因此，只有重视并不断提升宣传效果，才能使乡村教师对"支持计划"始终保持高度关注，而只有做到真正深入人脑，才能有利于乡村教师对支持政策实施进行监督。

二　加大财政性教育经费投入力度，提高资金使用效益

"支持计划"的实施，财政经费投入是最根本的保障，加强乡村教师队伍建设的经费保障，要从构建多层次教育财政经费投入体系，构建合理的结构化财政支出体系和提高教育经费使用效益方面进行着力。

第一，构建多层次教育财政经费投入体系，加大财政性教育经费投入力度。当前我国农村义务教育实行"以县为主"的管理体制，乡村教育经费的投入主要是县级政府的责任。在六盘山连片特困区各地，由于经济整体发展相对滞后，各地县级政府乡村教育经费投入有限，甚至有的县根本就没有足够的财政经费保障能力。在这种情况下，要实现"支持计划"对乡村教师的支持，就需要破除县级政府乡村教育经费财力保障不足的困境，构建乡村教师工资待遇的多层级财政投入分担机制。然而，"虽然过去一直强调建立多层级财政分担机制，然而缺乏操作性的模糊表达使得省级政府在确定地方财政分担比例时往往把过多的财政压力转移给下级政府，而且可能经过层层传导后最终由县级财政全额买单，形成'央—县'两级财政分担格局"[①]，由是破除这种"央—县"格局弊端，真正发挥省级统筹教育经费的作用，是破除教育经费投入层次体系弊端的关键，也是真正实现加大教育经费投入力度的核心。因此，在对乡村教师财政经费的支持投入上，在确保中央财政教育经费投入的底线保障作用，充分发挥县级政府投入最大潜力的前提下，构建多层次教育财政经费投入体系，应把"以省为主"作为重中之重，明

---

① 刘善槐、王爽等：《乡村振兴背景下农村教师工资收入决定机制研究》，《华东师范大学学报》（教育科学版）2022年第6期。

确省级政府在乡村教师工资待遇经费投入中的主体责任。

第二，构建合理的结构化财政支出体系，更加有效地保障乡村教师在乡任教。六盘山连片特困区各地教育经费使用中存在重基本建设支出、轻视事业性支出的弊端。这虽然与当地教育基本建设较为落后，需要加大投入力度有关，但也在一定程度上反映了财政支持结构上的不合理。美国学者"双因素理论创始人"弗雷德里克·赫茨伯格（Frederick Herzberg）等在对"人们期待从工作中获得什么"问题的研究中发现，只有在"保健—激励"双因素的共同作用下才能达到促进良好工作态度，改善工作绩效的目的。[1] 乡村教师获得的工资收入、生活补助和社会保障等，属于满足待遇需求的"保健因素"，这些因素在很大程度上决定了乡村教师对乡村教育工作的基本满意度。乡村教师获得的荣誉奖励、专业成长、职业发展等属于满足创造力需求的"激励因素"，驱动着乡村教师发挥工作潜能。建设高质量乡村教师队伍，需要构建兼顾"保健—激励"双因素的结构化财政支出体系，提高乡村教师"保健"支出只是基础，还需要增强乡村教师"激励"支出。因此，县级政府在教育经费投入中，尤其是乡村教师工资待遇经费上，要制定对事业性经费和基建经费的合理投入比例，按照"支持计划"的要求，向乡村教师倾斜，扩大乡村教师工资待遇的经费投入比例。

第三，提高教育经费使用效益，使乡村教师获得更有效的支持。乡村教师支持的经费还有一个如何提高使用效益的问题，即是说，在保障经费投入量的基础上，如何充分发挥一定量经费的最大效益，用最少的钱办更多更好的事，为乡村教师提供更高效的支持。就乡村教师支持经费而言，提高经费使用效益的关键在于考核，要建立经费使用的考核机制。对乡村教师支持经费的考核，需要关注"过程—结果"导向，即是说不能只关注结果，更要重视对经费使用过程的评估，因为教育经费的使用过程和结果不可分离，且过程直接影响使用的结果，因此要将绩效理念贯穿于支持经费使用的全过程。为了能够更有效地考核乡村教师

---

[1] ［美］弗雷德里克·赫茨伯格、伯纳德·莫斯纳、巴巴拉·斯奈德曼：《赫茨伯格的双因素理论》，张湛译，中国人民大学出版社2009年版，第98—100页。

支持经费使用情况，应成立专门的"乡村教师支持经费评估委员会"，委员会以县教育主管部门为主导，由县财政主管部门和教育专家参与。委员会定期对乡村教师支持经费使用情况进行评估，并把评估结果和相关信息及时向公众公布，接受公众和乡村教师的监督，同时根据考核结果对经费使用的相关部门实施问责或奖励。

三　疏通跨部门之间的互动关系，提升纵横协同效力

从纵向上看，在"中央领导，省级统筹，以县为主"的治理体制下，需要提升不同层级政府之间、不同层级部门之间的协同效力；从横向上看，在"教育部门牵头，编制、发展改革、财政、人力资源和社会保障等部门协同"的治理机制下，需要提升不同类型部门之间的协同效力。为实现高质量乡村教师队伍的建设目标，处于同一支持政策下的政府之间、部门之间的信息沟通，越是及时准确，就越有利于提升综合协同效力，因此疏通跨部门之间的协作协同关系十分重要。

第一，聚焦本地区乡村教师队伍支持问题，建立跨部间的协同机制。在"支持计划"实施中会出现各种问题，这些问题的解决往往不是单一部门所能做到的，有的问题还比较复杂，涉及多个部门，这就需要问题各关联部门进行跨部门协同。因此，就要以"支持计划"实施中的问题解决为导向，建立跨部门间的协同机制。对于跨部门的协同，"经济合作与发展组织（OECD）将跨部门协同划分为两大类别，'结构性协同'和'程序性协同'。结构性协同侧重于为实现协同创立的结构性载体，也就是通过组织机构的设置来实现协同合作效用……程序性协同更偏重于通过过程性安排和程序性设置来发挥协同效应……结构性协同和程序性协同二者相辅相成，互为补充，缺一不可"[①]。"支持计划"实施中问题的解决，在部门协同方面，就要在结构性协同与程序性协同上共同发力，一方面各部门要加强结构性协同，建立诸如跨部门的联席会议，或跨部门专项领导工作小组等；另一方面各部门要围绕问题解决

[①] 韩兆坤：《高质量推进区域环境治理现代化》，《中国社会科学报》2021年9月8日第8版。

展开程序性协同,如建立序列化的工作程序,规范"支持计划"实施各关联部门协同的步骤、方法、顺序、责任和时效等事项。

第二,聚焦沟通交流顺畅,进行跨部门信息协同。实现"支持计划"实施中各行政关联部门的有效协同,离不开各部门间高效的信息交流和沟通,这需要跨部门信息协同提供有力的保障。因此各行政部门间的信息沟通合作,运转协调使信息通达,配合紧密,提高效益,能够有效推动支持政策实施中问题的解决。具体而言,各部门建立信息共享、信息沟通、会商机制和工作通报等制度,形成各行政部门间横向和纵向的信息交流网络,能够有效使部门之间的信息得以开放共享和互通有无,对打破由于信息黑箱所引起的协同壁垒具有重要作用,也是推动"支持计划"实施中跨部门信息协同的必然选择。

第三,充分利用技术赋能,形成"互联网+行政部门协同"新模式。在信息社会和网络技术飞速发展的时代,充分发挥"互联网+"的优势,运用大数据网络技术、人工智能等新型网络化信息化技术手段,打破乡村教师支持关联政府各部门间的界限,实现各行政部门间纵向和横向的彻底互联。要运用网络技术,将乡村教师支持各关联行政部门协同运行的流程图进行标准化、在线化和公开化,使由教育行政部门牵头与各关联部门协同实施支持计划的全过程,具有可追溯性和可问责性,能够有效督促各部门高效履行协同实施的职责要求。要利用网络技术建立各部门协同的信息平台载体,运用大数据精准分析并及时推送乡村教师支持政策落地情况的信息,有效解决支持政策实施各关联行政部门间的信息不对称问题,以使各部门有效获取信息,及时实施相关支持政策。

第二节 精准优化乡村教师的支持机制

机制是指事物以一定的运作方式,使各部分联系并协调运行而发挥作用的规则。自"支持计划"实施以来,六盘山连片特困区各地采取各种措施,在促进"支持计划"实施落地方面,形成了适应当地情况的较为有效的机制，但这些机制在实施过程中，也暴露出需要解决的一些问题。只有解决"支持计划"实施机制中的问题，才能确保"支持计划"目标有效实现，为建设高素质专业化乡村教师队伍奠定基础。

一　基于乡村教师本位，构建内生性师德建设长效机制

"乡村教师是支持政策的实际享用者和承载者，支持过程精准与否，就在于能否切中乡村教师的真实诉求。"[①] 新时代乡村教师师德建设的长效机制是以乡村教师现实内在需求为基础，从教育宣传、评价激励、能力提升和保障支撑四个方面着手，构建乡村教师本位的诱导、动力、培育和支持机制[②]，将师德要求融入乡村教师职业要求中，建设一种以崇高师德为导引的乡村学校生活秩序。

第一，建立师德教育宣传的长效诱导机制，使乡村教师树立崭新的师德观。师德宣传要把握乡村教师群体的特点，在了解乡村教师群体的价值取向、师德觉悟程度、乡村教育情感状况的前提下，在师德宣传内容和表现方式上要与时俱进，凸显厚植乡村教育情怀的独特作用，使宣传形式真正能够符合人心，使宣传内容真正能够打动人心。师德宣传要深度挖掘先进乡村教师师德典型事例，让师德优秀教师的榜样先锋力量，能够充分发挥，营造以德为先的乡村教师队伍建设追求，牵引乡村教师队伍走向高水平的德育境界。乡村教师师德建设，还应聚焦乡村教师师德发展中出现的各种问题，把以问题解决为导向的师德宣传教育，贯穿于乡村学校的教学、管理、育人全过程，实现教育教学全过程师德培育。

第二，建立师德评价奖励的长效动力机制，使乡村教师师德发展走向自觉。以激励乡村教师奉献乡村教育的内生动力，作为评价的价值导引，将评价范围从主要在乡村学校教育教学表现拓展到对学校当地乡村建设服务方面。同时完善师德评价指标体系，在学校评价主体之外，要高度重视乡村教师自我评价，同时积极探索校外相关主体参与师德评价

[①] 谢延龙：《论深入实施乡村教师支持计划的着力点》，《中国电化教育》2022年第5期。

[②] 谢延龙：《论新时代乡村教师师德建设的着力点》，《教师教育论坛》2022年第8期。

的机制，形成校内外多元主体共同参与的师德评价体系。要形成师德评价反馈机制，乡村教师师德反馈不能只有来自上游学校端的组织评价考核，还要有学生评和教师互评的反馈，使乡村教师师德能够有评价、有反馈，并对乡村教师师德养成产生实际影响。师德奖励机制的核心是物质奖励和精神奖励两翼齐飞，尤其是要把师德物质奖励真正落到实处，在评优评先、业绩考核、岗位晋升和交流深造上，真正形成师德为先的机制。总之，通过建立体系化的评价奖励长效机制，促进乡村教师自觉践行师德。

第三，建立师德能力提升的长效培育机制，促进乡村教师师德获得持久发展。师德能力培养着眼于乡村教师内在自我师德发展的能力，乡村教师师德能力的形成，离不开教师个体的自我修养，如觉悟提升、道德追求等方式。但乡村教师师德能力的提升，绝不是仅靠教师个体内在主动性因素就能实现，更与促进师德能力提升的长效机制密切相关。"师德能力结构非常复杂，从师德践履的角度来看，师德能力包括师德认知能力、师德智慧和师德行为能力。"① 乡村教师师德能力培育长效机制的建构，要从乡村教师的师德认知能力、智慧能力和行为能力三方面着力，以乡村学校为抓手，建立经常化的校本师德培训制度。以亲身体悟为重点，建立广大乡村教师亲身参与学习考察、调查研究、志愿服务等师德实践活动的制度。以乡村教师群体为关键，建立教师师德发展共同体制度，使乡村教师在职业生活现场的对话、交流、讨论、反思和践行过程中，能够实现教师同侪间的师德互助和发展共享，推动乡村教师群体的师德发展。

第四，建立师德制度保障的长效支持机制，为乡村教师师德提供保障支持。"制度问题更带有根本性、全局性、稳定性、长期性"②，制度能够使乡村教师师德建设明确化、规范化、强制化和长期化，是师德建设的根本性保障支持。乡村教师师德制度的建设，既要完善和健全考评与奖惩、培训与研修、监督与问责等师德制度，又要从乡村教师主体出

---

① 李雪、林海亮：《论师德能力》，《高教探索》2017年第7期。
② 习近平：《习近平谈治国理政》（第一卷），外文出版社2014年版，第391页。

发，建立有针对性的师德制度。"不同生涯阶段或专业发展水平的教师，师德水平与需求并不相同，师德教育应当有不同的建设重点，需要不同的策略。"① 就是说要建立符合乡村教师师德成长规律的师德制度，在乡村师德培养上，制度要体现出差别化，对处于不同"成师"时期的乡村教师，应有不同的师德发展制度规范。

二 以供给和盘活为着力点，健全乡村教师补充机制

乡村教师补充机制的建立，要从内外两个方面进行，即"需要从'优质师资的供给'与'现有师资的盘活'两个层面入手"②。从内在方面，县域内教育系统内部总体教师师资如果总体充裕，那么盘活现有师资，可以使部分优秀教师补充到乡村学校。从外在方面，是教育系统外部新师资向乡村学校补充。

一方面，要深化优质师资的供给侧改革，建立乡村教师补充的外在机制。乡村教师的供给侧改革主要有两个方面，其中主要的方面是师范生的供给，这是乡村教师供给的最主要群体。对六盘山连片特困区而言，由于环境较为艰苦，师范生的定向供给是改革的主要路径。师范生供给的类型具体可以包括定向公费师范生，乡村全科教师定向培养，乡村小学教师定向培养等，师范生供给的方式可以采取定向培养、定向就业、定向设编等，为乡村精准培养本土化教师。除了师范生供给外，还可以采用多种其他方式为乡村供给教师，如高级教师乡村支教、硕博毕业生乡村支教、骨干教师交流、特级教师返聘乡村、"银龄计划"等多种方式，多渠道地为乡村学校补充充足的教师提供稳定的"源头活水"。另外，需要特别注意的是，乡村教师编制供给是实现供给侧改革具有决定性意义的环节，没有编制，就没有乡村教师的可持续发展，因此要以学科需求为基础优化编制供给，确保乡村教师编制的充足够用。

---

① 檀传宝：《论教师"职业道德"向"专业道德"的观念转移》，《教育研究》2013年第10期。

② 谢延龙：《论深入实施乡村教师支持计划的着力点》，《中国电化教育》2022年第5期。

另一方面，高效盘活现有教师资源，建立乡村教师补充的内在机制。要以县域内现有教师资源为基础，通过教师流动使现有教师资源能够得到充分利用。县域内的教师流动可以从结构和数量两个方面入手进行盘活。在教师流动的数量方面，主要是为了满足部分乡村学校教师数量紧缺的状况，通过数量的补充，达到乡村教师数量均衡。如以"县管校聘"为抓手，全面盘活县域内师资力量，建立大数据信息平台，拓展教师向乡村流动的空间，为乡村教师数量不足的学校制定诱导性的优惠政策，使教师实现跨校区向乡村学校流动。在教师流动结构方面，要充分考虑到乡村学校的教师学科结构、教师年龄结构和优秀教师的数量结构等方面的不足，做到对乡村学校的"按需流动"。

三 立足于生活质量提升，完善乡村教师待遇保障机制

"生活质量主要包括客观生活质量与主观生活质量两个方面，客观生活质量主要指社会生活条件的实际状况，而主观生活质量指的是生活满意度和主观幸福感"①，以此为基础，从客观和主观两个方面出发，乡村教师生活质量保障可以从三个方面着手：物质性待遇机制，激励性待遇机制和幸福感监测机制。

第一，健全乡村教师物质性待遇机制。工资待遇是乡村教师物质性待遇的基础，六盘山连片特困区各地要因地制宜，明确把公务员的工资收入作为乡村教师工资收入的比较标准，建立两种工资体系相关联的指标体系，通过绩效工资改革，区分各自的特殊性，以确保满足"支持计划"提出的乡村教师工资不低于或高于当地公务员平均收入水平的要求。进一步优化完善乡村教师绩效工资制度，要以增加绩效工资总额度为基础，以完善考核标准为保障，适当提高奖励性绩效工资，并拉大教师间的区分度，以调动乡村教师工作的积极性。将乡村教师生活补助政策制度化，保障其长期性和稳定性，最终要实现乡村教师生活补助工资化，彻底将补助的临时性变为固定性。改善提高乡村教师住宿条件，细化乡村教师宿舍标准，满足乡村教师单身或家庭等个别化住宿需求，提

---

① 梁景和：《生活质量：社会文化史研究的新维度》，《近代史研究》2014年第4期。

高宿舍配置标准，增加宿舍数量，力争使每位乡村教师都拥有一间宿舍，使乡村教师能够享有良好的居住环境。

第二，完善乡村教师激励性待遇机制。充分发挥政治激励的功能，乡村学校党组织要关心爱护乡村教师，尤其是乡村青年教师，要为优秀乡村教师的发展创造政治条件。做好乡村教师的医疗保健激励工作，建立乡村教师年度定期体检和疗养制度，满足乡村教师基本医疗卫生需求，探索建立乡村教师专项养老制度，保障其退休后的晚年生活。完善乡村教师荣誉激励机制，在从教年限之外，还要融合专业发展成就，"荣誉体系的设计要与教师的专业发展'相结合'，体现'层次性'，能够推动教师获得专业地位，提升专业认同"[①]，通过建立专业分级的乡村教师荣誉表彰授予制度，激发教师们的成就感和荣誉感。同时乡村教师荣誉制度要与其他相关制度打通，比如乡村教师疗养、物质待遇、子女保障等与荣誉制度结合，使荣誉制度价值感增强。要建立乡村教师子女教育保障激励机制，对在乡村工作尤其是在偏远艰苦乡村学校任教的教师，按照任教年限、教育贡献、夫妻双方同在乡村任教等制定细化标准，给予其子女进入县城或乡镇优质幼儿园、小学和中学就学机会，以激励乡村教师奉献乡村教育的积极性。

第三，建立乡村教师幸福感保障机制。乡村教师的幸福感源自于内心，从某种意义上讲，只要能够影响乡村教师内心的因素，都能激发他们的幸福感。这里从乡村教师内在方面，提出建立乡村教师幸福感保障机制的两个重要方面。一方面乡村教师心理健康与幸福感关系密切，要建立乡村教师心理健康检测机制，通过为乡村教师提供心理健康宣传、普查、建档、辅导等服务，以学区为单位建立心理辅导中心，对乡村教师定期开展多种形式的心理辅导，使乡村教师保持良好的心理状态。另一方面乡村教师的职业认同是其从教幸福感的重要来源，这要求乡村学校优化乡村教师的工作环境氛围，以乡村教师自我能力价值增长、自我尊重价值获得和自我实现价值满足为要点，建立乡村教师价值

---

① 谢爱磊、刘群群：《声望危机隐忧下的乡村教师荣誉制度建设研究》，《中国教育学刊》2019年第1期。

获得感机制，通过乡村教师自我价值的实现，获得充分的幸福感。

四 坚持动态调整，优化乡村教师编制与职称管理机制

为破解六盘山连片特困区乡村中小学教师编制问题的困局，需要坚持动态调整的原则，聚焦"增、减、调"三个方面，优化乡村教师编制管理机制。一是"增"，增加乡村学校编制数量。一方面是乡村教师编制绝对数量的增加，这要求编制部门在增加编制时，要考虑乡村教师编制数量的增加；另一方面在总的编制数量不变的前提下，通过挖潜增加编制数量。通过统筹县域内事业单位整体编制，挖潜各类事业编制资源空缺，优先补充艰苦边远乡村学校或小规模乡村学校教师编制。协调机构编制部门，提前为乡村教师定向生专门预留编制，以编制保障乡村教师定向师范生能够顺利招生。乡村学校可以压缩使用编制的非教学人员比例，通过政府购买服务的方式满足安保、后勤等服务岗位需求，空出的编制用来增加教学人员。二是"减"，合理退减乡村教师编制余量。随着一定时期内乡村学龄人口的持续减少，以及乡村学生向城市流入，乡村教师编制会出现富余状况。这就需要适当进行"减编"，以保持乡村教师编制供需总量的平衡。因此，要制定省域内或县域内乡村教师编制裁减的专门规定，并与乡村教师退出机制挂钩，需要"在保障教师权益的前提下，通过转岗、提前退休、减小班级规模等方式，优化教师队伍的整体结构"[①]，在建立乡村教师合理退出机制时，要妥善处理好超额教师的安置问题。三是"调"，调整盘活乡村教师编制存量。建立区域内编制大数据平台，统筹区域内编制资源存量，激活"有编不用"的长期闲置编制，破解"无编可用"的问题，把统筹出来的编制向连片特困区缺编乡村学校精准投放。以实施"县管校聘"为抓手，实现县域内教师由"学校人"转变为"系统人"，制定向乡村倾斜的教师聘任制度，或单列乡村教师聘任专项制度，使"县管校聘"能够真正为乡村教育"输血"。加大编制跨校结构性调整统筹力度，实现编制

---

① 刘善槐、朱秀红等：《农村教师编制制度改革研究》，《中国教育学刊》2019年第1期。

的盈缺互补，鼓励通过跨校兼课、"走教"等方式，建立县域内教师资源共享机制，提高编制使用效率，缓解乡村教师结构性短缺问题。

优化乡村教师职称评聘机制。职称评聘是乡村教师队伍建设的关键抓手，优化乡村教师职称评聘机制，可从乡村教师职称评聘的"前—中—后"这一纵向逻辑链条切入，深入改革乡村教师职称评审。一是"前"，创新乡村教师职称岗位设置机制。要适当提高乡村小学中高级岗位结构比例，尤其是要加大向小规模学校乡村教师高级职称评聘的倾斜力度。要设立乡村教师职称定向岗位，以总量控制，比例单列为原则，实行定向评价和定向使用，按照各县艰苦程度的不同，核增一定比例的乡村定向高级教师岗位，鼓励优秀教师到艰苦的乡村学校定岗任教。制定长期在乡村学校任教教师高级职称评聘特别规定，细化直接参评高级职称岗位细则，不受所在学校岗位结构比例和职称名额限制。制定艰苦边远乡村学校特殊学科职称评聘规定，通过设置艰苦边远乡村学校体、音、美紧缺学科教师职称名额，鼓励体、音、美教师到乡村任教。二是"中"，改革乡村教师职称评聘过程机制。改革乡村教师职称评审评价标准，以乡村教师教育教学实绩为基础，细化职称评审条件，注重乡村教师基层教育工作实际，尊重乡村教师成长规律，把评审条件与乡村教师日常教育教学工作标准和行动挂钩，把师德评价和教育教学一线实践业绩评价作为职称评审的核心，放宽学历要求，不再以外语水平、发表论文、计算机水平、优质课和课题研究等条件，作为乡村教师中高级职称评审的硬性要求。创新乡村教师职称评审方式，积极探索个人述职、成果展示、面试答辩、业绩考查和实践操作相结合的多元化职称评审方式。改革乡村教师职称评审烦琐的环节程序，建设信息化人师管理系统，减少申报材料填写量，优化职称评审环节和申报效率。三是"后"，完善乡村教师职称评后管理机制。对已经具备高一级职称的乡村教师，要制定评后的激励约束机制，详细规定其教书育人的履职责任细则，定期进行考核。对履职效果不佳者，可根据情况采取约谈、低聘或转岗等方式进行处罚。对于已经具有高级职称的乡村教师，要制定专门的激励措施，如提高津贴、表彰奖励、疗养休假、外出培训等，激励他们高质量地履行岗位职责。

五 畅通相关渠道，健全县域内乡村教师交流与发展机制

城乡教师交流轮岗是对乡村教育的重要支持方式。在"支持计划"的实施过程中，出现了一些有利于城乡教师轮岗交流的教育发展措施和状况，诸如教育综合改革的深化、集团化办学的实行、学区化的实施等，极大地促进了城乡教师交流轮岗的发展，也为解决六盘山连片特困区城乡教师交流轮岗奠定了坚实的基础。

城乡教师交流轮岗，一方面要继续完善教师交流轮岗与职称评聘、职务晋升、生活补助、评优选先等挂钩的传统措施；另一方面要把城市教师"下得去"作为解决问题的关键，创新城市教师向乡村流动的机制。城市乡村向乡村交流轮岗，除了物质性的激励因素外，还与教师的性别、年龄、教龄、职称、婚否、学科等因素有关，因此要根据教师群体的不同特性，进一步完善教师交流轮岗细则，把教师主动流动意愿，作为县域城市教师向乡流动的关键动能，使轮岗交流政策更具针对性和人文性。针对轮岗交流的关键"堵点"，制定专项交流轮岗措施。优秀骨干教师下不去乡村是个堵点，因为很多城市学校不愿放走骨干教师，教师本人大多也无意愿去乡村学校任教。对此，可采用"多元+补偿"的方式畅通优秀骨干教师下乡村学校的渠道，"多元"就是优秀骨干教师下乡村学校的形式多元化与激励多元化，形式多元化要求采取学校联盟、对口支援、教师走教等多元化方式，激励多元化要求采取大会表彰、颁发证书、物质奖励、子女入学等多种激励方式，方便和鼓励优秀骨干教师到乡村学校轮岗。"补偿"是向优秀骨干教师所在学校对教师下乡造成的损失进行适当补偿，推动学校行动的积极性。边远贫困山区学校交流教师下不去是个堵点，对此在进一步改善乡村学校条件，增加教师下乡村学校的物质补偿之外，要积极探索新的模式，如可以采取领导榜样引领的"领导+教师"模式，由城市学校副校长带头，组织教师到乡村学校去。再如，可以采取发挥党员教师模范作用的"党员团队+教师"模式，以优秀党员教师为主，带动其他教师到乡村学校轮岗。

乡村教师专业发展需要有效的机制聚焦"教得好"，创新解决乡村教师"如何发展"的路径选择问题,这主要可以从以下方面着手:一是健全乡村教师培训体系。在培训师资方面,建立能够长期跟进的充分吸纳优秀乡村中小学名师或校长的专业化培训专家队伍;在培训内容方面,提供契合乡村教师需求、蕴含乡土文化元素、根植乡村教育特点的培训内容;在培训实施方面,建立专门针对乡村教师的培训机构,采用"外在力量指引+主体参与""线下现场+线上学校"充分融合的培训实施方式。二是改进乡村教师发展模式。乡村教师发展模式可以分为纵向发展模式、横向发展模式和纵横交错发展模式三种。在纵向发展模式上,应形成以政府牵头,高校和区域教师发展中心为两翼,乡村学校和教师群体为核心的多方联动教师发展模式;在横向发展模式上,应形成区域内跨校的乡村教师发展共同体,或跨区域的强弱帮扶乡村教师发展共同体;在纵横交错发展模式上,既能以纵向为主体,集中从横向某一乡村学校的点发力,亦能以横向为主体,主动与参与横向的某一点结对子。三是完善乡村教师教研制度。要强化乡村学校教研组织的正规化与常规化建设,完善落实乡村教研制度,为乡村教师发展助力。一要做到"真",聚焦真实乡村教育情境中的实问题和小问题,让乡村教师真正参与教研活动,激发乡村教师研究的主动性。二要做到"系",强化教研活动的组织实施,系统规划设计教研活动,助力乡村教师获得持久性发展。三要做到"特",紧紧围绕乡村教育的独特性,开展特色教研活动,实现乡村教师关注学校特色发展。四要做到"研",要以研究为核心,开展有深度和质量的教研活动,使乡村教师科研素质得到提升。

第三节 精准进行乡村教师的支持评估

对"支持计划"实施效果进行精准评估,能够及时发现问题并采取措施,有利于克服六盘山连片特困区乡村教师队伍支持中的问题,提高支持的效能。精准评估乡村教师支持政策的实施效果,要从"靠什么评估""谁来评估"及"如何评估"等关键问题出发进行评估。

一　靠什么评估：全过程乡村教师支持评估目标

评估目标是要回答"为什么评估"的问题，指导和支配着"支持计划"整个评估过程。乡村教师支持评估的根本目的在于实现"支持计划"政策的总目标，即通过对乡村教师支持政策执行过程进行评估，了解乡村教师支持政策的充分性、适宜性和有效性，为调整、修正和完善支持举措，以保障对乡村教师的支持朝着"支持计划"的总目标良好地运行，从而为六盘山连片特困区建设高质量的乡村教师队伍服务。

乡村教师支持效果的精准化评估，是为了克服只对政策结果进行简单评估的弊端，而将评估贯穿于乡村教师支持政策实施的全过程，在不同的实施阶段，采取不同的精准化具体评估目标。第一，乡村教师支持政策实施前的评估目标。实施前的评估主要涉及两方面：一方面是以需求为导向的评估，即通过评估了解乡村教师对支持的需求。需求评估能为优化支持政策的具体措施提供依据，增强支持举措的针对性，尽可能为不同需求群体的乡村教师提供"各取所需"的支持。另一方面是比较与选择评估，即在支持政策措施实施前，针对同一支持内容，制定多种不同的支持措施，通过评估比较这些支持举措的优缺点，以及乡村教师群体的具体特点，对支持举措进行选择，让最优的支持措施落地乡村学校。

第二，乡村教师支持政策实施中的评估目标。"支持计划"在实施过程中，由于受到政策执行中各种现实不确定性因素的影响，如各乡村学校所在地区存在巨大差异，学校的起点各不相同，政策执行者的水平也有差别等。"支持计划"在实施中出现的很多问题，就是由于受到这些因素的影响，因而偏离了总目标所导致的。因此，需要在"支持计划"实施过程中，设定与总目标一致的阶段性目标，进行支持政策实施中的目标评估。在进行阶段性的目标评估中，必须对"具体实施方案和措施是否符合总目标，阶段性目标和任务完成情况是否与原计划相符，出现的问题和困难是否在预料之外，各层面的执行工作是否得力，整体进展情况是否顺利，预定计划和预定目标是否能圆满完成"① 等方面进行评估，及时发现"支持计划"实施过程中出现的异常和问题。通过建立"支持计划"实施即时回应机制，进行及时有效的信息反馈、措施调整、及时纠偏，克服对乡村教师支持过程的弊端和障碍，以确保"支持计划"能够顺利执行，保障总目标的实现效益。

第三，乡村教师支持政策实施后的评估目标。"支持计划"实施的最终效果如何，需要进行评估，这主要涉及的是判断支持政策目标的总体达成程度，即评估"支持计划"政策的目标与政策执行的最终结果之间的达成情况。"支持计划"在六盘山连片特困区实施中所出现的各种问题，在很大程度上是由于政策实施结果的目标达成出现了问题所致。这就需要通过精确的评估，对"支持计划"实施结果进行详细具体的分析。一种情况是支持政策实施结果的目标达成度不高，这意味着支持政策实施结果与目标要求存在偏离或者不足。如果达成目标不足，要解决的就是如何实现目标完成度的问题；如果偏离目标，要解决的就是如何纠偏的问题。另一种情况是支持政策实施结果与目标间存在其他正效果，即在达成目标后，出现了非预期的其他更有效促进乡村教师队伍建设作用的结果。这就需要进行详细具体分析，避免这种结果可能导致"支持计划"后续实施出现复杂的结果。还有一种情况是支持政策实施结果达成了目标，但存在乡村教师这一目标群体不满意的状况。这需要"支持政策"从乡村教师的期望、关心和满意出发，修正目标，在改进之后支持政策的实施，提高乡村教师的满意度。

二 谁来评估：多元化乡村教师支持评估主体

评估主体是回答"谁来评估"的问题，即评估的实施者。不同的评估主体对"支持计划"的实施有不同的评估要求和侧重点，所评估出的结果也不尽相同。"支持计划"在六盘山连片特困区实施中出现的各种问题的解决，离不开多元化评估主体的评估，唯有如此，才能从不

---

① 宁国良：《论公共政策执行偏差及其矫正》，《湖南大学学报》（社会科学版）2000年第3期。

同侧面看到"支持计划"暴露出的问题,也才能更精准地解决这些问题。就"支持计划"的评估而言,所涉及的主要评估主体为教育督导、研究者和乡村教师三方。

第一,要依托教育督导机构开展专项督导式评估。"支持计划"的实施,起主导作用的评估主体就是教育督导机构。教育督导的评估具有较强的行政权威性和控制性,能够直接对"支持计划"实施中出现的问题进行纠正,对"支持计划"的实施具有"保驾护航"的重要作用。因此,要充分发挥教育督导机构的评估作用,使"支持计划"能够实现高效实施。一方面,教育督导评估要通过各种行政手段,考察了解六盘山连片特困区县域内"支持计划"的实施情况。并对教育相关部门在乡村教师支持政策方面的执行情况,按照一定的标准,进行详细的鉴定和评价,最终确认是否达到要求。同时把评估结果准确、及时、真实地向"支持计划"实施部门进行反馈,以确保评估信息能够发挥有效作用。另一方面,教育督导评估要通过对"支持计划"实施的深入分析和研判,并和县级相关政府部门进行意见交换,就分析评估中发现的问题,指出造成问题的原因,提出问题解决的意见。并进一步总结经验,明确之后的重点和方向,使支持政策相关实施部门了解应当坚持什么,改正和克服什么,指导和引导"支持计划"深入精准实施。当然,督导机构在评估时,若有新情况新问题发现,须向支持政策执行部门做出具有正确导向性和政策性的解释和判断,以更好地发挥指导作用。

第二,要开展研究者的研究式评估。教育研究者是一支重要的评估力量,主要以开展研究对"支持计划"进行研究式评估。这种研究式评估与教育督导评估不同,教育督导作为教育行政机构的一部分,受制于行政隶属关系,它所开展的评估是对行政命令的执行性评估,属于行政机构的"内部评估"。教育研究者则不同,由于不隶属于任何"支持计划"实施的行政部门,研究式评估就具有较强的独立性、专业性和客观性。对"支持计划"实施展开研究式评估,能够通过批判性视角,充分运用教育专业知识和相关技术能力,独立地对乡村教师支持政策执行状况进行评估,并对支持政策实施结果过程进行元分析。对"支持计划"开展研究式评估,能够有效避免教育督导评估"既是裁判员又是运动员"的弊端，能够为"支持计划"的实施提供更加客观、专业和科学的建议，有效提高"支持计划"实施的效能。

第三，要进行乡村教师作为政策受众的参与式评估。"乡村教师以主体的方式参与评估更有利于评估的精准化"[①]，因为乡村教师是"支持计划"政策的直接受众和直接消费者，对"支持计划"的实施能否和在多大程度上满足其需要，具有最切身、最朴素的感受，通过参与"支持计划"的评估，能够提供有别于内部行政主体和外部研究者的独特建议。作为内部行政主体和外部研究者而言，都不可避免地会受到部门或其他关系网络因素的影响，很可能在某种状况下，"故意"隐瞒或遮蔽乡村教师的某些诉求，以便减少不必要的"麻烦"。这就导致评估结果对乡村教师不利，使"支持计划"对乡村教师的支持大打折扣，从这个意义上讲，乡村教师参与评估是维护其获得支持权利的最佳途径。因此，要制定乡村教师参与"支持计划"实施的具体流程规范和标准要求，并形成制度化。

三 如何评估：乡村教师支持评估的手段方法

评估方法手段是要回答"如何评估"的问题，即如何衡量乡村教师支持政策的状况和效果。采用不同的手段方法对"支持计划"实施进行评估，就可能会有不同的评估结果，而为了获得更加全面准确的评估结果，就要尽可能采用更加有效的评估手段和方法。就"支持计划"而言，六盘山连片特困区对乡村教师支持的评估，可以采取以下手段方法：

第一，采用多元化的方法对支持政策进行精准评估。"支持计划"评估本身属于教育政策评估，对教育政策进行评估采用何种手段方法，方法本身并无好坏优劣的区别，每种方法都有其优势和不足。因此，采用多元化的评估方法，更能够从不同侧面反映"支持计划"实施的状况，有利于全面认识和把握"支持计划"实施的真实效果。如此，在

[①] 谢延龙：《论深入实施乡村教师支持计划的着力点》，《中国电化教育》2022年第5期。

"支持计划"的评估中,在定量与定性方法上,可以综合两种方法的优势与不足,采用定量与定性相结合的方法,对乡村教师支持政策开展全过程的评估。在学科视角上,可以尽可能选用多学科的视角,借鉴运用经济学、法学、理学等领域对政策实施的评估方法,对"支持计划"进行分析。在具体方法上,可以运用田野调查法、德尔菲法、问卷调查法、专家评估法、目标群体评估法、时间序列分析法和层次分析法等各种方法,对"支持计划"进行评估。

第二,要采用能够体现民族地区的手段方法进行评估。六盘山连片特困区是回族、藏族、土族等多个少数民族聚集区,"支持计划"实施的评估必须考虑到民族地区的特殊性问题。因为"民族地区的教育政策评估实践富有多元文化性、复杂性等特征,即使同一种政策评估方法在不同民族地区使用也可能因境遇不同,而效果相去甚远"[1],民族地区由于面临多元化价值的因素,在对"支持计划"实施进行评估的时候,采用的评估手段也更需要考虑到多元文化价值的社会情境,从这个意义上讲,质性的评估方法更有优势,也更适合民族地区支持政策实施评估的现实需要。这要求充分利用质性的方法对评估数据进行搜集,如实地考察、个别访谈、问卷调查、民族志研究、口述史研究等质性方法,以此为基础,对乡村教师民族群体及个体的支持需求满足状况进行评估,能够更好地发现问题并解决问题,促进"支持计划"在民族地区更好地落实。

第三,要运用大数据对支持政策进行精准评估。运用大数据进行政策评估是一种新兴的重要评估手段,通过大数据对"支持计划"政策实施进行评估,能够获取更加精细、形象和准确的评估效果。运用传统的小数据对"支持计划"进行评估,由于数据总量和数据获取整体较小,数据类型和获取渠道单一,评估会因为数据缺乏而导致评估结果不够准确和全面。运用大数据可以实现对"支持计划"进行更加全面有效的评估。

---

[1] 白贝迩:《对民族地区教育政策评估基本问题的思考——基于社会学的视角》,《青海社会科学》2021年第1期。

通过运用大数据技术如 DM、OLAP，对繁杂数据进行深度挖掘、分析，从"数据海洋"里找到有价值的数据，从看似"无序""无关"的数据和数据集间探寻规律和相关性，让数据"发声"，运用 VDSS，将数据分析结果以生动、直观、具体的形式展现给评估者，使其快速理解分析结果，作出较为准确的评估。①

"支持计划"精准实施所涉及的数据信息极为庞杂，数量巨大，除了政府能够搜集到的业务数据外，还有各种非业务的网络、平台等数据，甚至一些看上去风马牛不相及的间接性相关数据。借助大数据进行支持政策评估，能够打破仅靠抽样得到的少量样本数据的限制，对所得到的海量数据进行分析，能够得到有关支持政策更多的细节信息，评估结果会更加准确，且能够通过形象化方式呈现出来，有利于对乡村教师支持状况进行更加全面、精细的评估。

第四节　精准创新乡村教师的资源支持

"支持计划"在六盘山连片特困区的实施，离不开各种资源的支持，只有创新利用好各种资源，并抓住资源支持的关键点，才能更好地克服支持政策实施中出现的各种问题，也才能更高效地发挥支持政策的效果。一般而言，凡是能够对"支持计划"实施效果产生影响的资源都能够发挥支持作用，但就六盘山连片特困区而言，主要从社会资源支持、软件资源支持和教师资源支持三个关键的因素出发，明确对"支持计划"精准支持所发挥的助力作用。

一　乡村教师支持政策实施的社会资源支持

对"社会支持"的理解，一种观点认为，公共政策的社会支持系

---

① 杨润美、邓崧：《大数据时代行政决策评估进展研究》，《电子政务》2015 年第 11 期。

统由民众支持、非政府组织支持和大众传媒支持三个基本要素构成。①另一种观点认为，教育的社会支持系统由政府的职能、经济与非政府组织的作用、公众与社会群体的影响三要素构成。②还有观点认为，乡村教师政策执行的社会支持有六个维度，即政府支持、相关教育机构支持、乡村教师支持、舆论支持、专家支持和社会非财政投入支持③。这些观点对"支持计划"社会支持的构成要素具有重要的参考价值。以此为基础，这里根据六盘山连片特困区的实际，将"支持计划"的"社会支持"确定为政府职能和学校组织之外的"非政府组织支持"和"舆论支持"两种重要资源。因为有效实施乡村教师支持政策的措施，除了政府主导职能的作用外，还需要获得"非政府组织支持"和"舆论支持"两大资源支持，才能使"支持计划"实施获得更大的效果。

一方面要充分发挥非政府组织在乡村教师支持上的优势。主要包括发挥非政府组织的专业优势和公益优势两个方面。就发挥专业性非政府组织的专业优势方面而言，由于乡村教师支持政策的执行涉及政治、经济、文化、科技、教育等诸多领域，各种不同类型的非政府组织，在乡村教师支持政策上，能够发挥其所具有的独特的专业功能。例如学术性团体，可以为各地乡村教师支持政策的制定提供专业意见；技术性团体，可以发挥包括人工智能技术在内的各种技术对乡村教师支持政策的助推作用。就发挥公益性非政府组织的公益优势方面而言，这种公益优势主要体现在经济力、影响力和协作力方面。经济力就是社会非财政性投入的支持，各种公益性非政府组织可以通过各种捐赠方式，为改善乡村教师的工作生活条件，提供专业培训及进修机会，加大对优秀乡村教师的物质奖励等。影响力就是指由社会组织、知名人士参与支持，通过鼓励社会知名人士参与颁奖典礼、公益论坛等形式，扩大乡村教师荣誉表彰的社会影响，助力形成全社会关心尊重乡村教师的浓厚氛围，提升

---

① 阮博：《论公共政策的社会支持系统及其优化》，《理论与改革》2011年第6期。
② 张新平、吴康宁：《我国教育改革和发展的社会支持要素研究》，《教育学报》2014年第4期。
③ 蒋亦华：《乡村教师政策执行的社会支持：构成及形成路径》，《教育科学》2021年第3期。

乡村教师的社会地位。协作力就是指非政府组织与政府的密切协作能力，共同助力乡村教师支持政策的落地，比如在引导优秀人才向乡村学校流动方面，政府可以充分引导利用社会力量参与教师流动，鼓励社会相关基金会，积极提供精准支持西部薄弱乡村学校教师跨区或跨省流动项目。

另一方面要营造乡村教师支持的优良社会舆论环境。大众传媒是乡村教师支持政策宣传的重要媒介和载体，乡村教师支持政策的执行离不开大众传媒的舆论支持。随着互联网新兴媒体的勃兴，新技术环境驱动的多元传媒出现，社会舆论环境和网络舆论生态越来越复杂。这些传媒舆论的正面与负面作用共存，既有关于广大乡村教师为人师表、爱岗敬业、无私奉献的先进事迹的舆论，也有大量关于乡村教师污名化的各种不实夸大报道，给乡村教师带来了极其负面的影响。因此，如何更好地利用大众传媒，为乡村教师支持政策的实施创造优良的舆论环境，发挥各种传媒舆论阵地的正向支持作用，就成为乡村教师政策实施的一种重要支持。这需要从三方面入手。其一对"支持计划"实施中出现的舆论杂音，要及时捕捉舆论动态，给予快速、准确、完整的回应，积极主动进行释疑解惑，有效引导舆论方向，为"支持计划"实施创造良好的舆论氛围。其二对"支持计划"实施中出现的问题，要充分利用媒体"主阵地"的作用，积极搭建各种论坛平台，对问题进行把脉诊断，形成解决乡村教师支持实践问题的共识性建议，并形成舆论导向。其三对"支持计划"实施中出现的闪亮点和出彩点，要找准传播的发力点，讲好乡村教师支持的故事，赢得社会关心乡村教师和教育人士的关注支持。

二　乡村教师支持政策实施的软件资源支持

"支持计划"的实施离不开对乡村教师队伍建设进行资源支持，这种对乡村教师支持的资源，大体上可分为硬资源（如经费投入、硬件购置等）和软资源（如智力、课程、时空和管理资源等）两种。其中，硬资源供给是否充足，主要取决于政府财政性教育经费投入，是乡村教师支持政策实施的物质基础。随着政府对乡村教育硬资源投入的增加，支持乡村教师发展的硬资源状况得到了较大改善，而软资源相对较为不足的问题，就成为六盘山连片特困区乡村教师支持政策精准实施的制约因素。因此，应在继续加大乡村教师发展硬资源投入的基础上，将资源支持重点转向软资源投入。

第一，要加强专家型智力资源建设支持。制约六盘山连片特困区乡村教师发展的重要症结之一，就在于智力资源支持较为匮乏，通过加强专家型智力资源建设，能够对"支持计划"的精准实施提供重要的智力资源保障。要整合高校学者、各级教研机构和乡村学校教研骨干三级专家智力资源，建立联合专项的支持机构，形成持续的智力资源运行机制，能够为乡村教师支持政策的深入实施提供具有前沿性、科学性、全面性的智力支持，有效地高水平地引领乡村教师发展。同时，要从本土出发，定期遴选和培养一批具有丰富乡村教育经验的本土专家，为乡村教师支持政策的深入实施提供针对性、贴近性、经常性的智力支持，有效引领乡村教师的日常发展。

第二，要强化乡村教师专业发展的多样化课程资源建设支持。要从六盘山连片特困地区各地实际出发，充分考虑乡村教师的多样化需求和多重角色，建设具有更强的实效性和针对性的专业化课程资源。由于六盘山连片特困区乡村教师存在群体类别复杂、年龄结构不平衡、学历水平整体偏低、专业与所授学科存在不一致、社会文化环境变迁较大等因素，导致不同地域和区域乡村教师发展的需求呈现出明显的差异性。这要求充分考虑乡村教师的多样化需求，开发出乡村教师发展需要的本土、多样和个性化的课程资源，如乡土发展课程、青年教师发展课程和课程超市等。而且，在乡村振兴战略大背景下，乡村教师承担着多种职责，扮演着"教育者""新乡贤""家庭教育指导者""乡村事务参与者"和"乡村文化发展者"等多重角色。这要求围绕乡村教师的多重角色，进行满足乡村教师角色发展的课程资源开发，为乡村教师发展提供支持。

第三，要进行乡村教师专业发展的专门化时空资源建设支持。充足的学习时间和空间是乡村教师发展支持的重要条件，这要求进行专门化的时空资源建设。在乡村教师专门化学习时间资源方面，工学矛盾是制约乡村教师发展的瓶颈。乡村教师普遍存在任教学科多，教学工作量大，繁多的重复性、程序化任务，严重挤压了教师们的学习时间。这要求乡村学校从工作制度安排入手，让教师从繁忙的"杂事"中解放出来，为乡村教师提供更多的学习时间资源，使他们能够进行阅读学习、课题研讨、参观交流等发展性活动。在乡村教师专门化学习空间资源方面，发展空间平台不足是严重制约乡村教师发展的关键因素。因此要以乡村学校为基础，建立乡村教师线上与线下相融合的混合式发展空间平台。乡村教师学习社团、研究小组等线下优质发展平台，以及乡村教师网络校际协作学习空间、智慧教育公共服务平台等线上优质发展平台，能够相互结合有效促进教师同侪互助、协同备课、教学反思和网络研修等活动，为乡村教师提供专门化的发展支持。

第四，要优化乡村教师发展的专业化管理资源建设支持。乡村校园长是乡村学校的灵魂，一支政治过硬、品德高尚、业务精湛、治校有方的高素质专业化乡村校园长队伍，是乡村学校管理资源的核心。管理资源建设的专业化是指，通过促进乡村校园长的专业化发展，实现乡村校园长从"行政人"到"教育人"的转变，具备引领乡村教师发展的领导力。专业化的管理资源建设，集中体现为乡村校园长对学校学习型组织的建构、美好共同愿景的创建、教师发展文化的塑造等方面。就六盘山连片特困区而言，乡村校园长引领教师发展的领导力总体上偏弱，因此可以以培育农村卓越校园长作为专业化管理资源建设的重点，通过深入推进校长职级制改革，创新"集中培训＋影子培训＋返岗实践"的"三段式"乡村校园长培训模式，开展名师名校长培养工程等措施，不断提升乡村校园长的专业素质，为乡村教师发展提供优质的管理资源支持。

三 乡村教师支持政策实施的教师内生动力资源支持

教师内生动力需要资源支持，才能更好地被激发出来。在乡村教师支持政策实施中，要关注乡村教师的自主性、归属性和情感性等方面的需求，方可激发出乡村教师奉献乡村教育的内生动力。因此，支持政策实施要从乡村教师的思想、情感、参与和关系等方面展开，以解决乡村教师内生动力不足问题。

第一，要充分发挥党组织资源对乡村教师思想政治发展的引领作用。乡村学校党组织是乡村教师发展的政治激励资源，在乡村教师思想政治素质发展中具有强大的引领作用。为此，要加强乡村学校党组织的规范化和标准化建设，强化乡村学校思政教师队伍建设，树立乡村学校优秀党员教师模范，充分发挥党员优秀教师的引路人作用，为乡村教师注入信心、树立榜样，为乡村教师在乡从教提振信心。要创新乡村学校党组织思想政治教育方式，引导乡村教师走进乡村学生家庭，了解孩子们的家庭生活，在乡村生活中感悟乡村教育的真情真意。乡村学校党组织要关心乡村教师的利益诉求和疑难困惑，随时关注乡村教师的思想情绪变化，及时解决和吸纳教师们的合理需求和意见建议，在解决问题中发挥思想引领作用。乡村学校党组织要时刻关注青年教师的成长，及时帮助他们获得政治成长和发展，积极吸纳乡村优秀青年教师入党，以政治激励激发优秀青年乡村教师留乡意愿。

第二，要为乡村教师的乡村教育情感培育提供平台资源。乡村教育情感是乡村教师内生动力的激发器，要使乡村教师扎根六盘山乡村教育，必须厚植乡村教师们的乡村教育情怀。一是要搭建乡村教师"活动"载体。在保障乡村教育教学的情况下，使乡村教师在参与乡村活动中，认同、融入和归属乡村社会。要鼓励乡村教师参与乡村治理活动，乡村教师作为乡村公共服务人才，是乡村公共事务治理队伍的重要一员。可以通过强化乡村学校和乡村党委的协作，组织乡村教师经常参与乡村治理活动，发挥其文化知识在乡村治理中的智囊作用。乡村教师可以通过参与制定乡规民约，参与村委会相关会议，为乡村振兴建言献策，促进乡村移风易俗，营造良好村风乡貌。要鼓励乡村教师参与乡村文娱活动，既能通过乡村文娱活动促进乡村文化建设，又能使乡村教师在文娱活动中更好地融入当地乡民的日常生活，增进与乡民的相互了解，能够有效培育乡村教师的乡村文化认同和职业认同。二是要创新乡村教师"交流"方式。为关心亲近乡村学生，乡村教师需要创新"交流"方式。兴起于20世纪70年代美国的文化回应教学理论，"关注学生的文化脉络、生活背景、交往方式等"①，其理念基础是关怀，重视文化沟通，有利于消除乡村教师"区别对待"和"好学生"的同质化学习式交往，真正了解接纳每一个乡村儿童。文化回应教学理论为创新乡村教师和学生的"交流"方式，提供了一个很好的理论视角，能够帮助乡村教师走进乡村学生的真实生活世界，聆听乡村学生的真实生命故事，不断加深对乡村学生的理解与关怀，构建更为融洽的师生关系。与此同时，能够帮助乡村教师通过文化回应性教学，使自我走上探索属于自己的独特专业发展之路，赋予乡村教师专业成长以内在驱动力。三是要建立乡村教师"学习"制度。学习可以使乡村教师深度认识乡村教育的独特文化价值，从而产生情感上的共鸣。乡村学校可以通过建立乡村教师学习制度，助力乡村教师以学习唤醒发展的自觉。可以通过制定乡村教师学习专项资金制度、学习资源建设制度、学习评价制度、学习激励制度等，保障乡村教师的学习经费、学习资源、学习效果、学习动力等，引导乡村教师理解热爱乡村教育事业。

第三，要为乡村教师提供参与自我发展的决策资源。支持乡村教师满足其自我发展需求，离不开乡村教师参与自我发展的支持决策。"乡村教师参与发展决策的前提赋权，关键是渠道。"② 向乡村教师进行发展赋权，需要改变传统"教师离场"的支持政策行政化决策模式，赋予乡村教师对自我发展的充分决定权。这其中既要解决好赋权与负责问题，在乡村教师获得发展决定参与权的同时，要能够对发展有责任有担当；又要解决好赋权与增能问题，在赋权的同时，要激活乡村教师利用权力发展自我的意愿和能力，使权力由"外赋"转为"内发"。要拓宽乡村教师参与的渠道，乡村学校要充分利用教职工代表大会、工会、年级组和教研组等现有制度渠道，为教师参与发展决策提供便利。由于这些机构组织的高度同构性存在，会使其过分依据自身的职责分工，与学校、中层组织、教师形成一种固化的"差序格局"，导致各部门在教师

---

① 王明娣、翟倩：《我国民族地区文化回应教学的结构模型与实践路径》，《民族教育研究》2022 年第 1 期。

② 谢延龙：《论深入实施乡村教师支持计划的着力点》，《中国电化教育》2022 年第 5 期。

发展议题决策中形成过度的"自我主义"。因此需要进一步拓宽乡村教师参与发展的渠道，如建立线上教师发展咨询群，方便教师随时就发展问题提出建议，或建立学校教师发展提案委员会，鼓励乡村教师主动提出发展提案。

第四，要着力拓展乡村教师的个人关系支持资源。乡村教师的个人关系主要包括家庭关系和工作关系两方面，涉及家庭资源和工作资源两种重要资源。功能完善的家庭资源能够培植乡村教师致力于乡村教育的内生动力。家人对乡村教师职业的理解和尊重，为乡村教师提供了情感支持，能够有效提高乡村教师的职业认同，激发乡村教师的工作积极性。要发挥家庭资源的作用，就要解决乡村教师家庭的"后顾之忧"，减少对家庭功能的破坏，如人力资源和社会保障部门、教育部门要联合解决已婚乡村教师的两地分居问题，关心未婚乡村青年教师的婚恋问题，开展困难乡村教师家庭走访慰问、救助帮扶活动，关注乡村教师教养子女、赡养老人等家庭问题等。通过减少分居、婚恋难、贫困、疾病等因素对乡村教师家庭功能的破坏，才能为乡村教师"留得住"提供家庭情感支持。还要成立专门组织，协助完善乡村教师的家庭功能，如提升家庭内部建设能力，创建文明幸福家庭等。乡村教师的工作资源主要是指同事关系，在激烈的职业竞争中，乡村教师间会出现人际关系疏离的现象，削弱了来自同事间的关系支持。因此，需要利用工作资源的支持优势，消解乡村教师同事间的疏远。这需要乡村学校通过建立乡村教师间的沟通交流机制、团队工作机制、工作帮扶机制等，使乡村教师间能够通过相互沟通交流，共同完成工作任务，互相帮助解决职业困境等，从工作资源支持中获得积极的工作体验。

参考文献

著作类

辞海编辑委员会编纂：《辞海》，上海辞书出版社2009年版。

高盼望：《乡村教师生活的历史考察》，中国社会科学出版社2021年版。

国家教育委员会师范教育司编：《全国师范教育工作会议文件汇编（1—5次）》，东北师范大学出版社1997年版。

何东昌主编：《中华人民共和国重要教育文献（1998—2002）》，海南出版社2003年版。

何东昌主编：《中华人民共和国重要教育文献（1949—1997）》，海南出版社1998年版。

何东昌主编：《中华人民共和国重要教育文献（2003—2008）》，新世界出版社2010年版。

刘英杰主编：《中国教育大事典（1949—1990）》，浙江教育出版社1993年版。

陆学艺主编：《当代中国社会结构》，社会科学文献出版社2018年版。

罗竹风主编：《现代汉语大词典》（上），上海辞书出版社2009年版。

秦玉友等：《农村学校布局调整评价研究》，社会科学文献出版社2019年版。

唐智松、徐爱斌、王丽娟：《乡村教师队伍建设研究》，西南师范大学出版社2021年版。

邬志辉、秦玉友主编：《中国农村教育发展报告2017—2018》，北京师范大学出版社2019年版。

谢延龙：《西方教师教育思想——从苏格拉底到杜威》，福建教育出版社 2015 年版。

薛正斌：《乡村教师支持计划政策研究》，中国社会科学出版社 2021 年版。

周晔：《乡村教师发展》，华东师范大学出版社 2020 年版。

周兆海：《农村教师社会地位研究》，中国社会科学出版社 2021 年版。

朱旭东：《新时代中国教师队伍建设的顶层设计》，北京师范大学出版社 2018 年版。

论文类

安晓敏、殷丽：《农村小规模学校教师专业发展调查研究》，《上海教育科研》2017 年第 7 期。

白贝迩、司晓宏：《教育政策评估的困境及其超越》，《教育理论与实践》2016 年第 1 期。

毕妍、蔡永红等：《薪酬满意度、组织支持感和教师绩效的关系研究》，《教育学报》2016 年第 2 期。

蔡春虹、张俊豪：《凭什么流动：乡村教师流动资本变迁研究》，《民族教育研究》2019 年第 4 期。

冯帮、何淑娟等：《〈乡村教师支持计划（2015—2020 年）〉实施情况的调查研究》，《教师教育学报》2018 年第 5 期。

冯卫国：《〈乡村教师支持计划〉成效研究——政策文本分析的视角》，《教师教育论坛》2020 年第 3 期。

付卫东、范先佐：《〈乡村教师支持计划〉实施的成效、问题及对策——基于中西部 6 省 12 县（区）120 余所农村中小学的调查》，《华中师范大学学报》（人文社会科学版）2018 年第 1 期。

高杭：《教育行政权责清单制度的反思与重构》，《教育研究》2021 年第 2 期。

桂勇、冯帮等：《〈乡村教师支持计划（2015—2020 年）〉政策认同度的调查与分析》，《教师教育论坛》2016 年第 5 期。

郝文武、雒强等：《增强乡村教师职业吸引力的关键指标和特殊措施》，《教育与经济》2022 年第 2 期。

何树虎、邬志辉：《乡村教师职业吸引力的实证研究》，《教师教育研究》2021年第1期。

胡晓亮、李红波等：《乡村概念再认知》，《地理学报》2020年第2期。

蒋亦华：《乡村教师政策执行的社会支持：构成及形成路径》，《教育科学》2021年第3期。

李涛：《中国农村教育的概念实质及未来特征》，《探索与争鸣》2021年第4期。

刘胡权：《论支持乡村教师发展的政策实践——基于32个省级单位〈乡村教师支持计划〉的文本分析》，《北京教育学院学报》2017年第1期。

刘佳、方兴：《新生代乡村教师的离职意向与政策改进》，《教师教育学报》2020年第2期。

刘佳：《"乡村教师支持计划"实施方案研究——基于31个省（区、市）"乡村教师支持计划"实施办法的内容分析》，《教师教育研究》2017年第3期。

刘善槐、王爽等：《我国农村小规模学校教师队伍建设研究》，《教育研究》2017年第9期。

刘胜男、赵新亮：《新生代乡村教师缘何离职——组织嵌入理论视角的阐释》，《教育发展研究》2017年第Z2期。

刘诗雄、宋秀国：《论学校精细化管理》，《中国教育学刊》2009年第9期。

马飞、张旭：《〈乡村教师支持计划〉背景下的教师工资待遇满意度调查——基于全国11个县2888份问卷的分析》，《上海教育科研》2017年第7期。

南钢：《新中国中小学教师在职培训的回顾和前瞻》，《当代教育科学》2003年第9期。

宁国良：《论公共政策执行偏差及其矫正》，《湖南大学学报》（社会科学版）2000年第3期。

庞丽娟、杨小敏等：《构建综合待遇保障制度提升乡村教师职业吸引力》，《中国教育学刊》2021年第4期。

宋磊等：《专业发展已成为当前乡村教师面临的最主要问题——湖南省永顺县乡村教师支持计划落实情况蹲点调研报告》，《人民教育》2017年第24期。

檀传宝：《论教师"职业道德"向"专业道德"的观念转移》，《教育研究》2013年第10期。

檀慧玲、万兴睿等：《教育扶贫政策执行效果评估的混合式研究——以J县"乡村教师支持计划"为例》，《教育学报》2021年第2期。

王吉康、吉标：《"乡村教师支持计划"实施现状及对策研究——基于甘肃省G县的调查分析》，《广西社会科学》2019年第6期。

王鉴：《西部农村小规模学校发展思路研究》，《教育发展研究》2019年第20期。

王洁钢：《农村、乡村概念比较的社会学意义》，《学术论坛》2001年第2期。

王丽娟、唐智松：《乡村教师缘何屡补屡缺——基于编制政策执行偏差的分析》，《中国教育学刊》2021年第11期。

王明娣、翟倩：《我国民族地区文化回应教学的结构模型与实践路径》，《民族教育研究》2022年第1期。

邬志辉：《专家组成员解读〈乡村教师支持计划（2015—2020年）〉——破解乡村教育发展症结的良药》，《中国教育报》2015年6月10日第1版。

吴会会：《动态嵌套的"三流耦合"：〈乡村教师支持计划（2015—2020年）〉制定过程透视》，《教师教育研究》2018年第4期。

武向荣：《哪些关键因素影响了乡村教师工作满意度》，《教育与经济》2022年第2期。

谢延龙：《论深入实施乡村教师支持计划的着力点》，《中国电化教育》2022年第5期。

谢延龙：《论新时代乡村教师师德建设的着力点》，《教师教育论坛》2022年第8期。

徐继存、张丽：《乡村小规模学校教师留岗意愿及影响因素研究》，《山西大学学报》（哲学社会科学版）2020年第6期。

徐晓锋、车宏生等：《组织支持理论及其研究》，《心理科学》2005年第1期。

闫予沨：《基于教师信念视角的乡村教师支持计划政策分析》，《贵州师范大学学报》（社会科学版）2016年第4期。

杨润美、邓崧：《大数据时代行政决策评估进展研究》，《电子政务》2015年第11期。

杨卫安：《乡村小学教师补充政策演变：70年回顾与展望》，《教育研究》2019年第7期。

姚松、李志明：《乡村教师荣誉体系建设中政策工具选择与运用的问题及对策——基于省级政策实施方案的文本分析》，《当代教师教育》2021年第3期。

袁贵仁：《加强和改革教师教育，大力提高我国教师专业化水平》，《人民教育》2001年第9期。

袁桂林：《乡村教师的新希望——〈乡村教师支持计划（2015—2020年）〉解读》，《生活教育》2015年第23期。

张乐天：《重新解读农村教育》，《教育发展研究》2003年第11期。

张丽敏：《幼儿园教师的组织支持感与离职倾向及其关系研究》，《幼儿教育》2012年第33期。

张墨涵、周林芝等：《内在薪酬对乡村教师工资满意度的影响机制研究》，《教育科学研究》2022年第8期。

张小林：《乡村概念辨析》，《地理学报》1998年第4期。

张新平、吴康宁：《我国教育改革和发展的社会支持要素研究》，《教育学报》2014年第4期。

张旭：《寻求农村教师和教育发展的突破口与着力点——以〈乡村教师支持计划（2015—2020年）〉为例》，《当代教师教育》2015年第3期。

赵明仁：《如何解决农村教师"留不住"的问题》，《湖南师范大学教育科学学报》2019年第6期。

赵小云、李福华：《中小学教师的组织支持感、工作重塑与主观职业成功的关系》，《教师教育研究》2019年第2期。

赵新亮:《提高工资收入能否留住乡村教师——基于五省乡村教师流动意愿的调查》,《教育研究》2019年第10期。

赵鑫:《民族地区乡村教师职业吸引力提升的理念与路径》,《教育研究》2019年第1期。

周晔:《农村小规模学校教师队伍专业水平结构的问题与对策》,《教育研究》2017年第3期。

学位论文

曹志峰:《高校教师胜任力与工作绩效关系研究——组织支持的作用机制》,博士学位论文,南京大学,2018年。

黄颖:《连片特困地区A县乡村教师能力素质政策实施调查研究——以〈乡村教师支持计划〉为例》,硕士学位论文,宁夏大学,2020年。

石长林:《中国教师政策研究——基于教育政策内容的视角》,博士学位论文,华中师范大学,2005年。

王大磊:《共和国中小学教师专业发展的政策研究》,博士学位论文,华东师范大学,2011年。

王献玲:《中国民办教师始末研究》,博士学位论文,浙江大学,2005年。

周登超:《民办高职院校教学精细化管理研究》,博士学位论文,武汉大学,2013年。

英文文献

Coldron, J. &. Smit, R., "Active Location in Teachers' Construction of Their Professional Identities", *Journal of Curriculum Studies*, 1999, 31 (6): 711-726.

G. G. Collins, A. N. Goforth, L. M. Ambrose, "The Effects of Teacher Professional Development on Rural Students' Lexical Inferencing Skills", *Rural Special Education Quarterly*, 2016, 35 (3): 20-29.

Jing Li and Cheryl J. Craig, "A Narrative Inquiry into a Rural Teacher's Emotions and Identities In China: Through a Teacher Knowledge Community

Lens", *Teachers and Teaching*, 2019, 25 (8): 918 – 936.

Lorraine M. McDonnell, Richard F. Elmore, "Getting the Job Done: Alternative Policy Instruments", *Educational Evaluation & Policy Analysis*, 1987, 9 (2): 133 – 152.

Roy Rothwell, "Reindustrialization and Technology: Towards a National Policy Framework", *Science & Public Policy*, 1985, 12 (3): 113 – 130.

Samuel, M., & Stephens, D., "Critical Dialogues with Self: Developing Teacher Identities and Roles—A Case Study of South Africa", *International Journal of Educational Research*, 2000, 33 (5): 475 – 490.

Walkington, J., "Becoming a Teacher: Encouraging Development of Teacher Identity through Reflective Practice", *Asia-Pacific Journal of Teacher Education*, 2005, 33 (1): 53 – 64.

后　　记

　　教师教育是我博士毕业后一直从事的主要研究方向，我所做的主要科研项目，如教育部人文社科项目、宁夏哲学社会科学重点项目等，也都与教师教育有关。而本书的研究，则是我主持的第一个国家社科基金项目的重要成果。而这项国家社科基金项目的研究，可以说是我从事教师教育研究的一个节点性重要标志，自感对我的学术生涯意义重大。

　　这个项目的研究从2018年立项开始，历经近5年，终于完成，其间可谓是磨难重重。在此项目立项之时，我正在从事另外一部书稿的撰写，当时已经完成了三分之一，按下暂停键已是不可能。为了能够集中精力专心从事国家社科基金项目的研究，我本打算用半年时间完成正在撰写的书稿。但事情超出了预期，我竟然用了一年半的时间，才彻底把书稿完成。这期间虽然也间断性地推进了国家社科基金项目的研究，但总体进展较为缓慢，没有按照预期的研究目标进行。

　　就在我能够集中精力进行项目研究之时，突然发现留给我的研究时间已经非常紧迫。尤其是研究论文的撰写和投稿，需要较长的周期，能否在规定的研究期限内完成预定的目标任务，我的心里是没有把握的。

　　而且，随着年龄增长和长时间的久坐，身体也出了些不大不小的问题。去医院看病吃药倒是小事，最重要的是不能长时间伏案写作，否则脖子和肩膀就会以难以忍受的疼痛对我进行惩罚，甚至有个别时候肩膀的疼痛，让自己数日都无法坐到电脑前。并且，随着眼睛出现了老花现象，看材料也颇感费劲吃力，速度自然就慢了很多，过去只需一天完成的任务，现在需要两三天才能完成。这些身体上的不给力，自然延缓了项目的研究进程。当然，年轻时经常熬夜夜战的场景，更是一去不复返，如此，"抓紧时间"只能在有限的时间内抓紧了。

更要命的是，突如其来的疫情将已经计划好的实地调研计划被彻底打断。本打算带着研究团队多次深入六盘山连片特困地区学校进行调研，但疫情的不时暴发，让几次调研安排不得不推迟。而且，由于很多学校面临繁重的防疫工作任务，致使调研问卷的发放和收集也颇费周折。由于大多数时间不能亲自到一线学校集中进行现场问卷发放填写，只能委托学校进行，致使很多时候一份问卷要催很长时间才能收上来，还有些问卷甚至根本无法收回，部分问卷还得进行多次发放，这样就严重影响了课题的推进进程。

面对重重困难，我没有退缩，没有回避，所想所做的只有一件事，天天努力，日日勤奋，直面一个个难题，尽心而为，尽力而为，在困难面前越战越勇，最终顺利完成课题并结题。

当然，课题的完成是集体努力的结果，可以说，没有大家的大力支持，本课题研究是不可能完成的。所以，这里要特别感谢课题组的每一位成员，感谢他们的辛苦付出。

我要感谢对本课题完成具有突出贡献的陶玉凤教授、张阿赛副教授和贺心悦博士。陶教授在课题进行中主动承担课题的规划、活动的组织、人员的联络、事务的安排等大量活动，给本研究提供了坚实的组织支持。陕西省教育厅的贺心悦博士，运用她出色的统计处理数据的本领，在繁忙的日常工作之外，经常加班加点，随叫随到地处理数据，为本研究提供了坚实的数据支持。我的博士生张阿赛副教授，加入课题组研究的时间稍晚，但她的贡献却十分突出，大量原始文献的撰写、资料的搜集、数据的采集，都离不开她的辛苦努力。

我还要感谢宁夏大学教师教育学院的王安全院长，正是在王院长的鼎力支持下，本书的出版才得到了宁夏大学教育学一流学科重点培育项目部分资金的资助。

书稿完成，鉴于个人能力和水平有限，定有不足和浅陋之处，恳请读者批评指正。

谢延龙

2023 年 10 月 20 日